工業化の歴史的前提

JN147667

工業化の歴史的前提

——帝国とジェントルマン——

川　北　　稔　著

岩　波　書　店

序

現代社会の根底を形成したのが工業化の過程だとすれば、その最初の一石が一八世紀のイギリスで投じられたことはいうまでもない。しかし、そうだとすれば、その理由は何だったのか。世界で最初の工業化は、なぜ一八世紀にスタートしたのか。なぜそれはフランスやオランダではなくて、イギリスに起こったのか。見方によって、二つとも一つともいえるこの問題[1]へのひとつの解答を、一六六〇年の王政復古以後のいわゆる「重商主義帝国」の形成と、この帝国を舞台とする対外貿易の劇的な展開――「イギリス商業革命」――、さらにそれらがもたらした経済的・社会的諸変化に求めること、これが本書の意図である。

いうまでもないことだが、近代イギリスの経済発展といえば、イギリスはもとよりわが国でも、従来圧倒的な関心を集めた研究領域でもあり、研究の基本視角や理論的枠組も、すでに無数といってよいほど提出されている[2]。しかし、それらは大雑把に言って、二つのカテゴリに分類することもできる。すなわち、基本的に資本主義というシステムの成立過程としてそれをみるものと、工業化ないし近代的(つまり持続的)経済成長の起源を求めようとするものとである。もとより、イギリスの工業化は資本主義的な形態をとって展開されたのだから、二つのアプローチは結局似たような地点に辿りつくと予想することもできる。しかし、少なくとも近年に至るまでの研究状況からすれば、この二つのアプローチには截然とした区別があった。

たとえば、前者の立場では、封建社会のなかからいかにして「資本・賃労働関係」とそれを基礎とする政治・社会体制が成立してくるかという点に関心が集中していたから、市民革命が歴史の決定的転換点として重視され、産業革命はいわば経済史の終着点とみなされがちであった。また、とくにわが国の場合は、「国民経済」が歴史の単位として重視され、国内の生産関係、国内市場の発展が重視される傾向もみられた。他方、後者の立場では、経済成長を測定するに足るようなデータの得られない工業化前史は、経済史上の「暗黒時代」や「紀元以前」として、等閑視されがちであった。(3) それゆえ、本書は、後者の立場を工業化前史にもち込むことによって、この二つのアプローチの接合をはかることをも副次的な目的としている。本論文で「工業化」と「産業革命」をほぼ同義的に用いているのも、このためである。この種の試みは、純理論的にはすでにいくつか試みられてはいるが、いまひとつ成功というには至っていないし、それを前提として具体的な歴史像を呈示しうるほどのものはあまりない。

とすれば、あえて右のような方法を試みようとする本書では、「工業化以前の近代」——以下、この時代を便宜上、「近世」と称する——のイギリス史像はどのように再構成されることになるのか。そこには二つの特色が認められるはずである。すなわち、ひとつには、ここではイギリス近世史は一貫して帝国の歴史としてながめられ、たんなる国内史的な視角はとられないことがあげられる。いまひとつには、この国の近世史を担った主要な担い手としていわゆるジェントルマン層を措定していることである。

イギリス史を帝国史としてみる立場にはつとにすぐれた先例もあるのだが、(4) いわゆる重商主義時代にかんしては、包括的な研究はほとんどない。また「従属派理論」に依拠した世界資本主義論的な研究もあり、(5) 大いに刺激は受けたが、本書自体はなお基本的に「植民地をもった国民経済」の枠組にとどまっており、「世界資本主義」の概念を十分取り入れてはいない。他方、ジェントルマンを近世以降のイギリス史のトレーガーに措定する立場も、それ自体はつとに多くの人びとによって唱えられ、むしろ定説の域に近づきつつある。(6) しかし、この点でもまた一七・八世紀についてはは立ち入った分析がなされたことはないのが実情である。また、近世史全般についても、社会・経済史上のジェントルマンにかんしては、かつて「ジェントリ資本」論が提唱されたことがあるくらいで(7)、とくに踏み込んだ研究はなされていない。

したがって、ここではイギリス近代史全体にかかわるこの二つの特色を、とくに近世史についてあらためて確認し、強調することになる。しかし、問題はそこにとどまるのではない。というのは、従来の諸研究では、ジェントルマンの問題と帝国の問題がまったく別個に――それぞれ別の論者によって――論じられており(8)、そのために二つの視点から描き出されたイギリス史像を重ね合わせる努力がまったくなされていない点に、大きな不満を感じるからである。近世のみならず近代を一貫して認められる「ジェントルマンのヘゲモニー」は、帝国＝植民地体制と表裏一体をなしていたのであり、後者の確立が前者の安定をもたらしたのである(9)。このような観点に立たない限り、帝国の終焉がジェントルマンのヘゲモニーの崩壊を惹き起こす「現代イギリスの危機」の起源は明らかにしえない(10)。

（1） いわば学界の共有物とさえなっているこの「問題」の有効性にかんしては、cf. N. F. R. Crafts, 'Industrial Revolution in England and France : Some Thoughts on the Question, "Why was England First ?" ', *Econ. Hist. Rev.*, 2nd ser. vol. XXX, no. 3, 1977, pp. 429–31.

（2） Cf. R. M. Hartwell, 'Economic Growth in England before the Industrial Revolution', *Journ. of Econ. Hist.*, 1969, pp. 13–31(reissued in Hartwell, *The Industrial Revolution and Economic Growth*, 1971, pp. 21–41).

（3） Cf. F. J. Fisher, 'The Sixteenth and Seventeenth Centuries : The Dark Ages in English Economic History ?', *Economica*, n. s., vol. XXIV, 1961, pp. 2–18(小松芳喬監訳『経済史の方法』、弘文堂、一九六九年、所収) ; C. Goodrich, 'Economic History : One Field or Two ?', *Journ. of Econ. Hist.*, vol. XX, no. 4, 1960, p. 536.

（4） たとえば、毛利健三『自由貿易帝国主義』、東京大学出版会、一九七八年、梶谷素久『大英帝国とインド』、第三文明社、一九八一年など。

（5） 河野健二・飯沼二郎編『世界資本主義の形成』(岩波書店、一九六七年)。同『世界資本主義の歴史構造』(岩波書店、一九

七〇年)。A・G・フランク、大崎正治他訳『世界資本主義と低開発』(柘植書房、一九七九年)など。

(6) 一六世紀を中心とする越智武臣『近代英国の起源』(ミネルヴァ書房、一九六六年)、および村岡健次『ヴィクトリア時代の政治と社会』(ミネルヴァ書房、一九八〇年)が代表的な作品である。

(7) 角山栄『イギリス絶対主義の構造』(ミネルヴァ書房、一九五八年)、一六二―七一頁など。

(8) 二つの視角を統合しようとした試みとしては、I・ウォーラーステイン、拙訳『近代世界システム』I、II(岩波書店、一九八一年)があるにすぎず、この場合も「世界システム」と「ジェントリ的資本」がなお十分関連づけられているとは言い難い。

(9) この視点については、拙稿「工業化前イギリスの社会と経済」(松浦高嶺・柴田三千雄編『近代イギリス史の再検討』、お茶の水書房、一九七二年)、二一八―二四頁。

(10) P・アンダソン「現代イギリスの危機の諸起源」(アンダソン、ブラックバーン編『ニュー・レフトの思想』、佐藤昇訳、河出書房、一九六八年所収)参照。この点をまったく理解しない例としては、J・ストレイチー、関嘉彦他訳『帝国主義の終末』(東洋経済新報社、一九六二年)。

目　次

I　工業化前の経済変動

一　「価格革命」の時代
――一五四〇年から一六二〇年まで――

「(ポトシなど新世界の)鉱山業は、一五四五年と一五六〇年との間に、採鉱方法の進歩の助けをえて、(急速に発展したが)一六三〇年以後は、金および銀の新しい供給は、その需要に比べて著しく減少した。したがって、ほぼ一五五〇年から一六〇〇年までは革命的な価格変動の時代となったが、それも一六三〇年までには……終りをつげた」。

「エリザベスの晩年には、物価が賃金を追い越し続けたために、農民は深刻な困窮に陥った。その理由は、資本蓄積が、経済活動の増大……によってばかりか、この生活水準の低下によって(も)惹き起こされたからである」。

(J・M・ケインズ、長沢惟恭訳『貨幣論』Ⅱ、東洋経済新報社、一九八〇年、一五八、一六五頁)

1　課題と方法

戦後華々しく展開されたわが国のテューダー・ステュアート経済史研究の背後には、しばしば指摘されてもいるように、世界で最初に市民革命をなしとげ、最初に産業革命を経験し、世界の工場として七つの海を支配した先進国としてのイギリスのイメージがあったといえよう。その結果、研究者がそこに見出そうとしたものは、つねにイギリス経済の「先進性」そのものであった。しかし、現在の時点からみれば、一六・七世紀のイギリスが先進国であったとは考えにくいことも事実である。いま歴史家のなすべきことは、その発展の華々しさを示すことではなくて、逆に、なおいっそうの発展――工業化とよぼうと産業革命とよぼうと――を阻害していたものが何であるか、を解明することだといってよい。言いかえれば、テューダー朝イギリス経済における「貧困の悪循環」のひとつひとつの環を探りあてることこそ、もっとも今日的な課題なのである。

もちろん永年にわたって蓄積されてきたわが国のイギリス近代史研究のすべてが、そこに「先進性」や「洋々たる発展」をしか見なかったわけではない。とくに近年は、貿易指標に依存する立場から、不況論とでもよぶべき主張がなされていることも事実である。(1)

他方、イギリスの学界動向をみても、「先進性」の強調から「一六世紀経済の低開発性」の強調へという重点の移動は明白である。「テューダー・ステュアート朝期のイギリス経済の特徴のなかの少なくともいくつかの点は、……いわゆる低開発国のなかにいまだに見出すことができる」とF・J・フィッシャーはいう。そのうえ彼は、「私のこの示唆は、トーニー教授……によって裏付けられている」とも付言している。(2) こうしてトーニーからフィッシャーへ継受されたイギリス史学界の基本姿勢は、われわれにとっても指針となるべきものである。とりわけ、すでに思想家としても高い評価を受けているトーニーに比べて、その全体像がまったくといってよいほど紹介もされていないフィッシャーの歴史学から学ぶべきものは多い。

とはいうものの、一六世紀のイギリスを現在の低開発国と、フィッシャーがいうほど直接的に比較しようというのではない。現象的には似たところがあっても、それぞれの経済・社会が置かれた場が本質的に違っているからである。現在の低開発状況は、いわば「世界経済」の辺境として、徹底した「低開発化」の圧力を受けてきた結果としてある。一六世紀のイギリスも、確かにある程度はイタリアやフランドルなどの経済的支配を受けており、だからこそ

「経済上の国民主義《エコノミック・ナショナリズム》」(3)などとよばれる政策も展開されるのだが、なおそこには、この国を決定的に「低開発化」できるほど強力な先進国はなかったのである。

一六・七世紀のイギリスを、たんに「低開発経済」として捉えるのではなく、同時代の世界史的連関のなかに置いてみようとすると、避けて通れなくなるのが、E・J・ホブズボウムの提唱した「一七世紀ヨーロッパ経済の全般的危機」にかんする論説である。じっさい、彼がそこで扱おうとした問題は、要するに「一五世紀末から一六世紀にかけてのヨーロッパ資本主義の発展が、どうして一八・九世紀の産業革命という画期的な時代に直結しなかったのか」(4)ということであり、それこそ本章が解明しようとしている課題そのものなのである。

「一七世紀の危機」論そのものは次章の課題となるが、行論の都合上、以下の点だけは確認しておきたい。すなわち、ホブズボウムにあっては、一七世紀にイギリスを含むヨーロッパ全域に次つぎと動乱を惹き起こしたこの「危機」は、基本的には封建的生産関係の構造的危機の性格をもつが、より直接的な契機としてはつぎの二点があげられるはずであった。すなわち、一六二〇年代の初めになると、ひとつにはこれまで西ヨーロッパの食糧植民地となっていた東ヨーロッパの「再版農奴制」にもとづく穀物生産が行き詰ったこと、いまひとつにはヨーロッパへの銀の流入量が減少したことがそれである。したがって「危機」は、バルト海貿易の衰微と物価の停滞によって示されるはずであった。その際、ホブズボウムは、自ら「ラブルースの方法」とよんだ物価史的な接近方法を重視したのだが、彼自身はほとんど実証にあたるものを示さなかった。その後の研究も、官職保有と王室財政の問題に重点をおくトレヴァーローパー流の政治史的側面が進展しただけで、物価史的・商業史的な接近はあまり行なわれていない。

本章の目的は、一六世紀の経済成長のパターンを検討し、それが一六二〇年代前半の経済不況を通じて、一七・八世紀的なパターンに転化することなしには、産業革命への展望をもち難いものであったことを明らかにすることにある。したがってまず、「一六世紀型」の経済発展の特徴を、可能なかぎり数量的な指標を用いて示すことが必要になる。というのは、記述史料によって経済趨勢を捉えるのは至難だからである。もちろん、イギリス史上の一六・七世紀、ことに一六世紀は統計資料の乏しい「暗黒時代」である。貿易史といっても、貿易依存度も交易条件も算出できないし、物価史の史料でさえ欠陥の多いものでしかない[5]。イギリスの経済成長にかんするディーンとコールの画期的研究が、名誉革命の年からしか対象としえなかったのも、それ以前には信頼すべき指標がえられなかったからである。それゆえ、歴史研究に統計的手段を導入する場合の一般的な注意事項を遥かに越えた慎重さが、この際不可欠となる。

(1) 角山栄『イギリス毛織物工業史論』(ミネルヴァ書房、一九六〇年)、第四章。越智武臣、前掲書、第二章第一節。宮本又次・合田裕作『経済変動の歴史的研究』(大阪大学・社会経済研究施設、一九六八年)、第一編。船山栄一『イギリスにおける経済構成の転換』(未来社、一九六七年)、七―三二頁。

(2) F. J. Fisher, op. cit., p. 18.

(3) Idem, 'Commercial Trends and Policy in Sixteenth Century England', in *Essays in Economic History*, vol. 1, ed. by E. M. Carus-Wilson, 1954, p. 163.

(4) E. J. Hobsbawm, 'The General Crisis of the European Economy in the Seventeenth Century', *Past & Present*, no. 5, 1954, p. 39. (トレヴァー－ローパー他・今井宏訳『十七世紀危機論争』創文社、一九七五年、一三頁)。

(5) 本章および次章で主に依拠する史料は、貿易にかんしてはロンドン港の『港湾関税簿』Port Books――以下『関税簿』とする――をF. J. Fisherらが整理したもの、およびPublications of the London Record Society, no. 8 (*The Port and Trade of Early Elizabethan London Documents*) ed. by B. Dietz, 1972として刊行された一五六七／八年のそれ、および*A Tudor Book of Rates*, ed. by T. S. Willan, 1962などである。また、物価史については、次章の第二節で説明するベヴァリッジ卿Lord Beveridgeを中心とする国際物価史委員会の蒐集したもの、G・ヴィーベWiebeの蒐集したもの、T・ロジャースRogersのそれなどを用いる。大陸側については、N・W・ポステュムスPosthumusの史料集のほか、次のものを参照した。H. van der Wee, *The Growth of the Antwerp Market and the European Economy*, 3 vols., 1963.

表 1-1　物価上昇の比較

	(イ)生活コスト	(ロ)小麦	(ハ)大麦
1550年代-1600年代	1.64倍	1.72	1.46
1570年代-1620年代	1.64	1.78	1.87
1264/73年-1314/23年	1.63	＊1.38	＊1.47
1760年代-1810年代	2.28	2.42	——

＊は 1200/49 年-1250/99 年

〔出典〕 (イ)は後出のフェルプス-ブラウンとホプキンスのもの. 他は W. Beveridge, 'The Yield and Price of Corn in the Middle Ages' (Carus-Wilson, ed., *Essays in Economic History*, vol. 1, 1954 所収).

2　イギリス価格革命論

イギリス史上、一六世紀後半から一七世紀初頭に至る時期は、一般に「価格革命」の時代とされてきた。しかし、G・ヴィーベやE・J・ハミルトンによって定式化され、ケインズによって権威づけられた従来の価格革命像——スペイン経由による大量の新世界銀の流入を原因とする通貨価値の急落、物価の急騰、その結果としての資本主義的企業に有利な「利潤インフレ」状況の生成を内容とする——は、近年に至って余すところなく批判され、本来の姿を失いつつある。[1] こうした、価格革命論をめぐる論争は、それ自体としても興味深いが、この時代の長期的経済変動を考察するうえでも、きわめて注目に値するものである。

まず第一に、まったく明白な事実として受け容れられてきた価格革命なるものは、そもそも実在したのであろうか。新世界銀の流入の影響をまぬがれえなかったはずのイタリアについて検討したC・チポラは、J・ボダンやハミルトンのいうような古典的価格革命説に疑問をなげかけている。一五五二年から六〇〇年までのあいだには確かに激しい物価上昇があったけれども、物価騰貴の起点である一五五二年からピークの一六〇〇年までを考えれば、半世紀でたかだか二倍程度の騰貴にすぎず、たとえば一九世紀の物価変動と比較しても歴史上特異な事件とはいいがたい、というのである。[2] イギリスについても事情は同じである。ピューリタン革命前一世紀間の物価上昇率は、通貨の悪鋳の影響を除くために純銀量に換算した指数でいうと、年平均一・一パーセント程度と考えられ、一三世紀後半などと比較しても、「革命」の名に値するほどめざましいものではない。(3) 複雑な純銀換算の手続きを避けて名目価格で比べても、もっとも激しく騰貴した商品である穀物についてさえ、表1‐1にみるように、その騰貴幅は歴史上類例をみないというほどのものではない。

物価史のうえで顕著なのは、一五四三年から五一年まで繰り返された通貨の悪鋳によるインフレーション(4)であり、イギリスにおいて価格革命の名でよばれてきたものの実態は、この通貨改鋳に伴う短期のインフレと、それ以後一七世紀中頃まで続く、遥かになだらかな、(5)長期の物価上昇とからなっているのである。時人の目を惹いたのは主として前者であり、(6)ここで注目したいのは後者である。

もっとも、ハミルトン以前に価格革命論を精緻な研究にもとづいて定式化したヴィーベも、必ずしも物価の上昇率にだけ注目していたのではないから、(7)このことによって価格革命の概念がまったく意味を失うとは考えられない。ヴィーベの研究は、基本的には価格革命の原因論であったといえるが、商品間の相対価格の変動、賃金と物価の比率の変化など、要するに民衆の生活に大きな変化をもたらした現象として、彼は価格革命を捉えていたのである。ただし、こうした要因にかんしてさえ、ハミルトンの精力的な研究が明らかにしたように、産業革命期などにも同様の変化が認められるのだとすれば、(8)やはりこれを、繰り返しを許すひとつの現象と捉えておかなければなるまい。

つぎに、この「なだらかな」――と言ってしまってはいささか言いすぎでもあろうが――物価騰貴の原因が何であったかを検討しよう。従来の学説が、ヴィーベ、ハミルトン以来スペインからの銀の流入を重視してきたことは、すでに示唆した。そこには、通貨量の増加がストレートに物価上昇に反映されるとする、貨幣数量説的な立場が確認できる。しかし、このような立場は、スペイン自体にかんしてさえ、無条件には支持しえない。新世界からの銀の流入とスペインの物価とのあいだには、ハミルトンが想定したほどの相関性は認められないのである。たとえば、一七世紀後半が物価下降期であることは衆目の一致するところであるが、ハミルトンの銀の流入量にかんする統計は、そこまで及んでおらず、ただア・プリオリに銀流入量のいっそうの低下が想定されてきたにすぎなかった。しかし、一七世紀後半の新世界銀の流入量は、依然としてかなり高水準であったことが判明してもいるからである。(9)

イギリスにかんしては、貨幣数量説の適用はいっそう困難だといってよい。というのは、そもそもスペイン銀が一六世紀後半に大量に流入した形跡がないからである。(10) 後述するように、輸出好況期とはいえないこの時期に、イギリスが対外収支の大幅な黒字を維持しえたとは考えられない。南部ネーデルラントやフランスからの新教徒の移住に伴う資本の流入、私拿捕業による地金の獲得(11)などはあっただろうし、海外からの直接投資もいくらかはあっただろう。(12) しかし、それらの額を確定することは史料的に困難でもあり、たとえそれが可能になったとしても、それほど大きな数字になったとは思われない。

むろん、地金や正貨の流入がまったくなかったとしても、これまで退蔵されていた地金が造幣局に持ち込まれ、通貨量を増大させたかもしれない。一六・七世紀の造幣局の統計は不完全なもので、古い通貨の再鋳造分が分離されておらず、他方では合法・非合法の正貨輸出も存在したはずだから、実際の国内通貨流通量を示すことは不可能である。一七世紀末の政治算術家たちが試みた程度の推計さえ、この時代にはできないのである。(13) ただ、J・D・グルドの整理した統計によっても、(14) 表1‐2によっても、エリザベス時代よりはジェイムズ一世時代、さらにそれよりはチャールズ一世時代の方が、造幣局の活動は活潑であったらしいことはわかる。貴族の没落というこの時代に特徴的な社会現象が、装飾品や食器に使用されていた退蔵地金を放出させたことが、(15) この事実にいくらか関係しているとみて間違いあるまい。

通貨ストックの総量を知るには、ほかに補助通貨、信用などの発展を考慮に入れなければならないが、(16)一六世紀にかんしてはいずれもそれほど影響が大きかったとは思われない。したがって、結局、通貨量は一六・七世紀を通じて僅かながら増加しつつあったというのが、ほぼ順当なところであろう。しかし、この増加が一六世紀の物価騰貴の根本原因であったとは到底いえないことも、同時に明らかであろう。もし、通貨量の増加が原因であったのなら、表1－2をみる限り、一七世紀後半にも価格革命が継続していたはずだからである。

表1-2　年平均通貨鋳造高　(£000)

	金貨	銀貨
エリザベス1世時代(1558-1602年)	18	105
ジェイムズ1世時代(1603-1624年)	167	80
チャールズ1世時代(1625-1648年)	143	316
共和国期(1649-1659年)	7	35
以上1558-1659年平均	86	172
後期ステュアート朝期(1660-1714年)	156	84

〔出典〕 Goldsmiths' Library MS 100 & M. Folkes, *Tables of English Silver and Gold Coins*, (1736) 1745; cf. M.-H. Li, *The Great Recoinage of 1696-9*, 1963, p. 30.

貨幣量の増加からする物価騰貴の説明は、理論のうえからも不完全である。物価水準はいうまでもなく通貨量だけで決まるのではない。周知のフィッシャーの交換方程式M・V=P・T(M=通貨ストック量、V=流通速度、P=物価水準、T=取引量)において、伝統的な説明はMの増大(スペイン銀の流入)をもってPの上昇を説明しようとしたわけだが、VやTが一定であったなどとも到底考えられないからである。かりにMが増加したとしても、Vの低下(とくに退蔵)によって相殺されるかもしれない。つまり、フローとしての通貨流通量は増加しない可能性がある。逆に、通貨の発行高はふえなくとも、流通速度が上昇して通貨量の増加と同じ効果をもたらすかもしれない。(17)

実際のところ、一六世紀には、確かにMも増大し、Pも上昇したのだが、Tもまた明らかに上昇したはずだし、Vにしても上昇したことが確実なのである。いったん物価上昇が始まると、正貨の形で財産を維持するよりも、現物商品の形でそれを維持した方が有利である。このような事情は当然通貨の流通速度を速める傾向がある、と思われる。はじめに見たような「なだらかな」物価上昇は、とくに地金、正貨の流入を伴わなくとも起こりえたというべきであろう。

むしろ、議論を逆転させて次のようにいうべきであろう。すなわち、通貨の量が経済のあり方を決めるのではなく、後者こそが前者を決定するのだ、と。[18] 突然Mが増大して物価が騰貴したのではなく、逆に交易量がふえて貨幣需要が高まったために、これに対応して貨幣の供給が増加していったのである。通貨量の増加は、交易量(T)の上昇を可能にした点で決定的に重要であったが、それ自体がストレートに物価上昇の原因になったのではない。

とすれば、より根本的な物価騰貴の原因としては、各商品の需給バランス、および国民経済全体としての財貨やサーヴィスの需給バランスを考慮しなければならない。ヴィーベが全般的な物価上昇の原因としては却けた人口増加という要因が、[19] こうしてふたたびクローズ・アップされてくる。人口増加が経済活動の量を増大させ、総需要を拡大したために、物価騰貴が起こったというわけである。

以上、イギリスにおける価格革命の程度と原因について、必要なかぎりでのコメントを試み、正貨・地金流入説に対して疑問を表明した。以下、この疑問を踏まえたうえで、価格革命と経済成長の関係を考察したい。

(1) G. Wiebe, *Zur Geschichte der Preisrevolution des XVI. und XVII. Jahrhunderts*, 1895; E. J. Hamilton, 'American Treasure and the Rise of Capitalism', *Economica*, vol. IX, no. 27, 1929; cf. J. D. Gould, 'The Price Revolution Reconsidered', *Econ. Hist. Rev.*, 2nd ser. vol. XVII, 1964, pp. 249–66. また、近年の学界動向を紹介したものとして、R. B. Outhwaite, *Inflation in Tudor and Early Stuart England*, 1969; P. H. Ramsey, *The Price Revolution in Sixteenth-Century England*, 1971, pp. 1-17 などがある。わが国では、イギリスの価格革命にかんする研究はほとんどない。スペインについては近藤仁之「価格革命とスペイン」(『社会経済史大系』V、弘文堂、一九五九年)、同「スペイン経済の盛衰」(角山栄・川北稔編『講座西洋経済史』

I、同文館、一九七九年）一二五―一二八頁などが、ヴィーベ＝ハミルトン流の古典学説を展開しているし、フランスについては、竹岡敬温『近代フランス物価史序説』（創文社、一九七四年）がある。

（2） C. Cipolla, 'La Prétendue《Révolution des Prix》: Réflexions sur l'expérience italienne', *Annales E. S. C.*, t. X, 1955, pp. 513-16.

（3） J. D. Gould, op. cit., p. 250.

（4） 貨幣改鋳については A. Feavearyear, *The Pound Sterling*, 2nd ed., 1963, p. 69; J. D. Gould, *The Great Debasement*, 1970. なお、ヴィーベの指数が逆にここで低下するのは、純銀換算をしているからである。G. Wiebe, *op. cit.*, SS. 354 ff.; C. E. Challis, 'The Debasement of the Coinage, 1542-1551', *Econ. Hist. Rev.*, 2nd ser. vol. XX, no. 3, 1967.

（5） 後出図1－2参照。

（6） たとえば anon., *A Discourse of the Common Weal of this Realm of England*, 1581（出口勇蔵監訳『近世ヒューマニズムの経済思想』ミネルヴァ書房、一九五七年）。

（7） G. Wiebe, *op. cit.*, S. 148.

（8） E. J. Hamilton, 'Prices as a Factor in Business Growth: Prices and Progress', *Journ. of Econ. Hist.*, vol. XII, 1952, pp. 340 ff.; id., 'Profit Inflation and the Industrial Revolution', *Quart. Journ. of Economics*, LVI, 1941-42, pp. 257-70.

（9） スペインへの銀流入量は、年平均にして次のようになる。ただし、比較のため一ペソを二七二マラベディスとして換算した。単位は百万マラベディス。

1591-5年	3,167
1596	3,099
1601	2,196
1611	2,208
1621	2,431
1631	1,540
1641	1,239
1651	656
1656	302

〔出典〕 E. J. Hamilton, 'American Treasure and Andalusian Prices', *J. of Econ. & Business Hist.*, vol. 1, no. 1, 1928, table 1.

1661-5 年	1,567
1666-70	1,763
1671-75	2,285
1676-80	2,176
1681-85	1,208
1696-1700	2,518

〔出典〕 M. Morineau, 'D'Amsterdam à Séville: de quelle réalité l'histoire des prix est-elle le miroir ?', *Annales E. S. C.*, t. 23, no. 1, 1968.

(10) R. B. Outhwaite, *op. cit.*, pp. 33-34.
(11) Cf. K. R. Andrews, *The Economic Aspects of Elizabethan Privateering*, 1959, pp. 130-32.
(12) 一七世紀になると直接的な資本輸入の例がL・ロバーツ Roberts によって記述されているし、亡命者がもたらした資本を三〇〇万ポンドとするトマス・ヴァイオレット Violet の評価もあるが、一六世紀については明らかでない。V. Barbour, *Capitalism in Amsterdam in the Seventeenth Century*, 1950, pp. 123-24.
(13) Cf. J. K. Horsefield, *British Monetary Experiments, 1650-1710*, 1960, pp. 256-57.
(14) J. D. Gould, 'The Royal Mint in the Early Seventeenth Century', *Econ. Hist. Rev.*, 2nd ser. vol. V, 1952.
(15) id., op. cit. (Price Revolution), p. 254.
(16) 楊枝嗣朗『イギリス信用貨幣史研究』(九州大学出版会)、一九八二年、第一章参照。
(17) J・ロック、田中正司・竹本洋訳『利子・貨幣論』(東京大学出版会、一九七八年)、三四頁。
(18) I. Hammarström, 'The Price Revolution of the Sixteenth Century : Some Swedish Evidence', *Scandinavian Econ. Hist. Rev.*, vol. V, 1957, p. 131.
(19) G. Wiebe, *op. cit.*, S. 131.

3 人口と農業部門

価格革命といわれるものの実態が、大半はモデレイトな物価上昇にすぎないことはすでにみた。しかも、この上昇でさえ、通貨量の増加というよりは、個々の商品の需給バランスの不均衡を反映するものと考えた方が分かりやすいことも、すでに示唆したとおりである。そこで、商品を一般に食糧品(農・畜産物が中心)と工業製品に分類し、両商品群間の交易条件(相対価格)の変動をさぐってみると、短い例外期間(一五六〇年代と一五九〇年代)を別にして、一五四〇年から一六四〇年に至るまで、一方的に農産物に有利な方向に動いていることが分かる(図1-1参照)。

この現象は、つとにヴィーベ以来注目されており、いろいろな解釈が与えられているが、大雑把には次の二説に分類できる。すなわち、ひとつは、工業製品が全般的な経済情勢から当然予想されるほどには騰貴しなかったのだとするものであり、もうひとつは、農産物の騰貴幅こそが異常に大きかったのだ、とするものである。工業製品の価格上昇が一般物価に遅れたのだとする代表的な見解は、J・U・ネフにみられる[1]。彼はいわゆる「早期産業革命」の技術革新による、工業製品のコスト・ダウンを重視しているのである。しかし、一五四〇年にしか始まらない彼の「早期産業革命」では、一六世紀前半にも認められるこの動きを十分に説明できるとはいえないし[2]、この交易条件指数が逆の方向に動きはじめる一七世紀後半にも、技術進歩は一六世紀以上に高い水準を保ったとみられる証拠もある[3]。それゆえ、ネフの所説は——のちにも言及するように——現象全体の説明としては不適当であろう。ネフに近い主張は、マクス・ウェーバーやJ・A・シュムペーターにもみられるが[4]、いずれも理論からの演繹にすぎず、詳細な実証を踏まえたものではない。

図 1-1　工業製品／農産物価格比指数 (1451-75年：100)

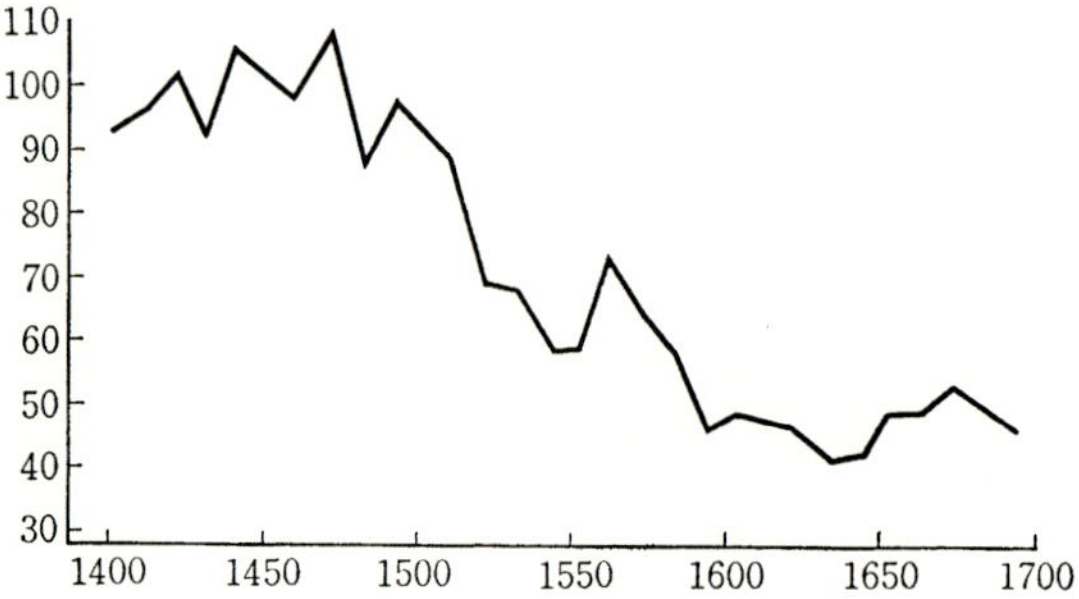

〔出典〕 E. H. Phelps-Brown & S. V. Hopkins, 'Wage-rates and Prices : Evidence for Population Pressure in the Sixteenth Century', *Economica*, n. s. vol. XXIV, 1957, p. 306.

　いうまでもなく、技術進歩の速度を国民経済の範囲で確定することは容易ではないが、それがネフのいうほどには一五四〇年から一六四〇年までの期間にだけ急ピッチだったとはいえないとすれば、工業製品のコスト低下に重点をおく説明に固執しようとすると、資本ないし労働自体の価格の低下を措定しなければならない。しかも、労働コスト

図 1-2　建築職人の実質賃金指数(南イングランド，1451-75 年を 100 とする，3 年間算術平均)

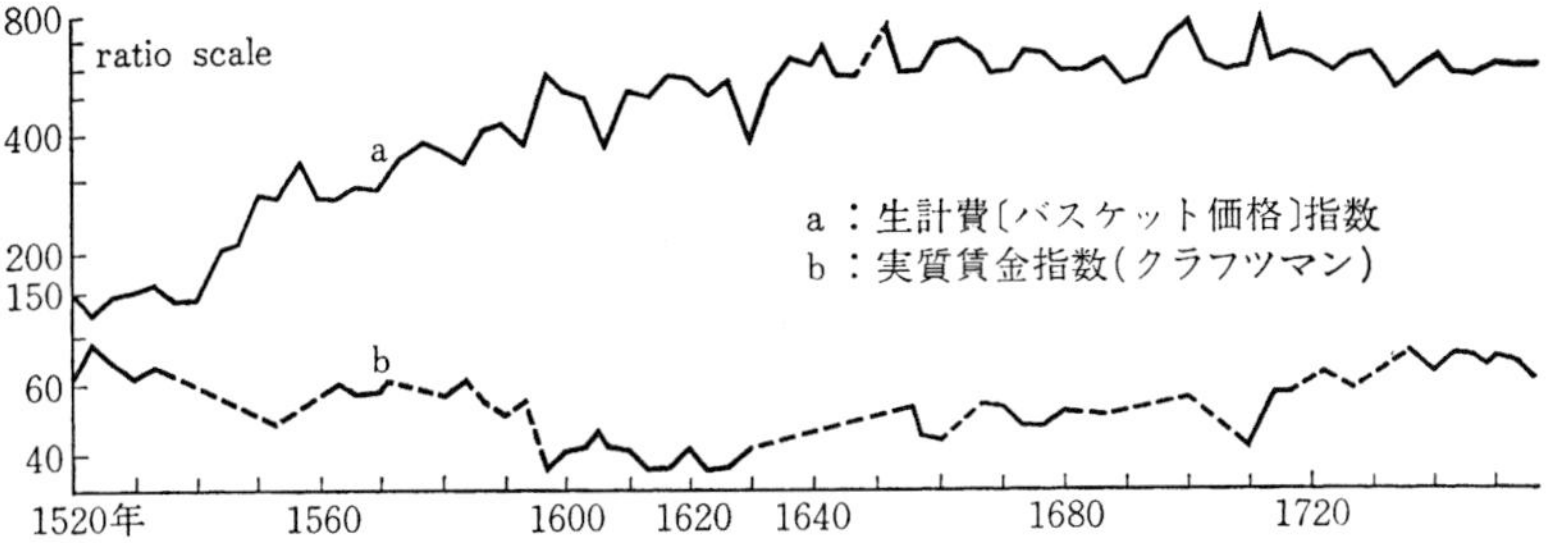

〔出典〕 Phelps-Brown and Hopkins, 'Seven Centuries of the Prices of Consumables Compared with Builders' Wage-Rates', *Economica*, n. s. vol. XXIII, Nov. 1956.

に対して資本コストの比率の低い、つまり機械化の進んでいないこの時代にあって、生産コストの低下があったのだとすれば、ネフが批判の対象としたハミルトン流の実質賃金の切り下げがあったといわざるをえない。（もっとも、ハミルトンは、価格革命が賃金の遅れを生んだことには着目しているが、工業製品と農産物の相対価格の変動には触れていない。）

実質賃金は本当に切り下げられたのか。毛織物業など、資本・賃労働関係の成立した分野での賃金史料はほとんど存在しない。織布工の賃金はサロルド・ロジャースの集めた史料集に一部みられるが、[5] 断片的で長期の趨勢を引き出すことはできない。しかし、資本・賃労働関係下のものであるかどうかは別にして、当時の賃金労働の価格を近似的に示すものとして、ロジャース、ヴィーベ、G・F・シュテフェン、D・クヌープとG・P・ジョーンズなどのものがあり、もっとも最近のデータとしてはフェルプスーブラウンとホプキンスによる建築労働者の賃金研究が出ている。[6] フェルプスーブラウンらの方法は、イギリスの社会保障制度などに採用されている、いわゆる「バスケット方式」による実質賃金率の算出である。すなわち、当時の一般標準型と目される労働者家族の家計簿から、生活必需品――家賃などを除く――の内容と比率を割り出し、[7] この比率に従ってそれぞれの商品を満たした一定容量のバスケットを想定して、その価格を計算する。つぎに、その時点の名目賃金でこのバスケットが何個買えるかを計算し、これをもって実質賃金の指標とみなす。言いかえれば、バスケットの価格は、その時点での生活コスト指数として用いることができるから、実質賃金率算定の際のデフレイターとして利用しようというのである。図1-2は、熟練労働者《クラフツマン》にかんするデータだが、賃金の動向は非熟練労働者《レイバラー》でもそれほど違ってはいない。このような実質賃金の算定には、史料の解釈において、地方差、実労働日数、現物給付の有無、農業の兼業の度合い、その他多くの点で留保条件をつけなければならないが、その示唆するところは明白で、一六世紀はじめから一七世紀の二〇年代まで実質賃金は一貫して下降線を辿っている。この結果は、他の職種についての従来の諸研究とも十分一致するものである[8]。ネフは坑夫の賃金がむしろ上昇したことを主張しているが[9]、データが散発的で長期趨勢を確定しえないし、職種としても例外的であるというほかない。

そうだとすれば、いちおうの説明として、実質賃金の低下が工業製品のコスト・ダウンを惹き起こし、交易条件が農産物に有利になったのだ、ということができよう。しかし、実質賃金はいったいなぜ低下したのか。その説明は、第一に名目賃金がそれほどあがらなかったことと、第二には、デフレイターに使ったバスケット価格、つまり生計費が異常に高騰したことのいずれかに求めるほかない。名目賃金が比較的上昇しなかったことは事実だが、そのこと自体はどのようにして説明できるのか。絶対王政による賃金抑圧政策もあずかって力があったかもしれないが、本質的には労働力の需給バランスの変化が原因といえよう。つまり、長期的な労働力の供給過剰があったと考えられるのである。しかし、そうした余剰労働力はどこからきたのか。エリザベス時代を特徴づけ、例の「エリザベス救貧法」の制定を余儀なくさせた浮浪者・貧民の群れ[10]は、どこからきたのか。囲い込みが労働力の供給をふやしたといえるだろうか。実際のところ、表1-3にみるように、小麦価格の上昇に羊毛価格が圧倒的に遅れていたこの時代は、少なくとも牧羊が目的の囲い込みは急速に終焉した時代であった[11]。とすれば、労働力の増加は、総人口の増加によってもた

表 1-3　物価トレンズ　(1550-1650年)(直線)

	上昇率	計算式(y：トレンド値，x：中位年からの年数)およびデータの出典
小　麦	249%	$y \fallingdotseq 0.32x + 12.81$ (s/qr)　$y_{1650}/y_{1550} \fallingdotseq 3.49$；Y. S. Brenner, *Econ. Hist. Rev.* 2nd ser. vol. XV, 1962, p. 267.
生活コスト	181	$y \fallingdotseq 0.73x + 40.6$ (指数)　$y_{1650}/y_{1550} \fallingdotseq 2.81$；Phelps-Brown & Hopkins, *Economica*, 1957.
羊　毛	162	$y \fallingdotseq 2.86x + 177.0$ (指数)　$y_{1650}/y_{1550} \fallingdotseq 2.62$；P. J. Bowden, *Wool Trade in Tudor & Stuart England*, 1962.
毛織物*	(111) (1625年まで)	そのまま1650年まで延長すると148%の上昇. $y \fallingdotseq 0.85x + 57.515$；小麦に同じ.
建築業職人の日当 (クラフツマン)	126	データの性格上，トレンド計算をとらず．Brown & Hopkins, *Economica*, n. s. vol. XXII, 1955.
地　代	188	データの性格上，トレンド計算をとらず．1640-59年平均値/1540-59年平均値≒2.88；E. Kerridge, *Econ. Hist. Rev.*, 2nd ser., vol. VI, 1953.

* Beveridge & Others (ed.), *Prices and Wages in England*, vol. 1, 1939 に散見されるデータを用いると，1650年までで113.5くらいの数値がえられる．サンプル数が少なすぎるのであえて表中にあげなかったが，参考にはなろう．

らされたと考えるべきであろう。

一方、生活コストが急ピッチに上昇していたことも、否定しがたい事実だが、その原因は何だったのか。表1−3からただちに分かるのは、生計費の上昇がバスケットの八〇パーセントを占めた食糧品の騰貴にリードされていること、毛織物などの工業製品は、賃金と比べても際立って騰貴したとはいえないこと、の二点であろう。ネフのいうような工業の技術革新が相対価格の変動の基本要因であったとすれば、工業製品だけがあまり上昇せず、農産物と賃金はほぼ似通った上昇率を示すはずである。しかし、実際には、地代、食糧品、羊毛などこそが圧倒的に上昇しているのである。

食糧品が異常に騰貴したのはなぜか。当時の人々が注目し、現在統計によって確認できるのは地代の騰貴であるが[12]、それは農産物騰貴の原因というよりは、結果であったというべきであろう。先にもふれたように、羊毛生産のための囲い込みは、毛織物輸出が不況期にはいった一五五〇年代以後には、小麦と羊毛の価格差がひろがっていったこともあって、それほど進展はしなかった。気候条件も一七世紀よりは良好であったとされているから、[13] 地味の全面的涸渇をでも認めるのでなければ、絶対的な食糧生産額が減少したなどとは考えられない。しかも、一エーカー当りの収量もむしろ増えていったという推定さえなされている以上、[14] 供給は多少とも増えたというほかない。とすれば、異常な騰貴の原因は需要の急増に求めなければならない。食糧品が一人あたりの消費量に比較的大きな差のない商品であることを思えば、需要を決定する最大の要因は人口の絶対数の変化であったというべきである。市場価格を決定するのは、あくまで商品化された部分の穀物についての需給関係なのだから、都市の成長――ことに「怪物」と評されるようになってくるロンドンの劇的な成長――に伴う非農業人口比の上昇も考慮に入れる必要はあろう。[15] しかし、孤立した辺境がしだいになくなり、全国的な市場が成立しつつあったことからすれば、本質的には総需要は人口の関数であったとみてよい。[16]

こうして、表1－3における諸物価の動向、ひいては農産物と工業製品の相対価格指数の動向や実質賃金の低下などの現象は、総人口の激しい増加を仮定することによって、無理なく説明できる。現在のコストでの生産拡大にはほとんど支障のなかった製造工業とはちがって、農業では人口が激増して食糧需要が拡大すると、これに対応して生産を拡張することは容易でない。[17] ここに農産物価格の不均衡な急騰の原因があり、「土地渇望」の原因がある。耕地の拡大は、より劣悪な土地の利用を意味し、さしあたり生産性の低下をもたらす。「収穫逓減法則」として知られるこの傾向を打破する画期的な農業技術の革新が普及しないかぎり、あるいはまた人口成長の勢いが鈍化しないかぎり、食糧と農産物である原・材料の騰貴、実質賃金の低下は必至であった。

実際のところ、一六世紀のイギリスではどの程度の人口増加があったのか。この時代の人口推計として古典的なのは、J・C・ラッセルのそれである。彼はイングランドについて、一五四三年で三二〇万、一六〇三年には三八〇万という数値をあげており、これによれば一〇年でほぼ三パーセントの増加となる。[18] しかし、ラッセル以後の同種の推計をみると、結果にはよほどバラつきがあり、これらの数値にあまり信頼をおくわけにもいかない。R・M・スミスが整理した表1-4をみれば、この間の事情は明らかであろう。[19] この表でも、全体としての人口増加傾向はある程度推測できるが、たとえば、一五四五年の最高値と一六〇三年の最低値を比較すると、一六世紀後半の人口は逆に下降線を辿ったことにもなる。また、一五二二年の数値については、つとにいっそう低い数値を主張する異説も現われている。これらの推計値がいずれも、民兵召集簿《マスター・リターン》や教会関係の記録(礼拝堂証明書《チャントリ・サーティフィケイト》や陪餐者名簿《コミュニカント・リスト》)に依存しており、しかもこれらのデータがことごとく年齢、性別、地域などの点で人口の一部をしかカヴァーしていないために、それに掛ける係数が客観的に確定しにくいことが、このようなバラつきの原因となっているのである。

表1-4 16世紀イングランドの人口推計

(単位：百万人)

1522年	2.3-2.6	推計者：J. Cornwall,
1545	3.0-3.1	J. C. Russell, R. S.
1603	3.1-3.4	Schofield and R. M.
1676	3.8-4.5	Smith

〔出典〕 R. M. Smith in R. A. Dodgshon and R. A. Butlin eds., *An Historical Geography of England and Wales*, 1978, pp. 200-201

したがって、人口の絶対数の確定は容易でないのだが、一六世紀後半以降については、変化の方向は容易に見分けられる。というのは、全国にまたがる四〇四の教区の教区簿冊にみられる洗礼と埋葬の記録が集計されているからである[20](後掲図2-1)。それによれば、これらの教区にかんする限り、一六世紀と一八世紀後半がとくに二つの数値の差が大きく、人口増加の時代であったことが分かる。ここから推定される人口増加率は、現在の多くの低開発国のそれに比べれば、むしろ遥かに低水準ともいえるが、上述のような物価変動を惹き起こすには十分な圧力となりえたのである。

もちろん、人口増加はそれ自体なんらかの説明を要する事象であり、むしろ経済状態こそが人口動態を決定する、と主張することも一定の条件下では可能である。たとえば飢饉の頻度や雇傭機会の増減が人口動態に影響を与えることは自明であろう。しかし、生活水準の維持、向上と子供をつくることのどちらを人生の目標として重視するかといった人生観の問題や伝染病の規模と頻度といった非経済的要因の方が、より直接的に人口動態を規定していることも想像に難くない。もっとも、一六世紀イギリス人の集団心性としての人生目標がどこにあったかなどということは、容易に確定しうるはずもない。ただ、死亡率に決定的な影響を与えた疫病については、かなり明確なことがいえる。「テューダー朝下のイギリスで死亡率が危機的に上昇した時期というのは、食糧危機や生活水準の低下の直接の結果としてそうなったのではない。……遺言証書や教区簿冊では、高死亡数の年は高穀価の年と驚くほど一致しているが、しかし、一六世紀後半の飢饉は腺ペストほど頻繁でもなければ、強烈でもなかった。[21]」腺ペストが小康を得た五〇年代末には、インフルエンザが猖獗をきわめ、同じ役割を果たした。[22] 全国的にみると、一六世紀では前半期と末期に疫病の影響が大きく、エリザベス治世の中期にはそれが少なかった、ということができる。しかもなお、長期的にみれば、一六世紀は全体として疫病の規模と回数が、比較的低水準にあったということもできるのである。[23] 本章の対象とした時代には、疫病という外からのチェックがないかぎり、人口増加に向かう強い力が作用していたというべきであろう。

いずれにせよ、一六世紀の人口増加の窮極的原因を明らかにすることは困難だが、その結果だけは明白である。人口増加とそれとの対比において「低い」農業生産力が農産物価格の急騰と実質賃金の低下をもたらすという上述の過程は、地主や農業企業家、つまり広義のジェントリ層[24]には有利な、逆に多くは何らかの意味での賃金労働を行なっており、[25] 穀物の売り手というよりは買い手であった農民一般、および第二次産業関係者に不利な所得分配をもたらした。凶作に伴う急激な飢饉とは違って、年率一パーセント程度の穀物価格の騰貴は、直接大衆の危機意識をかきたてるようなことはない。しかし、長期的にみると、それが所得分配に及ぼす影響は深刻だったのである。

このことは、人口構成比——一世紀後のG・キング推計に至るまで多少とも正確な数値はえられないが——から考えて、全体として結局のところ、一人当りの所得にプラスの影響は与えなかったといえよう。人口増加そのものは、国内市場の拡大に多少とも寄与をなしうるし、工業発展には労働力のポテンシャルが不可欠ではある。しかし、ジェントリ層に所得が片寄ることは、国内市場の拡大にも制約となったはずで、奢侈品工業を除いて、そこから大きな利益が得られたとは思われない。総体としての国民経済の規模と人口一人当りの経済活動の量という二つの指標に着目するとき、こうして、一六世紀は前者の顕著な成長と後者の停滞によって特徴づけられるように思われる。いわば、経済の拡大が人口増加に呑み込まれた形である。

新農法が普及し、人口の増加率も著しく低下する一七世紀後半までは、ここにみたような状況は変らなかった。それに貿易の大不況が重なった一六二〇年代には、危機の様相もみえる。この一六二〇年代から一七世紀中葉までの期間は、いわば「一六世紀型」の経済成長のパターンが破産し、転型してゆく転換期にあたっている。すなわち、激しい人口増加の圧力を受けて、総体としての国民経済の規模は膨脹を続けながら、一人当りの実質所得は、実質賃金の激減に象徴されるように、ほとんど上昇しない一六世紀型の成長から、逆に一人当りの所得がかなり急速に向上したと思われる一七世紀中期以降の成長型への転換が起こるのである。長い期間にわたって継続した実質賃金の低下といった経済潮流が、それ以上の人口増加を許さなくなってゆくのである。

以上、主として人口増加と農業生産力のギャップの拡大に、一六世紀型経済成長の特徴とそれが極限に達した場合に、転換を余儀なくされる理由をみてきた。むろん、農業生産にボトル・ネックがあったとしても、穀物や木材、羊毛などの供給を輸入に頼り、商・工業に人口を吸収してゆくことも、理論上は可能である。じじつ、産業革命はそのようにして達成された。しかし、この時代のイギリスでは、このような方法は机上の空論でしかありえなかった。次節で論じるように、商・工業部門では輸出面でネックが存在したために、農業セクターにかかった圧力を軽減するほど大規模な輸入はできなかったからである。

N・S・B・グラスが各港湾別に整理したデータによれば、この時代の穀物貿易は出超の年と入超の年が複雑に入り混じっていることが、他の時代と比べて著しい特徴となっている。しかも、たとえばロンドン港が一・四万クォーターの輸入を行なった一五四九年ミカエル祭以降の一年間に、キングズ・リン港は一、〇〇〇クォーター以上の輸出を記録しているような事実もある。消費者保護のため、国内に穀物を確保し、穀物価格を低く保とうとした絶対王政の規制はあまり成功したとはいえないのである。グラスのデータは完全なものではない。たとえば、ロンドン港の関《ポー》税簿《トブック》では、九、二八五ポンド(この年の穀価からすれば四―五〇〇クォーターか)の輸入が記録されている一五五九―六〇年について、グラスは何も触れていない。[26] しかし、少なくとも穀物価格の異常な上昇をくい止めるほど一貫した輸入はなされなかったことだけは、グラスのデータからも十分に推測される。穀物価格は西欧の全域で騰貴していたから、[27] 安価な穀物をえるのは難しかったし、長期の輸出不況下では、支払い手段もみつけにくかったからである。[28]

(1) J. U. Nef, 'Prices and Industrial Capitalism in France and England, 1540–1640', *Econ. Hist. Rev.*, vol. VIII, 1937 reprinted in Carus-Wilson, ed., *Essays in Economic History*, vol. I, 1954, p. 133; cf. id., 'A Comparison of Industrial Growth in France and England from 1540 to 1640', *Journ. of Political Econ.*, vol. 44, 1936, pp. 289 ff. and pp. 505 ff.

(2) Y. S. Brenner, 'The Inflation of Prices in England, 1551–1650', *Econ. Hist. Rev.*, 2nd ser. vol. XV, 1962, pp. 271–72.

(3) ネフの所説への批判としては、たとえば、D. C. Coleman, *The British Paper Industry, 1495–1860*, 1958, pp. 11 & 23; id., 'Naval Dockyards under the Later Stuarts', *Econ. Hist. Rev.*, 2nd ser. vol. V, 1953. パテントの認可数は、不正確ながら技術進歩のある程度の指標となるかも知れない。cf. B. R. Mitchell, ed., *Abstract of British Historical Statistics*, 1962, p. 268.

(4) M・ウェーバー、黒正巌・青山秀夫訳『一般社会経済史要論』下(岩波書店、一九五九年)、八―九頁。

(5) J. E. T. Rogers, *A History of Agriculture and Prices in England*, vol. VI, 1887, p. 614 et passim.

(6) G. F. Steffen, *Studien zur Geschichte der Englischen Lohnarbeiter*, Bd. 1, 1901; D. Knoop and G. P. Jones, *The Medieval Mason*, 1949; J. Kuczynski, *Die Geschichte der Lage der Arbeiter unter dem Kapitalismus*, Bd. 22, 1964.

(7) 一五〇〇年の例では穀物二〇、食肉二五、乳製品一二・五、飲料二二・五、光熱費七・五、衣料一二・五の比になっており、家賃・地代、サーヴィス関係の費目などが落ちている。E. H. Phelps-Brown & S. V. Hopkins, 'Seven Centuries of the Prices of Consumables Compared with Builders' Wage-Rates', *Economica*, vol. XXIII, 1956, p. 303.

(8) D. Woodward, 'Wage Rates and Living Standards in Pre-Industrial England', *Past & Present*, no. 91, 1981, pp. 28–46 など、批判的な見解もあるが。

(9) Cf. J. U. Nef, *The Rise of British Coal Industry*, vol. II, 1932, p. 193.

(10) P. A. Slack, 'Vagrants and Vagrancy in England', *Econ. Hist. Rev.*, 2nd ser. vol. XXVII, no. 3, 1974, pp. 360–79.

(11) 小松芳喬『イギリス農業革命の研究』(岩波書店)、一九六一年、六六頁。

(12) 上掲『近世ヒューマニズムの経済思想』、三九—四〇頁。また、表1-3参照。地代については、ケリッジ自身が南イングランドの典型とみてよい、と主張している。

(13) D. C. Coleman, 'Labour in the English Economy of the Seventeenth Century', reprinted in Carus-Wilson, ed., *Essays in Economic History*, vol. 2, 1962, p. 306.

(14) 宮川淑「イギリスにおける小麦のエイカ当り収穫量」(『社会経済史学』二九巻一号、一九六三年)、四九頁。播種量と収量の比率はデータが散発的で、一定の傾向を示すことができない。cf. S. van Bath, *The Agrarian History of Western Europe, A. D. 500–1850*, 1963, pp. 330–31.

(15) J. D. Gould, 'Y. S. Brenner on Prices: A Comment', *Econ. Hist. Rev.*, 2nd ser., vol. XVI, 1963; cf. F. J. Fisher, 'The Development of the London Food Market, 1540–1640', *Econ. Hist. Rev.*, vol. V, 1937.

(16) H. J. Habakkuk, 'The Economic History of Modern Britain', *Journ. of Econ. Hist.*, vol., 18, 1958, reprinted in Glass & Eversley, eds., *Population in History*, 1965.

(17) F. J. Fisher, *Essays in the Economic and Social History of Tudor and Stuart England*, 1961, p. 3.

(18) J. C. Russell. *British Medieval Population*, 1948, pp. 270-72.

(19) R. M. Smith, 'Population and Its Geography in England 1500-1730', in R. A. Dodgshon & R. A. Butlin, eds., *An Historical Geography of England and Wales*, 1978, pp. 200-01.

(20) 全国の教区数は変動があるが、一六八九年でおよそ九、〇〇〇である。S. & B. Webb, *The Parish and the Country*, 1906, p. 13.

(21) P. Slack, 'Mortality Crises and Epidemic Disease in England, 1485-1610', in C. Webster, ed., *Health, Medicine and Mortality in the Sixteenth Century*, 1979, p. 56.

(22) F. J. Fisher, 'Influenza and Inflation in Tudor England', *Econ. Hist. Rev.*, 2nd ser. vol. XVIII, 1965, pp. 120 ff.; cf. J. Brown, 'F. J. Fisher on Influenza', *Econ. Hist. Rev.*, 2nd ser. vol. XXI, 1968.

(23) C. Creighton, *A History of Epidemics in Britain*, vol. 1, 2nd ed., 1965, pp. 304 ff., 401 ff., and 474 ff.; J. Graunt, 'Natural and Political Observations', in C. H. Hull, ed., *Economic Writings of Sir William Petty*, 1899, vol. II, p. 363.

(24) I・ウォーラーステイン、拙訳『近代世界システム』II（岩波書店、一九八一年）、一一〇頁以下、また一二八頁など参照。

(25) P. Laslett, *The World We Have Lost*, 1965, p. 50; また Phelps-Brown & Hopkins, op. cit. (*Economica*, 1957), p. 299 および A. H. John, 'Aspects of English Economic Growth in the First Half of the 18th Century', *Economica*, vol. XXVIII, 1961, p. 182 をみよ。前者は一六世紀前半について三分の一、後者は一八世紀初頭で二分の一という。

(26) N. S. B. Gras, *The Evolution of the English Corn Market from the 12th to the 18th Century*, 1915, App. B & C.; cf. London Port Book 1567/8 (*Port and Trade of Elizabethan London Documents*, ed., by B. Dietz, 1972), p. 154.

(27) H. van der Wee, *The Growth of the Antwerp Market and European Economy*, vol. II, 1963; N. W. Posthumus, *Inquiry into the History of Prices in Holland*, vol. II, 1964 などによく表われている。

(28) Cf. F. J. Fisher, op. cit. (London Food Market), p. 50. また、田中豊治「イギリス絶対王政の穀物流通規制について」（『商学論集』二七巻三号）一二四―一二九頁参照。支払い手段にかんしていえば、輸出不況下の一五六三―六四年のロンドン港の貿易収支は一〇万ポンド以上の赤字であった。L. Stone, 'Elizabethan Overseas Trade', *Econ. Hist. Rev.*, 2nd ser. vol. II, 1949, p. 36.

4　商・工業部門の動向

人口増加の圧力に第一次産業が対応しきれなかったこと、これが一六世紀後半、一七世紀初頭の経済動向の基本的特徴であり、価格革命のもっとも重要な原因もそこにあった。そうだとすれば、こうして惹き起こされた価格革命は、経済にいかなる影響を与えたのか。いわば価格革命の結果が何であったのか、これが本節の問題である。

ホブズボウムが「全般的危機」説を唱えたとき、漠然と前提にしていたのは、物価上昇が好況の、物価の安定や下降は不況の表われだとする一般論であったと思われる。しかし、ことがそれほど単純でないことは、あらためて指摘するまでもあるまい。価格革命の経済的帰結にかんして、これまで定説の座を占めていたのは、E・J・ハミルトンやケインズの「利潤インフレ」説であろう(1)。わが国では、たとえば近藤仁之氏がこの学説をほぼ受け容れている(2)。

ハミルトンは、地理上の発見が「近代資本主義」の発展に与えた影響を論じた著名な論文において、ヴィーベの整理したデータをもとに、地主と労働者が資本家に提供する二つの商品、つまり土地と労働の価格が一般物価水準の上昇に大きく遅れ、異常な企業利潤がもたらされたことを論証しようとした(3)。これが「利潤インフレ」説である。これとはむしろ逆の物価変動差が認められたスペインでは、工業の衰退が生じたという比較史的な視座がこの説には含まれてもいる。第二次大戦後になると、ハミルトンはこれを時代的にも拡大して、産業革命をも同じ論理で説明しようとさえした(4)。資本主義の発達には資本蓄積が不可欠の前提条件である。資金が退蔵されずに投資にむけられるためにはそれなりの誘因が必要だが、一般に投資誘因のきわめて弱い伝統的社会にあっては、それは高利潤をおいてほかにない。しかし、そのような高利潤をもたらすには、労働者の犠牲を必要とする(5)。こうして「利潤インフレ」説は、要するに強制的資本蓄積の実在の主張でもあるのだ。

ハミルトンやケインズの「利潤インフレ」説に、もっとも早くから反対を唱えてきたのがJ・U・ネフであった。すでにみたように彼は、彼自身のいう「早期産業革命」の技術革新によって、工業製品価格が相対的に低廉化したと考えており、したがって、実質賃金の低下、労働者の生活水準の切り下げといった推測には強硬に反対する。しかし、実際のところ、二つの議論はみかけほどかみ合ってはいない。ネフは、ハミルトンの関心の中心をなしている価格革命と資本主義の展開の相互関連には、まったく言及していないからである。他方、ハミルトンにしても、前節で検討した農産物と工業製品の相対価格の変動を問題にしておらず、工業製品価格の動向にはほとんど言及していない。

実証面で両者が対立するところがあるとすれば、労働者の実質賃金の動向にかんしてであろう。ネフの主張はこうだ。すなわち、「イギリスの労働者の賃金、なかでも坑夫の賃金、それにおそらく地代も信じられている以上に上昇したこと、さらに、労働者の購買力の低下は一五六〇年から一六〇〇年までの期間はそのまえの一五四〇年から一五六〇年までより少なかったし、一六〇〇年から四〇年までの期間には、おそらくまったく低下しなかった」[6]ほどだ、と。しかし、彼は統計でこの事実を示すことはなく、逆に、従来の実質賃金の算定基準《デフレイター》に使われている物価指数ないし生活コスト指数そのものに疑義をさしはさんでいる。彼によれば、一六世紀のイギリスには急激な生活＝消費構造の転換があったために、「実情を十分よく反映しうる平均指数など」は、統計学的にみて作りようがない、というのである。高い木炭には安い石炭が、高価なガラスには低廉な新製法のガラスが、高級ビールに代って安物の新製品が、獣肉には魚肉が、それぞれとって代ったらしいことなどを乱雑に拾いあげて、彼が自説の根拠としているのは[7]このような立場からである。

しかし、これらの事実はその影響が計量的に確定されていないばかりか、エンゲル係数がますます上昇して生計費の大部分を食糧品、つまり農産物への支出が占めていた事実からして、大きな影響を与えたとは思われない。確かに小麦のみを基準としたシュテフェンらの「実質」賃金推計は、その低落を過大に表示しているであろうが、それにしてもそれが著しく低落したという事実をまで否定することは到底できない。名目賃金が通説以上に上昇したという主張も根拠薄弱で、[8]ネフの反論は実質賃金の動向にかんしても総じて有効でない。

ハミルトンの主張への実証的批判でもっとも有効であったのは、前の節にあげたE・ケリッジの地代統計(表1-3)である。これによって、地代が一般物価に著しく遅れたというハミルトンの主張は根拠を失った。

理論面からする批判は遥かに盛んである。なかでもI・ハマーストレームとD・フェリクスの批判は代表的なものである。前者にいわせれば、通貨量(M)の増加がもっぱら物価水準(P)にはねかえった——つまり、取引量(T)にはあまり影響しなかった——としながら、「利潤インフレ」による「経済成長」が顕著であったというハミルトン・テーゼは自己矛盾である。[9]フェリクスの批判はより具体的である。すなわち、彼はいう。利潤インフレとは、企業収益の成長に対して賃金として分配される部分の成長が遅れることである。ところが、ハミルトンの算出したものは、実際には農産物価格と都市労働者の賃金の比率でしかない。そこから知りうるものは、賃金の農産物購買力であって、利潤の大きさではない。工業にとっては、むしろ食糧・原料・燃料価格の上昇に伴うコスト・インフレがあったのだ、と。[10]自説の証明としてフェリクスは、ハミルトンと同じヴィーベのデータによって、工業においては利潤インフレの可能性がほとんどなかったと主張している。[11]じっさい、より新しいベヴァリッジらのデータを使っても、ほぼ同様の事実が証明できる。[12]各種の指標を辿ってみても、工業製品と賃金のあいだには、大きなギャップは存在しない。一五四〇年代ではなく、五〇年代をベースにすると、両者は逆転さえするのである。

とすれば、労働者の側からみて、実質賃金は農産物の騰貴で明らかに低下したが、工業製品はとくに安価になったわけでもなかったのだし、製造工業の企業家の側でも、いっこうに有利な状況などなかったことになる。価格革命で利益をえた者があったとすれば、ほかでもないトーニーのいう「勃興するジェントリ」、すなわち市場むけ生産に土地を活用した地主・農業企業家がそれにあたるのである。「利潤インフレ」説への批判としては、さらに、そのような所得分配の型が支配的であれば、国内需要が減少し、デフレ傾向をもたらしたであろうというもの、および物価騰貴で利潤インフレが起こるのは、既投下の資本設備(長期の耐久性をもつ)が相対的に安価になる結果であって、固定資本比率の低いこの時代には、そのようなことは起こりえない、といういずれも説得力のある二つの見解がある。(13)

こうなると、「利潤インフレ」説はまったく支持しえないことになるのだが、本当の問題はさらにその先にある。ハミルトンにしろ、ネフにしろ、その他この論争に参加した多数の研究者のあいだでは、それ自体必ずしも検証されていない前提——一六世紀後半が工業発展期であるという前提——が、暗黙のうちに共有されてしまっている。このような暗黙の、しかも未検証の前提のうえに立って、その工業発展の原因をめぐる論争が展開されてきたといってよい。この前提は果たして完全に容認しうるだろうか。

少数のマイナーな産業の成長をとらえて、全国的な経済動向を論じることは、もとより適切でない。この意味では、個々の新工業の絶対的規模がごく小さいことを指摘しながら、(14)「早期産業革命」などという用語をつくりあげたネフの態度なども、誤解を招きやすいというほかない。じじつ、この時代の伝統的工業、とくに圧倒的地位を占めた毛織物工業については、決して明るいイメージを描くことはできない。ネフの「早期産業革命」を構成した諸産業には、大青や煙草、麻類などの新たな換金作物栽培や探検、植民事業と同じく、毛織物業の不振をカヴァーする目的で導入されたものが多いのである。(15)とりわけ製紙業では、不況下の毛織物業からの転業者が目立ったともいわれる。(16)それゆえ、以下、しばらくは中核産業としての毛織物業について、一六世紀後半の状況を検討する。

一般に、この時代の第二次産業では、第一次産業との関連で原・材料に不安はあったが、現状のままのコストでの生産の拡大にはあまり支障がなく、むしろボトル・ネックは需要の側にあった。[17] 一六世紀におけるイギリス産毛織物の国内市場の動向を直接示す史料は存在しない。唯一の手掛りとなりそうなロンドンのブラックウェル・ホールで徴収された「ホール税《ホーレイジ》」台帳も、一六世紀末の数値は不正確といわれる。[18] わが国では、渡辺源次郎、村上英之助両氏の研究[19]があるが、渡辺氏の場合はほとんどア・プリオリに、村上氏の場合は刷毛工程で鋼線が使われるからというので、鋼線一般の生産量推計値をもって、毛織物生産量の順調な成長を仮定し、これに証明済みの輸出不振という事実を重ね合わせて、国内市場の拡大を説いている。村上氏の推論は魅惑的ではあるが、それ自体間接的な推計値である鋼線生産量をそのまま刷毛鋼線の消費量とみることには決定的な無理がある。また、両氏の推論の共通の前提となっている羊毛生産のための囲い込みの進行という推測そのものが、一六世紀後半のイギリス経済の実情を無視しているといってよい。羊毛より穀物の方が圧倒的に騰貴した世紀後半[20]には、牧羊業のための囲い込みは停止していた。すでにみたような所得分配の型は、人口増加があったとはいえ、国内市場の拡大に有利に作用したはずはないのである。

毛織物の国内市場は、一七世紀においても輸出以上に成長したとする議論もある。ところが、いちおう信頼しうる最初のデータである一六八八年のG・キング推計から計算すると、輸出はおよそ四〇パーセントとなっている。[21] 一八世紀初頭については、輸出が三分の二を占めたというH・ヒートンの主張もある。[22] したがって、逆に推論すれば、一六世紀末には輸出が少なくとも五〇パーセント以上であったといわざるをえないことになる。毛織物需要の趨勢を見極めるには、何よりも外国市場、つまり輸出の動向をみなければならないというのは、このような事情からである。

貿易統計にかんしてさえ、一六・七世紀は暗黒時代といってよいのだが、ただ、いまでは周知のF・J・フィッシャーの整理したロンドン港輸出統計[23]が、一六世紀の大体の趨勢を示してくれる。この統計はすでに周知のところであるからここには掲げないが、これによるかぎり、ピューリタン革命前の九〇年間ほどは、旧毛織物輸出が長期停滞を経験していたことが明らかである。もちろん、この統計には地方港の動向が欠落しているし、政府の規制強化に比例して増えたと思われる密輸も含まれてはいない。[24] しかし、一七世紀と違って新毛織物やスペイン織はまだ成長していないので、旧毛織物にかんするこの統計がイギリス毛織物工業全体の傾向を代表しているとみてよい。L・ストーンの言葉を借りれば、「エリザベス朝時代に貿易が大発展を遂げたというのは、信じがたい作り話」[25]にすぎない。とくに一五五〇年代前半、一五六四年前後、一五八六─八七年、一六〇三年、一六一四─一七年など、短期不況要因が重なった時点では、社会・経済の混乱は甚しいものがあった。こうして、一六世紀後半は、イギリス工業、とくにその中核をなす毛織物工業にとっては、内需、外需ともに明るい材料の乏しい時代であった。[26]

他方、あまり問題がなかったとされる生産の側はどうだったのか。羊毛にしても工業原料一般にしても、いずれも製品以上に高騰したことは表1－3などに明らかである。フェリクスがそこにコスト・インフレをさえ見ていること、上述のとおりである。資本の価格の目やすとなる利子率については、ほとんど情報が得られない。法定最高利子率が一五四五年から一六二五年まで一〇パーセントのまま固定されていた[27]ことからすれば、市場利子率が急激に低下したとはいえないかもしれない。賃金についても、工業製品価格とのあいだに著しい差がなかったことはすでにのべた。したがって、長期的な視点に立つ限り、一六世紀後半のイギリス工業は、生産コストの点でも決して有利な方向にはむかっていなかったのである。発展への突破口は、技術革新以外になかったであろう。

生産の側には決定的に不都合な条件が生じたわけではないにしても、とくに有利な条件があったわけでもないという事実は、イギリス工業の国際競争力が際立って強くもなかったことを意味する。ほとんど唯一の輸出産業であった毛織物工業[28]では、一七世紀になると、国際的にみて低い労賃と割高な資本というその特性を生かして、資本節約的で労働集約的な革新が起こる。[29] 伝統的な北部ヨーロッパ市場ではなく、地中海市場を狙った新毛織物工業の展開がそれである。資本や労働の状況がイギリスとは対照的であったオランダでは、逆に旧毛織物への転換・集中が起ったことも知られている。[30]

しかし、一六二〇年代の大不況がそうした転換を決定的にするまでは、イギリス新毛織物工業の展開はなお重要な意味はもっていない。[31] じじつ、従来の国際競争にかんする議論は一七世紀についてしかなされておらず、一六世紀については、国際競争の場が捉えられていない。そもそも、旧毛織物輸出はなぜ停滞したのか。国際競争がその一因であったのだとすれば、競争相手はフランドルやブラバントのそれだったのか、イタリアのそれだったのか。あるいはイギリス産毛織物の最終市場であった中欧や東欧の土着工業であったのか。

一七世紀には賃金コストの圧力によって衰退したイタリア毛織物工業も、この時代にはむしろ隆盛をきわめていたし、同様に職人の組織的闘争によって賃金が大幅に上昇していたといわれるフランドルやブラバントの毛織物工業も、一五七〇年代までは依然として繁栄を維持していた。[32] この時代の毛織物工業で生産コストを決定した主要な要素といえば、羊毛価格と労賃であるが、[33] 後者の点でイギリスがこれらの地方より有利な方向にむかっていたことは明らかである。羊毛価格については、食糧生産と競合してイギリスでそれが急騰したこと以外には、あまり情報が得られない。イタリアやフランドルで羊毛価格についての詳細なデータが得られないとすれば、[34] 結局、生産コストからする説明は、労働集約的な新毛織物がイギリスにとって有利であった理由については説得的だが、一六世紀後半に旧毛織物輸出が長期停滞を経験した原因を示してはいないことになろう。

大陸に比べてイギリスの物価上昇が遅れており、そのことがイギリスの輸出を有利にしていたが、物価の下降傾向も大陸の方で早期にあらわれ、価格較差が逆転するのだという考え方もある。しかし、このような説明も、大陸の物価上昇がなお継続していた一六世紀では、有効性が疑わしい。[35]

旧毛織物輸出の停滞原因の説明として、もっとも広く受け容れられているのは、F・J・フィッシャーのそれである。一六世紀第三・四半期の輸出不振を通貨の改鋳(「グレシャムの改革」)がもたらした為替レートの変化、つまりポンドの切り上げに、第四・四半期のそれを「ロンドン＝アントウェルペン枢軸」の崩壊と対スペイン戦争に、それぞれ帰そうというのが、フィッシャーの見解である。(36) しかし、これらの要因はいずれも、短期不況の説明としては説得的でも、持続的な影響をもったとは考えにくいことも事実である。通貨の改鋳は、フィッシャーのいう為替レートの変化を通じてであれ、J・D・グルドのいうように、(37) むしろ通貨や外国為替制度そのものの「混乱」によってであれ、一五五一年から五三年までの深刻な不況の説明にはなろうが、それ以後の状況を説明するとは思われない。アントウェルペンの陥落も、それで最終消費者たるドイツやポーランドや地中海方面の住人が、もはや毛織物を需要しなくなったと考えるわけにもいかない。

したがって、こうした短期的諸要因によって、イギリス毛織物工業がその最終市場との接触を失っていたあいだに、強力な競争相手がしだいに成長していたという事実こそが重視されるべきであろう。つまり、イギリスがアントウェルペンという最大のチャネルを、いわば非経済的事情で喪失し、アムステルダムとハンブルクにそれを切り換えることに成功するまで、一方では、単純なコスト競争では勝ち目のなくなっていたはずのイタリア工業も繁栄を続けることができ、他方では、ドイツその他における土着工業、ライデンを中心とするオランダ旧毛織物工業などが展開もしたのである。一七世紀前半、このチャネル転換が完了すると、旧毛織物輸出も一時的に回復にむかうが、結局、北部ヨーロッパ市場ではオランダ、ドイツなどとの競争にうち勝つことができず、二〇年代の大不況を契機として、新毛織物業や「早期産業革命」を構成する新たな諸産業――多くは輸入代替的な半奢侈品工業であった――への転向を余儀なくされるのである。

(1) J. M. Keynes, *A Treatise on Money*, 1930, pp. 157–58.(長沢惟恭訳『貨幣論Ⅱ』ケインズ全集6、東洋経済新報社、一九八〇年、一六九頁)。
(2) 近藤仁之、上掲論文(「価格革命とスペイン」)、二八〇頁。
(3) E. J. Hamilton, op. cit.(*Economica*, IX, 1929), pp. 351–52.
(4) 第二節注(8)参照。ハミルトンは次のようなモデルを設定している。一五〇〇年に一〇万ポンドの生産を行なう企業が、賃金に四万、原・材料、設備に四万、地代に一万ポンドを要したと仮定する。利潤率一一パーセントというわけである。そこで物価が一五〇パーセント上昇すると、生産額は二五万ポンドとなる。賃金は僅かな上昇で五万、地代と原・材料、設備は一般物価と同じ上昇率とすると一二・五万ポンドとなるから、期末の利潤は七・五万ポンド、率にして四三パーセントとなる。E. J. Hamilton, op. cit.(Prices as a Factor), p. 335.
(5) ibid., pp. 338–39 and 348.
(6) J・U・ネフ、宮本又次他訳『工業文明と現代世界』(未来社、一九六三年)、一三五頁。
(7) 同書、一三六―一三七頁。
(8) E. J. Hamilton, op. cit.(Prices as a Factor), p. 334.
(9) I. Hammarström, op. cit., p. 127.
(10) D. Felix, 'Profit Inflation and International Growth', *Quart. Journ. of Econ.*, vol. LXX. 1956, pp. 441–63.
(11) ibid., pp. 445–46.
(12) 拙稿「価格革命期英国の経済成長」(『史林』、四九巻四号、一九六六年)、一四九頁。
(13) J. D. Gould, op. cit.(Price Revolution), pp. 262 and 264.
(14) J. U. Nef, *Cultural Foundation of Industrial Civilization*, 1960, pp. 36–38.
(15) J. Thirsk, 'Projects for Gentlemen, Jobs for the Poor: Mutual Aid in the Vale of Tewkesbury, 1600–1630', in P. McGrath and J. Cannon, *Essays in Bristol and Gloucestershire History*, 1976, pp. 147–69. 毛織物業の内部でも、たとえば「スペイン織」の導入は明らかに不況対策であった。ibid., p. 161; E. Moir, 'Benedict Webb, clothier', *Econ. Hist. Rev.*, 2nd ser. vol. X, 1957, p. 257. 煙草については J. Thirsk, 'New Crops and their Diffusion: Tobacco-growing in Seventeenth-Century England', in C.

W. Chalklin and M. A. Havinden, eds., *Rural Change and Urban Growth 1500–1800*, 1974, pp. 76–103.

（16） D. C. Coleman, op. cit.(Industrial Growth), pp. 4–5.

（17） F. J. Fisher, op. cit.(Tawney's Century), p. 6.

（18） D. W. Jones, 'The "Hallage" Receipts of the London Cloth Markets, 1562–c. 1720', *Econ. Hist. Rev.*, 2nd ser. vol. XXV, no. 4, 1972, p. 580.

（19） 渡辺源次郎「近世前期におけるイギリス重商主義」(『社会経済史大系V』、一九五九年)第三章。村上英之助「十七・八世紀イギリスの毛織物生産量に関する研究」(『歴史学研究』二六七号、一九六二年)。

（20） 上掲表1－3参照。

（21） P. Deane, 'The Output of the British Woollen Industry in the Eighteenth Century', *Journ. of Econ. Hist.*, vol. XVII, 1957, p. 209.

（22） H. Heaton, *The Yorkshire Woollen Industry in the Eighteenth Century*, 2nd ed., 1965, p. 150. 一六二三年の不況時でも、ヨークシア産八、〇〇〇クロスのカージーのうち六、〇〇〇クロスは輸出されたともいう。

（23） F. J. Fisher, op. cit.(Commercial Trends), *Econ. Hist. Rev.*, vol. X, 1940; id., 'London's Export Trade in the Early Seventeenth Century', *Econ. Hist. Rev.*, 2nd ser. vol. III, 1950; B. E. Supple, *Commercial Crisis and Change in England, 1600–1642*, 1959, Appendices.

（24） G. D. Ramsay, 'The Smugglers' Trade: An Aspect of the English Commercial Development', *T. R. H. S.*, 5th ser. vol. 2, 1952, pp. 131–55.

（25） L. Stone, op. cit., p. 50.

（26） H. Heaton, *op. cit.*, ch. II & V; G. D. Ramsay, *The Wiltshire Woollen Industry in the Sixteenth and Seventeenth Centuries*, 2nd ed., 1965. などにも、一六世紀後半にこの産業が著しく発展したという記述はない。

（27） 37 Henry VIII, c. 9；21 Jac. I, c. 17(*Statutes of the Realm*, vol. III, pp. 996–7 & vol. IV, pp. 1171–2).

（28） 毛織物輸出の大不況の年であった一五六五年のロンドン港(全国の八割程度の貿易を握っている)の輸出は、毛織物が七八パーセント、羊毛六・三パーセントなどとなっており、好況時には毛織物が八五パーセントを越えたといわれる。Stone, op.

cit., p. 37.

(29) Cf. B. E. Supple, *op. cit.*, p. 157. ウィルトシアの例について、八四重量ポンドの羊毛と一四人の労働で生産する旧毛織物は一三ポンド、同量の羊毛と四〇―五〇人の労働を用いてつくる新毛織物は二七―二八ポンドに売れたという。

(30) C. H. Wilson, 'The International Competition in Europe of the Seventeenth Century', *Econ. Hist. Rev.*, 2nd ser. vol. XIII, 1960.

(31) ibid., p. 214. ライデンがイギリス産新毛織物の競争を意識しはじめるのは、一七世紀中頃からである。なお 'Two Documents concerning the New Draperies', *Econ. Hist. Rev.*, 2nd ser. vol. IV, 1952, pp. 353–58. をも参照。

(32) R. Romano, 'A Florence au XVIIe Siècle : Industries textiles et Conjoncture', *Annales : E. S. C.*, t. XII, 1957, pp. 31–32; C. M. Cipolla, 'The Decline of Italy', *Econ. Hist. Rev.*, 2nd ser. vol. V, 1952, p. 181.

(33) van der Wee, *op. cit.*, vol. II, pp. 434 and 386–87.

(34) ヴェー、ポスチュムスらの統計史料集には見当らない。

(35) 毛織物価格の動向は左のようである。

		1550年代	1560年代	1570年代	1580年代	1590年代	1600年代	1610年代	1620年代
a	アントウェルペン	62.8	81.7	100	146.9	160.1	—	—	—
b	アムステルダム	59.0	80.6	100	—	—	—	—	—
c	ウィンチェスター	65.3	92.2	100	105.2	114.9	148.6	153.4	153.4
d	ウェストミンスター	—	—	100	101.9	108.0	133.0	137.8	138.3

〔出典〕 a : H. van der Wee, *op. cit.*, vol. 1, p. 272 ; b : N. W. Posthumus, *op. cit.*, vol. 2, 1964, pp. 50–51 ; c, d : W. Beveridge & others, *op. cit.*, pp. 87–9, 193–4 より算出.

(36) F. J. Fisher, op. cit. (Commercial Trends), pp. 157 and 160.

(37)　J. D. Gould, *op. cit.* (Great Debasement), pp. 140–41.

5　人口増加による生態学的危機

一六世紀のイギリスでは、人口が激増した。人口の増加はそれに対応する食糧の増産を必要としたし、増加した人口に雇傭を与える必要も生じた。しかし、工業用の原・材料、燃料として鉄と石炭がなお本格的には使用されていなかった当時の経済にあっては、食糧はもとより、羊毛のような原・材料、動力源としての馬などがことごとく農業に依存しており、造船や建築の基礎資材でさえ木材であったから、結局、経済の規模は、狭いイギリスの国土が生み出す植物性生産物にその天井を画されてもいた。激しい人口増加はやがてこの天井に近づき、第一次産業とのバランスを崩すことになる。(1) 羊毛価格が毛織物価格より高騰し、その羊毛以上に小麦が高騰した事実が、この事情を物語っている。(2)

人口圧に起因するこのような危機は、全国的には深刻な貿易不振の重なった一六二〇年代初頭に明らかになるが、辺境地域では、すでに早くからその兆候がみえてもいた。ウォリックシアのアーデンの森、スコットランドとの国境に位置するカンブリア(カンバーランド、ウェストモーランド)、ランカシアなどにその傾向が認められる。これまで利用してきた物価史のデータが、ほとんどロンドンを中心とする南イングランド、つまり経済活動の中核地域のそれであったから、以下しばらく辺境地域の状況をみておく。

アーデンの森の五つの教区では、一五七〇年から一六五〇年までのあいだに、二、二五〇人から三、四〇〇人へ、およそ五〇パーセントもの人口増加があった。(3) とりわけ一六〇〇年までの期間には、洗礼数が埋葬数を四五パーセントも上回り、自然増加の激しさを示す。そのうえ、教区簿冊には新しい姓が大量に現われ、外部からの流入者も多かったことを想像させる。ところが、一六一〇年代、より厳密にいえば一三年から一九年までの期間には、人口動態に顕著な変化が起こる。洗礼数は埋葬数を下回り、六パーセントの自然減となるうえ、新しい姓もほとんど出現しない。それどころか、これまであった姓で見当らなくなるものもあり、人口の他地域への流出が推定される。つまり、一六一〇年代に至って、人口は減少に転じてしまうのである。(4)

　このような逆転はなぜ生じたのか。死亡率も確かに上昇しているのだが、出生数も低下しているので、疫病が原因とは考えにくい。(5)疫病で多数の死者が出たのだとすれば、出生率が低下することはないというのが、人口学上の常識だからである。出生率――というより妊娠率――が決定的に低下するのは、食糧危機に伴う栄養失調のもっともよく知られた特徴なのである。

図1-3　アーデンの森の人口動態(4教区)

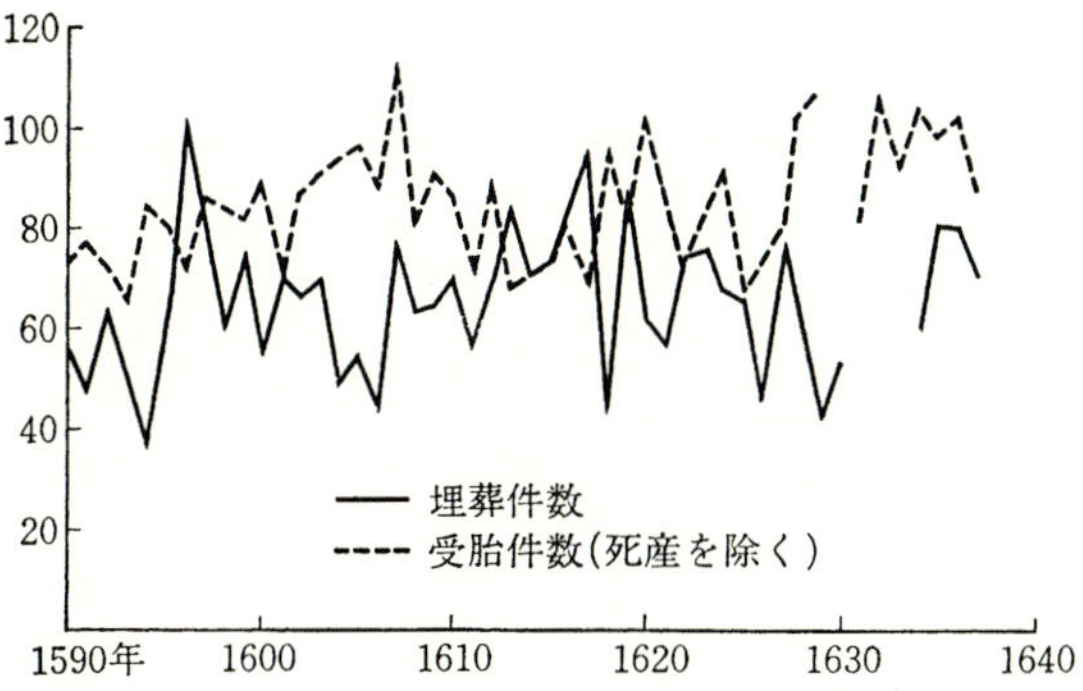

〔出典〕 V. Skipp, *Crisis and Development*, 1978, p. 38.

　食糧危機や栄養失調が蔓延していた証拠はほかにもある。五つの教区の住民を土地保有階層と、小屋住農など土地を保有せず、食糧を買わなければならなかった階層とに分類してみると、一六一〇年代に出産や結婚の件数が著しく低下したのは、後者であることがわかる。しかも、この土地をもたない階層の洗礼数は、とりわけ収穫前の三カ月間に目立って低下する。当初激増した幼児死亡がやがて減ってゆくのは、土地をもたない階層の妊娠率が下ったためと思われる。(6)全体に妊娠・出生率が回復してくる一〇年代末(一六一八・一九年)に、死産や早産がふえた。(7)

　このような事実は、医学的観点からする人口史研究者として著名なT・マキオウンの、飢饉にかんする人口モデルにきわめて適合的である。(8)このモデルによれば、食糧危機が起こるとまず幼児死亡がふえるが、出生数はあまり変化しない。しかし、栄養不足がさらにすすむと妊娠率が低下し、子供は生まれなくなる。アーデンの森の一六一五年から一七年までの状況は、まさにこのとおりであった。食糧事情が回復すると妊娠件数も回復してくるが、なお栄養状態が十分でないので、死産や早産がふえる。一六一八・一九年の状況がこれにあたる。

ところで、このような食糧危機はなぜ起こったのだろうか。一六一〇年代は、全国的にみれば、とくに作況の悪かった時期ではない。(9)この地方にだけ特殊な気候条件などがみられたという証拠もない。つまり、平均的な収穫があっても食糧が不足したということであり、人口増加が食糧生産の天井にぶつかったというわけだ。じっさい、この地方では一六世紀末の三〇年間に、一六〇ないし二〇〇戸の新家族が出現しているが、そのほとんどは法律が認めた自給可能な最低水準の保有地――四エーカー――をも得られず、共有地に定住した人びとであった。(10)危機は、まさしくマルサス型のそれだったのである。

危機への対応には、人口の自然減と他地域への流出という消極的なものと、農業改良や雇傭の増進のような積極的なものとがみられた。一六〇一年から二五年までに洗礼を受けた二〇〇人のうち、二九歳までに五九人が死亡し、五四人が両親とともに転出、三八人は単身で転出した。生きて同地に留まったのは、結局四人に一人でしかなかったのである。(11)家族ぐるみの転出者の多くが、世紀の交に転入してきた貧民であったことも、容易に想像できる。時代の特徴となった国内を転々とする下層貧民の姿(12)がここにある。

牧草地の一部を耕地として数年交代で穀作をおこなう「穀草式農法」の採用や囲い込み、客土による土壌改良など、農業改良がすすめられたのは危機への積極的対応であったといえよう。貧民のためのオート麦や大麦のような春播き穀物の作付面積の拡大、生産増加も認められる。(13)穀草式農法の導入によって、耕作のための臨時労働がふえ、とくに換金作物である亜麻の栽培が始まると、労働需要が一段と高まった。こうして、一六二五年から四九年までのあいだには、ふたたび六二パーセントもの人口増加が起こり、農家の部屋数や財産目録にみる家具類も増えていった。[14] 生態学的な天井は、明らかに引き上げられたのである。

カンバーランドとウェストモーランドの状況も、これによく似ていた。この地方では、一五八七年から八八年にかけてと一五九七年から翌年にかけて、さらに一六二三年の三度にわたって飢饉が発生した。多雨で気候条件の悪いこの地方でも、一五六三年から一六〇三年までの期間には四三パーセント程度の人口増加があったが、そこから一六四一年までのあいだには九パーセントの減少を経験する。[15] 一六〇三年というのは、たまたまデータの得られる年であるにすぎないので、本当の人口変動の転換点はもう少しうしろにあった、とも推測される。一七世紀前半までのこの地方には、のちのホワイトヘヴンのような都市は皆無で、人口増加というのも、ほとんどが農村で起こったものである。農耕は原始的で、高地では牛、低地では羊が飼育された。牛はロンドン方面にまで売られたし、羊毛はペナイン山脈を越えてヨークシアにもたらされたが、全体に他地域との交易は限られていた。飢饉が続発しても南方へ転出する者が少なく、過剰人口のほとんどが共有地である森林地帯に定住したのは、このためである。じじつ、最大の森林であったイングルウッドでは、一五七八年に一七八件しかみられなかった開墾地が、一六一九年には六〇二戸の住宅を含む七五七件に激増している。[16]

スコットランドとの国境に位置する関係で、歴代のイギリス王はこの地の農民に国境防衛の責任を分担させ、そのかわり彼らの権利を保護するという、いわば一種の屯田兵的な政策をすすめてきたのだが、一六〇三年、スコットランド王ジェイムズがイギリス王位を兼ねると、この政策は意味を失い、借地農保護政策も放棄される。他地域から相対的に隔絶され、鉱・工業や商業も発達していないこの地域では、こうなると人口増加の圧力は一時金を含む地代の急騰を結果した。[17] これが飢饉の背景である。

とはいえ、上述の三つの危機が飢饉であったことはどうして証明できるのか。確かにこれらの時期には、いずれも平時の数倍の死亡数が確認できるのだが、それは飢饉のためだったのか、疫病のためだったのか。むろん、飢饉による栄養不良が人びとの抵抗力を弱め、浮浪者がふえて病原菌をまき散らすということもあり、飢饉と疫病は併存することも多かったのだが、一六世紀後半には、両者はかなり明瞭に区別できるようになってきたことも事実である。[18]

P・ラスレットの判定基準など[19]に照らしてみれば、この三つの危機は明らかに飢饉が根本原因となっていた。たとえば、疫病が基本要因であったとすれば、このような高死亡率をもたらすのは腺ペストしかありえない。しかし、死亡数が冬期に激増し、広範な農村部にひろがっていることからすれば、夏の、それも都市の疫病である腺ペストの可能性はありえない。逆に、積極的に飢饉の実在を示唆する材料も多い。すなわち、穀物が急騰し、羊毛価格が低迷するなど、エンゲル係数の極度の上昇が推定されること、栄養不良を示す妊娠率の低下が認められること、餓死の記録も散見されることなどがそれである。一六二三年の場合、スコットランド、ランカシア、ヨークシアのウェストライディングなどでも飢饉が確認されており[20]、ブリテン島の北部一帯に飢饉がひろがっていたものと推定される。しかし、この折にも、かねて領主が共有地への貧民の定植や慣習保有地の分割相続による細分化を禁止していた地域――したがって、人口増加が抑制されていた地域――は、飢饉をまぬがれていたことが判明している。[21]人口増加が飢饉の前提となっていた証拠である。

一六二三年を最後として、カンブリア地方にも飢饉はなくなる。[22]ロウザー家の主導のもとに石炭業が発達し、ホワイトヘヴン、ケンダルなどの都市が成長したこと、アイルランド、スコットランド、新世界などをイングランド南部と結ぶ貿易が発達したことなどが決定的であった。これらの変化が雇傭をふやし、この地域の相対的孤立状況を解消したからである。その結果、人口はふたたび増加しはじめ、三度の飢饉より前の一五六三年に比べて、名誉革命の年にはカンバーランドで五〇パーセントの増加が認められ、ウェストモーランドでも僅かな減少にとどまることになる。[23]

以上、食糧生産と人口の均衡の危機を示唆する二つの事例を紹介した。ロンドンをはじめとする南部イングランド、とりわけ大都市では、これほど深刻な食糧＝生態学的危機は生じなかったが、[24] 物価統計が示唆している方向は、ここでもまったく同じであったといえよう。

（1） E. A. Wrigley, 'The Supply of Raw Materials in the Industrial Revolution', *Econ. Hist. Rev.*, 2nd ser. vol. XV, 1962, pp. 1–16.

（2） 上掲表1－3。

（3） V. Skipp, *Crisis and Development : An ecological case study of the forest of Arden 1570–1674*, 1978, p. 9.

（4） *ibid.*, pp. 18–20.

（5） *ibid.*, p. 20.

（6） *ibid.*, pp. 26–28.

（7） *ibid.*, p. 35.

（8） T. McKeown, *The Modern Rise of Population*, 1976, pp. 23–24.

（9） 一五九〇年代、一六〇〇年代、一六一〇年代、二〇年代の各一〇年間で最高の穀物価格をとると、エクセターとイートンでは左のようになる。

年　代	ピーク	Exeter	Eton
1590	1596年	62.94 s/qr.	51.59 s/qr.
1600	1608	45.58	49.91
1610	1618	37.31	39.49
1620	1622	43.10	52.11

〔出典〕 B. R. Mitchell, ed., *Abstract of British Historical Statistics*, 1962, p. 486.

(10)　四エーカー以下の小屋住みを不法としたのは，31 Eliz. c. 4(*Statutes of the Realm*, vol. IV, pp. 804–5). Cf. J. Thirsk ed., *The Agrarian History of England and Wales, vol. IV, 1500–1640*, 1967, pp. 227–28. 完全な自給には一〇—一五エーカーが必要であった。Skipp, *op. cit.*, pp. 41 and 54.

(11)　*ibid.*, pp. 39–40.

(12)　P. Clark, 'The Migrant in Kentish Towns 1580–1640', in P. Clark & P. Slack eds., *Crisis and Order in English Towns 1500–1700*, 1972, pp. 117–63.

(13)　Skipp, *op. cit.*, p. 48.

(14)　*ibid.*, pp. 62–63.

(15)　A. B. Appleby, *Famine in Tudor and Stuart England*, 1978, p. 14.

(16)　*ibid.*, p. 34.

(17)　*ibid.*, p. 78.

(18)　P. Slack, 'Mortality Crises and Epidemic Disease in England 1485–1610', in C. Webster, ed., *Health, Medicine and Mortality in the Sixteenth Century*, 1979, p. 56.

(19)　P. Laslett, *op. cit.*, p. 113.

(20)　C. D. Rogers, *The Lancashire Population Crisis of 1623*, 1975, pp. 26–27 ; Appleby, *op. cit.*, p. 146.

(21)　*ibid.*, pp. 150–51.

(22)　*ibid.*, p. 155.

(23)　一七世紀後半以後のカンブリア農民の生活改善については，J. D. Marshall, 'Agrarian Wealth and Social Structure in Pre-Industrial Cumbria', *Econ. Hist. Rev.*, 2nd ser. vol. XXXIII, no. 4, 1980, p. 516. しかし，以後も全国的に食糧不足による人口危機が絶無となったわけではない。この点については次の一文参照。cf. A. Gooder, 'The Population Crisis of 1727–30 in Warwickshire', *Midland History*, vol. 1, no. 4, 1972, pp. 1 and 10.

(24)　ロンドンでも，疫病による異常な高い死亡数を記録した年も多いが，疫病の流行は栄養状態とは無関係であったという。R. Finlay, *Population and Metropolis : The Demography of London 1580–1650*, 1981, ch. 6 ; A. Appleby, 'Nutrition and Disease: the Case of London, 1500–1750', *Journ. of Interdisciplinary History*, vol. VI, p. 19.

6　一六世紀型成長とその破産

経済成長という言葉は、それが量的な側面に限って用いられている場合でも、二つの意味を含んでいる。ひとつは「一人当りの生産高」とか「平均所得」といった指標の成長のことであり、いまひとつは「総生産量」とか「国民所得」とかいった指標の成長のことである。前者を平均量指標、後者を総量指標とかりに名付けるとすれば、経済成長のほんらいの指標は前者、つまり総量を人口で除した平均値でなければならない。というのは、この二つの指標はいつも同じ方向に動くとは限らないからである。たとえば、平均量指標によるかぎり、産業革命の初期、すなわち一八世紀の第三・四半期は停滞の時代とされるが、この時期に全体としての経済活動が停滞したと考えるわけにはいかない。

本章が対象とした一六世紀後半、一七世紀初頭のイギリス経済も、総量指標の上昇と平均量指標の停滞によって特徴づけられた。表1－5は、リンカンシアにおける遺言証書をもとに作成した個人資産統計である。遺言証書を残す階層には片寄りがあるが、ほとんどあらゆる社会層がいちおうは含まれてもいる。リンカンシアのデータが全国の動向を代表しているとも断言できないし、対比のために掲げた物価指数は南部イングランドのものでしかない。しかし、住宅

表1-5　リンカンシア個人財産　(指数)

	1540年	1572	1605	1635	1669	1690	1725
物　価	100	171	251	291	324	319	—
資　産	100	105	154	184	304	493	500
部屋数							
3以下	19	50	44	34	36	29	16
4－6	10	9	18	31	29	27	40
7以上	2	1	6	8	16	22	22

〔出典〕 M. W. Barley, 'Farmhouses and Cottages 1550–1725', *Econ. Hist. Rev.*, 2nd ser. vol. VII, 1954, p. 294.

の部屋数にかんする統計をも併せて検討すれば、少なくともリンカンシアでは一六世紀と一七世紀初頭には個人の富はほとんどふえず、王政復古後にそれが急速に成長したことが分かろう。(1) 全国的な趨勢を検討したフィッシャーも、ほぼこのとおりの印象を得たようである。(2)

一六世紀後半、一七世紀初頭のこのような成長のパターンを好況とよぶか不況とよぶかは、ここでは問題でない。ただ、重要なことは、経済活動の量的な増加が人口増加に吸収されてしまうというこの型の成長は、やがて停止し、転型せざるをえなかったということである。人口増加、なかでもロンドンの成長に代表される都市人口の増大は、(3) 食糧の騰貴や実質賃金の低下を招き、国内市場の拡大を妨げる。輸出産業である毛織物業は、こうして低賃金の利点をもつものの、土地利用上食糧の生産と競合した羊毛価格の急騰に直面することになった。そのうえ、たとえイギリス毛織物業が低コストの利点を維持していたとしても、輸出市場は国内市場より遥かに不安定で、純粋に生産コストの差が帰趨を決するというわけのものでもなかった。こうして、一六世紀後半を通じて輸出不振にあえいだ毛織物工業は、一六二〇年代に至ってカタストロフィをむかえる。

国土の面積がほぼ一定で、農業の生産性を飛躍的に高める技術革新もなく、貿易も停滞的であったなかで、激しい人口増加が起こったこと、これが危機の根本原因であった。とすれば、総量指標の上昇をもたらすような積極的な対応は、国土の拡大、つまり植民地の形成、新たな貿易の開拓、農業改良、工業用の原料や燃料の転換——国内産羊毛から植民地棉花へ、木材から鉄へ、木炭から石炭へ等々——などの形態をとるはずであった。一七世紀後半、一八世紀前半のイギリスは、まさしくこのような課題を達成することで、工業化の前提条件を整えてゆくのである。

しかし、危機にはより消極的な対応もなされた。人口増加率の低下がそれである。現在の低開発国と工業化直前の西欧諸国とを対比すると、後者では生活水準の向上が人間行動の目標として高い位置を占めており、その結果、前者にみられるような盲目的な高出生率は認められないといわれる。いずれの社会も高い人口増加率が特徴とはなっているが、前者では高い出生率と高い死亡率を維持し、後者では生活水準を考慮した出産制限のゆえに、相対的には低い出生率と高い生存率が原因になっていた。このことは、工業化直前のヨーロッパでは、幼児死亡による経済的ロスが少なかったことを意味する。したがって工業化直前のヨーロッパ――たとえば、一七五〇年ごろのイギリス――は、現在の低開発国とは比較にならないほど高い平均所得をもっていたことは、いまでは常識の部類に属する。(4)

ところで、工業化の初期段階では労働者の生活水準が多少とも低下することが必然だとする見解がある。これには強い異論もあること周知のとおりであるが、この見解を認めれば、工業化の開始にはある程度以上の生活水準が達成されていなければならないことになる。しかも、たとえこの見解を拒否するとしても、国内市場の規模などの点からみて、同じことがいえるだろう。このような議論を、工業化前二世紀余のイギリス史の現実にあてはめると、どうなるか。一六世紀型の成長は、ジェントリ層を勃興はさせたが、庶民の生活水準をむしろ引き下げ、工業化の基盤としては低すぎるものにした。工業化が成功するためには、一七世紀後半と一八世紀前半における平均量指標の着実な上昇の時代――人口増加率の低下、産業の複数化、商業革命と植民地帝国の形成、農業改良などによる――、つまり「人口圧消滅後の平均所得の向上期」を通過することが不可欠であった。一段高い地点から出発した一八世紀後半の、一六世紀に類似した成長のパターンは、工業化を結実させることができたのである。

「一七世紀の全般的危機」は、イギリスに限っていえば、一六二〇年から六〇年までのあいだに顕現し、一六世紀型成長から一七・八世紀型のそれへの転換をもたらした、といえよう。

(1) J. D. Marshall, *op. cit.*, p. 516.
(2) F. J. Fisher, op. cit. (Dark Ages), p. 16.

（3）　R. Finlay, *op. cit.*, pp. 51 & 60.

（4）　J. T. Krause, 'Some Neglected Factors in the English Industrial Revolution', *Journ. of Econ. Hist.*, vol. XIX, 1959.

二 「全般的危機」とイギリス
——一六二〇年から四〇年まで——

「このような証拠のたとえ一部でも頼りになるとしたら、われわれが一七世紀の『全般的危機』について語るのも当然である。もっともその特徴のひとつは、『ブルジョア革命』を経験した諸国家が相対的にこの危機を免れたことにあるが。……危機は一六二〇年頃から……始まったらしい。……一六四〇年から一六七〇年代のあいだに……危機がそのもっとも鋭い局面を迎えたことはたしかである。それ以降の証拠は矛盾している。おそらく復興の徴候の方が、(明らかに)海洋国家だけではなく他の国においても、危機の徴候を圧倒している。」「イングランドの人口増加は……事実上一六三〇年以後は止まってしまったらしい。」「ジェイムズ一世時代を専門にする人たちは、危機を促進したのがいったい何であったか、アメリカ産の銀の減少なのか、バルト海市場の崩壊なのか、他の何らかの考えられる要因なのか、結論をつけねばならない(1)。」

1 問題の所在

一六世紀を通じて拡大を続けたヨーロッパ経済は、一六二〇年代初頭以来、深刻な危機を経験した。その危機は、具体的には人口成長の停止、バルト海貿易や新世界、アジアとの貿易を中心とする交易の全般的沈滞、新世界銀の流入量の低下に基づくと思われる物価の下落などに見出される(2)。こうした経済危機は、ヨーロッパ全体としては一七二〇年頃まで続き、その間に上部構造たる政治体制の危機をさえ続発させる。イギリスのピューリタン革命やフランスのフロンドの乱はその好例である。これが、一九五四年にE・J・ホブズボウムがうち出した「一七世紀ヨーロッパ経済の全般的危機」論の骨子である。彼はまた、この危機の本質を封建的生産関係の枠内で生じた一六世紀の経済成長、つまり生産力の上昇のために、生産力と生産関係のあいだに矛盾が生じたものと規定していることも、周知のところであろう。この危機に対して、ひとりイギリスのみが「ブルジョワ革命」という、いわば「正しい」対応をしたのだという彼の主張も、そこから生まれる。

論争の他方の当事者となったH・R・トレヴァー＝ローパーの理解は、全体としてルネサンス的・奢侈的な宮廷、ないし中央政府と地方の関係の緊張こそが、危機の根本原因だとするものである。絶対王政の宮廷はおしなべて浪費的なルネサンスの雰囲気に包まれており、その浪費を継続するために課された租税こそが、宮廷と地方との関係緊張の基本要素であった、というのである。したがって彼にとっては、革命の勃発したイギリスだけが、「危機」への対応に失敗したことになるのであった。

しかし、両者の議論はこのようにすれ違ってばかりいるわけでもない。少なくとも一六二〇年以後のヨーロッパに危機が存在したことについては、両者の見解は一致しているといえるし、両者ともそれがイギリスにも実在したと考えているらしいことも、それぞれの論旨からして必然的に結論しうることである。「イングランドでは決定的な前進がみられた」などともいうホブズボウムの主張には、いく分不透明な部分もあるが、革命が「危機」への対応であったという以上、革命前のイギリスは「危機」でなければならない。じじつ、そのように読み取れる言及も数多く認められる。それゆえ、危機論争の両当事者が、一六二〇年から四〇年までのイギリスには「危機」が実在したと考えていることは確実であろう。革命期や王政復古時代のイギリスはどうだったのかという問題は、名誉革命をどのように評価するかという問題とともに、いささか判然としていない。とりわけイギリス王室の「危機」への対応の失敗を説くトレヴァ＝ローパーにとって、王政復古や名誉革命はどういう意味をもつのか、いっこうに明瞭でない。

このような論争の現況にてらして、ここでは第一に、両者が等しく措定しているようにみえる「危機」が、一六二〇年から四〇年までのイギリスに実在したと言いうるか否かを、可能な限り具体的なデータを呈示しつつ検討する。ただし、議論は経済の次元に限られるから、[3] 主として引き合いに出されるのはホブズボウムの危機論ということになる。本章の第二の課題は、かりに何らかの形の危機が実在したとすれば、イギリスがいち早くその危機を脱することができたのはなぜかという問題に、いちおうの説明を準備することである。

(1) E. J. Hobsbawm, 'General Crisis of the European Economy in the 17th Century', *Past & Present*, no. 5 & 6 reprinted in T. Aston, ed., *Crisis in Europe 1560–1660*, 1965, pp. 7–8, 13, 27(今井宏訳『十七世紀危機論争』、創文社、一九七五年、六、一一、二七頁)。以下、原文の引用はアストンの版による。
(2) ホブズボウムは「生産の危機」を唱えてはいるが、その証拠はほとんどあげていない。cf. *ibid*., p. 9(邦訳、七―八頁)。
(3) 危機論の分類については、cf. N. Steensgaard, 'The Seventeenth-Century Crisis', in G. Parker and L. M. Smith, eds., *The General Crisis of the Seventeenth Century*, 1978, pp. 26–56.

2 危機は実在したか——人口と物価

ホブズボウムが最初に危機論を提唱したとき、その証明ないしその原因としてあげた指標は、人口、物価、貿易などの停滞、低下であったこと、上述のとおりである。したがってここではまず、人口と物価について検討を加えたい。この時代が統計データの極端に少ない、H・ヒートンのいう「暗黒時代」[1]であってみれば、人口史にかんする統計などというものも、ほとんど得られないのは当然である。しかし、いわゆる「人口および社会構成の歴史にかんするケンブリッジ・グループ」による教区簿冊などの研究が進展したお蔭で、いまではこの点についていくらか明確な議論ができる。

教区簿冊を利用した「家族復元」の方法(2)がイギリスに適用された最初の例として、センセイションをまき起こしたE・A・リグリのデヴォンシア・コリトン教区にかんするデータ(3)をみると、同教区では、ほぼ一五六〇年から一六四〇年までは若干の例外的な年を除いて、つねに洗礼数が埋葬数を上回っており、一六六〇年から一七四〇年までの期間とは正反対の傾向を示している。洗礼数と埋葬数の逆転は、厳密にいうと一六四五年一一月から翌四六年一〇月までの一年間に生じた、とリグリはいう(4)。つまり、ここでは一六二〇年の前後には何ら目立ったトレンドの転換はない。一六二〇年から四〇年までの期間は、一五九〇年代に始まる洗礼数の増加と、一六一〇年代後半に始まる埋葬数の増加の延長上にあるにすぎない。このコリトンのケースをエセックスのターリングとレスターシアのボツフォードのデータと比較したレヴィンによっても、同じことがいえる。ターリングとボツフォードでは非常に様子が違っているけれども、どちらにおいても一六二〇年前後に長期趨勢の転換点を求めることはできない(5)。激しい人口流入によって「怪物《モンスター》」都市となりつつあったロンドンでも、二〇年代の前半にこそ人口減少の可能性が指摘できるものの、それも後半にはたちまち激増に転じている。

もっとも、このような散発的なデータだけでは、イギリス全体の動向について何ほどの証明になるわけでもない。それゆえ、全国に散在する四〇四教区の材料を集計した図2－1を検討しよう。これによる限り、結論はコリトンのそれから得られるものと大差がない(6)。確かに一五六〇年から九〇年までや一六〇〇年から二〇年までに比べると、問題の一六二〇年から四〇年までは埋葬数が洗礼数に接近している年が多いが、同様の傾向は一五九〇年代にも認められるし、二つの数値がほぼ一致してしまう傾向は、一六六〇年代以降にこそ顕著というべきであろう。ちなみに、一六四〇年から六〇年にかけて全体の数値が低いのは、革命による国教会の混乱が聖職者の記帳を妨げたためと思われ

図2-1　404教区のデータをもとにしたEnglandの出生(洗礼)・死亡(埋葬)件数推計

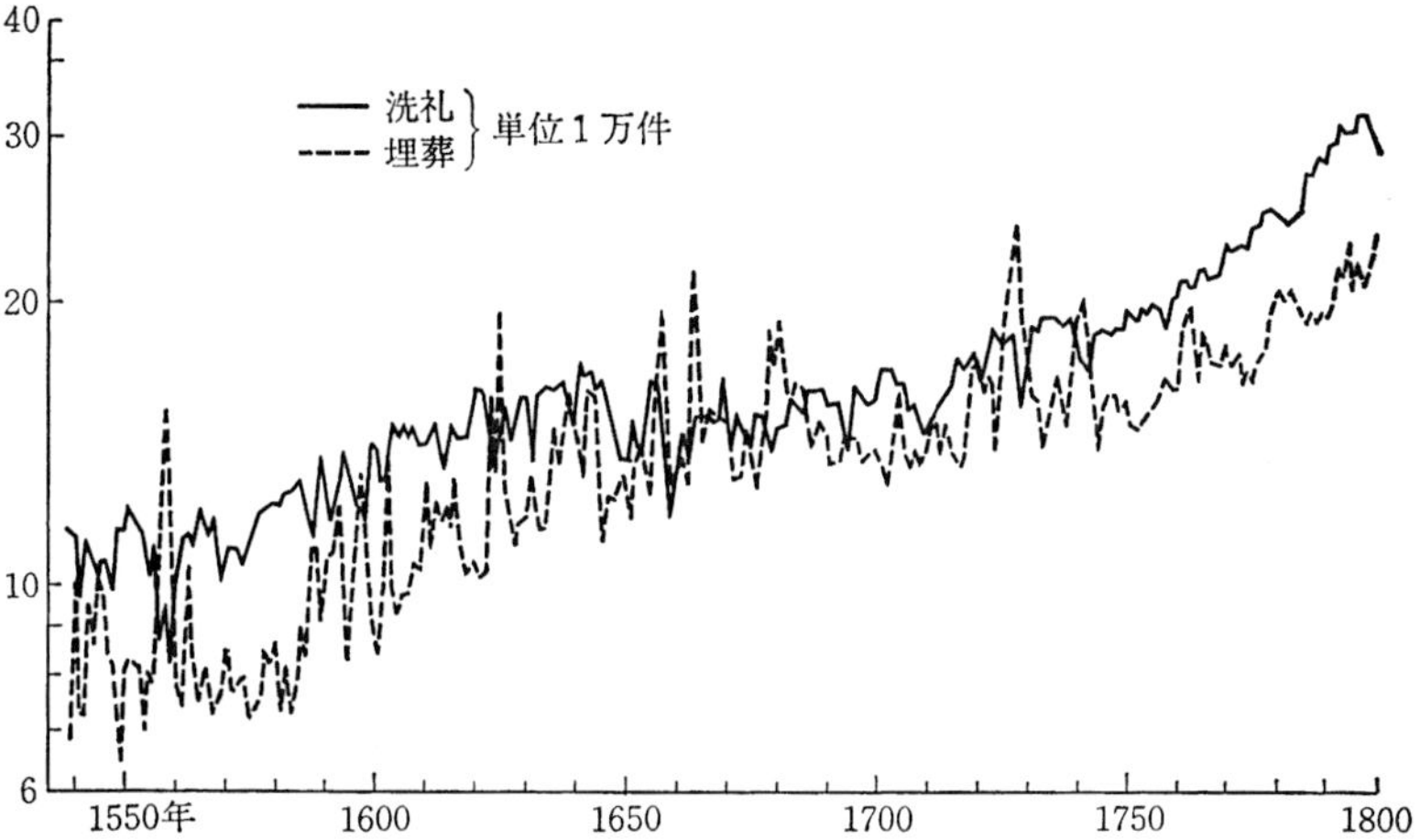

〔出典〕 E. A. Wrigley and R. S. Schofield, *The Population History of England 1541–1871*, 1981, App. 4, Table A4–1, Column 6.

る。

もとよりここで扱われているデータは、教区数でいっても全体の四、五パーセントにすぎず、それも比較的変化の少ない、人口規模の小さい教区に偏っている事実も否定しえない。また、それは国教会派にのみかかわるものであるし、洗礼数は決して出生数そのものではない。埋葬数にしたところで、死亡数とまったく一致するとはいえないかも知れない。教区の聖職者による記帳の精度に振幅がありうる、という根本問題も残っている。しかし、これらの問題をすべて考慮に入れたとしても、現在のところこれが最良のデータであることに変りはない。

したがって、一六二〇年から四〇年までのイギリスでは、全体として出生数が死亡数を上回り、一五六〇年から九〇年に至る期間ほど激しくはなかったかも知れないが、なお相当の人口増加を経験した、というべきであろう。人口史上のトレンドの転換点は、革命の二〇年間のうちにあるのだ。

つぎに、物価はどうか。物価史の研究動向などについては第一章で論じたので、ここではそのなかでも依然としてもっとも有効と思われる図1－2を中心に論をすすめる。フェルプスーブラウンとS・ホプキンスが作成したこの指標は、すでに述べたとおり、同時代の家計簿調査から割り出された支出構成比に従って、各種の日常家庭消費財の価格指数を加重平均したものといってよい。家計支出の四分の三までは食糧品が占めているうえ、なかでも穀物が圧倒的な比重を占めているので、大まかには小麦価格指数の変動とも、若干振幅が小さくなっていることを除けば、大差がない。各商品価格データは、かつてサロルド・ロジャースの集めたもの(7)やベヴァリッジ卿を中心とする物価史委員会が世界的規模で蒐集したものが中心になっている。後者は現在LSEに保管されているが、そのうちイギリスにかんするデータの大半は、つとに公刊されている(8)。

この統計にも、その大部分が寄宿制の学校や軍、政府官庁などの購買記録であり、業者との長期契約が基礎になっている確率が高いことをはじめ、多くの欠陥がある。数十年にもわたって数値がまったく動かないケースも無数にあることで、それを証明するのはごく簡単である。この種のデータでは、物価の変動はしばしば表にあらわれた数値よりも、納入された商品の品質の方に反映しているというべきかも知れない。しかし、この点で救いになるのは穀物価格である。小麦をはじめ各種の穀物は、長期契約で価格を固定するにはあまりにも変動が激しすぎ、注文生産ということもありえなかったので、すべてのシリーズが年々の激しい変化を含んでいる。したがって、穀物価格の指数はほぼ完全に市場価格の動きを反映していると考えられるのである。

ところで、一六二〇年頃から四〇年までについて、前掲図1－2から導き出されるべき結論は、ほとんど自明であろう。すなわち、物価を示すaにかんしては、ここでも一六二〇年前後に目立ったトレンドの転換点はないということ、これである。P・J・バウデンが作成した別の物価指数(9)によっても、同じ結論が得られる。物価の趨勢が逆転するのは、やはり革命期においてなのである。図1－2bに表わされた賃金の統計は、一六二〇年から六〇年までのあいだについては、事実上判断の根拠とするほどのデータに欠けている。名目賃金が三〇年代ないし四〇年代に上昇したことは大いにありそうだし、その結果、実質賃金も一六二〇年代を底《トラフ》として反転し、僅かながら上昇に転じたということもありえないことではない。ホブズボウムも「国内市場の諸矛盾」という小項目のなかで、実質賃金の上昇を主張している。[10] しかし、彼のこの主張はひどく矛盾していることも事実である。実質賃金の上昇が「危機」や不況や「矛盾」の証拠だとすれば、イギリスが「危機」を脱したと彼が考えているらしい一七世紀後半や一八世紀の大部分が、実質賃金の上昇期にあたっていることをどう説明するのか。いわんや「国内市場」の観点からすれば、実質賃金の上昇それ自体は不況や危機の証拠と断定することはできない。

結局、現在までのところ、もっとも信頼しうるデータを基礎にする限り、人口変動や物価やある種の賃金の動きによっては、一六二〇年から四〇年までのイギリスに、ホブズボウムのいうようなタイプの経済危機が顕現したことを証明することはできない。一六世紀後半以来の趨勢が逆転する指標は、こうした分野では見つからないのである。人口や物価の動きだけからいえば、トレンドの逆転はピューリタン革命の原因ではなくて、むしろその結果であったとしか言いようがないのである。しかも、一七世紀後半の動向をホブズボウムは「前進」と捉えているのだから、革命の二〇年間を除いて、彼の概念に適合する「危機」はイギリスにはなかったことになってしまう。

(1) 序、注(3)参照。

(2) Cf. E. A. Wrigley et al., *An Introduction to English Historical Demography*, 1966; T. H. Hollingsworth, *Historical Demography*, 1969, pp. 181-196. また、安元稔「英国歴史人口学研究史料としての教区簿冊・センサス・結婚許可証」(『桃山学院大学経済経営論集』一七巻二号、一九七五年、四六—八〇頁)など参照。

(3) E. A. Wrigley, 'Family Limitation in Pre-Industrial England', *Econ. Hist. Rev.*, 2nd ser., vol. XIX, no. 1, 1966, esp. Fig. 1 on p. 84.

（4）Wrigley, op. cit. (Family Limitation), p. 85.

（5）D. Levine. *Family Formation in an Age of Nascent Capitalism*, 1977, pp. 89, 105, 117. また C. W. Chalklin, *Seventeenth Century Kent*, 1965, p. 34 には都市部と農村部の興味深い対比例がある。

（6）E. A. Wrigley and R. S. Schofield, *The Population History of England 1541–1871*, 1981 の巻末付図も同様である。

（7）J. E. T. Rogers, *A History of Agriculture and Prices in England*, 7 vols., 1866–1902.

（8）Lord Beveridge and others, *Prices and Wages in England*, vol. 1, 1939.

（9）

年代	穀価	家畜	工業製品	農業労働者賃金
1550–69	332	270	202	169
1570–89	412	344	227	205
1590–1609	575	433	247	219
1610–29	649	516	269	241
1630–49	788	649	294	296

（1450–99年を100とする）
〔出典〕 P. J. Bowden, 'Statistical Appendix' in J. Thirsk (ed.), *The Agrarian History of England and Wales*, vol. IV, 1967, 815 ff.

（10）E. J. Hobsbawm, op. cit., p. 27.

3　危機は実在したか――貿易

前節の結論からすれば、ピューリタン革命に先立って「危機」が実在したことを証明しうる指標は、主として貿易面にしか残されていないことになる。とすれば、その貿易には一六二〇年から革命にまで至る長期の不況があったのか。表2－1はF・J・フィッシャーが関税簿《ポートブック》から作成したロンドン港の輸出統計[1]に、R・デイヴィスが手を加えたもの[2]で、(a)は旧毛織物輸出を示し、(b)は旧毛織物以外の、従価税《アド・ヴァローレム》[3]を課された商品の公定評価額の総額を示している。一六世紀には、イギリスの輸出はそのほとんどが旧毛織物から成っており、しかも輸出港としてはロンドンの比重が圧倒的に高く、つねに四分の三を越えていた。この傾向は一七世紀にはいって変化し、旧毛織物輸出は急速に衰微する。しかも、その決定的な転換点が一六二〇年前後に想定しうることも、表2－1をあらためてグラフ化した図2－2(上)によって、ただちに結論しえよう。旧毛織物の標準一クロスはほぼ七－一〇ポンド(表2－1の一六六三年などの数値を対比せよ)であったから、一六四〇年の旧毛織物輸出は価格にすれば同年の(b)、すなわち従価税を課された商品の輸出にほぼ等しいことになる。

ところで、この(b)の商品群のなかでも、いわゆる「新毛織物」が圧倒的な比重を占めていることは、すでにフィッシャー自身が解明している。[4] したがって、「商業革命」によって再輸出と植民地向け雑工業製品の輸出が急増する王政復古時代はともかく、一七世紀前半にかんする限り、イギリスの輸出のほとんどは毛織物によって構成されていたのである。その限りでは、一六二〇年代前半における旧毛織物輸出の大不況は、イギリス経済全体に深刻な影響を与えたと思われる。

しかし、この時代の輸出についても、いくらか長期的な視野でこれをみれば、必ずしもグルーミーなイメージは浮んでこない。たとえば、かりに旧毛織物の一クロスが一六〇〇年前後には一〇ポ

表2-1　ロンドン港輸出統計

年　代	(a)旧毛織物(千クロス)	(b)従価税課税品(千ポンド)
1580-2	109	
1583-5	112	
1586-8	106	
1589-91	110	
1592-4	113	
1598-1600	114	119
1601-3	116	130
1604	125	
1612		356
1614	(144)	
1620	(95)	
1640	96	695
1663	79〔576〕*	1465
1669	85〔684〕*	1372

(　)は不完全な数値，＊　ポンド換算(1,000ポンド)

〔出典〕 R. Davis, *English Overseas Trade 1500–1700*, 1973, p. 53.

ンドであり、一六四〇年前後には七ポンドに低下したと仮定しても——このような仮定は、物価史の常識に反していてありそうにもないが——、ロンドン港からの輸出総額は一五九八年から一六〇〇年までの平均で一二六万ポンド、一六〇一—〇三年の平均値は一二九万ポンドとなるのに対し、一六四〇年のそれは一三七万ポンドとなるからである。(5)一六四〇年の旧毛織物にも一〇ポンドという価格を想定すれば、同年の輸出は一六六万ポンドという高額にさえ達してしまう。

さらに、図2-2(下)は、W・B・スティーヴンズが整理した地方港の毛織物輸出関税統計である。(6)地方港の動向は当然多様だが、二〇年代後半くらいから次第に衰微してゆくイプスウィチやサウサンプトンのようなタイプ——サニッジ、ウェイマス、プリマス、ブリストルなど、かねてスペインに連結していた西南部、南部諸港が中心——が多い

図 2-2　輸出の動向

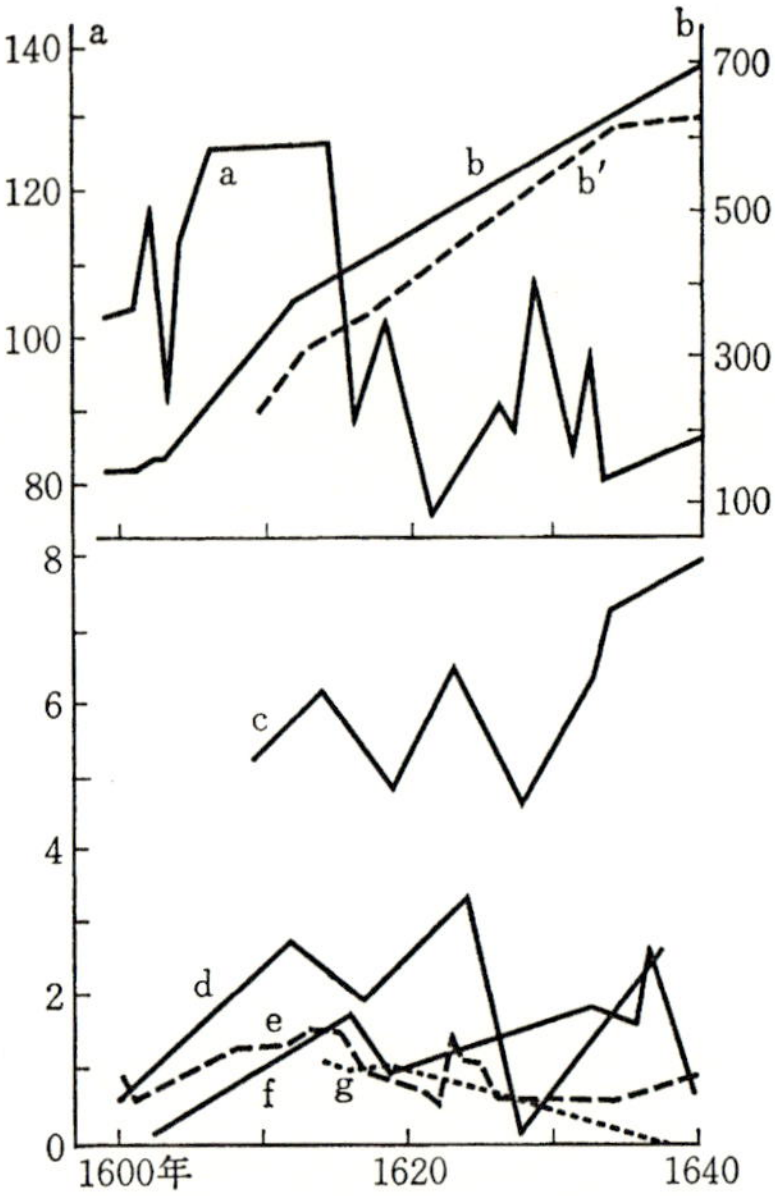

a：ロンドン港旧毛織物輸出(1,000 クロス)
b：ロンドン港旧毛織物以外の輸出(1,000 ポンド)
b′：同上(イギリス人による)
c：ハル港
d：エクセター港
e：イプスウィチ港
f：ニューカースル港
g：サウサンプトン港
(c–g) 全毛織物輸出関税(1,000 ポンド)

〔出典〕 F. J. Fisher, op. cit. (1950), Table 1; R. Davis, *op. cit.*, p. 53; W. B. Stephens, 'The Cloth Exports of the Provincial Ports, 1600–1640', *Econ. Hist. Rev.*, 2nd ser. Vol. XXII, No. 2, 1969, App. A.

のは、地方港が一般に新毛織物への転換という時流にのり切れなかったためである。(7) これに対して東部のコルチェスターなどは、一七世紀前半を通じてあまり著しい変化を経験していない。しかし、地方港の毛織物輸出でつねに過半を占め、圧倒的に重要だったのがハルである。ハルの毛織物輸出はグラフにみるように、ヨークシア毛織物工業を背景に、むしろ順調な発展を遂げている。(8) これほどではないが、ニューカースル港もまた同様の傾向をもっている。しかも、ハルをはじめとする多くの地方港の動向が、一六二〇年から一六三五年頃まで、ロンドンの旧毛織物輸出のそれとは逆相関の関係にあるようにみえるのは、注目に値しよう。後者が著しく低下した二〇年代の前半、ハルの輸出は増加し、二〇年代後半には両者がともに逆転した。しかも三〇年代初頭には、それぞれが再度逆方向に転じるのである。

こうして、ロンドンの旧毛織物輸出統計によって示唆される変動は、ハルなどの地方港のそれによって部分的に割引かれなければならないことになる。それどころか、二〇年代初頭の輸出不況に際しては、ハルやエクセターがオランダ向け輸出を拡大したことがロンドンの対オランダ輸出不振をいっそう深刻にし、ロンドンはやむなく新毛織物を使ってスペイン市場の開拓にのり出したのだ、という一面さえ指摘されている。(9) とはいえ、一七世紀になっても輸出における地方港のシェアは、一六〇六―一二年の平均で旧毛織物の二六パーセント、新毛織物の二三パーセントであったが、一六四〇年には前者は三二パーセント、後者は一七パーセントとなってしまった。(10) 旧毛織物から新毛織物への転換という時流にてらせば、ロンドンの比重のいっそうの上昇があったといわざるをえない。

以上の数値からすれば、毛織物輸出についてさえ、一六二〇年から四〇年までを一貫して不況とよぶことはまず不可能であろう。ロンドンの旧毛織物輸出の低下は、新毛織物輸出の増加によって相殺されたように思われるからである。地方港は新毛織物ではあまり成功しなかったが、旧毛織物輸出の衰退はロンドンほど急激ではなかった。(11)

図 2-3　ロンドン港輸入統計

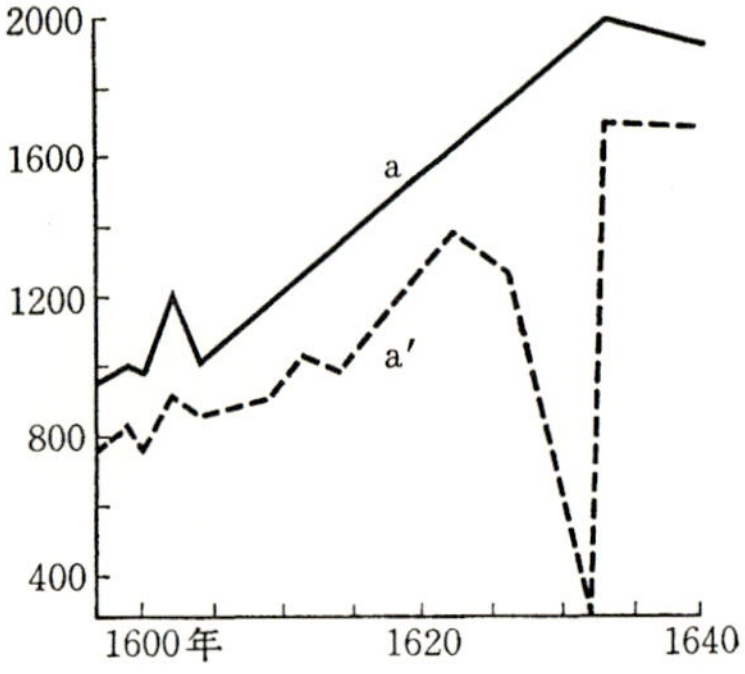

a ：ロンドン港の全輸入
a′：ワインを除くロンドン港の輸入
（単位：1,000ポンド）

〔出典〕 A. M. Millard, The Import Trade of London, 1600-1640, vol. 3, App. 2, Table 1.

つぎに、輸入に眼を転じてみよう。図２－３は、ミラード女史が「関税簿《ポートブック》」やそれを基礎にして同時代人があげている数値などから作成した[12]ロンドン港の輸入統計を、筆者が変形したもので、(a)は全輸入額、(a′)はワイン以外の輸入の額を示している。がんらいイギリスでは生産されないワインは、かねて重要な輸入品であり、それだけ重要な関税収入源であったから、輸出における旧毛織物とともに、一般商品とは別立ての課税がなされていたのである[13]。

図２－３によるかぎり、二〇年代から三〇年代前半にかけての不振は、(a′)の動向からみて容易に推定しうる。しかし、それでも三〇年代の中葉にはすでに、輸入のレヴェルはこのスランプ開始前のそれを凌駕している[14]。まして一五六〇年や世紀の交の一〇〇万ポンドそこそこの数値と比較すれば、倍増していることになる。一六三四年の数値は異常に低いが、ミラード自身、「輸出と同じように、ロンドンの輸入は一六三〇年以後急速に上昇し、輸出を上回るようになった」[15]と概括している。また彼女は、一六〇三―〇四年、一六一九年、一六二七―二八年を境として四つの段階を設定し、九〇万ポンドの水準から一〇〇万ポンド、一二〇万ポンド、一六〇万ポンドの各水準への順調な上昇を想定している[16]。一六一五年から三〇年までは、いちおう「続発する危機」の時代――「コケインの企画」、通貨の混乱、対仏・対西戦争が継起した――とされてもいるが、それも結局は構造変化によって十分対応された。すなわち、西欧からの輸入が激減して遠隔地からの輸入がふえ、外国商人への依存度が低下したうえ、製品から食糧や原・材料への商品構

成の変化があったからだ、というのである。確かに、輸入品の構成が著しく変化したことは、一五五九―六〇年および一五六五―六六年のロンドン港輸入品一覧[17]とミラードの掲げる一六三九―四〇年のそれ[18]を対比すればかなり明白で、「早期産業革命」が半奢侈品の輸入代替的性格をもっていたことを示している。

地方港の輸入のデータは得られないが、この時代の輸入品が造船業などの原・材料と食糧をのぞけば、なお奢侈品、半奢侈品からなっていたことからすれば、マーケットとの関係からいって、地方港は輸出以上に不利な立場におかれたことが想像される。食糧や造船資材にしても、圧倒的な需要はロンドンないしその近郊にあったこと、多言を要すまい。したがって、輸入についても、ロンドン港の動向はほぼ全国のそれを代表していると考えて差しつかえないのである。密輸入の可能性は地方港でこそ大きいし、それが行なわれたのが主として輸入にかんしてであったことも確実であろうが、最近はこれをあまり重視しないのがふつうである[19]。というのは、この時代には、のちに密輸入の主役となる煙草や茶は、輸入の規模がなお小さいか、まったく輸入されていないかのどちらかだったからである。

ここまで言えば、輸入の水準もまた、一六二〇年から四〇年まで一貫して不振であったとは認め難いことが了解されよう。

しかも、イギリスにとっては、その海運・貿易の収入はこうした輸出・入の統計が示唆する以上に増加した、と思われる。フィッシャーのいう「経済上の国民主義」が浸透したからである。胡椒や香料をアントウェルペンで買う代りにアジアで買うというような、ミラードの指摘した輸入市場としての西欧の比重低下の傾向は、そのひとつである。これによって、亜欧間の輸送コストをイギリスは節約できたわけだ。輸入面での外国人の排除も同様の意味をもっている。一六五一年の航海法が、当時もイギリスの港で繁栄を極めていたオランダ人の追放を狙ったのか、それともすでに追放されていたオランダ人の「復活」阻止をめざしたものかについて、かねて論争がある[20]。しかし、ミラードの分析をみれば、結論は明らかである。ロンドン港では、ピークの一六〇八—〇九年に外国人(主にオランダ人)は輸入の三七パーセントを担当したが、三〇年代には一三—一四パーセントに後退したのである。(21)

そのうえ、一六一八年に三十年戦争が勃発すると、対仏・対西戦争を展開した一六二四—三〇年を例外としてイギリスがほとんど中立を守ったことから、のちの一八世紀に英・仏抗争の間隙をぬったオランダ人と同じ立場に立ちえた。(22)つまり、中立国イギリスの船舶が、各国の商品輸送に利用されたのである。(23)一六二一年にスペインとオランダの休戦が失効すると、スペインはフランドルへの軍資金輸送にイギリス船を使用し、二四年にオランダ人がブラジル征服を始めると、ポルトガル人もイギリス船に頼った。(24)イギリスが平和状態に戻った一六三〇年以後は、地中海でもフランス人やスペイン人がイギリス船を利用した。このようなイギリス船による中継貿易は、課税逃れのため、ほとんどが英仏海峡などの仮停泊地で積みかえる形態をとった。それでも、「イギリス船で運搬される外国商品への課税によってステュアート王朝が得た収入は、全体としてチャールズ一世専制下の財政に重要な貢献をなした」(25)という。イギリス自体の植民地物産の再輸出は、ロンドンにかんする限り一六四〇年になっても大きなものではなかったが、(26)ドーヴァーとその沖合を主要な基地とする外国のための海運業は、すでに一七世紀前半にも無視しえない利益をあげていたのである。(27)

オランダとの比較でいえば、戦時におけるイギリス海運業の利点は、平時におけるその欠陥の裏返しであった。武装を施し、高速を誇るイギリス船は、平時の貿易、とくにバルト海物産のような「かさばる商品」の輸送では、少人数で操船できるオランダの非武装船(フライト船)の敵ではなかったが、(28)三十年戦争時代の国際環境は逆にイギリスに有利に作用したのである。じじつオランダのバルト海貿易は、戦争が始まると半減してしまう。(29)海運・中継貿易の観点からみても、一六二〇年から四〇年に至る期間を一貫して危機とは捉え難い。

明らかに長期不振を示すロンドン港旧毛織物輸出の動向は、逆のトレンドを示す新毛織物や地方港の動きによって多少とも相殺されるし、輸入や中継貿易も不振とはいえない。人口や物価のことは前節にふれた。とすれば、ホブズボウムのいう「危機」の徴候は、この時代のイギリスには見出しえない、というほかないように思われる。少なくとも、一六二〇年代に始まった経済上の「危機」が一六四二年ないし六〇年まで続き、政治上の危機＝革命を惹き起こしたと考えるのは無理であろう。

しかし、それでは「危機」はまったく存在しなかったのか。否である。二重、三重の意味で危機は存在した。第一に、イギリス経済には仮りに危機がなかったとしても、ヨーロッパ経済にはそれがあった[30]。ホブズボウムの論文の趣旨も、各国史的視角を離れて、ヨーロッパ的ないし世界的な視野を求めるところにあったはずである。ただ、彼が本質的に各国史的性格を払拭しえない政治史の過程——革命や動乱——を、いわば「危機」の上部構造への反映として持ち出した途端に、方法論上の矛盾が生じたともいえよう。彼が唯一の正しい対応をなし遂げた国と考えたイギリスでは、革命前に必ずしも危機が措定できない——少なくとも彼の指標によっては——理由は、そこにある。

しかし、第二に、イギリス自体についても、一六二〇年以後がいかなる意味でも危機でなかったとはいえない。ホブズボウムの議論は、生産力と生産関係の矛盾という公式をむき出しの形で呈示した、具体性にいささか欠けるものであったから、がんらい実証さるべくもなかったのである。そもそも封建的生産関係とは、この場合具体的には何を指しているのか。領主－農奴制が事実上一五世紀のうちに崩壊したイギリスでは、この種の議論があまり有効でないことはむしろ常識であろう。農奴制が、一七世紀イギリスの経済成長のネックになっていたとはとても思われないのである[31]。

それよりは、一六世紀から一貫して続いている人口増加が、このころになって最適点を越え、いわゆる人口圧が生じたと考える方が遥かに具体的である。一六世紀のイギリス経済は、国内産の羊毛を原料とする毛織物工業を軸とし、内陸の輸送はもっぱら馬に依存していた。そこには食糧や原料を供給する海外植民地も、アイルランドの一部以外には存在せず、耕地の生産性をにわかに改善する後代のノーフォーク農法のような農業技術の改良にも恵まれなかった。このような条件の下で生じた一六世紀型の経済成長が、増加する人口と羊や馬が狭いイギリス国土の植物性生産物を求めて競合する状況をつくり出したこと、第一章に論じたとおりである。ホブズボウムのあげている「人口増加の停止」といった指標は、確かに危機の証しともいえようが、他方では、激しい人口増加が継続していることこそが、資源・食糧・エネルギーの危機の原因であったともいえるのである。

イギリスにも危機が実在し、その本質がこのようなものであったとすれば、危機からの脱出口はどこにあったのか。生産を飛躍的に上昇させる農業技術の革新、馬や木炭の節約をもたらす交通手段の改良やコークス製鉄法の開発などがまず考えられよう。しかし、最大の脱出口は国土の拡大、すなわち重商主義帝国の形成とそれに伴う「商業革命」によって切り開かれた。これらの方法はすべて、王政復古後のイギリスにおいて本格的に実現することにも注目しておくべきであろう。しかし、そうだとすれば、増加してゆく人口はいつ最適点を越えたのか。それが一六二〇年代であることを証明するのは至難である。実質賃金の低下がそこで止まったらしいことが、それ以上の人口増加がいっそうの賃金低下を生む可能性がなくなったことを示しているのだとすれば、それがほとんど唯一の証拠ともいえるが、それが表面化した時点を特定し難い点では、人口圧も「生産関係の危機」と大差ないのかも知れない。

したがって、一六二〇年前後に何らかの証明可能な変化があるとすれば、それは貿易にかんするもの以外にない。じっさい一六二〇年代前半のイギリスに短期の輸出不況があったことは、容易に証明できる。経済の危機が政治体制の危機を必然たらしめるのだとすれば、この時代のイギリスにかんして問われるべきはむしろ、「革命は何ゆえに一六二〇年代に起こらなかったのか」という問であろうと思われる。この不況は、すでに掲げたいくつかのグラフを辿っても簡単に摘出しうるが、節を改めてやや立入った検討を加えたい。

（1） F. J. Fisher, 'London's Export Trade in the Early Seventeenth Century', *Econ. Hist. Rev.*, 2nd ser. vol. III, no. 1, 1950, p. 153, table 1.

（2） R. Davis, *English Overseas Trade 1500–1700*, 1973, p. 53.

（3） Cf. *A Tudor Book of Rates*, ed., by T. S. Willan, 1962, pp. xviii–xix.

（4） F. J. Fisher, op. cit., p. 154, table 4.

（5） 一六六三年の旧毛織物一クロスは、576/96≒7.3（ポンド／クロス）、六九年のそれは684/85≒8.0。

（6） W. B. Stephens, 'The Cloth Exports, 1600–1640', *Econ. Hist. Rev.*, 2nd ser. vol. XXII, no. 2, 1969, App. A; cf. J. D. Gould, 'Cloth Exports, 1600–1640', *Econ. Hist. Rev.*, 2nd ser. vol. XXIV, no. 2, 1971; W. B. Stephens, 'Further Observation on English Cloth Exports, 1600–1640', *ibidem.*

（7） ibid., p. 243. 西南部で例外はエクセター。同港では二〇年代後半は大不況だが、三〇年代には回復。W. B. Stephens, *Seventeenth-Century Exeter*, 1958, pp. 18 & 20.

（8） 一八世紀に入ってもカージー、ダズンを中心に盛んな輸出がなされている。G. Jackson, ***Hull in the Eighteenth Century***, 1972, p. 54.

（9） Stephens, op. cit.(1969), p. 243.

（10） ibid., p. 243.

（11） 毛織物についてさえ、国内消費量や生産については有意義な数値はえられない。ロンドンのみについては、Cf. D. W. Jones, 'The "Hallage" Receipts of the London Cloth Markets, 1562–c. 1720', *Econ. Hist. Rev.*, 2nd ser. vol. XXV, no. 4, 1972, esp. p. 586.

（12） A. M. Millard, The Import Trade of London, 1600–1640(Unpublished Ph. D. thesis), 1956, pp. 29 ff. & pp. 38 ff.

（13） *A Tudor Book of Rates*, pp. xii ff. ワインは一六二〇年代以降はつねに最重要の輸入品で、リネンとキャンヴァスがそれについて。Millard, op. cit., vol. 3(App. 2), table 3.

(14) ibid., p. 165.

(15) ibid., p. 117.

(16) ibid., vol. 3(App. 2), table 2.

(17) S. P. 12/8, ff. 63–9 and Lans. 8, ff. in *The Port and Trade of Early Elizabethan London Documents*, 1972, pp. 152–55.

(18) Millard, op. cit., vol. 3(App. 2), table 3.

(19) W. B. Stephens, *Sources for English Local History*, 1973, p. 93; *A Tudor Book of Rates*, p. xlviii.

(20) O. A. Jonsen, 'The Navigation Act of 9 October 1651', *History*, vol. XXXIV, pp. 89–96; L. Harper, *The English Navigation Laws*, 1939(1973), pp. 37–39; R. Davis, *The Rise of the English Shipping Industry*, 1962, pp. 303–04, etc. また、隅田哲司「海運諸法と中継貿易資本」(『広島商科大論集』、10巻1号、一九六九年、一一六―一九頁)。

(21) Millard, op. cit., vol. 3(App. 2), table 1.

(22) A. C. Carter, *Getting, Spending, and Investing in Early Modern Times*, 1975, pp. 142–73.

(23) R. Davis, *op. cit.*(Shipping Industry), pp. 11–12, 50 et passim; R. W. K. Hinton, 'Dutch Entrepôt Trade at Boston, Lincs, 1600–1640', *Econ. Hist. Rev.*, 2nd ser. vol. IX, no. 3, 1957, pp. 470–71.

(24) B. Krishna, *Commercial Relations between India and England, 1601–1757*, 1925, pp. 82–83.

(25) J. S. Kepler, 'Fiscal Aspects of the English Carrying Trade during the Thirty Years War', *Econ. Hist. Rev.*, 2nd ser. vol. XXV, no. 2, 1972, p. 277.

(26) F. J. Fisher, op. cit.(*Econ. Hist. Rev.*, 1950), table 4.

(27) Kepler, op. cit.; H. Taylor, 'Trade, Neutrality, and the "English Road", 1630–1648', *Econ. Hist. Rev.*, 2nd ser. vol. XXV, no. 2, 1972, 236–60, esp. 259.

(28) V. Barbour, 'Dutch and English Merchant Shipping in the Seventeenth Century', *Econ. Hist. Rev.*, vol. II, 1930, p. 231.

(29) A. E. Christensen, *Dutch Trade to the Baltic about 1600*, 1941, p. 317, table 20. いわゆる the Sound Tables の詳細な数値は R. W. K. Hinton, *The Eastland Trade and Common Weal*, 1959, pp. 227–30.

(30) J. de Vries, *The Economy of Europe in an Age of Crisis, 1600–1750*, 1976, pp. 1–21.
(31) 財産権のあり方を重視するノースらの視角の方がより現実的であろうが、それも具体的に証明することは至難である。cf. D. C. North & R. P. Thomas, 'An Economic Theory of the Growth of the Western World', *Econ. Hist. Rev.*, 2nd ser. vol. XXIII, 1970, pp. 1–17.

4　一六二〇年代初頭の輸出不況[1]

「戦争もなくしてこれほどの大混乱がかつてあっただろうか」と嘆息された二〇年代初頭の輸出不況[2]は、全体としては二〇年の年初から顕わになった。しかし、仕向先別にみると、一八年と二〇年のあいだに主に西部産の未仕上げ広幅織市場であったドイツと、サフォーク産広幅織市場であったイーストランドは大不況に見舞われていたことが分かる(表2－2参照)。二一年には、イギリス産の毛織物の価格は、従来の四分の三程度に低下したともいう[3]。二二年には不況がいっそう深刻化し、この頃まではともかく景気を維持していたオランダ市場もこの年を境に崩壊した。二〇年からこの年までに、一一五人の冒険商人組合員のうち、じつに三七名が引退を表明した。

不況は必然的に、主要な毛織物生産地であったサフォークと西部にも及んだ。ウィルトシアがもっともひどく、八、〇〇〇人の失業者を出したといわれるが、のちにはグロスターシア、ハンプシア、サマセットシアも暴動に巻き込まれた[4]。二二年四月、不況調査委員会が設立され、毛織物工業地帯の二五州の代表の意見を聴取したが、五月にはウィルトシアをはじめとする諸州の治安判事に暴動的集会の禁圧と救貧法の強制が命じられねばならなかった[5]。ロンドンでも多くの織布工などが、国の内・外への移住を決意するほどであった[6]。二三年を通じて事態は好転せず、一一月には「ドイツ市場はあまりにも不振だから、ドイツとの貿易は意味がない」とさえいわれた[7]。翌二四年にも庶民院は、

とまず回復した。

不況が多くの織元を転職させてしまったことを確認したが、二五年初頭までには回復の兆候が現われ、二六年にはひ

ところで、このような不況はどうして起こったのか。一六二二年に設置された枢密院の調査委員会は、冒険商人組合の特権領域への輸出の不振について、次のような諸原因を列挙した。いわく、毛織物の品質低下、羊毛の密輸と「コケインの企画」で諸外国の自給能力が増したこと、関税、戦争、輸入品の欠如、貿易会社の独占等々。(8) しかし、今日の研究段階からいえば、これらはいずれも不況の決定的な原因とは考えられない。直接の原因は、後述するように、東欧における通貨の混乱にあった。とはいえ、商人以外の同時代人はほとんどこの問題——為替レートの変動——に気付いておらず、不況の責任を最終的には冒険商人組合とロンドンの独占に帰したのである。「すでに貿易額の一〇倍もの取引をなしうる冒険商人がいる」という、組合側のかねてからの反論(9)も効果がなかった。

冒険商人組合をはじめとする初期独占が絶対王政の一支柱であったとしても、統治者にとって第一の関心は失業者を核とする暴動にいかに対処するかということであったから、当局はこうした組合への攻撃に耳をふさぐことはできなかった。当時、いかに革命的状況が迫っていたかは、フランシス・ベイコンがその『随筆集』に加筆した文章をみてもよく分かる。一六一二年のベイコンにとっては、暴動などというものは理論上の問題でしかなかったが、二五年になると、「上流人のあいだの貧困と破産が貧民の欠乏と必要に結びついた場合の危険性」を真剣に考えねばならなかったのである。(10) 一六二〇年五月にウィルトシアの治安判事は織元に被雇傭者の解雇を禁じ、二二年には同様の命令が一〇州で発せられたが、(11) 商人が取引を停止したために、ベイコンでさえ指摘する深刻な「資金」不足が生じており、効果はなかった。当局としても鉾先を組合に転じるほかなかったのである。つとに二〇年初頭にも、冒険商人組合には買付続行命令が出され、二二年二月には各組合員に毎週の買付け責任額が指定された。

しかし、不況はさらに深刻化し、暴動と革命の危険に直面した枢密院は、冒険商人組合出身の大蔵卿クランフィールドの決断に従って、六月、新毛織物の輸出解放を命じる。[12] もっとも、組合はほとんど新毛織物を輸出していなかったから、この命令には何の意味もなかった。反独占闘争に燃えた庶民院が、二四年にあらためて組合による課税の減額と新毛織物、カージー、ダズンその他のすべての完成毛織物の輸出は「すべての港、すべての商人」に解放さるべき旨決議したのも、けだし当然である。七月、枢密院もこれを承認し、当時組合員が扱っていた毛織物輸出の一—三割が解放された。[13] 同年制定されたいわゆる「独占条例」は、ほとんどの貿易カンパニーの独占を合法としたものの、[14] 不況の嵐はこの中核的な貿易独占の土台を揺がし、自由化への一歩をすすめたのである。[15]

しかし、この不況はすべての貿易部門に独占の縮小をもたらしたわけではない。逆に、不況が独占の強化を帰結したケースもある。イーストランド会社の場合がそれである。この時代のイーストランド貿易には、三つの大きな特徴があった。[16] すなわち、輸出品のほとんどがヨークシアとサフォークの数カ村で生産された完成毛織物であること、輸入品が海運業の基礎資材と食糧であり、圧倒的に輸入に意味のある貿易で、したがって東インド貿易と同様に赤字貿易であること、これも東インド貿易同様、オランダが圧倒的優位を保っている地域との取引であること、がそれである。

不況の直接原因は、ドイツとイーストランドにおける通貨の品質の低下にあった。三十年戦争の最初の舞台となったドイツでは、貨幣鋳造団体は二〇〇に近く、イーストランドでも鋳造権は投機業者に握られており、戦乱に伴って熱病的な悪鋳を惹き起こした。[17] その結果、ポンドは高騰し、イギリス毛織物への需要は激減した。悪鋳の行なわれたドイツ、イーストランドへの輸出がまず不振化したのはこのためである。未仕上げの旧毛織物はオランダで染色・仕上げされ、東欧に売られていたので、オランダ向け輸出にも若干のタイム・ラグをもって不況が表面化した。[18] ハルの一商人によれば、原価三〇シリングのカージーをポーランドに輸出する場合、関税だけでも七シリングかかるのに、売上げを英貨に変えると三三シリング九ペンスにしかならない。「数年前なら四七シリング三ペンスにはなったのに[19]」、という。

こうして、現金を持ち帰るかたちでは輸出は不可能になった。通貨交換レートの変動によって、逆に輸入品は価格が低下していたわけだし、この地域からの輸入品[20]はイギリスにとって決定的に重要な資材ばかりであったから、輸入貿易によって生きる道は、論理的には十分残っていた。しかし、現実にはそこにオランダの壁があった。戦争が始まるとオランダのイーストランド(バルト海)貿易も深刻な影響をうけたこと上述のとおりであるが、それにしても正貨輸出と圧倒的に安価な傭船費によって、オランダはこの水域では少なくとも一七世紀前半のあいだはイギリスの一〇ないし二〇倍の船を動かしていた。とくに一六一八年から二二年までのクリティカルな時期だけをとると、イギリス船の後退とオランダ船の進出が目立つ[21]。一六一八年から二〇年まで三年間豊作が続き、主要輸入品のひとつであった食糧の輸入がほとんど停止したことも打撃であった。

「ふだんわれわれは、少なくとも一〇〇隻のオランダ船を傭ってきたのに、……一六二〇年のいまではその半分すら動いていない[22]」。しかも、この貿易は国家の存亡にかかわる海軍・海運資材の唯一の供給源であってみれば、当局がこの不況を坐視しえなかったのも当然である。そのうえ、高度に専門化されたサフォークとヨークシアの輸出工業は、イーストランド会社の輸出が三分の一も減少した結果、大量の失業者を生みだし、治安の維持も困難になっていた。イーストランド会社が一六二〇年、すべての地域からの——つまりオランダからの、ということだが——イーストランド物産の同社員以外の者による輸入の禁止を求めて請願を行なったのは、このような背景においてのことである[23]。

このような布告は、すでに一六一五年にレヴァント会社に対して出されており、[24]請願者もあきらかにこの先例を念頭においていたと思われる。請願文は表面上は、(1)外国人が母国以外の産物をイギリス以外の船舶で輸入すること、(2)国籍を問わず、会社外の商人がイーストランド物産を外国船で輸入することの禁止を求めているにすぎない。しかし、冒険商人がイギリス船で行なう輸入をも認めないことは、先のレヴァント会社の例でもすでに確認されていた。[25]したがって、この請願には、危機に瀕した初期独占間の勢力争いという一面とともに、オランダ人の排除という国民主義的な傾向が認められるのである。

この請願は、以後二年にわたる長い論争の的となった。しかし、不況脱出の目算が立たず、自ら会社の貿易独占に挑戦しはじめたサフォークの織元たちの主張を枢密院さえもが承認せざるをえない状況になると、[26]国王としても先の請願の線に沿って対策を講じる以外になかった。こうして、二二年六月一日に出された国王布告は、「イーストランド会社に属さない者は、わが臣民たると外国人たるとを問わず、イーストランド商人の取引するいかなる商品をもこの国に持ち込んではならない」[27]と宣言した。オランダ人の排除をめざした点で、この布告には明らかに五一年に整備される航海法につながるものがあるし、じじつこの布告発布以来、イギリスのバルト海貿易には回復の兆候がみられる。[28]しかし、オランダ人との激烈な競争があるうえに、それ自体国防の点からも国民経済の観点からも、いわばイギリスの生命線ともいうべき性質をもっていたバルト海貿易では、貿易の自由化は果されなかった。それどころか、この布告がイーストランド会社の独占の強化をめざしていたことも、一見して明白である。自国民のあいだでの自由貿易――東インド会社などを例外として――と外国人の排除を原則とする五一年以後の航海法体制とは、ここに本質的な落差が認められることも事実である。[29]

結局、二〇年代前半の不況がもたらした、外見上は相矛盾するような二つの路線――独占の解放と強化――は、この不況への商人自身の対応策であった地中海・南欧市場への進出に際しても、そのまま踏襲されることになる。すなわち、あくまで自由貿易路線をとったイベリア半島への進出と、徹底した独占形態をとったレヴァントへのそれである。しかも、この西地中海と東地中海への進出にみられた基本路線の差は、それぞれさらに王政復古以後の新世界とアジアへの本格的な進出、つまり「商業革命」に引きつがれてゆくはずである。したがって、以下、不況への対応策としての地中海市場への進出に一瞥を与えておく。

(1)　この不況にかんする主要な史料は、J. Thirsk & J. P. Cooper, eds., *17th Century Economic Documents*, 1972, pp. 1–5, 13–32 に収録されている。また、邦語文献としては、小林栄吾「一六二〇年代のイギリス毛織物工業における流通独占」(『土地制度史学』、七号、一九六〇年)がある。
(2)　B. M., Add MS, 35, 324, f179(*ibid.*, p. 26).
(3)　B. E. Supple, *Commercial Crisis and Change in England 1600–1642*, 1959, p. 54.
(4)　*ibid.*, p. 57.
(5)　A. E. Bland, P. A. Brown and R. H. Tawney, *English Economic History : Select Documents*, 1914, pp. 382–83.
(6)　G. L. Beer, *British Colonial System, 1578–1660*, 1908, pp. 40–41 ; G. C. Homans, 'The Puritan and the Clothing Industry in England', *New England Quart.*, vol. 13, 1940, p. 526.
(7)　E. Misselden, *The Circle of Commerce*, 1623, p. 1.
(8)　報告全文は G. D. Ramsay, *The Wiltshire Woollen Industry in the 16th and 17th Centuries*, 1943, App. III に収録。cf. J. D. Gould, 'The Trade Depression of the Early 1620s', *Econ. Hist. Rev.*, 2nd ser. vol. VII, 1955, pp. 81 ff.
(9)　Supple, *op. cit.*, p. 242.
(10)　F. Bacon, *Essays*, 1597, 1612, 1625(Pedding and Heath eds., *Lord Bacon's Works*, vol. VI, 1870, pp. 406 ff., 589 ff., 419 ff., 552 ff.)所収の Of Seditions and Troubles および Of Empire の章は、一二年版まではたんなる文献的考察でしかないが、二五年版では様相が一変している。cf. R. W. K. Hinton, 'The Mercantile System of the Time of Thomas Mun', *Econ. Hist.*

Rev., 2nd ser. vol. VII, pp. 277 ff.

(11) Letter from Privy Council to Justices of the Cloth Making Countries (Bland et al., eds., *op. cit.*, pp. 382–83).

(12) Supple, *op. cit.*, p. 69; cf. R. H. Tawney, *Business and Politics under James I*, 1958, p. 193.

(13) Supple, *op. cit.*, pp. 70 and 259–60.

(14) An Act Concerning Monopolies and Dispensations with Penal Laws and the Forfeiture thereof (J. R. Tanner, ed., *Constitutional Documents under James I*, pp. 269 ff.; Bland et al., eds., *op. cit.*, p. 467). 紀藤信義『イギリス初期独占の研究』(お茶の水書房、一九六三年)、第二、四章。

(15) 冒険商人組合の独占廃止の過程全体については、とりあえず松尾太郎「Merchant Adventurers Company による貿易独占の崩壊過程」(『社会経済史学』、二七巻六号、一九六二年)、四〇―六五頁参照。

(16) 一六世紀末のバルト海貿易については、cf. H. Zins, *England and the Baltic in the Elizabethan Era*, 1972.

(17) Supple, *op. cit.*, p. 76. 上掲表2－2参照。

(18) 一六二〇―二二年で、未仕上げ毛織物の輸出は八万四、〇〇〇クロス減少した。*ibid.*, p. 98.

(19) ハルの商人 Ramsden の記録。R. W. K. Hinton, *The Eastland Trade and the Common Weal in the Seventeenth Century*, 1959, p. 17.

(20) ライ麦、小麦、麻類、リネン、木材、ピッチ、タールなど。cf. *ibid.*, p. 39.

(21) *ibid.*, pp. 227–29. 一七世紀前半のオランダ・バルト海貿易の基本構造については cf. M. Bogucka, 'Amsterdam and the Baltic in the First Half of the Seventeenth Century', *Econ. Hist. Rev.*, 2nd ser. vol. XXVI, no. 3, 1973, pp. 433–47.

(22) Petition of the Eastland Merchants, 1620 (Hinton, *op. cit.*[The Eastland Trade], pp. 168–69. に全文所収)。

(23) *loc. cit.*

(24) The Levant Company's Proclamation, 1615 (*ibid.*, pp. 175–76 に全文収録)。

(25) *ibid.*, p. 25.

(26) An Act of the Privy Council, 17 May 1622, in Favour of the Clothiers of Suffolk and Essex (*ibid.*, p. 174 に全文収録)。

(27) Eastland Company's Proclamation of 1622 (*ibid.*, pp. 175–76 に全文収録)。

(28) Supple, *op. cit.*, p. 89.

(29) 五一年以後の航海法体制について、それを推進した商人層の世代交代論などを中心に、前期的な商業政策から近代的なそれへの転換を示すものだとする見解がある。(たとえば隅田、上掲論文、J. E. Farnell, 'The Navigation Act of 1651, the First Dutch War and the London Merchant Community,' *Econ. Hist. Rev.*, 2nd ser. vol. XVI, no. 3, pp. 439–54.) しかし、貿易政策は本国商人の社会的性格などより、貿易相手地域の事情と、ひいては貿易そのものの性格によってより強く規定されること、東インド貿易の例が示すとおりである。

5 地中海貿易の二形態

一六二〇年代の輸出不況に対する商人自身の対応が地中海・南欧市場への進出にあったことは、すでにしばしば指摘されている。しかし、等しく地中海市場といいながら、新世界の広大な植民地を背後に控えたイベリア二国——形式的にはポルトガルもスペイン王の支配下にあったが——と東インド全域をバックとするレヴァントとでは、貿易の形態も商人の人的系譜もまるで異なっていることに注目しなければならない。結論を先取りしていえば、後者は独占会社をトレーガーとし、本来は輸入にこそ重点のある貿易で、正貨を流失させる可能性も高かった。輸出品にしたところで、ここでは旧毛織物系の完成品が主体で、スペイン・ポルトガルに輸出された新毛織物とは違っていた。こうした構造上の特質からすれば、レヴァント会社と東インド会社の構成員のあいだに明白なつながりが見られるのも不思議ではない。モスコー会社から始まったこの「東方志向」の商人集団は、西欧向け毛織物輸出を担ってきた冒険商人組合員に代って、一七世紀前半のシティで圧倒的な勢力を占めるが、世紀後半以後に展開する新世界貿易ではほとんどなすところがなかった。イベリア貿易は自由競争を原理とし、長期の開発投資を前提とするものだったからである。いわば後者は、スペイン・ポルトガル貿易の延長上にあったわけである。

イギリスの地中海進出にとって最初の決定的な契機は、ネーデルラント独立戦争に関連してアントウェルペン市場が閉鎖され、やがて崩壊したことにあった。(1) 大部分の輸出をこの国際経済都市にむけていたイギリス毛織物業界は窮地に追い込まれ、新市場の開発を余儀なくされた。一五八一年のトルコ(レヴァント)会社の創設はその最初の表われだが、一七世紀になると毛織物業界自体が、地中海市場むけの新毛織物生産に転換してゆく。(2) これはフィッシャーが主として実証したところであった。

しかし、ここにいう新毛織物の技術そのものが、スペインの抑圧と独立戦争の戦火をのがれた亡命フランドル人によってもたらされたことは、(3) あまり指摘されていない。それ以上に、アントウェルペンがイギリスにとって毛織物の輸出市場であったと同時に、東方物産や砂糖などの新世界物産の最大の供給源でもあったという事実は、ほとんど忘れられているといえよう。アントウェルペンが崩壊した以上、これらの物資の新たな供給源もまたどこかに求められなければならなかったのである。レヴァント会社の設立も、こうした観点から見直さるべきであろう。

イベリア二国との取引においてさえ、輸入の意味は大きかった。輸出のみを分析したフィッシャーはイベリア半島とレヴァントを区別していないが、輸入を扱ったミラードは、細かい区分を採用している。これによってイギリス商人による輸入だけをみると、イベリア半島からの輸入は世紀の交には全体の四、五パーセントをしか占めなかったのに、一六三三―三四年には一八パーセントに達している。主要輸入品は砂糖、レーズン、煙草、染料であった。つまり、レーズン以外は、ほぼ新世界の産物というわけである。(4) 地金輸入の史料はない。ただ、一七世紀後半以後の「商業革命期」になると、これらの輸入品のほとんどがイギリス帝国内で自給されるはずだから、地金流入――スペイン銀とポルトガルの金――があったとしても、世紀後半に比べればごく少額であっただろう。(5)

イベリア半島むけの輸出の動向はどうか。フィッシャーのいう「新毛織物の地中海市場への輸出の伸長」という現象が、主としてイベリア半島にかかわるものであったことは確実である。したがってこの現象は、スペイン毛織物工業の衰退の楯の反面でもある。この時代のスペイン経済崩壊の原因として主張されている要因は余りにも多い。いわく、イスラム教徒の追放、帝国政策のための浪費とそれに伴う重税、地金流入による労働意欲の喪失、労賃の上昇による「コスト・インフレ」等々。[6]これらの要因をいちいち検討する余裕はないが、ただ、一七世紀はじめの六〇年間にトレドの毛織物業者数が四分の一になり、サラマンカの羊の頭数も、一六一九年には一六〇〇年の四割に減じてしまった[7]ように、スペインの毛織物工業が衰微し、その空隙をイギリス産の新毛織物が埋めたことだけは間違いない。後者のなかにはさらに、新世界まで流れるものも少なくなかったと思われる。[8]

レヴァント貿易の動向はより劇的である。一五八一年、かねてトルキスタンとペルシアからの香料などの輸入を狙ったモスコー会社の試みが失敗に終ると、その社員の大半が参加してトルコ(レヴァント)会社が設立された。イーストランド商人が何人か参加していたことも、興味のあるところである。この会社は設立の経緯からも明らかなように輸入のための会社であり、一二人の発起人のうちに冒険商人組合員は三人しかいない。一六〇五年の一一八名の構成員にも、有力な冒険商人組合員は五人しか見当らない。[9]一五八三年から継続的な貿易を開始したこの会社は、トルコとスペインの対立を利用して「カピチュレイション」の復活にも成功し、生糸、モヘア、棉花、香料、染料などを輸入して、五年間に行なった二七航海で粗利潤率三〇〇パーセント以上をあげた。[10]

他方、かつてエリザベスがイタリア商人に与えたヴェネツィアからの東方物産輸入権を買い戻した一群のイギリス人商人が、「ヴェニス会社」を名のっていた。一五八〇年代末になってともに特許の切れた両社は、一五九二年に合併し、「レヴァント会社」となった。「経済上の国民主義」を体現し、輸入に重点をおく会社というトルコ会社の基本性格は、ここでもむしろ強化されたのである。合併後のレヴァント会社は、合本形式《ジョイント・ストック》から「制規会社《レギュレイテッド・カンパニー》」形態

に転じて社員数五三人でスタート、カラントなどの輸入を中心に繁栄した。(11)

しかし、一六〇〇年にイギリス東インド会社が成立し、やがてジェイムズ一世が登位するに及び、レヴァント会社は危機を迎える。スペインとの対立を望まない国王が、トルコからのカラント輸入に課税したし、オランダ人C・ハウトマンの東インド航海の成功に危機感を抱いた有力社員の多くが、東インド会社の方に走ったからである。一六〇九年の東インド会社の二回目の特許状を、一六〇五年のレヴァント会社のそれと比較すると、六四人の名前が重なっている。(12)レヴァント会社の資金量が激減し、会社の負担とされていた駐トルコ大使の維持費にもこと欠く有様となる。(13)東インド会社の輸入した胡椒が地中海に再輸出される状況となっては、それもまた必然であった。(14)

このような経緯をみれば、モスコー会社からレヴァント会社を経て東インド会社に至る、「東方志向」集団の系譜が鮮やかに浮んでこよう。この集団はつねに輸入貿易を第一の関心事としていたが、輸出を行なう場合でも、もっぱら完成品たる毛織物を扱い、この点でも冒険商人組合とは趣きを異にしていた。一六世紀末以来、イギリスの対外発展を担ったのは、この集団にほかならなかった。たとえば、探検・植民活動の熱烈なアジテイターとなったR・ハクルートを支持したのは、当時最有力の商人層であった冒険商人組合員ではなく、未仕上げ毛織物を輸出する彼らとは対立関係にあったロンドンの仕上業者の組合(Clothworkers' Company)と、完成品を輸出していたイーストランド及び地中海貿易商であったと思われる。(15)

一七世紀前半、とくに二〇年代不況以後は、シティの上層部はかつての冒険商人組合員に代ってこの集団によって占められる。すでに創立時からして、トルコ会社の発起人一二名のうち六名はシティのオーダマン、三名は国会議員であったが、(16)合併後は「制規会社」に移行したために、各商人が自ら徒弟を養成する以外に人材確保の道がなくなったこともあり、この貿易にかんしてはオランダのレヘント層にも匹敵する「豪商の家系《マーチャント・ダイナスティ》」が成立した。トルコ商人、すなわち大富豪というイメージが定着したのはこのためである。徒弟が入門の際に支払う一時金が断然高かったのも、レヴァント商人の場合であった。[17] また、一六〇〇年から二五年までのシティではなお、のべ一四〇人のオーダマンのうち約半数は貿易商で、そのうち三分の一ないし二分の一までが冒険商人組合員であったが、一六二六年から四〇年までの期間には、冒険商人組合員は九名しかみえず、逆に一六人のレヴァント商人が認められる。一六四〇年だけをとると、二六名のオーダマンの半数はレヴァント、東インド両社の構成員であった。[18]

一七世紀後半以後の「商業革命」期になると、新世界貿易が成長のエンジンとなってゆくが、そこでは自由競争の原理が作用し、開発投資が必要であったから、こうした「東方志向」集団とは別のタイプの、主として小ジェントリなどの家系の出身者である商人が活躍すること、[19] すでに触れたとおりである。開発型の投資に親近性をもっていた地主ジェントルマンが、東インド会社には一四パーセントの資本をしか供さなかったのに、ヴァジニア会社では四七・二パーセントを占めていたことにも、この傾向が表われている。[20]

しかし、危機に陥ったレヴァント会社の方はどうなったのか。会社の危機への対応策は、輸入から輸出への重点移動であった。この過程をいっきょに押し進めたのが、前節に扱った二〇年代の北・西欧むけ毛織物輸出の大不況であった。イギリス毛織物の進出を可能にした条件はいくつかある。第一に、現地に近いヴェネツィアの毛織物工業が、ギルド規制によって労働コストが切下げられずに衰退しつつあったことがあげられる。[21] しかも、いまひとつの強力なライヴァルであったフランス産の毛織物も、一七世紀初頭には三、〇〇〇万リーヴル分が持ち込まれていたのに、国内の政治的混乱や海運の能率の悪さなどのために脱落し、世紀中葉までには壊滅した。この時代にはオランダ人もほとんど進出していなかったので、イギリス毛織物にとってはきわめて有利な状況が生まれていた、といえよう。

一六世紀末の一史料は、イギリス人はこの地にヨークシア産のカージーを少量もたらすのみで、ヴェネツィア風の広幅織はもたらさない、としている。[22] じじつ、一五九八年には一万八、〇三一クロスのカージーに対して七五〇クロスの広幅織が輸出されたにすぎない。ところが、一六二一年には二、三〇〇クロスのカージーと七、五〇〇クロスの広幅織が記録されているから[23]、前者の衰退と広幅織の進出が目立つ。イギリス毛織物の中核をなした広幅織は、がんらい西部などで生産され、未仕上げのままアントウェルペン――のちにはアムステルダム――に輸出されていた。これに対して、主として東部で生産された完成広幅織はバルト海地方、つまりイーストランドに流れていた。世紀の交からレヴァントに輸出された広幅織は後者である。

表 2-2　毛織物輸出と通貨の悪鋳

仕向先	1618年	1620年	1622年
A　毛織物輸出(単位：1,000 クロス)			
ドイツ	35.0	22.3	23.7
オランダ	31.5	35.7	26.5
イーストランド	7.8	2.8	4.0
B　通貨の品質(銀含有率指数)			
(1)ハンブルク	100	76	58
(2)ダンツィヒ	100	82	(79)*

(1) ライヒスターラー　(2) グロシェン
*は 1621 年の数値
〔出典〕 B. E. Supple, *op. cit.*, pp. 258-59, 79 より計算

表 2-3　サフォーク産広幅織の輸出先

仕向先	1606年	1620年	1622年	1628年
イーストランド	6,885	2,297	3,247	1,562
レヴァント*	2,276	5,558	3,624	661
その他	5,346	3,639	3,039	2,866

* イタリアを含む．単位＝クロス
〔出典〕 B. E. Supple, *op. cit.*, p. 267.

二〇年代不況の影響を真先にうけたイーストランド貿易商が、レヴァント地方にひとつの脱出口を見出したのも当然であろう。表2－3はそれを証明している。しかし、一六二二年頃からはオランダ市場も崩壊しはじめ、より強力な西部産広幅織もレヴァント市場に進出する。一六六〇年代の記録では、年平均一万三、〇〇〇クロス以上の広幅織が「西部もの」、「グロスターもの」の名のもとに輸出され、カージーはこの市場から消えた。この結果、東部（サフォーク）の完成広幅織産業、とくにその染色業は衰退し、逆に西部のストラウド河沿いに一六二〇年代、

染色・仕上業が発達する。

　レヴァントにおけるイギリス毛織物の優位は、「ヴェネツィアものの色を真似ているばかりか遥かに安価であり、下層民にまで買われている」ことからくる、[24]という。労働コストが安く、原料が自給されていること、それ以上に海運コストの安いことがその理由であった。武装高速船を主体とするイギリス海運業は、運賃そのものではオランダのフライト船に対抗しえず、ヴェネツィアのキャラベル船にさえ一〇パーセント程度の差をつけられていたが、海賊と私拿捕の危険の大きい地中海では、結果的にはイギリス船が断然有利だったからである。[25]

　結局、イーストランド、ドイツむけ輸出を中心とする一六二〇年代の不況は、つとに一六世紀の後半以来、東方物産の供給源として開拓されつつあったレヴァント地方を毛織物市場に変え、イベリア半島とその背後の新世界市場を、新毛織物によって拡大する契機となった。しかも、この二つの貿易部門は、それぞれの性格からいっても、事実上の関連からいっても、世紀後半の「商業革命」の軸となる東インド、新世界貿易にそれぞれつながるものであった。地中海は、イギリス商人にとって「商業革命」の予行演習場だったのである。[26]

（1）越智武臣『近代英国の起源』(ミネルヴァ書房、一九六六年)、二一四—一九頁。

（2）船山栄一『イギリスにおける経済構成の転換』(未来社、一九六七年)、三二頁以下。

（3）D. C. Coleman, 'An Innovation and its Diffusion: the "New Draperies"', *Econ. Hist. Rev.*, 2nd ser. vol. XXII, no. 3, 1969, pp. 421–28.

（4）Millard, op. cit., vol. 3(App. 2), table C.

（5）Cf. J. O. McLachlan, *Trade and Peace with Old Spain, 1667–1750*, 1940, p. 5; P. Vilar, *A History of Gold and Money, 1450–1920*, 1969, p. 227.

（6）E. J. Hamilton, 'The Decline of Spain', *Econ. Hist. Rev.*, vol. VIII, no. 2, 1938, pp. 168–84; id., 'American Treasure and the Rise of Capitalism (1500–1700)', *Economica*, vol. IX, 1929, p. 357; J. H. Elliott, 'The Decline of Spain', *Past & Present*, no. 20, 1961, pp. 52–75.

(7) Hamilton, op. cit. (Decline), pp. 170–71.

(8) C. H. Haring, *The Spanish Empire in America*, 1947, p. 315; S. Sideri, *Trade and Power*, 1970, p. 22.

(9) R. Brenner, 'The Social Basis of English Commercial Expansion, 1550–1650', *Journ. of Econ. Hist.*, vol. 32, no. 1, 1972, p. 369.

(10) A. C. Wood, *A History of the Levant Company*, (1935) 1964, p. 17.

(11) *ibid.*, p. 20.

(12) *ibid.*, p. 31 note 4.

(13) *ibid.*, p. 37 et passim.

(14) R. Davis, 'England and the Mediterranean, 1570–1670', in *Essays in the Economic and Social History of Tudor and Stuart England*, ed. by F. J. Fisher, 1961, p. 134.

(15) G. D. Ramsay, 'Clothworkers, Merchant Adventurers and Richard Hakluyt', *Eng. Hist. Rev.*, vol. XCII, no. 364, 1977, pp. 504–21; id., 'Industrial Discontent in Early Elizabethan London: Clothworkers and Merchant Adventurers in Conflict', *London Journ.*, vol. 1, no. 2, 1975, pp. 227–39.

(16) Brenner, op. cit., p. 369.

(17) R. Davis, *Aleppo and Devonshire Square*, 1967, pp. 64–65; Brenner, 'Civil War Politics of London's Merchant Community', *Past & Present*, no. 58, 1973, p. 61.

(18) Brenner, op. cit. (Social Basis), p. 373; id., op. cit. (Civil War), p. 64.

(19) Brenner, op. cit. (Social Basis), pp. 374–80; cf. R. G. Lang, 'Social Origins and Social Aspirations of Jacobean London Merchants', *Econ. Hist. Rev.*, 2nd ser. vol. XXVII, no. 1, 1974.

(20) T. K. Rabb, *Enterprise and Empire*, 1967, p. 66.

(21) C. M. Cipolla, 'The Decline of Italy', *Econ. Hist. Rev.*, 2nd ser. vol. V, no. 2, 1952, pp. 183–85; R. T. Rapp, *Industry and*

Economic Decline in Seventeenth-Century Venice, 1977, p. 135.
(22) Davis, op. cit. (the Mediterranean), p. 119.
(23) ibid., pp. 119–20.
(24) ibid., p. 123; cf. D. Sella, 'Les mouvements longs de l'industrie lainière à Venise aux XVIe et XVIIe siècles', *Annales, E. S. C.*, t. XVII, 1957, pp. 39–40.
(25) Davis, op. cit. (the Mediterranean), p. 130; V. Barbour, op. cit., p. 231.
(26) この相違は明らかに五一年や六〇年の航海法を越えて、革命以後も継続する。

6 イギリス経済の危機

イギリスにおいては「全般的危機」が顕現したと考えられる一六二〇年から四〇年までの期間についても、ホブズボウムの主張するような型の「危機」を実証することは難しい。彼のあげている経済「危機」の指標は、ほとんどすべてむしろ内乱期にその転換点をもっている。仮りに一六二〇年から四〇年、ないし六〇年まで続く長期の危機の存在が実証されるとすれば、それは第一章にみたような人口圧に起因する資源・食糧・エネルギーの危機でしかありえない。しかし、厳密にいえばこのタイプの危機も、それが存在したことは確かだとしても、それがいつ始まったのか――たとえば、穀物価格の上昇率はどこまでが正常で、どこからが危機なのか――を言うことは至難である。もっとも、一六二〇年代初頭には、明瞭に検証できる危機がひとつある。すなわち、毛織物輸出不況に起因するそれである。ただし、この危機は深刻ではあったが、短期間で終ったことも事実である。

しかし、当時の人びとにとって、経済の問題とはつねに短期のそれでしかなかったことも考慮に入れておかねばならない。たとえば、重商主義の理論家にとっても、問題となる物価騰貴とは数年前に比べてのそれであって、一世紀前に対比してのそれではない。そうだとすれば、現場の商人や経済の専門家でもない為政者のあいだには、長期の見通しをもつ者などほとんど見当らなかったのも不思議ではない。したがって、同時代人が問題にし、それに対応しようとしたのも――少なくとも意識的にそうしようとしたのは――「生産関係の危機」や「人口圧からくる危機」に対してではなく、まさに短期の貿易不況に対してであった。こうして一部の独占が廃止され、航海法につながる政策が採用され、さらには南欧＝地中海市場への経済進出が果たされたのである。これらの動きは、人的系譜からいっても、政策の系譜からいっても、王政復古以後の「商業革命」の先駆となった。しかもこの「商業革命」こそは、「人口圧による危機」からのいくつかの脱出口のうちでも、おそらくもっとも重要なものになるはずである。したがって、短期の輸出不況に対応しようとしたイギリス人は、意図せずしてすでに潜在していた長期の危機――人口圧による危機――にも「正しく」対応する結果になったのだ、ということもできよう。

三　「商業革命」の世紀 (一)

――一六四〇年から一七四〇年頃まで――

「イギリスの外国貿易が衰退していることは、次のような諸徴候にてらして明らかである。……すなわち、毛織物工業の衰退を訴える請願が議会に山積していること。毛織物工業地帯で貧民が飢えに瀕していること。羊毛価格が低いこと。小売店主が長期のカケ売りを強いられていること。破産件数が多いこと。……(各地との為替レートが不利になっていること)……通貨不足、とくに銀貨不足。全国的に地代が滞納され、地主が不満を抱いていること。救貧税の急増。……こうして、外国貿易の衰退を示す症候はいとも明らかである」(1)。

(『外国貿易衰退論』一七四四年)

1　はじめに

イギリス近代史上、いわゆるピューリタン革命に――あるいは名誉革命とセットで――産業資本の決定的勝利を求めようとする見解と、そこにはたんに私有財産制度が法的に確認されたという事実をしか認めず、絶対王政期から産業革命まで一貫して「初期資本」ないし「ジェントリ資本」の支配を措定しようとする見解との対立が、かつてわが国の社会経済史学界で目立っていたことは、よく知られていよう。ここではそのような論争に深く立入るつもりはない。ただ近年の実証研究の状況では、経済史にとってのピューリタン革命の意義はますます不明確になってきているように思われ、その限りではそこに決定的な転換点を認めなかった後者の見解の方が、より適合的であるとも考えられる。市民革命を「基礎的な制度の革新」として捉えているD・C・ノースとR・P・トマスのモデル(2)も、そこに支配的な資本のカテゴリの転換などという概念を含んではいない。法的な変化、とりわけ財産権のあり方の変化をもっとも重視している点で、このモデルも「初期資本論」的な市民革命論(3)となら親和性が認められるはずである。「世界資本主義論」の立場に立つI・ウォーラースティンやA・G・フランクがピューリタン革命をそれほど重視していないことはいうまでもない(4)。

しかし、他方ではまた、一七世紀中頃を境にして、イギリス経済にはその前後で著しい対照のあることも否定しえない。たとえば、賃金が低ければ低いほど国際競争力が高まるので好都合だとする「低賃金論」への批判が出はじめることや、人口を養われるべき負担とみる見方から国力や生産力の基礎とする見方への転換など、重商主義パンフレット作家たちの見解も一変する。「初期重商主義」から「固有の重商主義」へという第一の立場に立つシェーマにはただちには同意しにくいとしても、クロムウェル航海法以後、とくに名誉革命以後に保護貿易主義の傾向が強くなったことも事実である。こうした対照は、支配的な資本の基本的な性格に変化がないとすれば、どうして説明できるのか。経済を構成する諸要素の趨勢——いわゆるコンジョンクチュール——の変化がそれを説明するであろう。

一六二〇年代以後の一世紀余りのヨーロッパ経済が「危機」とされたこと、その際、「危機」の最大の指標のひとつとされたのが「物価の下降」であったこと、しかし、一六四〇年以前のイギリス経済については、このような見解が必ずしも正鵠を射ていないことなどは上述した。とすれば、残った一七世紀後半以後についてはどうか。この時代、とりわけ一八世紀前半についても、好況説と不況説が入り乱れているのが現状である。論争の両派とも、一八世紀前半が輸出不振期であったとしながら、イギリス経済全体の状況については正反対の結論に至っているのである。たとえば、不況論者が貿易の不振、物価の長期停滞、実質賃金率の上昇などを捉えて、低賃金労働をその存立基盤とする

「初期資本（＝ジェントリ資本）」の構造的危機を読み取るなどするのに対し、[5]好況論者は農業の発展とそれに伴う国内市場の拡大を重視するのである。[6]

論争のこのような現状にてらして、ここでは、世紀前半までの経済発展との対比や同時代の北西ヨーロッパとの対比を通じて、次の諸点を明らかにしたい。すなわち、第一に、一六四〇年から六〇年までのあいだに物価を中心とする各種の指標のトレンド転換点があり、新しいトレンドはほぼ一七四〇年代まで継続すること、つまり、この約一世紀間をひとつのまとまりをもった時期と考えることができるという事実である。第二には、この時期のイギリス経済には国際的にみて賃金コストの相対的上昇があり、その限りでは危機的な要素が内部で蓄積されつつあったともいえる。しかし、第三点として、この賃金コストの相対的上昇がただちに明らさまな不況や危機を示しているとは言い難い。むしろ実質賃金の上昇そのものは、国内消費市場の拡大――第三部で触れるように、この時代はまさしく「生活革命」の時代となった――をもたらすこともあり、そもそも長期にわたって実質賃金を引き上げ続けることができたという事実そのものが、不況や危機といった概念とはただちには両立し難い。むしろ、実質賃金の上昇が停止する一七四〇年代以後にこそ、ある種の危機というべきものがあるのではないか。もっとも、「好況」とか「不況」とかいった言葉は厳密な定義を与えることが難しいので、ここではなるべく使用を控えたい。一人当りの生産量ないし所得の変化の方向を推測することが、ここでの主要課題なのである。

しかし、もっとも重要なのは、次の第四点である。すなわち、一八世紀前半不況説の主要な根拠のひとつとなっており、好況説派も必ずしも否定していない「貿易不況」説は、長期的にはまったく認められないということである。一八世紀初めのごく短い期間をとれば確かに貿易量の停滞が認められもするのだが、一七世紀後半から一八世紀第三・四半期までをとってみると、事態はまったく正反対であり、そこにはクロムウェル政権時代から本格化する植民地帝国形成過程を背景にした爆発的な貿易成長、いわゆる「商業革命」の現象が認められる。厳しい国際競争のなかで、毛織物をほとんど唯一の輸出産業とする単一商品輸出型経済から複数の工業製品輸出をもつ経済構造へイギリスが転じえたのは、植民地保護市場の急激な成長があったからである。

(1) anon., 'An Essay on the Causes of the Decline of Foreign Trade……', 1744, in *A Select Collection of Scarce and Valuable Tracts*, ed., by J. R. McCulloch, (1859), 1966, p. 159.

(2) D. C. North and R. P. Thomas, 'An Economic Theory of the Growth of the Western World', *Econ. Hist. Rev.*, 2nd ser. vol. XXIII, 1970, pp. 1-17.

(3) 河野健二・飯沼二郎編『世界資本主義の形成』(岩波書店、一九六七年)、六—七頁。

(4) たとえば、両者のもっとも詳しい歴史叙述である次の二書にも、ピューリタン革命を重視した箇所はない。I. Wallerstein, *The Modern World-System II*, 1980; A. G. Frank, *World Accumulation, 1492-1789*, 1978.

(5) A. J. Little, *Deceleration in the Eighteenth-Century British Economy*, 1976, p. 99. 角山栄「イギリス十八世紀前半は不況期か」(『経済理論』六二号、一九六一年)。

(6) A. H. John, 'Aspects of English Economic Growth in the First Half of the 18th Century', *Economica*, n. s. no. 110, 1961; id., 'Agricultural Productivity and Economic Growth in England, 1700-1760', *Journ. of Econ. Hist.*, vol. XXV, 1965; E. L. Jones, 'Agriculture and Economic Growth in England, 1660-1750: Agricultural Change', *ibidem*.

2　西欧のなかのイギリス

「ヨーロッパ世界経済」[1]が全体として収縮の局面を迎えたとされるこの時代は、その「中核」を形成した北西欧諸国による生存競争の時代でもあった。この時代の北西欧諸国の経済動向を示す史料としては、アムステルダムの物価史料やズンド(エレサン Öresund)海峡通行税台帳が有効である。[2]というのは、アムステルダムは当面、北西欧最大の

図 3-1　バルト海域から西欧への穀物輸入（1万ラースト）

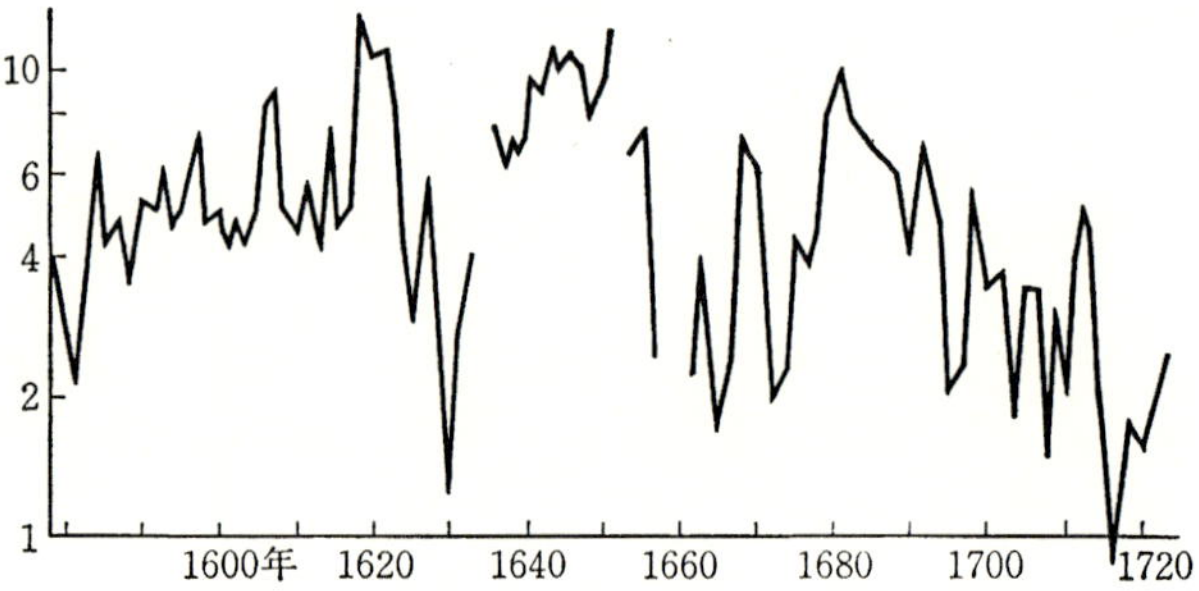

〔出典〕 P. Jeannin, in *Revue Historique*, 1964, pp. 328–29.

図 3-2　物価指数（アムステルダム，1721–45年：100）

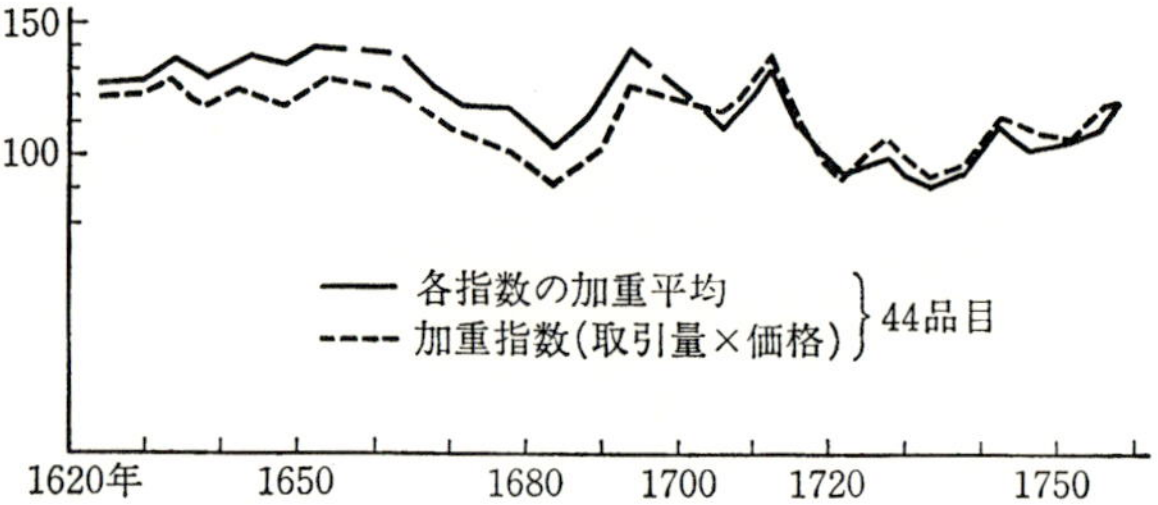

〔出典〕 N. W. Posthumus, ed., *Inquiry into the History of Prices in Holland*, vol. I, 1946, CI.

国際市場であり、そこでの価格はいちおう北西ヨーロッパの標準価格とみなすこともできるし、ズンド海峡をほとんど唯一の通路とする対バルト海・東欧貿易は、穀物、大麻、亜麻、鉄、木材、ピッチ、タールなどの供給源として、北西欧経済の基幹をなしていたからである。この貿易こそは、新世界貿易と並ぶ「ヨーロッパ世界経済」の動脈だったのである。これらのデータに、フェルプス－ブラウンらの作成した若干の大陸都市における標準労働者家計の生計費コスト指数[3]などを加えて考察すると、次のようなことが分かる。

まず、少なくとも一六二〇年代までの北西ヨーロッパ経済は、全体として発展の傾向を示しており、物価や賃金の動向は大陸とイギリスで大きな違いはない。ところが一六二〇年代ないし五〇年代を境にして、各種の指標はいっせいに変化の方向が逆転してゆく。しかも、そのなかでただひとつ、農産物と工業製品の価格比だけは、イギリスと大陸でまったく逆の方向を辿るようになるのである。

いま少し詳しくみることにしよう。一六二〇年頃までの「ヨーロッパ世界経済」では、「辺境」となった東欧から「中核」＝西欧への食糧や原料の輸入が順調に伸びて、分業体制がさらに強化された(4)。また、一般物価水準が上昇を続け、他方、建築業などの職人や労働者の実質賃金は漸落していった。非農産物の価格上昇が農産物のそれに遅れたため、両者の比はしだいに農産物に有利になっていった事実もある。

図 3-3　工業製品価格／農産物価格比(1521-30 年：100)

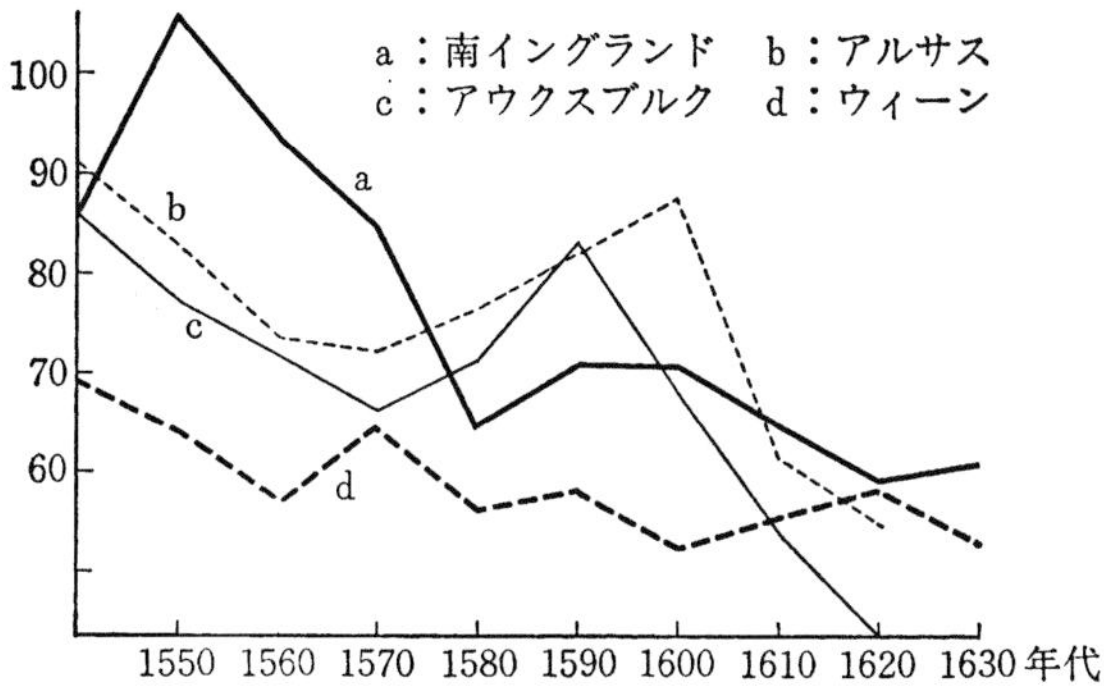

〔出典〕 E. H. Phelps-Brown & S. V. Hopkins, in *Economica*, Nov. 1957; *Economica*, Feb. 1959.

ところが、一六五〇年代を境に、東欧からの穀物輸入は減少しはじめる(5)。「ヨーロッパ世界経済」の活力が鈍るのである。一般物価指数も、一六二〇年代ないし五〇年代を境に停滞しはじめる。この現象はもちろん、場所によって始まる時期が違うし、原因も単一であるかどうか定かではない。ただ明らかなことは、その原因を新世界からの銀の流入量の激減に求めるハミルトン的理解はとりえないということである。なぜなら、ハミルトンは一七世紀後半の銀の流入量を算定しなかったからで、実際のところその数値は、これまで根拠なしに想定されてきたほど小さくはなかったらしいからである(6)。一七世紀末からは、ブラジル金の流入も認められる。

いずれにせよ、物価や貿易にかんするこの新たな傾向は、だいたい一七三〇年ごろまで継続するので、大陸を中心として北西欧を一単位としてみれば、一六二〇年代ないし五〇年代から一七三〇年代までが

図 3-4　非農産物／農産物価格比指数(1721-45 年：100)

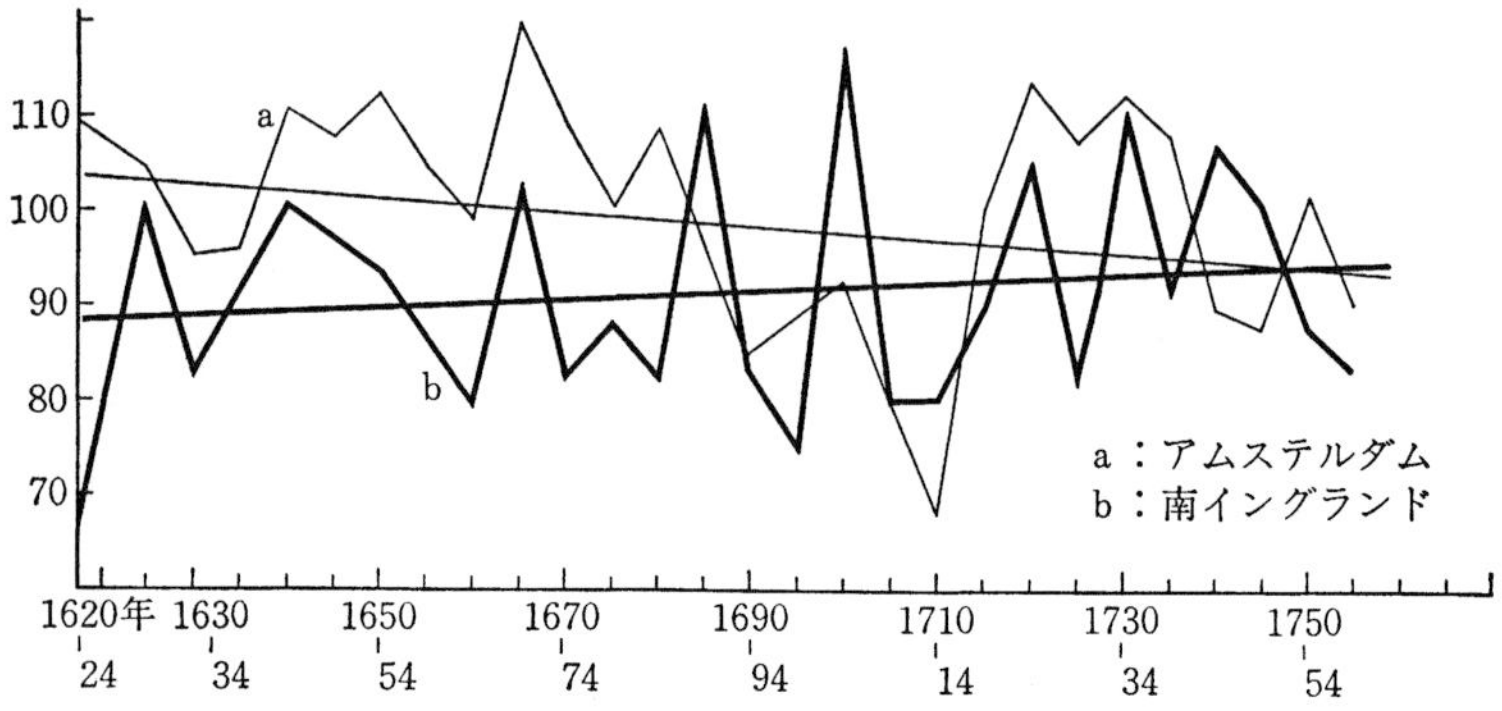

〔出典〕 本文注参照.

特徴的な趨勢をもつひとつの時期であった、といえる。一見したところ、ここに現われた物価の停滞[7]や穀物輸入の減少を、景気の沈滞や経済成長のスロー・ダウンと結びつけることは容易であり、「全般的危機」論が説かれる根拠もここにあった。しかし、ここでも物価の停滞がただちに不況を意味したかどうかは疑問でもある。穀物輸入の減少にしても、北西欧内部、ことにイギリスでの農業生産拡大の影響を受けており、これまた安易に経済不振の証拠と決めつけるわけにはゆかない。ズンド海峡文書を分析したP・ジャナンもいうように、「近代の二つの大物価騰貴の時期に挟まれた期間が、景気の後退期だなどと考えてはならない[8]」のかも知れない。ただ、それが「ヨーロッパ世界経済」の中核部と辺境部の分業体制の一時的衰弱を示していることは確実である。

つぎに、同様の指標をイギリスについて作成してみると、当然予想されるとおり、多くの点で大陸のそれとよく一致する。一般物価指数は若干の時間のずれはあるものの、いずれ停滞・下降にむかうし、労働者家計の生計費コストも、それをもとに算定された建築業職人の実質賃金指数も、いずれも一六二〇—五〇年代と一七四〇年代に長期趨勢の逆転を経験する[9]。穀物の輸出・入についても、一七世紀後半と一八世紀前半のイギリスは、強力な輸出国となっていた点で前後の時期とは違っていた[10]。

イギリスにとっても、この一世紀前後はひとまとまりの時期をなしていたのである。

しかし、イギリスと大陸——とくにオランダ——とでは、ただひとつまったく逆方向へ動いた指標がある。非農産物(主に工業製品)と農産物の価格比である。一六二〇年以前には、大陸(アムステルダム)でもイギリスでも、その比率は一貫して低下しつつあった(図3－3)。ところが、それ以後について、ポステュムスの編集したオランダ物価史のデータとベヴァリジらの集めたイギリスのそれを用いて指数を作成すると図3－4がえられる。これで明らかなように、アムステルダムでは依然として下降傾向にあるこの指標が、イギリスでは明らかに上昇傾向に転じているのである。ひとしく「ヨーロッパ世界経済」の中核部にあたった英・蘭両国のあいだにも、つとに微妙な差が生じはじめていたのである。指数の基礎とした史料のうち、イギリス側のそれが含む問題点にはすでにふれた。オランダ側のデータは、アムステルダムの市場価格がほとんどなので、まず問題がない。ただし、両地での指数作成に際して採用した商品の構成内容に多少の食い違いがあるので[11]、主要商品については個別の比較表を掲げておく(後掲表3－1)。

いずれにせよ、イギリスでこの指標が上昇に転じたのは、分母の農産物価格が上昇しなくなったのか、分子におかれた工業製品の側に原因があったのだろうか。とりあえず、依然として圧倒的な基幹部門となっていた農業と人口の関係から考察しよう。

(1) 「ヨーロッパ世界経済」の概念については、I・ウォーラーステイン、拙訳『近代世界システム』I(岩波書店、一九八一年)、第1章、および同II、第6章参照。時期区分と「収縮」の問題については、I. Wallerstein, *op. cit.*, ch. 1.

(2) N. W. Posthumus, ed., *Inquiry into the History of Prices in Holland*, 2 vols., 1946 and 1964; N. Bang and K. Korst, eds., *Tabeller over Skibsfart og Varetransport gennem Øresund*, 7 vols., 1906–1953. 他に A. Friis and K. Glamann, eds., *A History of Prices and Wages in Denmark, 1660–1800*, 1958 や H. van der Wee の集めた史料が役に立つ。

(3) E. H. Phelps-Brown and S. Hopkins, 'Wage-Rates and Prices: Evidence for Population Pressure in the Sixteenth Cen-

tury', *Economica*, vol. XXIV, 1957; id., 'Population Pressure in the Sixteenth Century: Some Other Evidences', *Economica*, Feb. 1959.

(4) M. Małowist, 'Poland, Russia and Western Trade in the 15th and 16th Centuries', *Past & Present*, no. 13, 1958, pp. 26–27; id., *Croissance et régression en Europe XIVe–XVIIe siècles*, 1972, pp. 139–173.

(5) 図3－1参照。

(6) 第一章第二節、注(9)参照。

(7) N. W. Posthumus, *op. cit.*, vol. 1, Diagram 1.

(8) P. Jeannin, 'Les comptes du Sund comme source pour la construction d'indices généraux de l'activité économique en Europe(XVIe–XVIIIe siècles)', *Revue historique*, CCXXXI, 1964, p. 340.

(9) 一七世紀中葉の逆転については、上掲図1－2参照。

(10) 後出表5－1参照。

(11) オランダについては、Posthumus, *op. cit.*, vol. 1, table III により non-harvest articles / harvest articles の価格比をとる。イギリスについては、W. Beveridge and others, eds., *Prices and Wages in England from 12th to the 19th Century*, vol. 1, 1939; B. R. Mitchell, ed., *Abstract of British Historical Statistics*, 1962 から、次の商品の価格指数を算術平均。分子＝銅、錫、皿、鉛、石けん、ロウ、皮革、塩、錨、石炭、毛織物四種(計13品目)。分母＝イートンなど三つの小麦価格。

3　穀物生産と人口

後掲の表5－1にみるように、一七世紀後半、一八世紀前半といえば、イギリスが大規模な穀物輸出国となっていた点で、この国の歴史上きわめてユニークな時代であった。一八世紀前半にはその規模は、国際収支の均衡に決定的な役割を果たし、ポンドの為替レートを左右しかねないほどであった。輸出は、主として従来の最先進地域で、いまや「ヨーロッパ世界経済」の「半辺境」と化しつつあった地中海沿岸にむけられたものである。

ところで、このように大規模な穀物輸出はなぜ可能になったのか。まず考えられるのは、穀物貿易政策の転換である。[1] なお飢饉すらみられたテューダー朝や初期ステュアート朝下にあっては、輸出を抑制し、消費者の保護を図ろうというのが、穀物貿易政策の基本となっていた。[2] 議会の圧力を受けて、一五五五年、六三年、九三年、一六〇四年、二四年等々に輸出が許可される穀物価格のラインが引き上げられてはきたが、実際の穀物価格がこのラインを下回ることはまれだったから、事実上は輸出が抑制されていたのである。しかし、王政復古以後になると、当局の政策は一六六三年、七〇年、七三年、八九年などの諸法令を通じて、地主＝生産者側の利益保護に傾斜してゆくこと、周知のとおりである。[3]「穀物輸出奨励金《コーン・バウンティ》制度」に象徴されるこの現象は、革命政権や王政復古政権の性格を考えるうえで決定的な意味をもってもいよう。つまり、そこでは、テューダー朝がなお維持していた「福祉」政策的な要素が欠落し、地主・農業資本家的——ジェントリ的——な利害がストレートに立ち現われているのである。

とはいえ、新たな政策が国内の消費者を犠牲にして輸出ドライヴをかけた、とは考え難い。穀物価格そのものは着実に下降線を辿っていったのだから、人口一人当りの穀物生産量が増えたのだと考える以外にない。「飢餓輸出」の可能性はまずないのである。この時代がジンとビールを中心とするアルコール性飲料の急速な普及期にあたっていることも、穀物需給のバランス変化を示唆している。穀物価格は長期低落の傾向を示したばかりでなく、短期変動の変動幅も縮まり、安定性を増している。

このような穀物価格の長期低落傾向は、農業不況の証拠といえるだろうか。一七世紀中頃から一八世紀中頃まで、西欧全域に農業不況があったというのはS・ファン・バートである。[4] バートによれば、この間に人口増加が停止したために穀物需要が伸びなくなり、価格が下落した。このために開墾、干拓などは停止され、耕地面積もふえず、穀作が不振となって畜産などへの転換が起こる。農業所得の減少を補完するものとして製造業が発達する。オランダはこの典型的な例だ、というのだ。

確かにイギリスでも穀物価格は低下したし、耕地の牧場化も認められる。しかし、それはミドランドから北の粘土質地帯《クレイ・ランド》に限られており、首都や国外市場に近い南部や東部の軽質土地帯《ライト・ソイル》では、逆に耕地が拡大し、穀草式農法などの新農法が普及した。したがって、イギリス農業には地域特化の急速な進展は認められるが、バートのいう「収縮」は起こらなかったのである。[5]

一六五四年に著名なウェストンの農書が上梓されて以来、王立協会を中心に、飼料用作物の栽培を軸とする改良農法を勧める農書の類が奔流のごとく溢れはじめる。カブの栽培もすでに一六五〇年代のサフォーク州で確立しており、ノーフォーク州にも拡大しつつあった。カブの栽培による家畜飼育の改善を前提としたノーフォーク農法が穀物の生産にも驚異的な効果をもたらしたことは、いうまでもない。従来、こうした農法の革新は、一八世紀後半にしか一般化しないと主張されてきた。[6]「カブのタウンゼンド」や「ホーカムのクック」が新農法の最初の導入者でないことは当然としても、新農法の採用には囲い込みが不可欠な前提条件であったというのが、その主な理由であった。しかし、開放耕地では新農法が採用されないというのは、まったく事実に反する。東部や南部の新農法が、ミドランドなどの粘土質地帯の農民にとっていかに早くから脅威となっていたかは、一六八〇年代にその禁止法がしばしば提案されたことでも分かる。[7]

農業を収縮させて東欧からの食糧輸入に依存さえするようになったオランダや、農業の生産性にみるべき改善がなかったフランスなどと対照的に、イギリスでのみこのような改良が可能になったのはなぜか。王政復古以降、地主支配体制《スクワイアラキー》の成立過程で地租をテコとする大地主による土地集積が進行したことが、[8]ひとつの背景になっていることは事実であろう。また他方では、革命によって、ほぼ完全に近代的な、一元的土地所有権が成立したことも、重要であった。[9] 一六四六年の後見裁判所の廃止などに象徴的にみられる封建的土地所有権の消滅＝所有権の一元化は、明らかに地主による改良投資を促進した。ノースらのいうように、財産権のあり方のような「基礎的な制度の革新」は、私的利潤と社会的利益を一致させる。この場合でいえば、一元的所有権を確認された地主が、私的利潤の追求をめざしていっそうの改良投資意欲をもったことが、全体の農業生産の拡大を引き起こし、成長の天井を押しあげたのである。

また、土地集積が進行し、三分割制が成立したことで、大陸にはみられない地主と借地農のあいだの資金分担の慣行が生まれたことも、改良の遂行には好都合であった。すなわち、イギリスでは土地改良のための固定資本は一般に地主が負担し、借地農は運転資金を負担することになるのである。穀物価格が低落し、経営環境が悪化したとき、主として改良投資を行なったのは地主である。大地主の収入源は地代に限られていなかったから、それが可能になったのである。彼らの所得は官職、軍のポスト、植民地、商業、国債などからも大量に得られた――この意味では、農業改良も「商業革命」とまったく別個の現象ではない――から、彼らだけはこうした不利な環境のもとでも改良投資ができたのである。[10] イギリスでは土地が与える特有の社会的権威のために、成功した大商人がことごとく土地購入にむかい、産業にはむかわなかったと非難されることが多い。しかし、商人の経営手腕と資本が土地にむかったからこそ、この決定的な時代に、ひとりイギリスのみが改良投資をすすめえたのだともいえよう。

穀物価格の長期低落傾向下の生産拡大という一見不可解な現象は、こうして生じた。穀物価格の低下は非農業セクターに有利な、また社会のより下層の部分に有利な所得のシフトを惹き起こした。一六二〇年以前に有利な所得分配に浴していた地主、農業企業家層に比べれば、彼らの貯蓄性向は低く、所得のほとんどを消費してしまう傾向がある。したがって、このような所得分配の型は、国内市場の拡大を引き起こす。「生活革命」のひとつの前提がここにあった。もちろん、価格とコストの差が縮むにつれて、このような改良を断行しえなかったミドランドの穀物生産は没落し、より有利な牧畜業に転換するか、製造工業を展開する以外になくなったことも事実である。

バートがこの時代の西欧農業を「不況」とした際、その原因とされたのは人口の停滞であった。穀物需要の水準を決定する最大の要因が人口であることは間違いないのだから、イギリスの人口動態にも一瞥を与えておくべきであろう。第二章の図２－１からも容易に推定できるように、一七世紀中葉以後、一八世紀初頭までは停滞が明らかである。[11]一七世紀末にかんするグレゴリ・キングの推計は、多少の下方修正はなされたもののほぼ正確とされているし、[12]一八世紀の人口動態については、周知のように洗礼と埋葬の一〇年おきの件数が残っており、ケンブリッジ・グループの集めた上記のデータともあわせて、大まかな動向にかんしてはほとんど異論がない。[13]ただ、一七世紀については、世紀初頭の人口をどの程度に推定するかによって、多少の異説もないわけではないが、全体としてはほぼこのように理解して差し支えあるまい。

一七世紀中頃に人口動態の転換点があり、それまでの激しい人口増加が停止したのだとすれば、その原因は何だったのか。

一般的にいって工業化前の社会には、「生産の増加を人口増加が呑み込む」という根強い傾向があったと考えられる。総量指標の上昇があっても、一人当りの指標は一定限度を越えては上昇しないのである。この傾向は、出生率、死亡率の両面から説明することが可能である。死亡率の側では、食糧供給と疫病が決定的な要因と考えられている。他方、出生率からはつぎのようにいうことができる。一六・七世紀のイギリスでは、庶民の家庭は平均家族数が五人以下の単婚核家族が一般的であった。[14]下層民の子供はより上流の家庭に「サーヴァント」として組み込まれていたからである。彼ら「サーヴァント」は総人口のおよそ一五パーセントにも達したが、「雇主」の家族構成員とみなされていたのである。しかも、彼らは結婚すると日傭いなどの労働者となり、独自の家族を構成した。[15]このような社会的習慣のもとでは、男子にとって結婚とは、独立の家計を維持する責任を負うことであった。つまり、その時代の社会の一般通念としての最低生活水準以上の線で妻子を扶養しうること、これが結婚の前提条件となったのである。したがって初婚年齢、ことに男子のそれは経済的自立の可能性によって大きく左右されたといえる。ギルドの徒弟条項がどの程度厳格に適用されたか、といったことも、この観点からみて重要である。[16]

しかし、たとえこの要因がある程度意味をもっていたとしても、男子の初婚年齢の変化が出生率をそれほど左右したとも思えない。それよりは、女性の初婚年齢と平均出産回数こそが、より直接的に出生率を規定していることは当然である。生活水準を維持するために、女性が結婚を遅らせたり、出産を控えたりするとすれば、それこそ人口動態に直接はね返ってくるはずである。

したがって、結局、疫病のような経済外的要因を別にすれば、(a) 食糧供給の増減に起因する栄養状態の変化に伴う死亡率変動、(b) サーヴァントの独立の機会の変動にともなう初婚年齢の変動、(c) 経済変動に伴う既婚夫婦内の出産回数の変動、(d) (b)や(c)の前提となる、一般的な生活水準についての社会通念の変動などが、前工業化社会における人口変動の経済内的要因ということになろう。[17]

いま問題の一七世紀中頃のイギリスでは、これらの要因のうちどれが強く作用したのか。穀物価格は低下傾向にあったのだから、食糧供給のレヴェルからすれば、人口増加率の低下ではなく、その上昇を措定しなければならなくなる。したがって(a)の説明は成立しない。また、南部や東部における農業改良は労働集約的であったから、むしろ雇傭が促進されたし、ギルド規制もとくに強化されたとは思えない。したがって、穀作の衰退したミドランドを別にして――そこでは農村工業の展開があった――、雇傭の減少によるサーヴァントの独立の機会の減少といった(b)の説明もとりにくい。[18]

ここで参考になるのが、極限された範囲のデータではあるが、第二章の第二節でも触れたデヴォンシア・コリトン教区にかんするリグリの研究である。この教区では、全国的な趨勢と軌を一にして、疫病の流行した一六四五―四六年から洗礼数が埋葬数を下回りはじめ、一七三〇年代までこの状態が続いた。この間に女性の初婚年齢は二七歳前後から三〇歳へ上昇し、男子のそれを約二歳ほど上回ってしまう。ちなみに、男性の初婚年齢には目立った変化はない。出生数の減少は、女性初婚年齢の上昇によって十分説明できるが、既婚女性の平均出産回数の変化によって、それが増幅されていた。年齢別出産率の曲線や初婚年齢別の出産状況、出産間隔の差などをも考慮に入れると、この時期の晩婚、出生数の低下は意識的な家族数の制限の結果であるように思われる。たとえば、三〇歳未満で結婚した女性が、初婚年齢三〇歳以上の女性に比べて三〇―四九歳での出産率が著しく低いこと、前者の出産間隔が異常に長いこと、また前者は平均三七・六歳で末子を産んでおり、より晩婚の女性より五歳も早くなっているなど、この教区にかんする限り、一七世紀後半の人口減少は明らかに意図されたものであったことを示す証拠は多いのである。(19) 人びとは、出産と生活水準の維持・向上という二つの選択肢のあいだで、そのビヘイヴィアを変えたのだ。

もとより、南西部の辺鄙な一教区の証拠を全国に敷衍するのはいささか大胆にすぎもしようが、さりとてこれに代る説明もないうえに、この説明は他のあらゆる状況証拠――たとえば、穀物の余剰、生活水準の上昇を示す「生活革命」など――にも、きわめて適合的なのである。したがって、この頃から、生活水準を考慮して出産を制限するという選択が、大まかな意味で定着したのだ、と考える以外にない。上記の四つの要因のなかでは、結局(d)こそが決定的だったのではないか。これがとりあえずの結論なのである。他の三つの要因――つまり一言でいえば「経済不振」――によって人口の減少ないし停滞が強制されたのだとすれば、「生活革命」に如実に示された生活水準の向上はどうしても説明できない。経済外の要因にしても同じで、たとえばこれほど長期にわたって人口を抑制しえた疫病は、この当時認められない。経済外要因でもっとも重要なのは、重商主義帝国の形成過程に関連した対外移民である。新世界やインドへの移出人口は年々数千人には達したから、これが一定の意味をもったことは否定しえない。しかし、移出民数も、数の上でもっとも重要な新世界むけ年季契約奉公人の推計からすれば、そのピークは王政復古の前後や一七七〇年代にあって、人口停滞の続く一六八九年から一七六八年頃まではその水準は高くない[20]。

それゆえ、イギリス人が一般に生活水準と人口にかんする選択——「心性《マンタリテ》」と称すべきか——を変えたと考えるのがもっとも適切なのだが、ひとたびこのような選択が定着すれば、もはや社会全体の生活水準を押し下げるような人口増加は起こりえない。じっさい、一八世紀中頃に人口がふた

表 3-1　製品価格比較表　(1721-45 年 : 100)

年代	石けん		塩		皮革		銅	
	オランダ	英国	オランダ	英国	オランダ	英国	オランダ	英国
1620-59	147	85	175	38		85	88	96
1660-79	120	69	147	55	151	97	94	100
1680-99	118	75	140	77	121	92	94	96
1700-29	122	90	117	111	116	103	98	107
1730-59	104	104	102	102	114	101	93	93

年代	ロウ		スズ		鉄製品			ファスティアン	
	オランダ	英国	オランダ	英国	オランダ	英国		オランダ	英国
1620-59	129	122	141	101	(ワイヤ)	119	(錨)	92	
1660-79	122	127	131	103	122	122	(釘)	69	
1680-99	100	113	102	108	112	109	85	67	94
1700-29	105	109	99	104	107	111	94	78	100
1730-59	104	102	99	100	107	96	97	101	100

年代	鉛		サージ			クロース			カージー
	オランダ	英国	オランダ		英国	英国のみ			
1620-59	94	104	(a)	(b)		92	97	116	230
1660-79	110	125	99	176	136	113	93	104	205
1680-99	82	89	98	137	127	108	105	100	171
1700-29	86	93	97	102	135	100	120	100	119
1730-59	103	108	100	98	85	100	99	100	97

〔出典〕 図 3-5 に同じ.
鉛, スズはオランダの数値も英国からの輸出品.
サージ(a)と同じ動きをするものは他に一例しかなく, (b)と同じ動きのものは他に四例以上ある.

図3-5　英・蘭物価比較(指数)

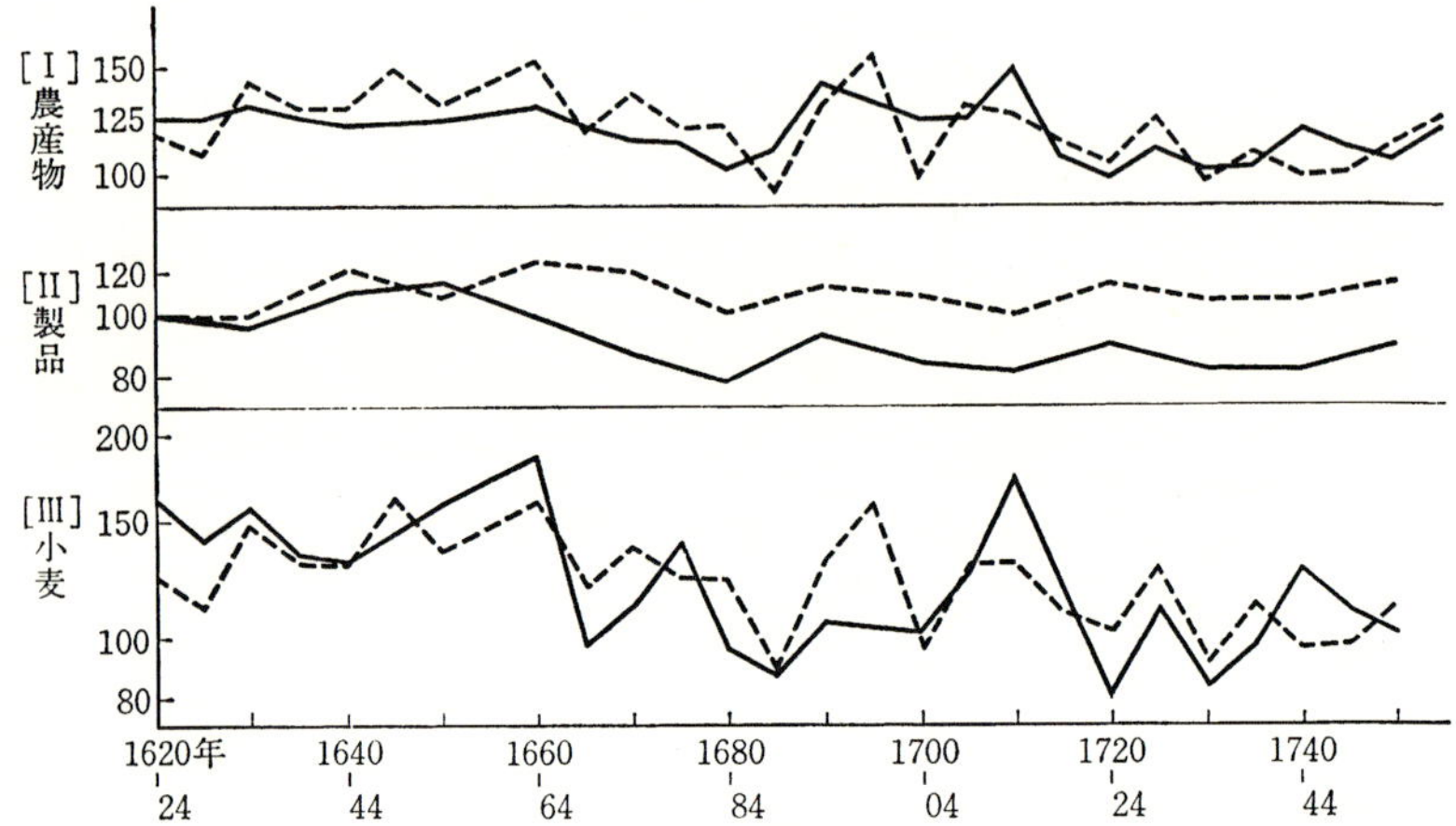

——アムステルダム　I　小麦(イギリス)，農産物(アムステルダム)　1721-45年:100
……南イングランド　II　製品(イギリス)，非農産物(アムステルダム)　1620-29年:100
III　小麦(イギリス)，小麦(アムステルダム)　1638-42年:100

〔出典〕 Mitchell & Deane, *Abstracts of British Historical Statistics*, 1962; W. Beveridge et al., *Prices and Wages in England*, vol. 1, 1939; Posthumus, *Inquiry into History of Prices in Holland*, vol. 1, 1946 などから川北が作成. [II]のイギリスは9品目, [III]のオランダは4品目(table 1, 7, 8, 11)を合成.

たび増勢に転じたときも、一六世紀のようにそれが生産の増加を追い越すようなことはなかったのである。[21]

　こうして、一六六〇年から一七三〇年代までのイギリスでは、人口停滞と農業生産の拡大の相乗効果によって、農産物に余剰が生じ、その価格が低落した。この時代のイギリスで農産物と工業製品の相対価格が、前の時代とは逆の方向に動きはじめた理由の一部はここにある。しかし、同じ指標がこの時代にイギリスとアムステルダムでは逆方向に動いているという、最初にあげた問題の説明としては、この事実はあまり有効でない。というのは、図3-5にみるとおり、農産物(穀物)の価格はアムステルダムでも同じように低下していて、両地で決定的な差を示さないからである。

　したがって、説明の大半は逆の方向——工業製品価格——に求めなければならない。図

3－5Ⅱは、非農業製品(工業製品)の価格がイギリスではあまり下らなかったことを示している。この指数ではすでにふれたように、商品構成に差があるが[22]、商品別の比較表を作成してみても、大筋においてこのことが確認できる(表3－1)。とすれば、イギリスでなぜこのように製品価格が低下しなかったのか。これが以下二つの節の課題となる。

(1) R. B. Outhwaite, 'Dearth and Government Intervention in English Grain Markets, 1590–1700', *Econ. Hist. Rev.*, 2nd ser. vol. XXXIV, no. 3, 1981, pp. 389–406.
(2) 田中豊治『イギリス絶対王政期の産業構造』(岩波書店、一九六八年)、一二二頁。
(3) D. G. Barnes, *A History of the Corn Laws 1660–1846*, (1930), 1965, pp. 8–11.
(4) S・v・バート、速水融訳『西ヨーロッパ農業発達史』(日本評論社、一九六九年)、二七〇頁。
(5) 以下の記述は主として、次の諸著作による。A. H. John, op. cit. (*J. E. H.*, 1965) ; id., 'The Course of Agricultural Change 1660–1760', in L. S. Pressnell, ed., *Studies in the Industrial Revolution*, 1960 ; E. L. Jones, op. cit. (*J. E. H.*, 1965) ; id., 'English and European Agricultural Development 1650–1750', in R. M. Hartwell, ed., *The Industrial Revolution*, 1970 ; id., *Agriculture and the Industrial Revolution*, 1974 ; J. D. Chambers & G. E. Mingay, *The Agricultural Revolution, 1750–1880*, 1966 ; G. E. Mingay, *The Agricultural Revolution*, 1977.
(6) 飯沼二郎『農業革命論』(未来社、一九六七年)、八三―八五頁。しかし、この見解はイギリス人の研究者のあいだでも一般的であった。cf. J. Thirsk, *English Peasant Farming*, 1957, pp. 205–06.
(7) E. L. Jones, op. cit. (1970), p. 60.
(8) H・J・ハバカク、拙訳『十八世紀イギリスにおける農業問題』(未来社、一九六七年)、第一論文。
(9) 椎名重明『近代的土地所有』(東京大学出版会、一九七三年)、第一章。
(10) E. L. Jones, op. cit. (1970), pp. 66–70.
(11) 安元稔「近世英国の人口――家族復元(Family Reconstitution)の試み――」(『社会経済史学』三九巻一号、一九七三年)は、ヨークシアについてもリグリのコリトンにかんする分析に似た主張をしている。
(12) キング推計の精度については、G. S. Holms, 'Gregory King and The Social Structure of Pre-Industrial England', *T. R.*

H. S., 5th series, vol. 27, pp. 41–65; D. V. Glass, 'Two Papers on Gregory King', in Glass and D. E. C. Eversley, eds., *Population in History*, 1965, pp. 159–220.

（13）　G. S. L. Tucker, 'English Pre-Industrial Population Trends', *Econ. Hist. Rev.*, 2nd ser. vol. XVI, 1963, p. 211.

（14）　P. Laslett, 'Size and Structure of the Household in England over Three Centuries', *Population Studies*, XXIII, no. 2, 1969 reprinted in Laslett and R. Wall, eds., *Household and Family in Past Time*, 1972, p. 138.

（15）　P. Laslett, *The World We Have Lost*, 1965, p. 90.

（16）　「ハバカク・モデル」として知られるこの着想については，H. J. Habakkuk, 'English Population in the Eighteenth Century', *Econ. Hist. Rev.*, 2nd ser. vol. VI, 1953. このモデルを廻るその後の論争については，拙編著『講座西洋経済史 I——工業化の始動——』(同文館，一九七九年)，八三―八五頁。

（17）　拙稿「工業化前史と人口動態」(『イギリス史研究』，五号，一九六九年)，四頁。

（18）　雇傭の不規則性はなくならなかったが，全国を放浪する失業者の群れが縮小したことも事実である。Cf. D. C. Coleman, 'Labour in the English Economy of the Seventeenth Century', *Econ. Hist. Rev.*, 2nd ser. vol. VIII, 1956; P. Clark, 'Migration in England during the Late Seventeenth and Early Eighteenth Centuries', *Past & Present*, no. 83, 1978, p. 73.

（19）　異説もないわけではない。R. B. Morrow, 'Family Limitation in Pre-Industrial England: A Reappraisal', *Econ. Hist. Rev.*, 2nd ser. vol. XXXI, no. 3, 1978, p. 427.

（20）　A. E. Smith, *Colonists in Bondage: White Servitude and Convict Labor in America 1607–1776*, (1947), 1971, pp. 335–36.

（21）　この事実の重要性については cf. J. T. Krause, 'Some Neglected Factors in the English Industrial Revolution', *Journ. of Econ. Hist.*, vol. XIX, 1959.

（22）　イギリス側では羊毛，オランダ側では毛織物のデータが欠けている。

4　非農業部門のコストと製品価格

工業化前の技術水準からすれば，第二次産業の生産コストを決定的に左右したのは賃金である。利用可能な賃金統

図 3-6　実質賃金推計(1700 年を 100 とする指数)

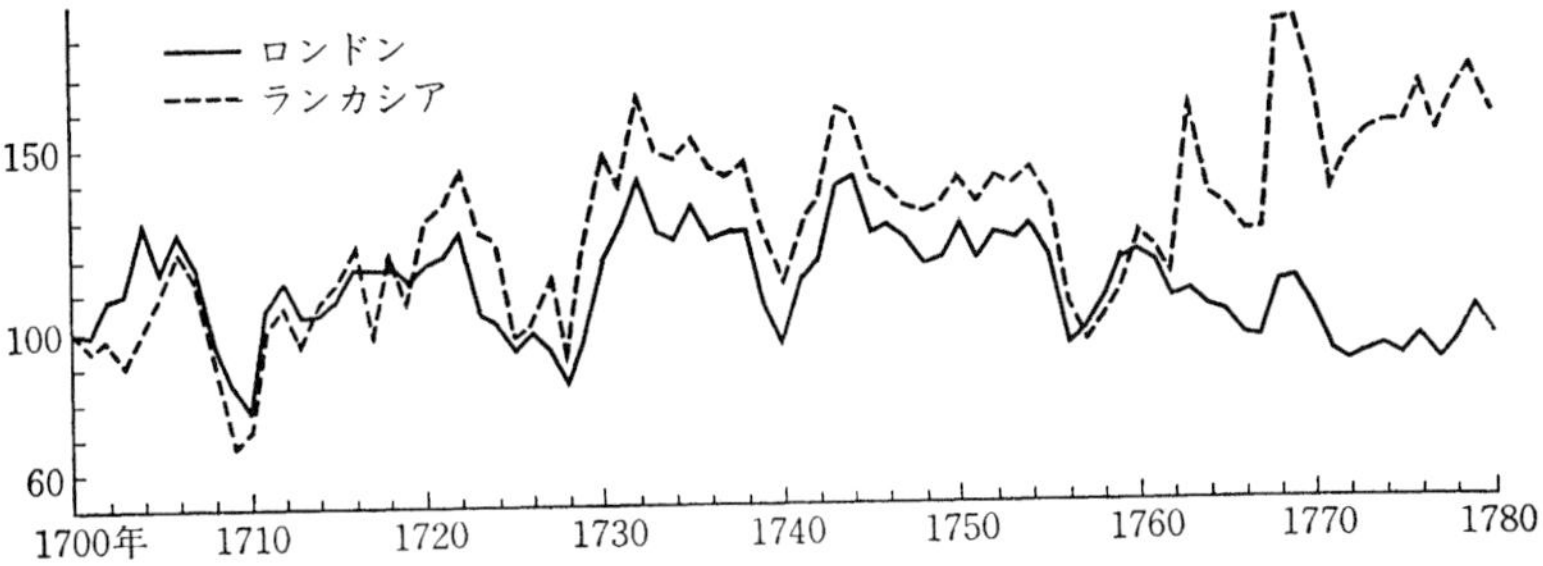

〔出典〕 E. Waterman Gilboy, 'The Cost of Living and Real Wages in Eighteenth Century England', *Review of Economic Statistics*, 1936.

計がいずれも多くの問題を含んでいることは、すでに指摘した[1]。とくに、雇傭の規則性、現金以外の給付の程度、労働者の農業兼業の程度などについての情報が欠けていることが、深刻な欠陥となっている。しかし、労働の価格のいちおうの目安を得るくらいのことは容易でもある。図3-6はE・W・ギルボイの作成したロンドンとランカシアの実質賃金推計である。賃金の傾向を比較するために指数化されているが、絶対的な賃金額はむろんロンドンで圧倒的に高く、中西部ではそれより低いが、北部はいっそう低かった[2]。このため一八世紀前半では、よりよい賃金と雇傭先を求めて労働力の南漸運動とでもいうべきものが起こり[3]、他方では安価な労働力を求める産業の北方への移動が起こった[4]。

一七三〇年代まではロンドンでもランカシアでも、実質賃金の上昇がみられたが、その後は下降に転じ、一七六〇年頃まで続く。ここまでの両地の実質賃金の動向はほぼ一致しているのだが、そこから先はロンドンの数値が相変らず下降の一途を辿るのに対し、ランカシアのそれは明らかな上昇に転じる。その結果、両地の賃金格差はほとんどなくなったものと思われる。これらの事実がランカシアにおける産業革命の始動を象徴するものであること、多言を要しまい。国内の人口移動の方向も、当然ながら逆転する。

したがって、一七六〇年以前については、ロンドンでもランカシアでも等しく賃金の上昇によるコスト・プッシュがみられたことになる。しかし、もちろん賃金コストの上昇をいく分かは相殺する要因もなかったわけではない。たとえば、E・B・シュムペーターの物価統計では、生産者用の「資本財」の価格の方が「消費財」より僅かながら下落の幅が大きくなっている。(5)

資本そのものの価格が低下したことも、ほぼ通説である。(6) 自己資本への依存度の高いこの時代のイギリス産業にとって、利子率がT・S・アシュトンのいうほど決定的な意味をもったかどうかは疑問だが、これも労働コストの上昇をいくらかは相殺する要因ではあっただろう。

技術革新についてはどうか。かねてオランダなどとの対比では低賃金、高利子率の国であったイギリスでは、手労働を機械におきかえる型の革新ではなく、より労働集約的な技術を用いて、従来のものとはやや別種の商品を作り出すタイプの革新がなされた。(7) 農業における穀草式農法やノーフォーク農法、新毛織物業などはその典型である。この種の革新が当面、コスト引き下げ要因となったことは事実である。

しかし、このタイプの革新がすすむと、大量の労働が吸収され、結局賃金の上昇をひき起こす。農業でも事情は同じで、改良農法にもとづく農業生産の拡大は労働需要を増したが、他方では人口増加は鈍っており、労働不足の状況が生じた。工業化前のイギリスで支配的であった「初期(ジェントリ)資本」が、本質的に安価な労働に依存し、労働集約的な革新をすすめるものであったとする立場からは、図3-6のような賃金上昇が「危機」の証拠と映るのも不思議ではない。

もっとも、イギリス経済全体にとって、実質賃金の上昇がただちに「危機」の徴候であるとは言い難い。賃金の上昇は、当然一方では賃金取得者の所得の向上を意味する。この時代には、一般的にいって暴動や騒擾の例も少いように思われる。(8) E・P・トムソンらの社会史研究によって、これまで無視されてきた多くの叛乱や暴動が明らかにされつつあるが、なおこの時代が前後の時期に比べて「労働者の黄金時代」であったことはまちがいあるまい。したがって、実質賃金の上昇はそれ自体ではなく、それが継続しえなくなることこそが危機なのである。じっさい、ランカシアの産業資本は、その労働節約的な技術革新を利用して、六〇年代以降も実質賃金を引き上げ続けながら工業化を主導してゆけたのに、競争に敗れる「初期資本」を代表しているともいえるロンドンでは、実質賃金は著しい下降線を描く。それゆえ、むしろ問われるべきは、「初期資本」はいかにしてこれほど長期の実質賃金上昇に耐ええたのか、ということである。賃金上昇が製品価格の切り下げを不可能にしていたのに、それがただちに「危機」につながらなかったのは、ひとつには国内市場が拡大したからであるが、それより遙かに重要だったのが植民地保護市場の成立という事実ではなかっただろうか。

(1) 岡田与好『イギリス初期労働立法の展開』(お茶の水書房、一九六一年)、四八頁以下参照。
(2) E. W. Gilboy, *Wages in Eighteenth Century England*, 1934, p. 220, chart 39.
(3) P. Deane and W. A. Cole, *British Economic Growth 1688–1959*, 1962, pp. 115–118.
(4) Gilboy, *op. cit.*, p. 221.
(5) E. B. Schumpeter, 'English Prices and Public Finance, 1660–1822', *Review of Economic Statistics*, 1938, reprinted in B. R. Mitchell, *op. cit.*, pp. 468–69.
(6) L. S. Pressnell, 'The Rate of Interest in the Eighteenth Century', in Pressnell, ed., *op. cit.*, pp. 179, 211–14; H. J. Habakkuk, 'The Long-Term Rate of Interest and Price of Land in the 17th Century', *Econ. Hist. Rev.*, 2nd ser. vol. V, 1952, p. 33; K. G. Davies, 'Joint Stock Investment in the Later Seventeenth Century', *Econ. Hist. Rev.*, 2nd ser. vol. IV, 1952, pp. 238 ff.
(7) B. E. Supple, *Commercial Crisis and Change in England 1600–1642*, 1959, p. 175. 角山栄「イギリス・ブルジョワ革命期の産業問題」(桑原武夫編『ブルジョワ革命の比較研究』、筑摩書房、一九六四年)、三〇七—一二頁。
(8) M. Beloff, *Public Order and Popular Disturbances*, 1938, pp. 10–13, 153–54.

5　「イギリス商業革命」

一八世紀前半不況説の主要な根拠のひとつは、それが貿易不振の時代であったという点にある。冒頭に掲げた一書をはじめ、同時代にもそうした議論がなかったわけでもない。じっさい、一七世紀末から得られる貿易総監統計[1]では、一七五〇年頃と八〇年頃に新たに加速された成長が始まっており、一八世紀前半の成長率は、商品価格の公定評価《オフィシアル・ヴァリユー》[2]の変化を勘案したのちでも高くはない。とくに第二・四半期にはかなり停滞的なカーヴさえ認められる(図3－7参照)。

しかし、ごく短期的な視野で書かれた同時代の小冊子は別にして、このような貿易不況説は、暗黙のうちに工業化以後の数値との対比で主張されていることが多いものである。貿易総監統計が一七世紀にはほとんど溯れない関係で、貿易にかんしてはとくにその傾向が強いのだが、物価であれ、人口であれ、貿易であれ、工業化開始後の数値に比べれば、それ以前の変化はほとんどフラットになってしまう。このような見方では、工業化前の経済変動は明らかにしえない。たとえば、もっとも不振とされる一八世紀第二・四半期でさえ、人口増加との対比でいえば(表3－2)、決して不振というほどの状況にはないことが分かる。

それどころか、一六六〇年から一七七五年に至る期間を全体としてみれば、それは驚異的な貿易成長の時代だったのである。圧倒的な比重を占めたロンドン港[3]の貿易額(輸出＋輸入)は一六四〇年から一七・八世紀の交までに三倍となり、また後者の時点からアメリカ独立戦争直前までに、スコットランドを除く全国の貿易量はさらに二・五倍になった。ピューリタン革命前のほぼ一世紀近くのあいだ、貿易量がほとんど停滞的であったことと対比すれば、まさに「爆発的」といってよい成長ぶりである。ハモンド夫妻やR・デイヴィスがこの現象に「イギリス商業革命」の名を与えたのも、けだし当然であろう(4)。

この現象の立ち入った分析は第二部で行なうが、以下、このような貿易の成長を可能にしたメカニズムと貿易の成長が国民経済全体に及ぼした影響について、この章の議論に必要な限りの事実を提示しておく。

図 3-7　18 世紀の貿易成長（3 年間移動平均 単位：£000,000）

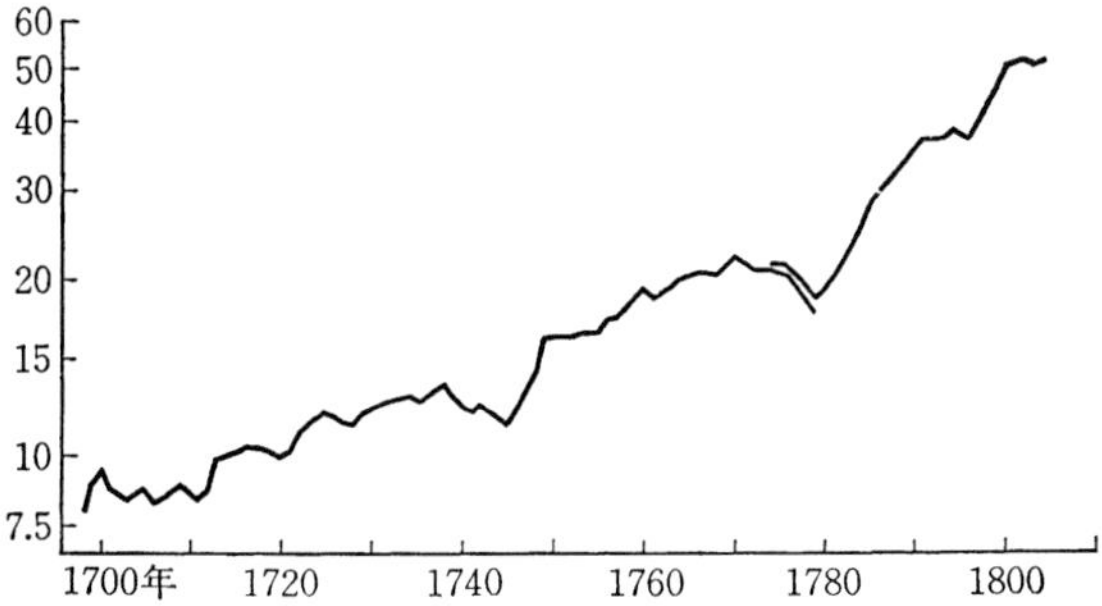

純輸出＋純輸入 〔出典〕 Deane & Cole, *op. cit.*, p. 49.

表 3-2　人口と貿易の成長率比
（期末／期首，いずれも 3 年平均）

年　代	人　口	貿　易
1701–31	1.04	1.43
1711–41	1.07	1.76
1721–51	1.08	1.51
1731–61	1.16	1.55
1741–71	1.16	1.91

〔出典〕 貿易は上に同じ。人口は E. A. Wrigley & R. S. Schofield, *The Population History of England 1541–1871*, 1981, Table 7 and 8.

後掲表5-1が示すように、ほとんど工業製品から成る純輸出、つまり国内生産物の輸出はほぼ順調な成長を遂げているのだが、それより断然顕著なのが砂糖、煙草、綿布などを軸とする再輸出＝中継貿易の成長である。後者は、一六四〇年のロンドンで総輸出の数パーセントにすぎなかったものが、一七世紀末にはロンドンで四〇、全国でも三〇パーセントを占めるに至った。その後も、少なくとも総輸出の成長に見合う程度の成長率が維持された。これを反映して輸出・入の地域別構成でも、王政復古後は一七世紀前半の地中海市場のシェア拡大を上回る勢いで、非ヨーロッパ世界――東・西インド、北米大陸――の比重が高まってゆく(後掲表5－2)。

しかし、このような再輸出＝中継貿易を軸とする貿易の拡大は、イギリス国民経済にとってどんな意味をもっていたのか。デイヴィスをはじめ、イギリス人の研究者がこの発展を肯定的に捉えているのに対し、わが国では一般に、中継貿易のシェアの拡大は、国民経済を「オランダ型」にむかわせる危険な徴候とさえみなされてきた。(5) このような評価は承認できるだろうか。

この問に答える――つまり、中継貿易の意義を探る――ためには、輸出の内容の検討から始めなければならない。一七世紀前半まではほとんど唯一の輸出品であった毛織物は、世紀後半の四〇年間で三〇パーセントほど輸出がふえ、激烈な競争に晒された対仏輸出でさえ、少なくともチャールズ二世の治世のあいだは、品種は一変したが大いに繁栄していた。未仕上げ・未染色の旧毛織物から完成品に転換したことで、その雇傭創出力は貿易統計が示唆する以上に増大したであろう。一八世紀前半にも、毛織物輸出は二〇、三〇年代を除き、着実な成長を遂げたといえる。

しかし、「着実な」毛織物輸出の成長は、毛織物以外の製品(以後「雑工業製品」と称す)の激増ぶりに比べるとあまりにも影が薄い。絹や綿などの織物、鉱物類、ガラス、皮革、石けん、ロウソクなどのほか、貿易総監がいちいち品名を列挙しなかった多種類の製品からなるこの項目は、一七世紀後半の四〇年間にロンドンからの輸出が一一〇パーセントふえた。一八世紀の成長ぶりはさらに顕著である。ところで、雑工業製品のこのような急成長を支えた市場はどこにあったのか。いうまでもなくそれは、西インド諸島と北米の新市場であった。一七世紀末で毛織物については一〇パーセントのシェアをしか占めなかったヨーロッパ外市場が、雑製品にかんしては四〇パーセント近くを占めたのである。アメリカ独立戦争前には、旧ヨーロッパ市場の二・五倍の雑工業製品が新市場に流れた。(6) 毛織物という単一商品――それも半完成品――の輸出に依拠した経済構造は、新世界の保護市場をテコとして、しだいに転換させられていったのである。

しかも、初期の西インド諸島や北米植民地では、極端な正貨不足のために、砂糖や煙草が通貨代りに用いられるほどであり、(7) 奴隷を供給した王立アフリカ会社の例に典型的に表われているように、植民地貿易はある程度バーター方式を採らざるをえなかったという事実もある。(8) したがって、イギリスによる植民地物産の再輸出貿易とは、つまるところ植民地に輸出された工業製品の価値実現の過程にほかならなかったのである。(9) イギリスから雑工業製品の割合いの著しく高い製品輸出が植民地に対して行なわれる。その対価として、煙草や砂糖が戻ってくる。その一部は国内で消費され、イギリス人の生活パターンの著しい変化＝生活革命をもたらすが、残りは大陸などに再輸出される。この一連の過程が「イギリス商業革命」の基本である。こうして実現された価値の大きさはどれくらいだったのか。史料の性格上、貿易差額を正確に算定することは困難だが、単純に輸出＋再輸出－輸入という演算を行なうと、一六九九－一七〇一年では大幅な黒字になるのが対西欧貿易と対南欧貿易のみで、その黒字の半額は煙草、砂糖を含む農産物の輸出と再輸出からきていることがわかる。

それゆえ、再輸出貿易の成長は、イギリス経済の「オランダ型化」を意味する危険な徴候などではなくて、雑製品輸出の成長、ひいては「単一商品輸出型経済の不安定性」の克服＝産業の複数化、輸入代替産業の発展などを誘導するものだったのである。ここにいう雑工業製品の多くが、「早期産業革命」において成立した新興産業の製品であったことはとくに注目に値しよう。

「商業革命」がもたらした「産業の複数化」は、輸出品の製造業や輸入品の加工業だけにはとどまらない。海運・造船業の展開は、他のいかなる部門より大きな影響を受けた。イギリスの商船保有高は、一五八二年に六・七万トン、一六二九年に一一・五万トンであったが、一六八六年には三四万トンに達し、その後戦争のために後退したこともあるものの、一七五一年には四二・一万トンになっている。[10] 海軍の船舶保有はそれ以上のペースで増えたから(一五八八年一・二万トン、一六六〇年五・七万トン、一七二七年一七・一万トン)[11]、ポーツマスやプリマス、チャタムのような造船都市が突如として出現し[12]、これらの船舶に雇傭される船員が大きな社会層をなすに至った。一六七〇年代初めにW・ペティは全国の船員数を四ないし四・八万人と見積り、その需要に至っては七万人以上にのぼる、としている。[13] 一六八八年のG・キングになると、商船員だけで五万家族をかぞえており、これはイギリスの全家族数の四パーセント、非農業家族の一〇—二〇パーセントにもあたる。[14] また一六六四年、ペティは全国の家屋の価値を約三、〇〇〇万ポンドと推算し、これに対して船舶を三〇〇万ポンドの資産とみなした。[15]

海運業のこのような急成長は、海運・造船資材の輸入源であるイーストランド貿易を発展させた。逆にいえば、この貿易は、植民地貿易と並んで海運業の成長を促進する二本の柱を形成したのである。[16] 企業としての海運業は、それほど大きな利潤をあげたわけではないが[17]、関連業界を含めてそれが創出した雇傭の量は膨大であり、それがイギリスの経済成長に果した役割は測り知れないものがある。ほとんどつねに赤字であったと思われる貿易収支を補塡していたのも、この海運業であったはずである。

「イギリス商業革命」の名のもとに論ずべき問題は、なお多数ある。とりわけ新世界における生産活動の基礎となった奴隷貿易や年季契約奉公人の移民問題などが重要である。しかし、詳論は第二部に譲り、ここでは製品価格をあまり低下させられなかったイギリス工業が、十分に自己を維持しえた理由のひとつ——最大の理由——として、植民地むけ雑工業製品輸出、植民地物産の再輸出業の成長、それらを前提とする産業複数化の過程があった、という点だけをとりあげたのである。

しかし、このことだけからみても、この時代が経済不振の時代であったと決め込むことができない事情が理解されよう。ただし、ときとして聞かれる次のような主張は、まったくの誤解である。たとえばこうだ。初期の産業資本の優越性のゆえに、イギリスは「諸国の保護主義にもかかわらず、その製品自体によって一八世紀初頭以来着々と世界の市場に浸透しつつあった。(すなわちその限り、必ずしも旧帝国を必要としなかった)〔(……)内も原文のママ〕」、と。[18]このような主張はほとんど事実の逆というほかない。現実のイギリス製品は、低コストという利点をしだいに喪失し、大陸諸国の保護主義の壁を容易に突き破れなかったのである。もっとも競争力の高かった毛織物でさえ、北部および北西部ヨーロッパへの輸出は一八世紀になるとむしろ後退している。全体としての毛織物輸出は一六九九年から一七〇一年に年平均三〇〇万ポンド、一七四〇—四二年には年平均三九〇万ポンドで、一〇年当り七パーセント弱の成長率——途中に停滞期がある——を示すが、これを支えたのは南欧と植民地の市場であった。一六九五年から一七四一年までに一〇年平均八パーセントの羊毛消費量の増加があったとするディーンの推計があたっているとすれば[19]、国内市場も順調に成長していたものと推定される。

ヨーロッパ市場への依存度が断然高かった毛織物でさえこうだから、圧倒的に植民地市場に依存していた雑工業製品輸出の急成長と併せて考えれば、新たに成立した植民地保護市場の意味は決定的である。それあればこそ、イギリス経済はこれほど長期にわたって、実質賃金を上昇させ続けることができたのである。

(1) 「貿易総監(Inspector-General of Imports and Exports)」職は一六九六年に設立され、一七八二年まで継続した。この間の事情については、G. N. Clark, *Guide to English Commercial Statistics 1696–1782*, 1938, pp. 1–44.

(2) See E. B. Schumpeter, ed., *English Overseas Trade Statistics 1697–1808*, 1960, tables XLVI and XLVII. 勘案の試みは、P. Deane & W. A. Cole, *op. cit.*, pp. 315–17.

(3) 後掲表5-1の一六九九—一七〇一年にかんするロンドンと全国の数値を対比せよ。

(4) J. L. & B. Hammond, *The Rise of Modern Industry*, 1925, pp. 22–23; R. Davis, *A Commercial Revolution*, 1967, p. 3.

(5)　このような解釈は、ほんらいもっとも遠い位置にあるはずの角山栄「アイルランド羊毛工業の抑圧――イギリス重商主義」(『立命館経済学』一一巻一・二号、一九六一年)、二四九頁、などにも認められる。

(6)　後掲表5－3参照。

(7)　C. P. Nettels, 'The British Policy and Colonial Money Supply', *Econ. Hist. Rev.*, vol. III, 1931, p. 48; id., 'British Payments in the American Colonies, 1685–1715', *Eng. Hist. Rev.*, 1933, p. 232.

(8)　K. G. Davies, *The Royal African Company*, 1957, pp. 316–17.

(9)　宇治田富造『重商主義植民地体制論』I(青木書店、一九六一年)、二一五頁。

(10)　R. Davis, *The Rise of the English Shipping Industry in the 17th and 18th Centuries*, 1962, p. 27.

(11)　Bal. Krishna, *Commercial Relations between India and England, 1601–1757*, 1924, p. 232.

(12)　C. W. Chalklin, 'The Making of Some New Towns, c. 1600–1720', in Chalklin & M. A. Havinden, eds., *Rural Change and Urban Growth 1500–1800*, 1974, p. 237; P. Clark, *English Towns in Transition 1500–1700*, 1976, pp. 37–38.

(13)　W. Petty, Political Arithmetick, 1690 (C. H. Hull, ed., *Economic Writings of Sir William Petty*, 1899, vol. 1), p. 276.

(14)　G. King, Natural and Political Observations and Conclusions: ......, 1696 (G. E. Barnett, ed., *Two Tracts by Gregory King*, 1936), p. 31.

(15)　W. Petty, Verbum Sapienti, 1691 (Hull, ed., *op. cit.*), p. 106.

(16)　R. Davis, 'Merchant Shipping in the Economy of the Late 17th Century', *Econ. Hist. Rev.*, 2nd ser. vol. IX, 1956, p. 70.

(17)　id., 'Earnings of Capital in the English Shipping Industry, 1670–1730', *Journ. of Econ. Hist.*, vol. XVII, 1957, pp. 424–25.

(18)　小林昇『重商主義解体期の研究』(未来社、一九五五年)、一一二頁。

(19)　P. Deane, 'The Output of the British Woolen Industry in the Eighteenth Century', *Journ. of Econ. Hist.*, vol. XVIII, 1957, p. 220.

四　「商業革命」の世紀　(二)
――工業化の起点――

「……『イギリス国民が商業繁栄の頂点にあったのは(名誉)革命の頃であった』といわれる。確かに、……この革命の直後から勃発した戦争によって、この国の商業は測り知れない不利益を被った。しかし、もっと長期の見通しをつけるべく、統計表(によって)……一六八八年の繁栄と一七七四……年の数値とを比べると、後者の交易量はまさに天をつく勢いであることが分かる。……かつては絶頂とみえた点が、いまではどん底のようにみえるのである」(1)。

(G・チャーマース『イギリス国力論』、一七九四年刊)

1　はじめに

計量史の観点からすれば、産業革命ないし工業化の起源とは何であったのか。A・ルイスやW・W・ロストウにあっては、生産的投資が国民所得の一〇パーセントを越えることで、人口動態にかかわりなく一人当りの生産量の「持続的成長」が保障されることが、第一の要件となっていること、すでに常識である。しかし、ルイスやロストウの論理構成に賛成であれ反対であれ、そのような理論モデルがとうてい実証不能である、というのが大方の実証史家の立場である。実際には、国民生産の規模を推測するのさえ容易ではない。まして、資本形成率を計算することなど、一八世紀にかんする限りまず不可能である。一八世紀の資本形成を扱った研究は、なおいずれも予備的な考察にとどまっている。[2] したがって、従来の計量史的立場からする産業革命論は、ソフィスティケイトされた理論とは別に、たんに生産量や貿易量の成長率の急速な上昇点をとらえて、その始期と称してきたにすぎない。ロストウは彼自身のモデルに従って一七八三年を「離陸」の始期としたが、[3] 一八世紀史についてはいっそうの専門家であるH・J・ハバカクとP・ディーンはこれを批判し、結局持続的成長の始点を一七四〇年代に措定した。[4] 計量史的にはこれがひとつの定説となっているといってよい。

もっとも、その際後者が依拠したのは「一人当り」の指標ではなくて、総量の指標であったのだが、経済成長の基本的な指標はあくまで「一人当り」のそれであるべきだし、その動向が明らかにならなければ、産業革命研究の重要な焦点のひとつである「生活水準論争」への展望もひらけてこない。それゆえ、さしあたり「一人当り」の指標を併用しながら、工業化ないし持続的成長の起点を探ることにしよう。ハバカクとディーンの措定した四〇年代とロストウが主張する八〇年代のあいだの動向を検討すれば、ここでの問題の解決につながるであろうから、一七三〇・四〇年代の農業不況から議論をすすめよう。

(1) G. Chalmers, *An Estimate of the Comparative Strength of Great Britain*, 1794, pp. 236–37.
(2) J. P. P. Higgins and S. Pollard, eds., *Aspects of Capital Investment in Great Britain 1750–1850*, 1971. なお、個別研究の集成としては F. Crouzet, ed., *Capital Formation in the Industrial Revolution*, 1972. がある。
(3) W・W・ロストウ、木村健康他訳『経済成長の諸段階』(ダイヤモンド社、一九六一年)、五二頁。
(4) P. Deane and H. J. Habakkuk, 'The Take-off in Britain,' in W. W. Rostow, ed., *The Economics of Take-off into the Sustained Growth*, 1964, p. 68.

2 三〇・四〇年代の農業不況

表 4-1　物　価　表

年　代	小麦	オート	バター	毛織物	ロウ	釘	資本財(1)	消費財(2)
1710–29	100	100	100	100	100	100	100	100
1730–49	82	90	99	93	97	105	96	91
1750–69	104	106	125	88	100	93	102	94
1770–79	127	122	163	86	123	93	107	103

〔出典〕 W. Beveridge et al., *Prices and Wages in England from the Twelfth to the Nineteenth Century*, vol. 1 より，継続的な数値のえられる全てのケースの算術平均．(1), (2)は E. B. Schumpeter のもので，(2)は穀物を除く．(*Review of Economic Statistics*, 1938, reproduced in B. R. Mitchell, ed., *op. cit.*, pp. 468–69.)

表 4-2　18 世紀の人口
（イングランド）

（単位：1,000 人）

1701年	5,058	1751年	5,772
1706	5,182	1756	5,993
1711	5,230	1761	6,146
1716	5,276	1766	6,277
1721	5,350	1771	6,448
1726	5,450	1776	6,740
1731	5,263	1781	7,042
1736	5,450	1786	7,289
1741	5,576	1791	7,740
1746	5,635	1796	8,198
		1801	8,664

〔出典〕 表 3-2 に同じ．

一八世紀の第二・四半期のイギリスに農業不況があったことは、かなり以前から知られている。それを統計的に確認したのが、G・E・ミンゲイである[1]。一八世紀前半に特徴的な人口成長の停滞現象は、穀物需要の停滞をもたらす。他方では、一七二七年から三〇年までのそれを初めとする数度の凶作はあったが[2]、長期間豊作が続き、供給過剰による穀物価格の下落が起こる。労働集約的な技術が導入されたうえ、豊作のため取り入れ作業に多くの労働力が需要され、必然的に賃金の上昇を招いた。利潤率の低下は生産の拡大で補うほかない。しかし、その結果はいっそうの供給過剰である。こうして

表 4-3　Ⅰ　職業別所得・人口構成

	G. キング(1688年)		J. マシー(1760年)	
	家族	所 得	家族	所 得
貴族・ジェントリー	1.2%	14.1%	1.2%	14.3%
プロフェッション	6.6	12.9	5.6	7.9
農　　業	24.3	37.9	24.8	27.7
一 般 労 働	56.2	18.0	44.1	17.8
製 造 業	4.4	5.4	5.4	6.9
商　　業	7.3	11.6	18.9	25.3
計 (実数)	136 万家族	4,471 万ポンド	147 万家族	6,096 万ポンド

〔出典〕 P. Mathias, 'The Social Structure in the 18th Century', *Econ. H. R.*, 2nd ser., vol. X, 1957.

Ⅱ　国民生産の構造

推 計 者	キング(1688年)		ヤング(1770年)	
	£m.	%	£m.	%
農　　業	19.3	40	58.2	45
製造・鉱・建築	9.9	21	30.3	24
商　　業	5.6	12	17.0	13
専 門 職	7.4	15	14.9	11
政 府 関 係	3.3	7	5.7	4
家　　賃	2.5	5	4.0	3
計	48.0	100	130.1	100

〔出典〕 Ph. Deane and W. A. Cole, *British Economic Growth, 1688-1959*, 1962, p. 156.

早くも三〇年代初めには、つぎのような声が各地からきかれた。「イギリスの土地保有者の利得は、ここ数年来低下の一途を辿っている。地代が下がり、借地農が以前のようにきちんと地代を納められなくなっていることは、いまや一般の認めるところである。しかも、通貨が潤沢に出まわっている州や沿岸の諸州、首都近郊の諸州においてさえそうなのである」と。[3] 不況は、新農法の採用できなかったミドランドの粘土質地帯でもっとも甚しかった。

ところで、この農業不況は経済全体の動向とどのようにかかわりあっていたのか。この不況が農業所得を減少させる一方、実質賃金の上昇などを通じて都市セクターおよび農村労働者の所得を向上させたことは確実である。その結果、工業製品への需要が解放され、工業発展が刺激される。このような因果連関が三〇・四〇年代のイギリスで作用していたことは、否定し難いように思われる。[4]

しかし、この説にも難点がないわけではない。穀物価格は確かに下落したが、果たしてこの程度の穀物価格の下落がどれほどの工業製品需要を解放しえたのか。[5] とくに小麦や大麦に比べてオート麦はそれほど下らず、畜産物にも著しい価格の下降はない。[6] つまり、これらの商品の需要は生産にほぼ歩調を合わせてふえたのであり、実質賃金の上昇もエンゲル係数を低下させるよりも、献立内容の多様化、向上を帰結した、とも考えられるのである。じじつ、イングランドとともに産業革命の重要な場を提供することになるスコットランドでは、この時期に穀物価格は下落していない。[7]

図 4-1　人口と部門別経済成長

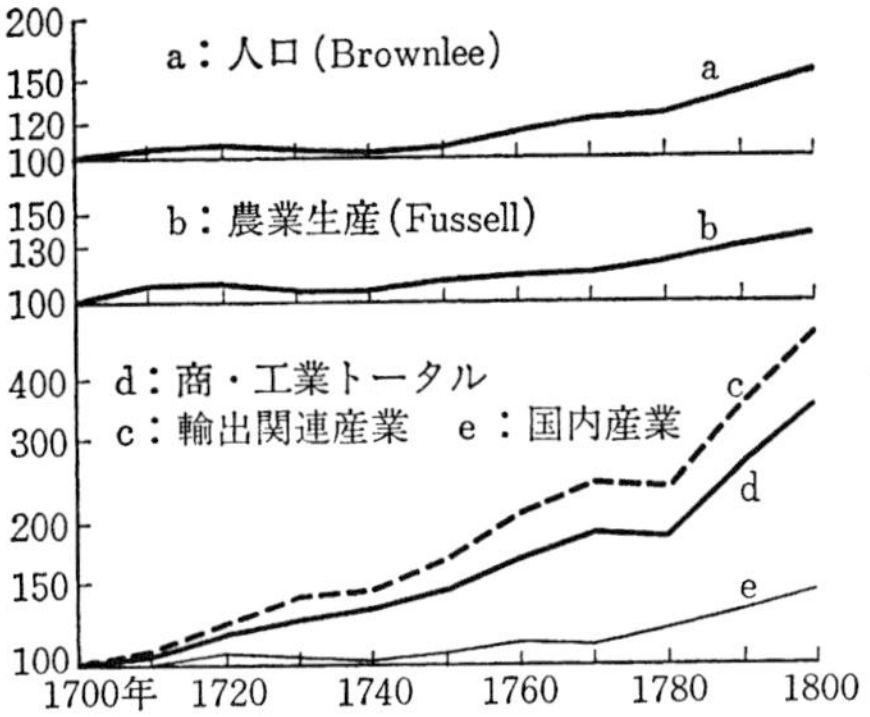

〔出典〕 Deane and Cole, *op. cit.*, p. 78 より作成.

図 4-2　国民所得推計
(20 年間移動平均, 1695-1715 年 : 100)

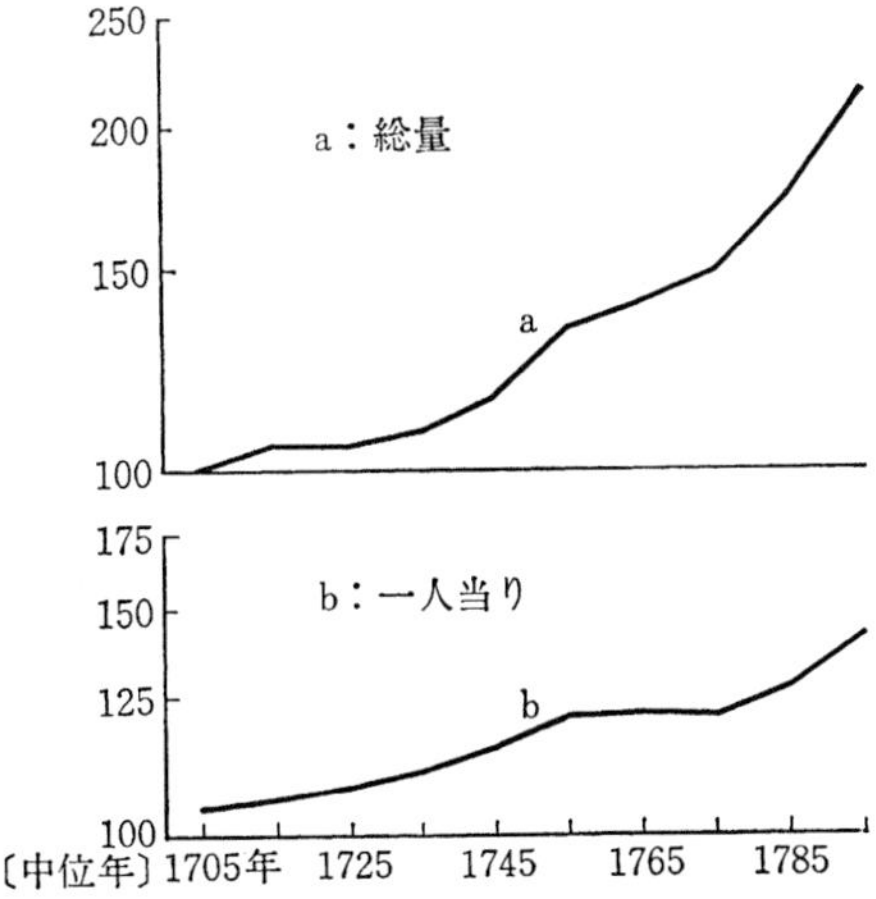

〔出典〕 Deane and Cole, *op. cit.*, p. 81.

また、これとはまったく別の観点から、農業不況が経済全体の不振を惹き起こしたとする見解もある。穀物は高価格である方が地主や借地農の所得がふえる。一八世紀にはなお労働者も、パンが高価であるほど多くの労働を提供する傾向があり——いわゆる「低賃金論」的状況——、したがって穀価の低下は労働供給の減少をもたらした、というのである。(8)

三〇・四〇年代の穀価の低落と経済成長の関係についての、こうした対極的な理解の当否を判定するには、まず二つの点が考慮されなければならない。(9)すなわち、第一点は、豊作による穀価の低下が本当にイギリスの農業所得を減らしたのかどうかである。穀物は商品の性格上、需要の弾力性が極度に小さく、したがって生産量がふえるとそれを上回る率で価格が下る(いわゆる「キングの法則」)とすれば、そうもいえよう。しかし、一八世紀のイギリスでは、穀物輸出には奨励金がつけられており、醸造業も急速に展開していたので、(10)需要は想像以上に弾力性に富んでいたとも考えられる。もしそれが正鵠を射た議論だとすれば、農業所得は低下しなかったというべきであろう。

第二の問題は、当時の社会構成にある。農業部門が被ったマイナスと非農業部門が享受した利益の差し引きが問題だとすれば、当時でも国民所得の過半が非農業所得であったから、(11)やはり穀価の低落によって利益を受ける部分の方が大きかったといえよう。それゆえ、以上の二点からすれば、穀物価格の低下は全体としてのイギリス経済にプラスの作用を及ぼしたとみられるのである。

しかし、穀物価格の長期にわたる低落は、ほかにも重要な結果をもたらした。四〇年代末からは、他の諸商品に比べて小麦やバターが急ピッチで上昇してゆく。その背後には都市化と人口増加の再開があり、六〇年代中頃を境に、イギリスはふたたび穀物輸入国に逆戻りする。とすれば、三〇・四〇年代の異常に低い穀物価格と人口増加の再開のあいだに、何らかの因果関係をみることも可能なのではないだろうか。

一八世紀イギリスの人口推計としては、ケンブリッジ・グループによる新推計を別にすれば、一八〇一年の最初のセンサスに関連して、一〇年おきに過去にさかのぼって集計された国教会の教区簿冊の数値が基礎になっており、各種の推計は途中の手続きが違うだけである。したがっていずれの推計も、絶対値が違うだけで、全体の趨勢には目立った差がない。ここではもっとも無難と思われるブランリー推計を用いるが[12]、念のためケンブリッジ・グループによる新推計をも掲げておく(表4-2)。これを使っても、以下の議論に本質的な違いはない。なお、一八世紀の人口増加をめぐる永い論争史に立ち入る余裕はない[13]のだが、大雑把にいって、現時点での論争の行方は次のようだといえよう。経済条件の改善によって初婚年齢が低下し、出生率が上昇するという、上述のH・J・ハバカクのモデルは、人口増加の主要な説明としてはとりがたく、環境衛生の改善と二〇年代末から農村を中心に普及した初期的な予防接種などが有効だったのではないか。とすれば、人口増加の再開を単純に経済要因のみから説明することは難しい。もっとも、「都市ルネサンス」の名を与えられつつある環境条件の改善[14]には、経済的「余剰」の増大が前提となっているし、ハバカクのいう雇傭の機会の問題も、人口数の上限を画する外枠としては十分に機能していたと思われる。

こうして、一七三〇・四〇年代の農業不況は、一見パラドクシカルではあるが、農業労働者により多くの雇傭の機会を与えつつ食糧=最低生活費を押し下げることによって[15]、やがて四〇年代の人口増加に一役買うことになった、とみられる。

(1) G. E. Mingay, 'The Agricultural Depression, 1730–50', *Econ. Hist. Rev.*, 2nd ser. vol. VIII, 1956 reprinted in E. M. Carus-Wilson, ed., *Essays in Economic History*, vol. II, 1962, pp. 309–26.

(2) T. S. Ashton, *Economic Fluctuations in England, 1700–1800*, 1959, pp. 16 ff.

(3) Wm. Allen, The Landholders' Companion, 1734(cited in Th. Tooke, *A History of Prices and the State of the Circulation from 1793 to 1837*, vol. 1, 1838, p. 41.)

(4) 前章第三節、注(5)の諸文献参照。
(5) M. W. Flinn, 'Agricultural Productivity and Economic Growth in England, 1700–1760 : A Comment', *Journ. of Econ. Hist.*, vol. XXVI, 1966.
(6) 表4-1参照。
(7) R. Mitchison, 'The Movements of Scottish Corn Prices in the Seventeenth and Eighteenth Centuries', *Econ. Hist. Rev.*, 2nd ser. vol. XVIII, 1965.
(8) G. E. Mingay, op. cit., p. 326 ; J. D. Chambers, *The Vale of Trent 1670–1800*, 1957, pp. 45–46 ; Deane and W. A. Cole, *British Economic Growth 1688–1959*, 1962, pp. 92–97 ; J. V. Beckett, 'Regional Variation and Agricultural Depression, 1730–50', *Econ. Hist. Rev.*, 2nd ser. vol. XXXV, no. 1, 1982, p. 50.
(9) Cf. J. D. Gould, 'Agricultural Fluctuations and the English Economy in the Eighteenth Century', *Econ. Hist. Rev.*, 2nd ser. vol. XI, no. 1, 1958.
(10) P. Mathias, *The Brewing Industry in England 1700–1830*, 1959, table 38.
(11) Deane and Cole, *op. cit.*, p. 156. 異論もある。 cf. Mingay and Chambers, *The Agricultural Revolution, 1750–1880*, 1966, p. 15.
(12) D. V. Glass & D. E. C. Eversley, eds., *Population in History*, 1965, p. 240.
(13) さし当り、角山栄・川北稔編『講座西洋経済史I——工業化の始動』(同文館、一九七九年)、八三—八六頁参照。
(14) P. Borsay, 'The English Urban Renaissance : The Development of Provincial Urban Culture, c. 1680–1760', *Social History*, no. 5, 1977.
(15) Chambers, *op. cit.*, pp. 37, 45 et passim.

3 国民生産の成長

「一八世紀は政治算術《ポリティカル・アリスマティク》の時代である」とは、T・S・アシュトンの言葉である。(1) W・ペティからP・カフーンやJ・ラウに至る政治算術書は、同時代人による人口・国民所得分析として、経済史研究の恰好の材料となりうる。(2)ここで扱う時期についていえば、一七世紀末のG・キング、一七六〇年頃のJ・マシー、および一七七〇年頃のA・ヤングのそれが有効である。(3)ただし、これらの政治算術書は、「特定の時点における国民生産の構造を示す材料としては使えるが、総国民生産の大きさの変化を示す指標とはし難い」(4)という判断もあるので、ここでも構造分析の手段としてのみ用いることにする。

まず、G・キングによれば、一六八八年のイギリスは人口五五〇万——現在の推計では五三〇万程度に下方修正されているが——で、フランスの三分の一強、オランダの二・五倍、一人当り国民所得は七ポンド一八シリングで、オランダの八ポンド余には及ばないが、フランスの六ポンドを遥かに凌ぐ。(5)ただし、オランダとフランスについては推計の根拠が必ずしも明らかでないが、それでも同時代人キングの目に映った三国の状態を示すものとして、興味があろう。イギリスにかんする数字にも批判がないわけでもないが、(6)推計の根拠は明白でいちおう信頼できるものである。P・ディーンが社会会計表の形に整理しなおしたところでは、純国民生産は四、八〇〇万ポンド、資本形成率は国民所得の三―五パーセント、貿易依存度は一〇パーセント程度となっている。(7)

結局、キングの描く一六八八年のイギリス経済は、人口の年齢別構成の低さを含めて今日の低開発経済に酷似しているが、既存資本のなかで商・工業関係の占める位置の高さなどには特異なものがある。このことは、人口および生産の職業別構成にも表われている。表4-3のIは、マシーの数値との比較のため家族単位で整理した人口と所得の職業別構成である。「一般労働者」の項目の理解如何で農業部門の比重は大きく変化するし、そもそも農業と製造工業は必ずしも分離していないので、農業部門と商・工業部門の比率の判定は困難であるが、商業部門に圧倒的な拡大があり、工業部門にも若干の比重の増大があることは確実である。西インド諸島との貿易に深いかかわり合いのあったマシーのかわりにヤングの数値を用いると(表4－3Ⅱ参照)、逆に農業部門の拡大が現われたりするが、重農主義的なヤングが農業を重視しすぎていることは明らかだから、事実はつぎのようだと考えてよかろう。(a) 農業部門は四〇―四五パーセント程度で大きな変化はない。(b) 商・工業部門には拡大が認められるが、それもドラスティックな変化ではない。ただし、内容的には一六八八年に三〇パーセントを越える基幹部門となっていた毛織物業が、一七七〇年では二三パーセントに低下し、金属関係がほぼ同様の比重を占めている。(8)

このような産業構成比を前提に、国民所得の総額および「一人当り」額の動向を推定するとすればどうなるか。われわれの手許には、農業にかんするファセル推計(9)、貿易にかんする「貿易総監」統計(10)、工業にかんするホフマン推計(11)およびその前提となった内国消費税統計などがある。これらを先の産業構成比に従って加重平均すれば、いちおう国民生産(国民所得)の総量の動向を示す指標がえられる。また、これをブランリーによる人口推計で除せば、平均量(一人当り)の指標がえられる。

こうして得られた図4－2には、問題の四〇年代から七〇年代前半にかけて、著しい特徴が表れている。すなわち、一七四五年以前には、生産総量の成長はきわめて遅々としていたが、人口もまたほとんど変化しなかったので、平均の実質生産はゆっくりだが着実に、一〇年あたり二・五パーセント程度の割合で上昇していった。ところが、一七四五年以後になると、生産(所得といっても同じ)の総量は著しく増加するものの、同時に始まる人口増加がそれを呑み込んでしまった感がある。「一七八五年に終る四〇年間以上にわたって、平均量つまり一人当りの成長率はせいぜいそれ以前の時期と同程度のものでしかありえなかった」のである。(12) 言いかえればここには、一六世紀後半の成長型によく似たパターンが現われているのだ。一七四〇年代は「持続的成長」の起点ではなく、人口増加が経済成長を呑み込む、前工業化型成長パターンの新たな出発点なのである。

もちろん、ここで利用した諸推計はいずれも史料的に重大な欠陥や留保を含んでおり、「史料的にはほとんど何もわかっていないに等しい」(13)という強い疑問も寄せられている。ただ、これまでのところ、この推論を覆すべき材料が存在しないことも事実なのである。

(1) T. S. Ashton, *An Economic History of England : The Eighteenth Century*, 1955, p. 1.

(2) ペティについては、前章第五節、注(13)。カフーンとラウについては、P. Colquhoun, *Treatise on the Wealth, Power and Resources of the British Empire*. 1812; J. Lowe, *The Present State of England in Regard to Agriculture, Trade, and Finance with a Comparison of the Prospects of England and France*, 1823.

(3) キングについては、前章第五節、注(14)。マシーとヤングについては、たとえば J. Massie, *Calculations of Taxes for a Family of Each Rank, Degree or Class for One Year*, 1756 etc.; A. Young, *Political Arithmetic*, 1774, etc. 国民所得の時系列的変化を推計するためにこれらの「政治算術書」を利用した例として、P. Deane, 'The Implications of Early National Income Estimates', *Econ. Development & Cultural Change*, vol. 4, 1955, pp. 3-38. がある。

(4) Deane and Cole, *op. cit.*, p. 82. ディーンは、この理由で前注にあげた論文の結論を撤回した。

(5) G. King, *op. cit.*, pp. 49 and 51.

(6) 前章第三節、注(12)。

(7) Deane & Cole, *op. cit.*, p. 2.

(8) *ibid.*, p. 158.

(9) G. E. Fussell, 'Population and Wheat Production in the Eighteenth Century', *History Teachers' Miscellany*, vol. VII, 1929. このデータの最大の問題点は穀物の人口一人当りの消費の弾力性を無視していることである。

(10) 簡単には E. B. Schumpeter, ed., *English Overseas Trade Statistics 1696–1808*, 1960. この史料の問題点には前章でも触れたが、'Introduction' by T. S. Ashton, *ibid.*; G. N. Clark, *Guide to English Commercial Statistics 1696–1782*, 1938, pp. 33 ff. をも参照。

(11) W. G. Hoffmann, *British Industry 1700–1950*, 1955 (Eng. translation). しかし、この推計は一八世紀初めの一〇年間につ

いてはコトン・ヤーン、コトン、砂糖、モルト、造船、パテント認可数のみを基礎としており、毛織物業の脱落という一事をもってしても、相当危険なものである。ほかに単一産業の成長を計量的に扱ったモノグラフが得られるのは、毛織物、鉄工業、海運業、製紙業、石炭業、醸造業などがあり、国内交易についても次の研究がある。R. G. Wilson, 'Transport Dues as Indices of Economic Growth 1775–1820', *Econ. Hist. Rev.*, 2nd ser. vol. XIX, no. 1, 1966.

(12)　Deane and Cole, *op. cit.*, p. 80. ケンブリッジ・グループの新人口推計を用いると、四〇年代の成長率がいく分高く、九〇年代のそれがやや低目になる。

(13)　review by J. F. Wright in *Econ. Hist. Rev.*, 2nd ser. vol. XVIII, no. 2, 1965, pp. 400–01.

4　産業革命の一前提としての需要

しかし、類似のパターンが出現したとはいえ、一六世紀の経済発展は結局一六二〇年代頃からの危機に行きついたのに対し、一八世紀のそれが産業革命を生み落したのはなぜか。もちろん単純に、絶対王政と市民革命後のブルジョワ体制の違いという公式的「体制論」に寄りかかることは容易だが、それではたとえば市民革命が経済成長にとってどんな意味をもったかを探りたいというこの研究の意図には合わない。

したがって、解答をあくまで計量史的な次元に求めるとすれば、おそらく次のような点が浮んでこよう。第一に、二つの時期の出発点における一人当り所得に大きな差があったらしいことがあげられる。直接の比較は、唯一の手がかりになりうると思われるトマス・ウィルソンの推計が不完全なものであるために難しいが、(1)一七世紀後半以降に一人当り所得の着実な成長があったことは確実である。第二には、一八世紀にはロンドンや南イングランドの実質賃金の低下が、ランカシアなどの新興工業地帯の賃金上昇で相殺される一面があったが、(2)一六世紀にはそのようなことは考えられない。第三に、一六世紀には平均国民所得の停滞というよりは、明白な低下があったと思われるのに対し、一八世紀には、全期間を通してみれば、一七世紀後半と同程度の平均量指標の上昇を含んでいたこと、上述のとおりである。最後に、一八世紀には一六世紀とは異なって、外国貿易が順調にのびていたことがあげられる。外需の伸びが順調であった結果、食糧や原・材料の輸入が可能であった。このことは、一六世紀とのあいだに決定的な差異をもたらしている。

結局要するに、一八世紀中葉の成長型は一見一六世紀後半のそれに類似はしているが、国内でも国外でも消費需要の順調な拡大を含んでいた点で、根本的に違っていたのである。産業革命、なかんずくその端緒期には「需要が多少とも生産に先行した」こと、したがって需要の成長こそが産業革命の技術革新の重要な一因であったと主張したのはE・W・ギルボイである。[3] 開発理論でも同様の立場に立つ見解が多いが[4]、そのような一般論に走るまえに、綿工業を例にとって考えてみよう。軽工業である綿工業は、他の部門への波及効果は小さいといわれるが[5]、なおそれが工業化初期の主導産業であったことに変りはない。図4－3は、

図4-3　綿布等捺染量(10^6 ヤード)

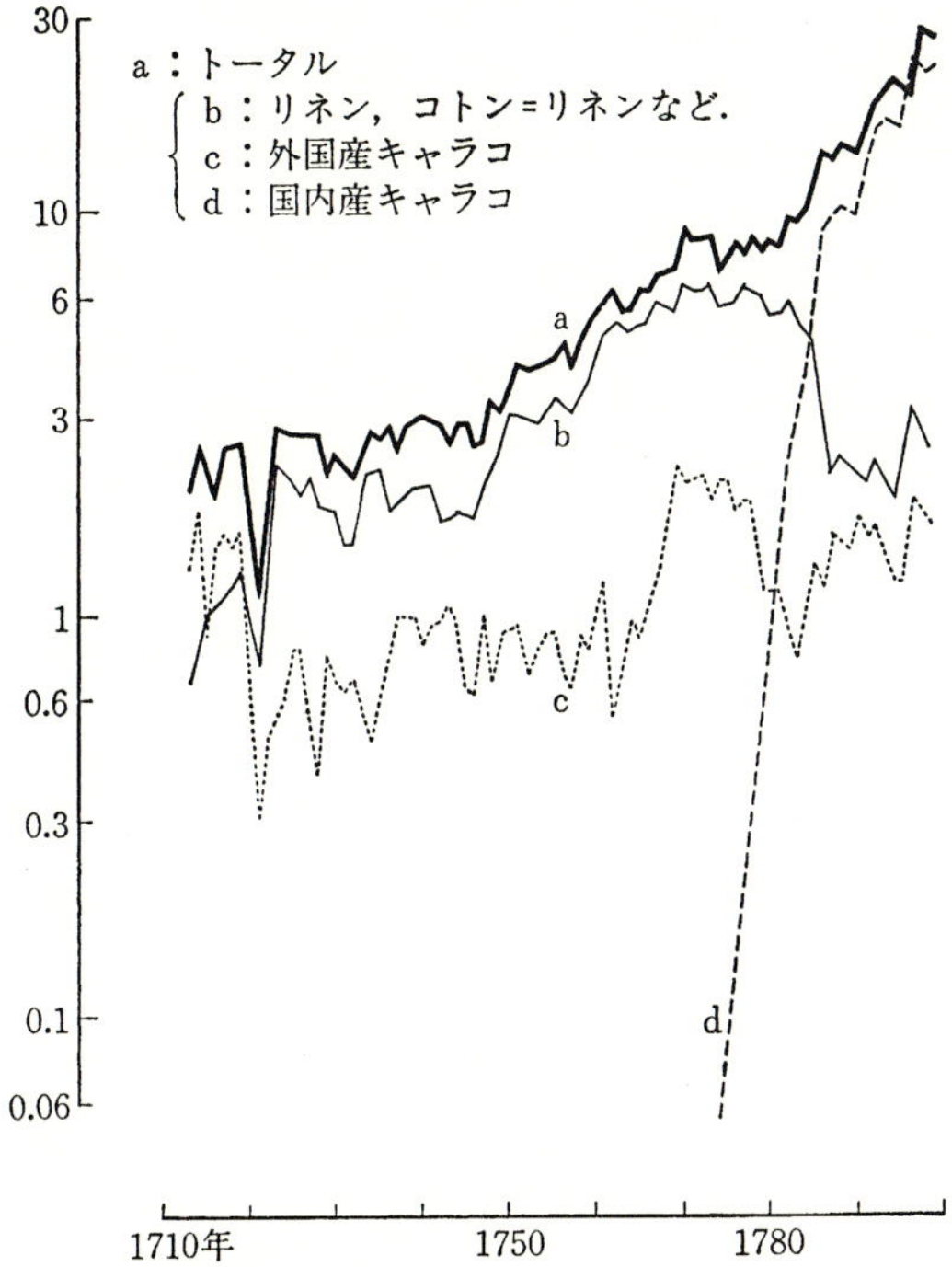

〔出典〕 Deane and Cole, *op. cit.*, p. 54.

ディーンとコールの作成した、捺染業の生産統計である。ここから彼らは、八〇年代の綿業の急成長が旧来の類似産業の犠牲の上にたっており、関連産業全体をみると、一七四五年こそが転換点になっている、と主張している。この主張が結局、ハバカクとディーンによる四〇年代「離陸」説につながること、多言を要すまい。

なるほど図では、四〇年代中葉以降、トータルの線は対数グラフ上でほぼ直線をなしており、成長率がほとんど不変であったことを示している。しかし、同じ図は彼らの主張にもかかわらず(6)、決定的な技術の変革が七〇年代末に生じたことを示してもいる。とすれば、この図は次のように読みかえることもできる。すなわち、四五年から七〇年代に至る類似商品および輸入品によって拡大されてきた需要が前提になってはじめて、綿工業のクリティカルな技術変化が可能になったのだ、と。同様の事実は、D・C・コールマンの描いた製紙業にかんするグラフからも読みとりうる(7)。

この時期には、一方では好調な輸出と国内における特有の経済成長の型に起因する順調な需要の拡大がみられた。輸出は第二部の主題となるし、内需の問題も第三部で詳論するが、さしあたり後者にかんして若干のコメントを加えておきたい。内需を変化させる要因としてギルボイは、嗜好の変化、新商品の導入、社会構成の変化などをあげている。新しい生活様式はロンドンをはじめとする都市の上流階級に端を発し、やがて地方の上流階級に、ついで周知の「イギリス人のスノビスム」によってより下層の階層に浸透してゆく(8)。しかし、欲望がかきたてられただけでは需要は現実に発生しないこと、論をまたない。購買力という点からいえば、おそらく需要の拡大にはつぎの三要素が考えられる。すなわち、(a) 平均所得の上昇、(b) 所得水準の低下を惹き起こさない人口増加、(c) 消費性向の高い層に有利な所得分配の変化がそれである。一八世紀のイギリスでは(b)の要因が作用したことは明らかである。(c)については判断が難しい。世紀後半の物価動向が地主、農業企業家に有利に展開したことは事実だが、ハミルトンのいう「利潤インフレ」状況——一般物価水準に対する賃金の遅れ——は、八〇年以前にはほとんど認められない。しかも、地主・上流階級が労働者層より低い消費性向をもつという一般論には疑問があるから[9]、(c)の項目は全体として中立、またはより正しそうな想定としてプラスであったといえよう。

そのほか重商主義者の賃金理論が、低賃金の方が必要に迫られた労働者の労働意欲を高めるとする「低賃金論」から、逆の「高賃金論」に移行したことは、消費が正当な労働の動機として認められたことをも意味しようし、人口の都市への集中が進行したことも、それだけ市場経済の範囲を拡げたといえよう。

要するに一八世紀中頃のイギリス経済は、一人当り所得を漸増させながら高い人口成長率を維持した結果、国内需要を順調に成長させたのである。そのうえ、工業製品の三分の一ないし五分の一は輸出にむけられたといわれ[10]、輸出依存度はいっそう上昇の傾向にもあったから[11]、全体としての需要の成長は顕著であったというべきであろう。

(1) Sir Thomas Wilson, *The State of England, 1600*, 1601 (The Camden Miscellany, vol. XVI, 1936), pp. 16 ff. ペティやキングと比較すると、ウィルソンの数値はいかにも高すぎる。
(2) 前掲図3-6参照。
(3) E. W. Gilboy, 'Demand as a Factor in the Industrial Revolution,' in *Facts and Factors in Economic History*, 1932, pp. 638-39.
(4) R・ヌルクセ(土屋六郎訳)『後進諸国の資本形成』(巌松堂出版、一九六六年)、第一章。
(5) E. A. Wrigley, 'The Supply of Raw Materials in the Industrial Revolution,' *Econ. Hist. Rev.* 2nd ser. vol. XV, no. 1, 1962, pp. 13-14.
(6) Deane and Cole, *op. cit.*, pp. 54-55.
(7) D. C. Coleman, *The British Paper Industry 1495-1860*, 1958, Fig. 2; cf. *Economica*, Feb. 1956, pp. 8 & 11.
(8) 後出第一一章参照。

（9）　J. D. Gould, op. cit., p. 316 また、H・J・ハバカク(拙訳)『十八世紀イギリスにおける農業問題』(未来社、一九六七年)、二八頁。
（10）　R. G. Wilson, op. cit., p. 110.
（11）　W. Schlote, *British Overseas Trade from 1700 to the 1930s*, 1938, p. 51 ; P. Bairoch, *Révolution industrielle et sous-développement*, 1963, pp. 228 et passim.

5　工業化の起点

おわりに、本章のみならず、第一章以下に論じた一六世紀から一七七〇年代までの経済成長のパターンを再整理し、工業化の起点を明らかにしておきたい。

ふつう経済の大発展期とされるエリザベスとジェイムズ一世の時代のイギリス経済は、じつはそれほどめざましい発展を遂げたわけではない。国民経済の全体の規模は確かに著しく成長した。ジェントリの邸宅はますます豪華になり、その数を増していった。しかし他方では、労働者の実質賃金は傾向的に低下し、毛織物輸出は慢性的不況の状態にあり、ときとして激烈な危機の発作を経験した。こうした動向の背景には、この時代に全欧的にみられた人口の激増という現象があったと思われる。結局、この時期のイギリス経済は、人口一人当りの経済規模でいうと、むしろ下降傾向にあったと判断されよう。人口増加の圧力に農業——食糧と原・材料、燃料——生産が歩調を合わせえず、しかも相対的余剰人口を吸収すべき工業部門が長期不振を経験していたからである。農業における生産性の低さと工業製品市場の狭隘さが、決定的なボトル・ネックとなっていたのである。

一六二〇年代からピューリタン革命までの時期は、「ヨーロッパの全般的危機」がイギリスにも顕現した時代とされているが、この危機こそ、じつは以上に要約した一六世紀型成長が破産、転型してゆく時期であった。

したがって、一六六〇年から一七三〇年代までのイギリス経済は、逆に全体の規模の成長率の鈍化と、ゆっくりではあるが着実に成長してゆく一人当りの指標によって特徴づけられることになった。農業の改良と新しい植民地市場——原・材料などの供給源ともなった——の展開が、一六世紀型成長の二つの隘路を打破したことと、人口の停滞といういまのところ理由づけの難しい現象とが、この転型の主因であった。

本章が扱った一八世紀の四〇—七〇年代には、ふたたび「人口増加が経済成長を呑み込む」タイプの成長が認められる。このようなパターンの出現したひとつの契機は、三〇・四〇年代の豊作による穀物価格の低下にあった。しかし、この時期の成長は、その出発点の高さ、および一人当り指標の完全な停滞や積極的な低下を惹き起こしはしなかった点で、一六世紀のそれとはよほど異なった相貌を呈しており、そのために総需要の顕著な拡大を伴ってもいたのである。出発点の高さは、前の時期に一人当り指標が着実な成長を遂げたことの結果である。一八世紀フランスの経済成長がイギリスのそれとほとんど変らなかったのに、前者が工業化に成功しなかった理由も、一七世紀のフランスが経済成長どころか、長期低落の傾向にあり、一八世紀の成長の出発点がイギリスより遥かに低かったことに求められる。

一六六〇年から一七三〇年代までの、一人当り指標の成長を支えた重要な要因のひとつは「商業革命」であったが、いま四〇年代から七〇年代までの時期に、同じ指標が低下するのを妨げた主要な要因のひとつも、ほかならぬ「商業革命」であった。全体量にも一人当り量にも、革命的といえるほどの変化が起こるのは八〇年前後であるし、従来の分析との——とくに技術変化との——親和性からいっても、工業化の起点は八〇年前後に置かれるべきであろう。しかし、その前提条件として一世紀余にわたる「商業革命」の過程があったのである。

Ⅱ　「商業革命」の展開

五 「商業革命」と重商主義帝国の構造

1 はじめに

一六世紀のイギリス経済には、一八世紀中ごろのそれと多くの点で類似した成長・発展のパターンがみられた。しかし、それにもかかわらず、後者がいわゆる産業革命を生み落したのに対し、前者は結局、一六二〇年代以降の経済危機とピューリタン革命にのめり込んでいったのはなぜか。また成長の速度やサイクルをほとんど同じくしていたと思われる一八世紀の英・仏両国が、[1]世紀末に至って一方が経済革命にゆきついたのに対し、他方がむしろ政治革命をしか結果しなかったのはなぜか。

工業化前二世紀余の経済変動を概観した第一部からは、これらの問に対する解答のひとつとして、王政復古以後に展開された「商業革命」の過程が浮かび上ってきたはずである。したがって、「商業革命」の具体相の検討が第二部の課題となる。さしあたりこの章では、「商業革命」の実態とその背景をなした重商主義植民地帝国の構造を分析し、さらにそのような帝国の形成、開発を可能にした資金源についての考察を行なう。

(1) F. Crouzet, 'Croissances comparées de l'Angleterre et de la France', *Annales, E. S. C.*, t. 21-(2), 1966, pp. 270-71.

2 「商業革命」とは何か

「一七六〇年以後の一世紀間におけるめざましい経済上の諸変革が、ほとんど産業革命との関連で生じたように、一六六〇年以後の一世紀余に起こった経済変化は、貿易と結びついていた。……それゆえ、王政復古からアメリカ独立戦争に至るまでの期間に、『商業革命』の名を冠するとしても不当とはいえまい」[1]。イギリス海事・貿易史の泰斗R・デイヴィスはこのように主張して、その「商業革命」論を展開した。一四九二年のコロンブスによる新世界の発見とヴァスコ・ダ・ガマによる新航路の発見によってもたらされた、イベリア半島の二国による対外進出を「ヨーロッパの商業革命」[2]とよぶとすれば、デイヴィスのそれはさしずめ「イギリス商業革命」とでもいうべきであろう。

王政復古後、急速に展開する「イギリス商業革命」の内容は、三点に要約される。すなわち、貿易量の飛躍的増大、貿易相手地域の激変——ヨーロッパ外世界の比重の急上昇——、および商品構成の根本的変化がそれである。

表5-1は、一六四〇年についてはロンドン港の関税簿《ポート・ブック》、それ以後は、デイヴィスの整理した「貿易表《ブック・オヴ・テイブルズ》」[3]と一七世紀末以降の貿易総監統計を根本史料としている。ちなみに、以下の議論では、最後にふれたデータはE・B・シュムペーターの整理したもの[4]と、同時代のC・ウィトワースの上梓したもの[5]などをも適宜利用する。いずれにしろ、これらのデータはいずれも商品の「公定評価額《オフィシアル・ヴァリュー》」に依存しており、市場価格とのずれなど若干の問題が残っている。また密輸は、当然のことながらこの表では無視されている。これらの史料、とくに貿易総監統計の成立過程と問題点については、G・N・クラークとT・S・アシュトンの詳しい解説がある[6]。

表5-1の一六四〇年の輸出は、関税簿《ポート・ブック》に基づくF・J・フィッシャーの統計から、標準旧毛織物一クロスを七・五ポンドと仮定して筆者が算定した数値であり[7]、輸入はA・M・ミラードのものである。一七世紀にかんする統計は

表5-1　商業革命の展開　(単位：1,000ポンド)

年	1640 L	1663/69 L	1669/1701 L	1699/1701 E	1752/54 E	1772/74 E
a′ 毛織物	(1,107)	1,512	2,013	3,045	3,930	4,186
a″ 非毛織物	(27)	222	420	538	2,420	4,301
a 製品	(1,134)	1,734	2,433	3,583	6,350	8,487
b′ 穀物	(17)	1	59	147	899	37
b″ 非穀物		61	79	341	519	535
b 食料品	(17)	62	138	488	1.418	572
c 原料	(35)	243	202	362	649	794
A 国産品輸出計	(1,186)	2,039	2,773	4,433	8,417	9,853
B 再輸出計	(76)	—	1,677	1,986	3,492	5,818
総輸出額 (A+B)	(1,262) 1,346	—	4,450	6,419	11,909	15,671
総輸入額	1,941	3,495	4,667	5,849	8,203	12,735

〔注〕〔A=a+b+c〕，(　)内はイギリス人のみによる取引．L：ロンドン港のみ，E：イングランドとウェールズ

〔出典〕R. Davis, 'English Foreign Trade, 1660-1700', *Econ. Hist. Rev.*, 2nd ser. vol. VI, 1954; id., 'English Foreign Trade, 1700-1774', *Econ. Hist Rev.*, 2nd ser. vol. XV, 1962. その他，本文参照．

ロンドン港のみのものであるが、表の一七・八世紀の交における数値が示すように、ロンドン港のシェアは圧倒的に大きかった——輸入の八〇パーセント、純輸出の六九、再輸出の八六パーセント——ので、それでほぼ全国の趨勢がわかる。一六四〇年から一七〇〇年頃までに、ロンドン港の総輸出額はほぼ三倍になっており、一八世紀にはいってからの七〇年余でも、イングランドとウェールズの全港湾のそれは、さらに二・五倍くらいになっている。輸入の方も、この二つの時期にそれぞれ倍増している。しかし、より詳細にみると、前掲図3-7にみるように、一八世紀初頭から一七四八年頃まで——スペイン継承戦争とオーストリア継承戦争の期間——は貿易総量の成長率は低く、「商業革命」はこの時期を挟んで前後二つのピークをもっていた。このことは、後述する取引商品の微妙な変化にも表われている。

地域構造の変化は、表5-2に十分表われている。「商業革命」がそのピークを迎え、産業革命に転化し

表 5-2　貿易の地域構造

(%)

年　　代	(1) 北西ヨーロッパ	(2) 北ヨーロッパ	(3) 南ヨーロッパ	(4) アイルランドなど	(5) 新世界地方	(6) 東インド地方
a　輸　入						
*1601-1602年(L)	67	14	18	—	1	0
*1620-1621年(L)	56	6	30	0	1	5
1663-1669年(L)	37	8	31	1	12	12
1699-1701年(L)	26	9	30	1	18	16
〃　　(E)	24	10	27	6	19	13
1752-1754年(E)	14	10	20	8	32	13
1771-1775年(E)	10	13	15	11	37	14
b　総 輸 出(国産品輸出＋再輸出)						
1699-1701年(E)	47	5	27	6	13	2
1752-1754年(E)	34	3	27	11	20	6
c　純 輸 出(国産品輸出)						
1663-1669年(L)	37	4	48	2	8	2
1699-1701年(L)	28	5	46	2	15	4
〃　　(E)	42	6	34	14	12	2
1752-1754年(E)	26	3	34	9	20	8
1772-1774年(E)	15	3	22	10	42	7
d　製品輸出						
1663-1669年(L)	31	5	53	1	9	1
1699-1701年(L)	26	5	48	1	16	5
〃　　(E)	40	6	36	2	13	3
1752-1754年(E)	22	3	37	3	25	10
1772-1774年(E)	13	2	24	6	47	8

〔注〕 (3)はレヴァント地方，バーバリ地方を含む．(4)はスコットランド，チャネル・アイランズを含む．(5)は北米，西インド諸島などのほか西アフリカを含む．

〔出典〕 *は A. M. Millard からとった概数，他は，R. Davis の上掲2論文及び E. B. Schumpeter による．

てゆく一七七〇年代になると、輸入や製品の輸出では、新世界とアジアが南欧とアイルランドなどを含む全ヨーロッパを凌駕してしまう。逆に西欧との貿易は、コルベールのフランスをはじめとする各国の保護関税政策によって、著しくその比重が低下してゆく。もっともそのなかでは、イギリスの経済と国防に不可欠な基幹資材たる木材、ピッチ、タール、帆布、鉄などを供給した北欧からの輸入、一種の植民地貿易であったアイルランド貿易が、その比重を維持したり、むしろ上昇させたりしていったことは注目に値しよう。また、一七世紀はもとより、一八世紀中葉までの南欧の占める位置の高さにも瞠目すべきものがあろう。

商品構成の変化は、三点に要約できる。すなわち、再輸出の急成長と毛織物以外の工業製品——「雑工業製品」——輸出の増加、および穀物輸出の成長と衰退がそれである。一六四〇年にはほとんど無視しえた植民地物産の再輸出——当時の中継貿易は主としてヨーロッパ内に限定されていた——が、一七〇〇年頃にはすでに総輸出の三分の一を占め、さらにそこから一七七〇年代初めまでに、約三倍に跳ね上る。新世界からの煙草と砂糖、コーヒー、アジア産の綿および絹織物などがこの主役であったことはいうまでもない。ただし、砂糖は次第に国際競争力を失う一方で、紅茶の普及と併行して国内消費量が激増するため、ほとんど専ら国内むけ商品となる。ちなみに、かつて珍重された胡椒は、一七世紀のヨーロッパでは需要が低下し、英・蘭両国の東インド会社とも、胡椒から綿・絹織物へ、さらに茶とコーヒーへ輸入そのものの重心を移してゆく。(8)

輸入された商品の何パーセントが再輸出されたかという比率は、輸入と再輸出のあいだの時間的なずれや商品単価の評価の違いのために算定が困難だが、砂糖と茶が決定的に国内消費用であったことは確実である。この二商品については、若干認められる再輸出というのも、ほぼすべてアイルランド、スコットランド、新世界などの「イギリス生活文化圏」にむけられており、そこにおける「生活革命」と結びついていたことを推測させる。

表 5-3　雑工業製品市場　（単位：1,000 ポンド）

仕向先 ＼ 年代		1699–1701	1752–54	1772–74
雑工業製品	ヨーロッパ	516	815	1,267
	新世界・アジア*	312	1,605	3,034
毛織物	ヨーロッパ	2,771	3,326	2,849
	新世界・アジア*	274	604	1,337

* アフリカを含む.
〔出典〕 Davis, *op. cit.*(1962).

表 5-4　綿織物輸出市場　（単位：￡000）

年	アイルランド	ヨーロッパ	新世界	アフリカ
1699	0.1	0.4	5.7	6.6
1739	2.5	0.6	6.8	4.4
1759	12.7	0.4	57.1	39.1
1769	38.2	8.0	66.7	98.7
1779	19.1	217.6	58.0	8.0

〔出典〕 A. P. Wadsworth & J. de L. Mann, *The Cotton Trade and Industrial Lancashire 1600–1780*,(1931)1965, p. 146.

雑工業製品の輸出と穀物輸出の成長も、この時代の特徴である。穀物輸出は一七五〇年前後までの農業改良を反映して、成長率からいえば雑工業製品のそれを凌駕してさえいた。その市場はフランス、ドイツ、オランダ、スペインなどにもひらけたが、頭抜けた市場としてポルトガルがあった。[9] ポルトガルむけ穀物輸出の歴史的意味は、のちの第四章で扱う。しかし、人口増加が再開されると、当然この輸出は収縮し、「商業革命」の末期にはイギリスは穀物輸入国となってしまうこと、周知のとおりである。公式統計による限り、国内産品の輸出に占める穀物の比率は、一七五〇年の一九・二パーセントを頂点として、下降カーヴを描く。[10]

雑工業製品の輸出も一六四〇年にはほとんど無視しえたが、一七七〇年代になると毛織物輸出を上回り、総輸出の四分の一以上、国内産物の輸出の半額近くを占めている。その成長はすでに一七世紀後半から認められるが、一八世紀にはいるといっそう顕著になる。雑工業製品の輸出を支えた市場は、表5−3が示すように、非ヨーロッパ世界にあった。この点で、毛織物との対照は鮮明である。毛織物市場としては依然としてヨーロッパが七割ほどの比重を占めていた一七七〇年代に、雑工業製品では逆に、植民地市場が七割強を占めたのである。このような対比は、雑工業製品の来るべきチャンピオン、綿織物の市場をみるといっそう明確になる(表5−4)。産業革命の起源は、ともすると暗黙のうちに前提されている毛織物業の展開にのみあるのではない。単一産業に全面的に依存する経済がいかに脆弱であるかは、一六世紀のイギリス自体が証明した。それゆえ、毛織物以外の諸産業、ここにいう「雑工業」の広汎な成立こそが重要なのである。その場合、一八世紀にこのような産業の複数化過程を支えた国外の市場は、まさしく植民地のそれだったのである。

以上、輸出商品構成の変化を整理すると、一七世紀後半には雑工業製品輸出もふえたが、再輸出の激増が際立っており、ついで穀物の輸出増がみられる。一八世紀中期になると、再輸出はなお激しく増加しているものの、雑工業製品の輸出はいっそう力強い成長を遂げる。こうして、いわば穀物の輸出成長期を挟んで、「二つの商業革命」が成立しているともいえるのである。もっとも、いずれの時期をとっても、雑工業製品と再輸出はともに順調に成長していることは間違いない。いやそれどころか、両者の成長は不可分に結びついており、植民地物産の輸入とその再輸出がなければ、植民地むけ雑工業製品の輸出もありえなかったこと、すでに第一部第三章で指摘したとおりである。

事情がこのようであってみれば、この時代の再輸出や輸入の激増には、それがもたらした「生活革命」の社会史・生活史上の変化を別にして、純経済的にいっても重大な意味があったことになる。それゆえ、輸入商品構成にも一瞥を与えておく必要があろう。表5−5は、一六三九—四〇年のデータがロンドン港のみにかかわるものであるという欠陥もあり、また、この種のデータは商品の分類が容易でないという問題も含まれているが、大まかな変化は十分に

表 5-5　主要輸入品構成　(単位：£000)

年	1639-40(L)	1699-1701(E)	1772-1774(E)
ワイン	255①	536	411
リネン	223③	903	1,246
綿織物	47⑫	367	697
絹織物	65⑨	208	82
砂糖	93⑦	630	2,364
煙草	231②	249	519
胡椒	35⑮	103	33
薬種	19⑳	53	203
茶	0	8	848
コーヒー	0	27	436
米	0	5	340
生糸	178④	346	751
麻糸	16㉒	194	481
原棉	13㉓	44	137
			(撚糸 424)
染料	126⑤	226	506
木材	29⑰	138	319
鉄	12㉔	182	481

〔出典〕 A. M. Millard および R. Davis. ○内の数値は 1639-40 年の輸入額の多いものから商品を並べた場合の順位．なお，スコットランドの数値を含んでいないので，煙草などでは影響が大きい．後掲図 7-1 参照.

示している。何よりも、砂糖の圧倒的な成長が目を惹こう。「商業革命」の核をなす商品をひとつあげるとすれば、それは砂糖のほかには考えられないのである。「イギリスの快楽、栄光、栄華は、他のいかなる商品にもまして、砂糖によってもたらされた。この点では、毛織物さえ及ぶものではない[11]」と喝破したのは、一七世紀の史家サー・ドルビイ・トマスである。

砂糖のみならず一般に新世界植民地やアジアの物産が、このように急速に流入したのはなぜか。これらの商品はたいていは上流階級のステイタス・シンボルとして用いられながら、供給の増加に伴って価格が急落したため、その需要が社会のより下層部にまで拡大する。このことが刺激となって、さらに生産が拡大され、供給が増大する。少なくとも砂糖や煙草にかんする限り、このようなメカニズムが強力に作用したことは簡単に証明できる。しかし、このようなメカニズムは、砂糖の場合、一七三〇年代には価格の低下が止まって、もはや作用しなくなる。砂糖の消費量はそれでも、いったん始まった「生活革命」が止まらなかっただけに、ますます増えていった。その結果は、イギリスにとっての交易条件の悪化であった。一八世紀の交易条件の算出には、史料上致命的な困難がつきまとうが、ともかくそれが、一七三〇・四〇年代にイギリスに有利でなくなっていったことだけは間違いない。(12) 一七五〇年のイギリスは、一七〇〇年と同じ分量の輸入品を得るために、一・九倍の輸出をしなければならなかったかも知れないのである。雑工業製品輸出の激増は、こうしてなかば不可欠でもあったのだ。

(1) R. Davis, *A Commercial Revolution*, 1967, p. 3.
(2) 「ヨーロッパ商業革命」にかんする概観は、拙稿「ヨーロッパの商業的進出」(『岩波講座・世界歴史、近代3』、一九七〇年所収)で試みた。
(3) B. M. Add. MSS., 36785.
(4) 前掲、第三章五節注(2)参照。
(5) C. Whitworth, ed., *State of the Trade of Great Britain in its Imports and Exports*……, 1774.
(6) 前掲、第四章三節注(10)参照。
(7) 前掲、第二章三節注(5)参照。
(8) 前掲拙稿「ヨーロッパの商業的進出」、表3・4・7。cf. K. Glamann, *Dutch Asiatic Trade 1620–1740*, 1958, pp. 13–14.
(9) A. H. John, 'English Agricultural Improvement and Grain Exports, 1660–1765', in D. C. Coleman and A. H. John, eds., *Trade, Government and Economy in Pre-Industrial England*, 1976, p. 54. 一七六一—六三年の例では、ポルトガルむけは三一・六五パーセント、二位のオランダは一七・六四パーセント。
(10) ibid., p. 64.
(11) Sir Dalby Thomas, *An Historical Account of the Rise and Growth of the West India Colonies*……, 1690, cited in E. E. Williams, *From Columbus to Castro*, 1970, p. 144.(拙訳『コロンブスからカストロまで』I、岩波書店、一九七八年、一八四頁)。

(12) Deane & Cole, *British Economic Growth, 1688–1959*, 1962, App. 1.

3 重商主義帝国の構造

「商業革命」の背景に、いわゆる重商主義帝国の成立があることはいうまでもない。一六世紀のR・ハクルートらによる探検・植民活動キャンペーンに端を発したイギリスの対外進出は、なお一七世紀前半まではその予備的段階にとどまったといえる。それが本格化するのは、クロムウェル政権下におけるアイルランド征服、ジャマイカ占領、東インド会社の改組などの諸施策を通じてであった(1)。しかし、ここでそれらの政策をいちいち検討する余裕はないので、七年戦争の終了とともに完成した帝国がどのような構造をもっていたのかを、商品の流れの面から分析しておきたい。そうすることで、この帝国の重心――そのひとつは当然本国にあったわけだが――がどこにあったかが分かるはずだからである。

とはいえ、一六世紀から一八世紀に至るイギリスの貿易構造は、主としてF・J・フィッシャーとR・デイヴィスの諸研究によって十分解明され尽したようにもみえる。しかし、彼らイギリス人の研究には、本国とそれ以外の地域との直接貿易だけしか扱わないという、帝国史的観点からみると致命的な欠陥がある。本国中心的なこの視角をとる限り、たとえば奴隷貿易はリヴァプールやロンドンから西アフリカにむけられたインド産綿布、火器、ガラスなどの取るに足りない輸出に還元されてしまい、その意味を見失う。初期のニューイングランドにカリブ海の砂糖植民地が果した役割も、後者に対してアイルランド、北米、インド、そしてどこよりもアフリカが有した意味も、同様にして見失われがちである。植民地間の相互依存関係を抜きにしては、帝国の構造は理解しえないのである。

図5-1は、アメリカ独立戦争直前の帝国の貿易構造を図示したものである(2)。もとより史料上制約が多いので、あ

くまで仮説の域を出ない。史料の不均質性が最大の欠陥であり、積出港価格(f. o. b.)と輸入港価格(c. i. f.)の調整がもっとも困難である。輸送コストの高い時代であるから、この欠陥は重大である。しかし、このようなラフな図からも、そこに本国と西インド諸島を結ぶ線を一辺とする、三つの三角形を認めることは容易であろう。すなわち、西アフリカ、アイルランド、北米をそれぞれ第三の頂点とする三角形がそれである。

西アフリカから西インド諸島への奴隷供給を核とする、通常の意味での三角貿易はよく知られているが、文字通りひとりの商人、一隻の船がこの三角の各辺を周航する形態は、すでに一七世紀末には崩れ、奴隷貿易と砂糖輸入業は分離してしまう。砂糖生産が大規模化し、大プランターによる寡占状態が出現すると、彼らは砂糖の販売を現地にくる商人に依存せず、本国の委託商を通じて自ら処分するようになったからである(3)。いずれにせよ、この「本来の三角貿易」こそは、原棉供給、綿織物需要、リヴァプールの勃興

図5-1 1770年代前半のイギリス植民地帝国の貿易構造(奴隷を含む財貨の流れ)

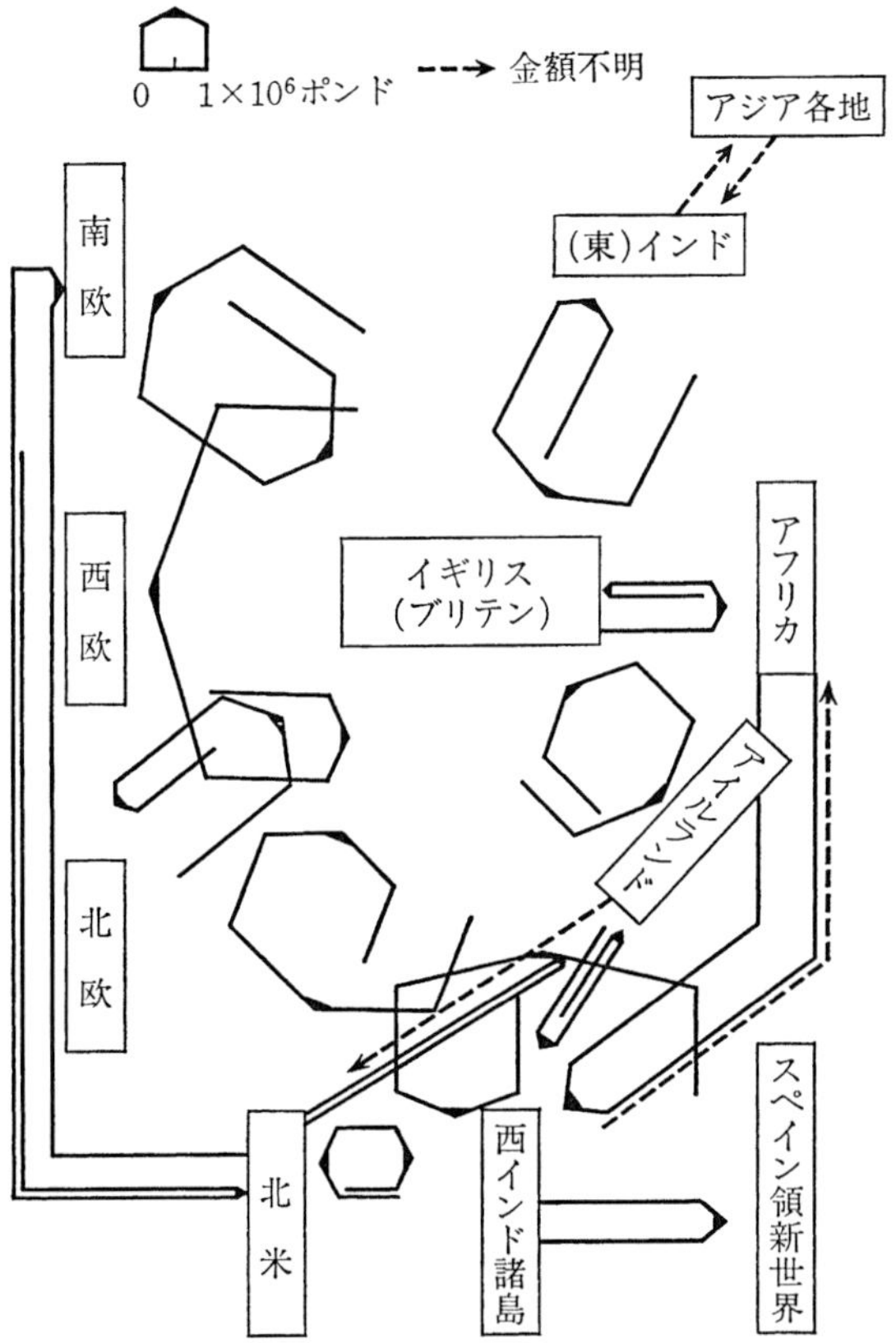

〔ルート〕	数値（£ 10^6）〔出典〕及び〔年代〕	
英→北欧	0.5	
〃←〃	1.6	
英→西欧	5.4	
〃←〃	1.2	1772-3年
英→南欧	2.6	Deane & Cole, *British Economic Growth, 1688-1959*, 1962, p. 87.
〃←〃	1.8	
英→北米	3.3	
〃←〃	2.0	
西インド諸島→英	4.3	1773-4年
〃←〃	1.7	R. B. Sheridan, *Sugar and Slavery*, 1973, p. 312.
英→東インド	0.9	
〃←〃	2.2	1772-3年
英→アフリカ	0.8	Deane & Cole, *op. cit.*, p. 87.
〃←〃	0.1	
アイルランド→英	2.4	1770年
〃←〃	1.9	L. M. Cullen, *Anglo-Irish Trade 1600-1800*, 1973, pp. 45 & 47.
西インド諸島→北米	0.4	Sheridan, *op.cit.*, p. 315.*
〃←〃	0.7	
北米→南欧	0.6	J. F. Shepherd & G. M. Walton, *Shipping, Maritime Trade and the Economic Development of Colonial North America*, 1972, p. 115.
〃←〃	0.1	
西インド諸島→スペイン領**	0.5	
アイルランド→北米	?	*ibid.*, p. 94.(& pp. 112-3.)
〃←〃	0.1	1772年
アイルランド→西インド諸島	0.2	1761-7年平均と1770年
〃←〃	0.1	F. G. James, ‘Irish Colonial Trade in the 18th Century’, *Wm & Mary Quart.*, 1963.
アフリカ→{西インド諸島, 北米}	0.8	R. Anstey, *The Atlantic Slave Trade and British Abolition, 1760-1810*, 1975, p. 47.

* cf. H. C. Bell, ‘The West India Trade before the American Revolution’, *A. H. R.*, vol. 22, 1917.

** てきとうな材料がないので，1730年代の数値をあてた．G. H. Nelson, ‘Contraband Trade under the Asiento, 1730-1739’, *A. H. R.*, vol. 51, 1941, p. 64.

などを通して「コットン・ポリス」＝マンチェスターの成長を惹き起こしたこと、後述するとおりである。(4)

西インド諸島の砂糖経済を支えたのは、いうまでもなく、奴隷貿易であった。その意味では、奴隷貿易こそがイギリス産業革命のもっとも重要な起源であったということもできる。ヨーロッパによる新世界経営の基盤がアフリカからの奴隷貿易にあることは、つとに同時代人、たとえばモンテスキューの明確に指摘しているところである。(5) アシエント特権を得た一八世紀には、奴隷がジャマイカからスペイン領に大量に再輸出されたために、奴隷貿易は正貨獲得の手段となった。(6)

第二の三角貿易は、本国と北米・西インド諸島を結ぶルートである。換金作物をもたなかったにもかかわらず、「ヨーロッパ商品」への欲求が強かった初期のニューイングランドに、しかるべき購買力を与えたのが、食糧と木材などの西インド諸島への輸出であった。西インド諸島では、一六四〇年代のバルバドスに始まり、七〇年代のジャマイカで完了する「砂糖革命」つまり砂糖キビのモノカルチュア化が進行し、(7) 食糧その他の物資の輸入依存度が極度に上昇してもいたのである。さらに、北米商人は「シーカーズ」(不定期海運業者)として西インド諸島と本国の間の海運にも従ったから、(8) 彼らが西インド諸島から得た所得は膨大な額に達した。

第三の三角形は、アイルランドと西インド諸島と本国とで構成されている。いわゆる重商主義体制がアイルランド経済を徹底的に抑圧したというのが、熱烈な民族主義者ならずとも一般に採用している見解であろうが、(9) 現実にはアイルランド系ロビイストの活動もあって、とくに一八世紀になるとアイルランド産業にも一定の枠内での保護が与えられている。(10) しかし、それにしても、イギリスの経済政策によってこの時代のアイルランド経済が著しく歪曲された事実は否定しえない。たとえば、一六六七年の畜牛法《キャトル・アクト》は、アイルランド畜産業にとって致命的であった。この法によって畜牛の対英輸出を禁止されたアイルランド畜産業界は、塩漬肉・豚肉、バターなどの西インド諸島、フランスむけ輸出に転じたのである。

アイルランドと西インド諸島との貿易は、二つの理由で正確に捉えることが難しい。[11] ひとつは、アイルランドの統計が西インド諸島と北米植民地を区別していないことであり、いまひとつは、特産品であるリネンの輸出も砂糖や煙草の輸入も、ほとんどが本国を経由したことである。[12] 本国経由のものを含めると、アイルランドの対新世界貿易は、多くの煙草貴族を輩出したスコットランドのそれより大きく、その大半は西インド諸島とのあいだに成立していた、と思われる。[13]

以上の三つの「三角貿易」は、いずれも本国と西インド諸島を結ぶ一辺を共有しており、西インド諸島が帝国経済の――本国を別にして――核をなしていたことを物語っている。しかし、問題はそれだけにとどまらない。西インド諸島の砂糖経済が間断ない奴隷供給を前提として成立したことは言うまでもないが、その奴隷貿易では、東インド産の綿布が主要な対貨のひとつとなっていたから、その中心であったリヴァプールでは、つとに一七三八年、「西アフリカ貿易用の東インド物産保管庫の不足」を訴える声が上った。[14] 六〇年代には西アフリカ向け輸出の過半は東インド物産といわれ、その需要はアフリカのみならず、西インド諸島でもきわめて高いことが指摘されている。[15] 奴隷貿易と奴隷制度の成長に伴って東インド物産――とくに綿布――の不足が訴えられ、ついに東インド会社は競争相手たる他国商人がヨーロッパに持ち込んだ綿布を購入することさえ認められた。[16] 八〇年代になってもリヴァプールでは、三〇年代と同じ嘆きが聞かれもする。奴隷貿易の綿布需要がマンチェスター綿工業の急成長の契機となったとするE・ウィリアムズのテーゼは、記述史料による限り、十分確認できるのである。

東インド貿易の発展は、さらにもうひとつの意味でも西インド諸島の経済と結びついていた。すなわち、一八世紀が進行するにつれて飲茶の風習が庶民のあいだにまで普及することはすでに周知のところであり、それに応じて東インドからの輸入品としての茶の意味が断然高まる。[17] しかし、飲茶の習慣が普及した背景には、西インド諸島産の砂糖の大量輸入があったことも記憶されなければならないのである。ワインに恵まれて紅茶の普及しなかったフランスと対比すれば、イギリスの砂糖消費量は一七四二年で三割以上も多く、七五年になるとフランスの三倍に達した。[18] 人口一人当りでいえば八倍程度であっただろう。こうして、西インド諸島の砂糖経済は、間接的にはインド、中国と本国を結ぶアジアの「三角貿易」をも支えていたのである。[19]

このようなラフなスケッチからも、重商主義帝国のネットワークにおいて、西インド諸島が要の位置を占めたことはほぼ明らかになったはずである。このネットワークを伝って流れた商品が、毛織物というよりは雑工業製品であり、砂糖や煙草や茶、綿などであったこともまた明らかである。

帝国の経済構造を正確に把握するためには、少なくともほかに、「国際」収支の次元[20]や人間そのものの移動の問題などについても検討すべきであるが、現在えられる史料では、総合的な把握が困難である。

(1) 一六五五年のジャマイカ征服については次の史料がある。C. H. Firth, ed., *The Narrative of General Venables*, (Camden Soc.), 1900. また、この遠征のクロムウェル外交上の位置づけについては、M. Prestwich, 'Diplomacy and Trade in the Protectorate,' *Journ. of Modern Hist.*, vol. XXII, 1950, p. 109. アイルランド征服については、松川七郎『ウィリアム・ペティ』(下巻、岩波書店、一九六三年)、第三章、第二節参照。革命政権による支配の実態については、T. C. Barnard, *Cromwellian Ireland: English Government and Reform in Ireland 1649–1660*, 1975 が詳しい。東インド会社の改組については『大塚久雄著作集』第一巻(株式会社発生史論)(岩波書店、一九六九年)、四九三頁以下参照。

(2) 北米・スペイン領西インド諸島貿易の数量的データは得られなかったが、記述史料としては次のものがある。D. MacPherson, *Annals of Commerce*, vol. III, 1805, pp. 396–99.

(3) 後出第六章四節注(29)参照。

(4) 後出第六章四節参照。とりあえずは、E・ウィリアムズ、中山毅訳『資本主義と奴隷制』(理論社、一九六七年)、八一頁。

(5) モンテスキュー、根岸国孝訳『法の精神』(河出書房、一九六六年)、三一七頁。

(6) C. A. Palmer, *Human Cargoes: The British Slave Trade to Spanish America, 1700–1739*, 1981, App. 4–11.

(7) R. S. Dunn, *Sugar and Slaves*, 1973, pp. 59 ff. and 164 ff. 近藤仁之「英領西印度諸島における砂糖革命の経済史的意義」(『社会経済史学』三〇巻五号、一九六五年)、二九頁以下。

(8) Cf. H. C. Bell, 'The West India Trade before the American Revolution', *A. H. R.*, vol. 22, 1917, pp. 272–87.

(9) たとえば、松尾太郎『近代イギリス国際経済政策史研究』(法政大学出版会、一九七三年)、五七—九〇頁。角山栄「アイルランド羊毛工業の抑圧——イギリス重商主義論——」(『立命館経済学』一一巻一・二号、一九六二年)をみよ。

(10) F. G. James, *Ireland in the Empire 1688–1770*, 1973, pp. 190–217; id., 'The Irish Lobby in the Eighteenth Century', *Eng. Hist. Rev.*, vol. 81, pp. 543–57.

(11) イギリス本国との貿易については詳細な研究がある。A. F. Murray, *A History of the Commercial and Financial Relations between England and Ireland from the Period of the Restoration*, 1903; L. M. Cullen, *Anglo-Irish Trade 1660–1800*, 1968.

(12) R. Oxenford, An Essay towards Finding the Ballance of our Whole Trade Annually from Christmas of 1698 to Christmas 1719 (P. R. O., C. O. 390/14) reproduced in G. N. Clark ed., *Guide to English Commercial Statistics 1696–1782*, 1938, p. 89; Cullen, *op. cit.*, pp. 48, 63 et passim.

(13) F. G. James, 'Irish Colonial Trade in the Eighteenth Century', *Wm & Mary Quart.*, 3rd ser. vol. 2, 1963, p. 584.

(14) *Customs Letter-Books of the Port of Liverpool 1711–1813*, 1954 ed. by R. C. Jarvis, pp. 149 and 118; A. C. Wardle, 'The East India Company: Some Local Associations', *Trans. of Historic Soc. of Lancs. & Cheshire*, vol. 99, 1947, p. 63.

(15) J. Campbell, *Candid and Impartial Considerations on the Nature of the Sugar Trade……*, 1763, p. 218.

(16) 5 Geo. III, c. 30. cf. MacPherson, *op. cit.*, p. 416.

(17) 一七六〇年までの茶の輸入額は、India Office Record, E. I. C., General Ledgers, L/AG/1/1 vol. 14–20 からえられるものが K. N. Chaudhuri, *The Trading World of Asia and English East India Company 1600–1760*, 1978, pp. 389, 538–39. にあり、さらに、E. B. Schumpeter, ed., *op. cit.*, table 18 にはより長期の貿易総監統計がある。

(18) R. B. Sheridan, The Sugar Trade of the British West Indies from 1660 to 1756 with Special Reference to the Island of

Antigua(unpublished Ph. D. thesis, 1951, Univ. of London), p. 58.

(19) アジア内交易は、欧亜間のそれより重要であったとさえいわれるが、数量化が至難で K. N. Chaudhuri, *op. cit.*, pp. 19 ff. も果していない。P. J. Marshall, *East Indian Fortunes: The British in Bengal in the Eighteenth Century*, 1976, pp. 55–57 はカルカッタを中心とするデータから、一七一五—三五年をブーム、その後停滞、七〇年代のブーム再来を主張している。また、一八世紀末のボンベイにはアジア内交易の商社が四五社あり、うち二〇社がイギリス人を中心とする白人のものであった。東海岸のフォート・ウィリアムでも事情は同じであった。C. N. Parkinson, *Trade in the Eastern Seas, 1793–1813*, 1937, pp. 336 and 343.

(20) 同時代人による「経常収支」のもっとも詳細な推計は、R. Oxenford, op. cit. (P. R. O., C. O. 390/14), pp. 69–149, esp., table 15.

4 帝国形成の資金問題——英・蘭関係の変質とオランダ資金の流入

フランスではなくイギリスに世界で最初の工業化が起こった理由を、上述のような帝国＝植民地構造を背景とする「商業革命」に求める場合、イギリスが対仏戦争に結局勝利し、六三年のパリ条約によって、いわゆる「旧帝国」を完成しえた原因は、どのように考えるべきであろうか。農業や毛織物業における資本制生産関係の成熟度を問題にし、つまりはイギリスの生産力の高さなり、国力一般の充実を指摘することは容易であろう。しかし、重商主義戦争は、国力がストレイトに戦争の帰趨に反映するような総力戦などではない。国民経済がもつ生産力と戦争の行方とのあいだには、徴税機構、公債・金融市場の問題など多くの媒介項を設定するのでなければ説明にならないのである。

陸・海軍の軍事技術や兵士の志気の点で、とくにイギリスが優位にあったとも思えないので、問題の焦点は戦費調達にあり、それが短期間になされる必要があったことからいえば、公債発行能力の問題にほかならなかったと思われる。名誉革命後のイギリス政府は、国内資金の吸収にも十分成功したが、だからといって生産活動を犠牲にすること

図5-2　イギリスの対ヨーロッパ貿易(£000)

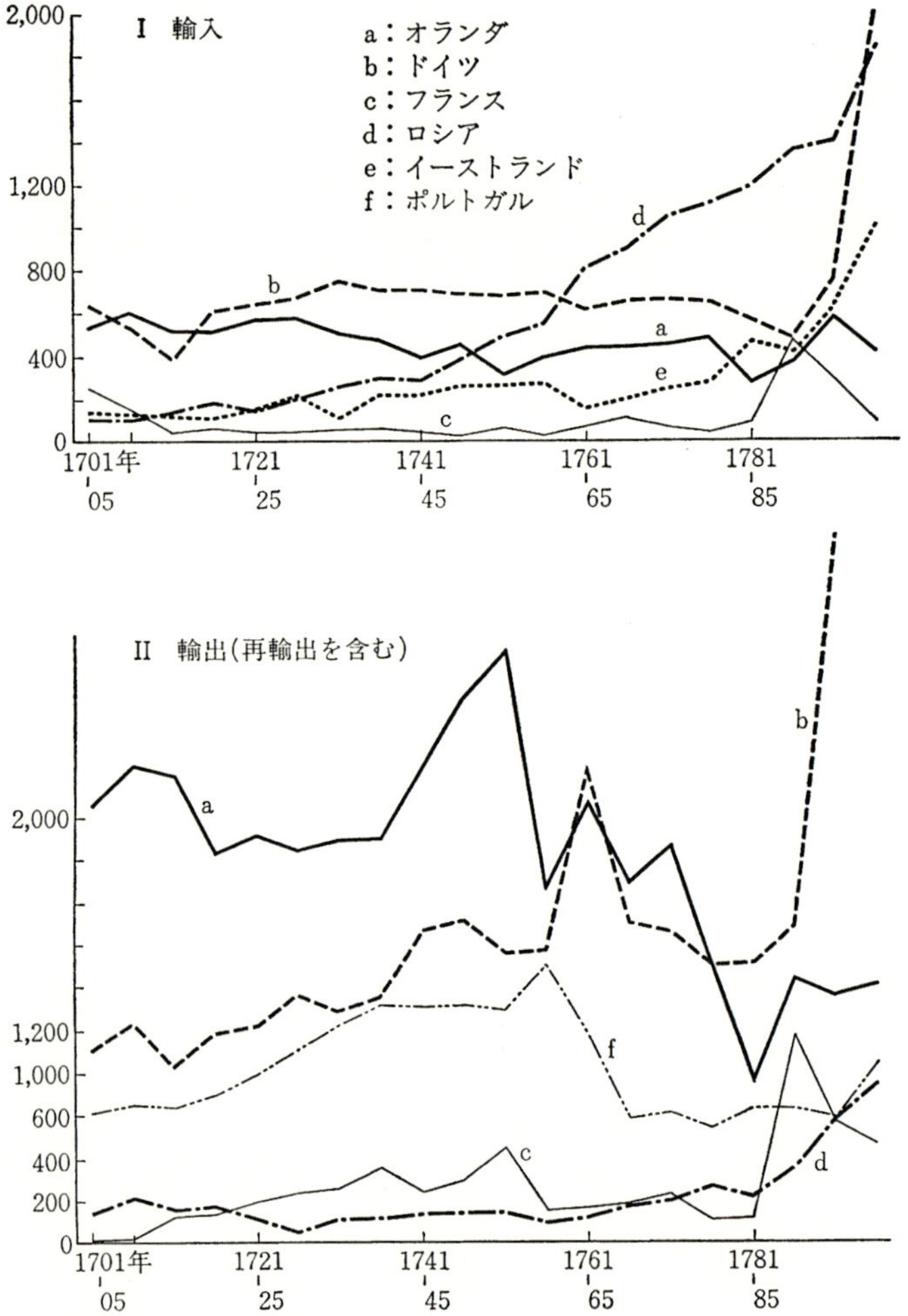

〔出典〕 C. Whitworth, ed., *op. cit.*, pt. II.

もなかった。とすれば、その成功の秘密の少なくともひとつは、大量のオランダ資金の導入に成功したという事実にあったのではないか。このような視点に立って、しばらく英・蘭関係の推移を辿ってみよう。(1)

商業革命の展開に伴って、一七・八世紀イギリスの対西欧貿易は比重をどんどん低下させてゆくこと、上述のとおりである。しかも、その最大の原因は対オランダ貿易の重要性の低下にあった。図5-2をみれば、オランダとの関係のほぼ一貫した低下、とくに世紀中葉以後の崩壊が目立ち、逆にドイツからの輸入の成長などが認められる。一七世紀のイギリスは、なお毛織物輸出と造船資材を中心とするドイツや北欧の物産輸入の両面で、アムステルダムに大きく依存していた。(2)この傾向は一八世紀初頭でもはっきりしており、一七〇〇年のクリスマスに終る一年間をとると、イギリスの総輸出七三〇万ポンドのうちオランダ向けが一七七万ポンド、輸入では五九七万ポンドのうち五三万ポンドという数字になっていた。総輸出の四分の一、輸入の一割がオランダ関係だったのである。(3)対欧輸出だけをとると、そのおよそ四割、西欧向け輸出のなかでは六割以上にあたった。ところが、一八世紀も中葉になるとこの数値は、西欧向け輸出の四〇―五〇パーセントに低下、輸入も四〇年代後半から絶対量が三〇パーセントも減少してしまう。つまり、全体に不振であった対西欧貿易のなかでも、オランダとの貿易関係はとくにその比重が低下したのである。

これとは逆に、ロシアを含む北欧や東欧、ドイツとの輸出・入が成長していることを考え合わせると、これらの数値は結局、中継貿易基地としてのアムステルダムの衰退、イギリス人による直接取引の増加を物語っていることになろう。がんらいオランダへの輸出は西部産の毛織物と植民地物産で構成されており、これらの商品はそこからさらにドイツ、イタリア、スペインなどに再輸出されていた。毛織物の染色・仕上業がしだいにアムステルダムからハンブルクやブレーメンに移ったため、イギリスとドイツの直接取引が成長するのである。植民地物産もまた、このルートを辿ってアムステルダムを迂回した。(4)同様にドイツ産のリネンやキャンバスも直接輸入されるようになったうえ、アイルランドやスコットランドでリネン工業が成長したため、アムステルダムからのリネン輸入はほとんど停止した。(5) 大規模な輸出が行なわれるようになった穀物や国内で輸入代替産業の確立したたとえば紙のような商品も、もはや輸入されなくなったのである。ドイツ以上に重要な取引相手であった北欧やイーストランドとの関係でも、同様の変化が起こった。

こうして、現物取引では主役の座を降りていったアムステルダムではあるが、なおそれがヨーロッパの金融センターとしての地位を当面維持することは、周知のとおりである。(6) イギリスの貿易業という限られた側面からみても、この事実は十分確認できる。たとえば、一八世紀のイギリスはロシアとの貿易を急成長させるが、なおその決済にはアムステルダムの仲介を要したのである。この形態が崩れるのは、七年戦争後、ハノーファーへのイギリス軍派遣をマネージしたオランダ金融界に大パニックが生じてからのことである。(7) この恐慌と一七七二―七三年にイギリス東インド会社株への投機から生じたもうひとつの恐慌が、アムステルダムの金融上の覇権を崩すことになるのである。(8)

いずれにしろ、一八世紀前半のうちに商業上の覇権を失いはじめたオランダ商人層は、しだいに金融業者化し、六〇年代初頭には決済手数料だけでも年間収入六〇〇万ポンド以上に達した、という。(9) 当時のイギリスの輸出総額が一五〇〇万ポンドに達しなかったことを思えば、この収入の大きさが理解しえよう。このような巨額の金融収入をもちながら、自らの貿易そのものは縮小し、国内の農業等への投資にも限界があったから、オランダでは資金に余剰が生じ、利子率はいっそう低下した。この余剰資金は、結局対外投資にむかうことになる。いわば一八世紀のヨーロッパには、有利な投資先を求めてさまよう膨大なオランダ資金のストックが生じていたのである。言いかえれば、世界商業の覇権争いではすでに舞台を降りつつあった一八世紀のオランダは、その豊富な資金をもって、表舞台の英・仏抗争の帰趨を決しうる可能性を秘めていたのではなかろうか。(10)

表 5-6　傍系相続税台帳にみるアムステルダム市民の資産形態（%）

年代	国内投資		〔国内投資計〕
	最富裕層	その他の市民	
1739–40	75.9	96.9	86.4
1749–50	80.2	90.6	85.4
1759–60	81.2	80.2	80.7
1769–70	71.4	73.3	72.4
1779–80	60.4	79.7	70.1

年代	対英投資		〔対英投資計〕	その他の国への投資計
	最富裕層	その他の市民		
1739–40	22.0	3.1	12.5	1.1
1749–50	17.7	8.6	13.2	1.4
1759–60	16.4	18.3	17.4	1.9
1769–70	19.4	15.9	17.6	10.0
1779–80	27.1	11.4	19.2	10.7

〔注〕　最富裕（市民）層とは，資産額 9 万フローリン以上のものをさす．その比率は件数にして，1739–40 年で 1.7%，1779–80 年で 3.4% である．

〔出典〕　Alice C. Carter, *Getting, Spending and Investing in Early Modern Times*, 1975, pp. 28–30.

　じっさいのところ、オランダ資金はどこに流れたのか。批判がまったくないわけでもないが[11]、A・C・カーターが作成した表5-6をみれば、一目瞭然である。この表は、傍系相続税査定のために実施された、比較的有力なアムステルダム市民の資産調査の記録である。表によれば、七年戦争に至るまでのかれらの対外投資は圧倒的にイギリス公債にむけられていた。国内投資に比べて対外投資、ことにイギリス公債への投資にむかう傾向は、より富裕な階層――よりランチエ的性格の強い階層――に強いことも読み取れる。六〇年代以降はイギリス以外の地域にも投資が拡大されているが、それもロシアやアメリカ、西インド諸島などの抵当が中心となっており、フランスに多少ともまとまった資金が流れたのは、八〇年代のことでしかなかった[12]。

　一八世紀のヨーロッパに漂ったオランダの遊休資金は、こうして少なくとも第四次英・蘭戦争の勃発する一七八〇年代までは、圧倒的にイギリス――フランスではなく――に流れた。政治的・宗教的な関係が密接であったことを、その一因としてあげることもできよう。しかし、オランダ国内には、親英的なオラニストに対抗する勢力も強かったし、ランチエ化していない商人たちは「フランスの運輸業者」となって、フランスの北欧貿易や植民地貿易を握っていたという事実もある。とくに後者の問題は、一六六七年のブレダ条約や一六七四年のウェストミンスター条約にもり込まれた「自由船舶、自由商品」free ships, free goods――オランダの貿易上の中立を認めたもの――の規定をめぐって、七年戦争の終りまで、両国間の深刻な外交上の争点となっていた。(13) したがって、オランダ人の対外投資がほとんどイギリス公債にむかった理由は、別の方面に求められるべきであろう。じっさい親仏・反オランダ的傾向の強かったチャールズ二世治下にも、一六六六年大火後のロンドン復興資金の多くが、オランダからもたらされたこともあった。(14)

オランダ資金のほとんどがイギリス公債に流れた本当の理由は、イングランド銀行の設立による金融市場の確立(P・G・M・ディクソンのいう「財政革命」(15))と議会による保証が、外国人投資家に便宜と安心感を与えた点にあった。逆に、ジョン・ローの計画が失敗に終ったフランスは、イギリス公債のような安定的で「受動的」な投資対象を提供しえなかったのである。同じ理由でフランスでは、国内資金そのものの結集にもあまり成功しなかったことはいうまでもない。(16)

しかし、ここにいうオランダ人の投資は、イギリス公債の何パーセントを占めたのか。それはイギリス財政全体にどのような意味をもったのか。これらの点では、従来の研究者の見解はかなり食い違っている。オランダ人が自らは名前を出さず、イギリス人をダミーとして利用することが多かったことがひとつの原因で、シンクレアなど、同時代の専門家の推計も無数に存在するにもかかわらず、(17) いずれも客観性に欠ける。最近の研究でも、高い数値をあげる

C・H・ウィルソン[18]と低い数値をとるディクソンなどがある。表5－7は念のため後者によった。これでも、世紀中葉のオランダ人の投資がとうてい無視しえないものであったことがわかろう。

ただし、ここでも留保すべき条件が二つある。ひとつは新たな公債投資と過去のそれへの利子支払いの関係である。オランダ人の投資が最盛期にかかった一七五〇―六三年をとってみると、次のようなことがいえる。すなわち、オランダ人を中心とする外人の公債投資は年間約五〇万ポンドの割合で増えたが、累積投資額が一、〇〇〇万―一、七〇〇万ポンドとなっており、コンソル公債の額面に対する利率三パーセントを適用すると、利子支払額は三〇―五一万ポンドとなる。つまり、現実にオランダ人の「新規」投資というものがあったのかどうかが、いささか疑問にさえなるのである[19]。第二の留保は、ダミー問題が残っているにしても、外国人による公債保有額はイギリス人のそれとは比較にならない、という事実である。公債の大部分はむろん同国人に買われたのであり、利子の国外流出をもたらす外国人の公債投資には、きわめて強い批判があったことも周知のとおりである。

表5-7　外国人の公債保有

年代	1723–24	1750	1762	1790頃
保有額〔£000〕 （比率）〔%〕	4,336 (9.3)	約10,500 (15)	約17,000 (14)	24,500 (10)
外人保有額中のオランダ人保有比	64%	78%		

〔出典〕 P. G. M. Dickson, *The Financial Revolution in England*, 1967, pp. 312, 322–23.

とはいえ、一八世紀の財政当局者が、つねにオランダ資金の必要性を認めていたことも否定しえない。「七年戦争時代のイギリスが……ルイ一四世を相手とするこれまでの諸戦争の際ほどには財政的窮乏に陥らず[20]」、戦費の借入れが容易であったのは、ニューカースル公の手腕や終戦を見越した財界が長期投資を手控えていたといった事情だけが原因ではなかったのである。

オランダ人の投資の意味は、一八世紀の財政事情を全般的に概観することで明らかに

図 5-3　18 世紀の政府財政(£000,000)

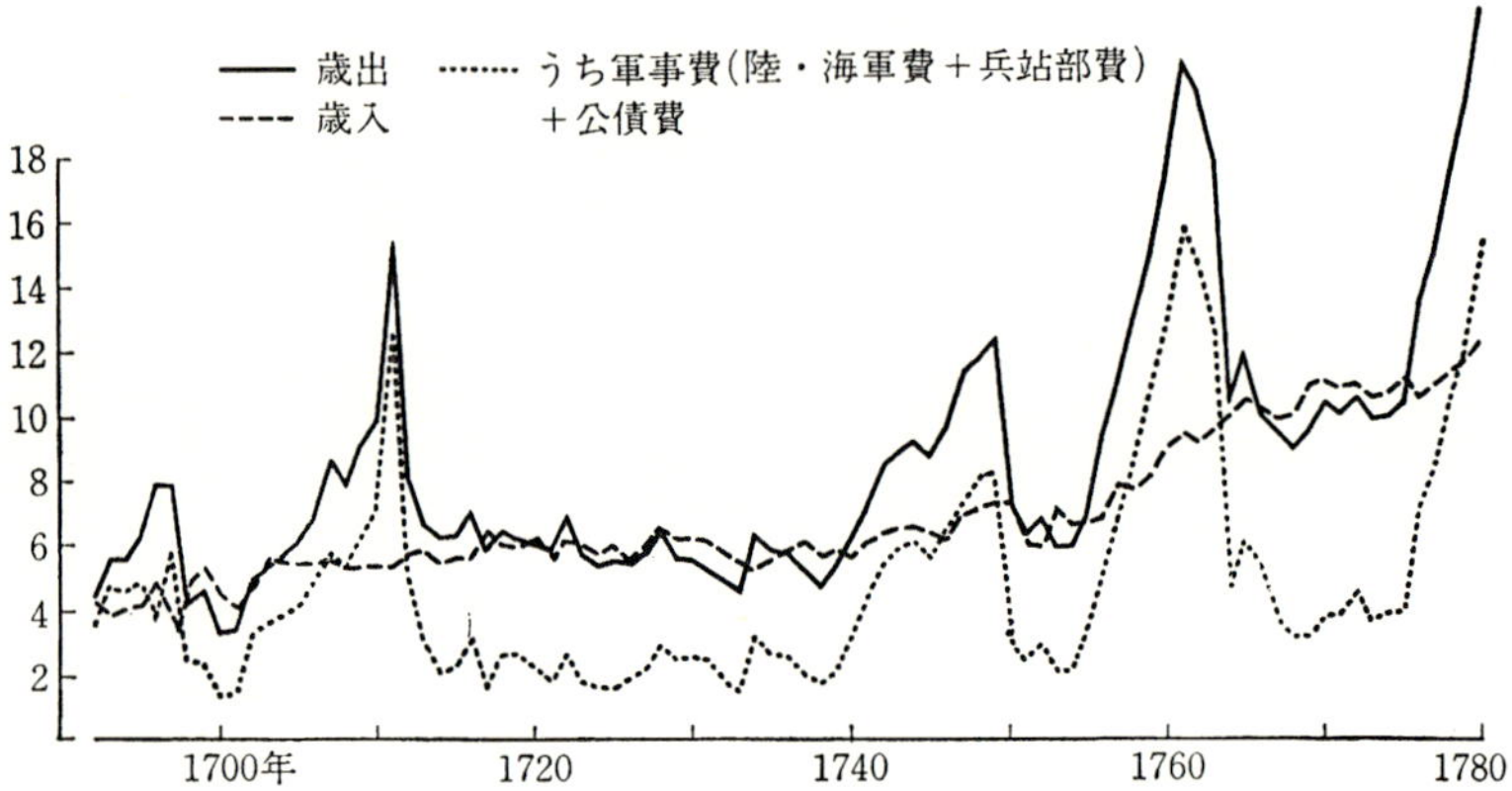

戦争　(1692)1697　1702　1713　1739　1748　1756　1763　1775(1782)

平均歳入	4.0	4.5	5.4	5.9	6.4	7.2	8.6	10.6	12.0
平均歳出	6.3	3.9	7.8	5.8	8.8	7.5	15.8	10.2	19.4
(軍事費)	4.6	1.8	5.4	2.2	5.6	3.5	11.2	4.1	12.0
(公債費)*	0.5	1.4	1.6	2.6	2.3	2.9	3.5	4.8	5.6
歳出中の軍事費比	73%	46%	69%	38%	64%	47%	71%	40%	62%
期末の公債累積額	14.5	12.6	34.7	46.5	75.8	72.5	132.7	127.1	214.7

〔主要出典〕 B. R. Mitchell, ed., *Abstract of British Historical Statistics*, 1962, pp. 389-91. などより計算.
〔注〕* 「公債費」とは公債利子および元金償還費のこと.

なる。図5－3をみれば、そこではさしずめ次のような諸事実が認められる。すなわち、(a) 歳入はほぼ一貫して漸増の傾向をもつが、五〇年代末から、おそらく経済活動の全体量の上昇を反映して、その増勢が加速されること、(b) 支出の増減は決定的に戦争の有無によって規定されていること、(c) 支出のなかでは軍事費の比率が断然高く、公債費(利子および元金償還費)もかなりの額になるため、宮廷《シヴィル・》費《リスト》を含む行政費として残るものは僅かであったが、世紀後半にはこれも漸増していったこと、(d) 戦時には、軍事

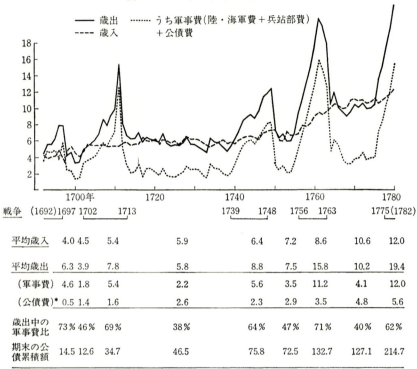

費の急増を反映して大きな赤字となっているが、平和な時代には僅かながら歳入が歳出を上回り、軍事費の低下と対照的に公債費が増加していること、などがそれである。(d)の事実は、平和時にイギリス政府が公債償却の努力を続けたことを意味しているが、七年戦争以後は戦時にさえ公債費が増加し続けており、世紀後半のイギリス国民経済の成長を象徴しているといえるかもしれない。

交戦期間における政府支出の急上昇、そのなかでの軍事費比率の大きさからして、戦争が国内資金を吸収し、経済成長を阻害したとする見解があるのも、ある意味では当然かもしれない。じじつ戦争が資源を吸収し、生産的活動を阻害するとする考え方は[21]、資金についてのみならず、木材を中心とする建設資材、船舶、兵員徴募との関係での労働力などについても主張されている。しかし、現実のイギリス経済は、人的資源や船舶についてもそうだが、土木・建築などについても戦争によって強いブレイキがかけられた形跡がほとんどない[22]。とりわけ、長期資金市場は戦争によって深刻な影響をうけたようにはみえない。長期資金の利子率は、交戦中も目立った上昇を示さないのである[23]。

この事実は何によって説明できるか。政府が戦時中、長期資金より短期資金への依存率を高めた――短期資金の利率は急上昇する――ことも一因といえよう[24]が、より決定的な原因は、長期資金市場がなお完全には統一されておらず、地方市場がなお相対的独立性を残していたうえ、ロンドンのそれは外国資本市場、とりわけオランダのそれと密着していた[25]からだと考えられる。オランダ資金は、イギリス政府が経済活動に決定的な負担をかけることなく戦争を遂行することを可能にした点に、その歴史的意味があったのだ。

イギリスの「財政革命」が対仏戦争の遂行を可能にしたことは、すべての財政史家が認めるところである。しかし、「財政革命」がたんに国内の資金を効率よく吸い上げただけであったとすれば、戦争によって経済発展は阻害され、工業化への道はかえって閉されたかもしれないのである。一七二〇—八〇年という、オランダが貿易面で決定的な衰退を経験しながら、金融面で最後の繁栄を謳歌した時代が、英・仏両国が競って重商主義帝国の形成をめざした時代でもあったという事実には、あらためて注意をむけるべきであろう。

(1) 一八世紀イギリスの軍事費支出については、たとえば舟場正富『イギリス公信用史の研究』(未来社、一九七一年)、四八頁以下などで言及されているが、オランダ資金との関係にはふれていない。

(2) 一六三二年七月―三三年七月の期間に、外国人によってロンドンにもたらされた輸入の四三パーセントはオランダからのものであり、その四八パーセントはリネンであった。A. M. Millard, The Import Trade of London, 1600–1640 (unpublished Ph. D. thesis), 1956, App. 2 (vol. 3), table C. オランダ人のバルト海貿易の状況については A. E. Christensen, *Dutch Trade to the Baltic about 1600; Studies in the Sound Toll Register and Dutch Shipping Records*, 1941, pp. 99–104.

(3) C. Whitworth, *op. cit.*, pt. 1, p. 4.

(4) C. H. Wilson, *Anglo-Dutch Commerce and Finance in the Eighteenth Century*, (1941) 1966, pp. 39, 44, 51 et passim.

(5) *ibid.*, p. 57 によれば、一七六〇年でアイルランド、スコットランド産二、〇〇万クロス弱、外国産二、五〇〇万クロスの比率になっていたが、後者のほとんどはすでに直輸入であった。アイルランドとスコットランドのリネン工業の成長については、C. Gill. *The Rise of the Irish Linen Industry*, (1925) 1964, pp. 341–43; G. Chalmers, *An Estimate of the Comparative Strength of Great Britain*, 1794, pp. 227–32, notes.

(6) J. C. Riley, *International Government Finance and the Amsterdam Capital Market, 1740–1815*, 1980, pp. 28 ff.

(7) C. H. Wilson, *op. cit.*, pp. 65–66.

(8) J. C. Riley, *op. cit.*, p. 33.

(9) Wilson, *op. cit.*, p. 66. Sérionne による。

(10) 一八世紀後半からナポレオン時代にかけてのヨーロッパ国際政治に及ぼした「オランダ資金」の意味については M. G. Buist, 'The Sinews of War: The Role of Dutch Finance in European Politics (c. 1750–1815)', in A. C. Duke and C. A. Tamse, eds., *Britain and The Netherlands*, vol. IV, 1977, pp. 124–40.

(11) C. Wilson, 'Dutch Investment in Eighteenth-Century England: A Note on Yardsticks', *Econ. Hist. Rev.*, 2nd ser. vol. XII,

no. 3, 1960, pp. 434–39; cf. A. C. Carter, 'Note on A Note on Yardsticks', *ibid*., pp. 440–44. 遺産相続の史料は投資分析の史料としては不適というウィルソンに対し、カーターは自説を曲げていない。

(12) Riley, *op. cit*., pp. 107–08.

(13) A. C. Carter, *Neutrality or Commitment: The Evolution of Dutch Foreign Policy 1667–1795*, 1975, p. 15; id., *The Dutch Republic in Europe in the Seven Years War*, 1971, pp. 104 ff.

(14) 'Notes of the Lord's Committee on the Decay of Rents and Trade, 1699',(House of Lords Record Office, Main Papers, H. L., 28 Oct. 1669), reproduced in J. Thirsk and J. P. Cooper, eds., *17th Century Economic Documents*, 1972, p. 75.

(15) P. G. M. Dickson, *The Financial Revolution in England: A Study in the Development of Public Credit 1688–1756*, 1967, p. 12.

(16) じじつフランス政府は高率の利子を要求された。Riley, *op. cit*., pp. 111–12. ルイ一四世末期フランス王室の財政事情については、さしあたり佐村明知「ルイ十四世末期フランスの財政・金融危機――デマレ財務総監の経済政策を中心に――」(『大阪大学経済学』三〇巻二・三号、一九八一年)参照。

(17) Sir John Sinclair, *The History of the Public Revenue of the British Empire*, 3rd ed.,(1803–04)1966, vol. 3, App. V. その他の同時代人推計については A. C. Carter, *Getting, Spending and Investing in Early Modern Times*, 1975, p. 42. をみよ。

(18) C. H. Wilson, *op. cit*.(Anglo-Dutch Commerce), p. 78.

(19) *loc. cit.*

(20) R. Browning, 'Duke of Newcastle and the Financing of the Seven Years' War', *Journ. of Econ. Hist*., XXXI, 1971, p. 374.

(21) J. U. Nef, *War and Human Progress: An Essay on the Rise of Industrial Civilization*, 1952, pp. 234, 237 ff. et passim. W・W・ロストウ(酒井正三郎・北川一雄訳)『経済成長の過程』(東洋経済新報社、一九六五年)、一七九頁。

(22) L. Neal, 'Interpreting Power and Profit in Economic History: A Case Study of the Seven Years War', *Journ. of Econ. Hist*., vol. XXXVII, 1977, pp. 21–31; 建築業の動態については F. Sheppard, V. Belcher and P. Cottrell, 'The Middlesex and Yorkshire deeds registries and the study of building fluctuations', *London Journal*, vol. 5, no. 2, 1979, pp. 182–4, Fig. 1 & 2.

(23) Browning, op. cit., p. 352.

(24) Neal, op cit., pp. 32–33.

(25) A. H. John, 'War and the English Economy 1700–1763', *Econ. Hist. Rev.*, 2nd ser. vol. VII, 1955, p. 341; cf. S. B. Baxter, 'Domestic and International Integration of the London Money Market, 1731–1789', *Journ. of Econ. Hist.*, pp. 210–11. アシュトンの次の一文は、いまも完全に生きているというべきである。すなわち彼はいう。「オランダ人によるイギリス政府および公債への投資の意義は過大評価されてきた一面もあるかも知れないが、それがかなりのものであったことは間違いない。ロンドンでの安全性の高い投資の利率がアムステルダムでのそれより一パーセントも高いと、資金はイギリスに流入し、為替レートもイギリスに有利に動いた」。T. S. Ashton, *An Economic History of England: the 18th Century*, 1955, p. 193.

六 西インド諸島の富
――成立と崩壊――

1 はじめに

イギリス重商主義帝国の核は、本国を別にすれば、西インド諸島にあった。にもかかわらず、従来のわが国の研究史上、この地域が注目されることはごく稀れであった。「世界地図上のちっぽけなしみ」[1]と化したこの地域の現状が、研究者の眼をふさぎ、ヨーロッパの経済や国際関係はもとより、国内政治や文化の面においてさえ決定的な影響を及ぼした一七・八世紀史上のその正しいイメージを見誤らせてきたといえよう。したがってここでは、一七・八世紀における西インド諸島植民地の盛衰とそれらが本国の経済・社会の変容に与えた影響を、できるだけ具体的に跡づけることにしたい。[2]

(1) フランス大統領ド・ゴールの評言。E・ウィリアムズ(拙訳)『コロンブスからカストロまで――カリブ海域史、一四九二―一九六九年――』I(岩波書店、一九七八年)、一〇四頁。

(2) 主要史料としては、ロンドン大学ゴールドスミス・ライブラリ Goldsmiths' Library 所蔵の同時代文献を用いる。ほかにブリストルについては、*Bristol Record Society's Publications*, vol. XVIII, XIX, XX、リヴァプールについては *Chetham Society's Publications*, 3rd ser. vol. VI, XV をも利用し、また両市にかんする同時代の年代記類をも参照する。

2 西インド諸島の富

イギリス帝国内での西インド諸島の経済的地位を検討する作業は、同時代人がしばしば行なったところである。その場合、これらの植民地には、本国産業と競合しがちな産業構造をもつニューイングランド・グループとの対比で、過大とも思われる評価が与えられることが多かった。しかし、白人の定住人口という観点からいえば、それはさして大きな存在でなかったことも常識である。しかも一八世紀には、大発展を遂げたジャマイカで一六七三年の八、五〇〇人から一七六四年の二万六、〇〇〇人へと増加、その後も増え続けたほかは、古く開発されたバルバドスやリーウォード諸島などで、白人人口は減少しはじめる。もともと年季契約奉公人《インデンテュアド・サーヴァント》あがりの白人ヨーマンが小規模な煙草栽培を行なっていた西インド諸島社会は、大規模な黒人奴隷労働による砂糖プランテーションに転化するとともに白人の人口は増加しなくなり、プランターの不在化が進行するにつれて積極的に減少さえみせはじめる。民兵《ミリシア》を維持するために、人口中の白人比を維持すべく制定された各植民地の「欠員補充法 Deficiency Acts」も、白人使用人一人分のコストで黒人奴隷三人が維持できる状況のもとでは、効果が期待できなかった。こうして、一八世紀前半までは西インド諸島の中心であったバルバドスでさえ、その人口は表6-1程度でしかなかった。

黒人奴隷と白人の合計で考えても、広大なフロンティアをもつ大陸植民地では、一六八八年から一七一三年にかけて二一万一、〇〇〇人から三四万人へと増加したのに、バーミューダを含む西インド諸島では、一五万人から二〇万人へと約三割がたの増加をみせたにすぎない。[1] 人口成長の格差はこれ以後ますます拡大してゆくことも、あらためていうまでもない。

したがって、一八世紀のイギリスでジャマイカをはじめとする西インド諸島が一般に高い評価を受けたといっても、むろんそれはこの植民地が多くの人口を直接維持できたからなのでは毛頭ない。それは、まさにこの植民地から得られると考えられた巨富のためであり、またこれらの島がもった軍事的意義のためであった。

ところで、西インド諸島の富の大きさやその富の意味を確定しようとすれば、当然のことながら扱う時期が問題になる。英領西インド諸島の繁栄のピークは、一八世紀中頃にあった。戦争やハリケーンによる短期変動を別にして、この地の貿易には次のような変動がみられた。すなわち、同植民地むけの輸出は世紀前半にこそ停滞的であったが、三〇年代後半から上昇カーヴを描き、一方、同地からイギリスへの輸入も、三〇年代と四〇年代前半の下降トレンドが四〇年代後半に至って急激な成長に転じる。本国の全輸出・入に占める西インド諸島の比重も、世紀の第三・四半期にはかなり上昇した。もっとも、輸出・入の増減は必ずしも繁栄の程度を示す感度の良いバロメーターではない。砂糖の価格は五〇年代後半にピークを記録したのち低下するし、(2)第五節で詳論するように、七年戦争以後は砂糖の生産や輸出の増加は必ずしも好況の反映とはいい切れない面もある(図6-1)。

表 6-1 バルバドスの人口

年	1712	1762	1786
白　人	12,528	18,419	16,187
黒　人	41,970	—	70,000

〔出典〕 *The Cambridge History of the British Empire*, vol. 1, (1929) 1960, p. 380.

表 6-2 砂糖貿易 (単位：1,000 cwt. 年平均)

年　代	輸入	外国への再輸出	アイルランド・北米等への再輸出	再輸出率
1698–1700	471	176	14	37.5
1700–　20	653	160	20	24.5
1728–　32	926	129	41	14.0
1733–　37	806	34	48	4.2
1748–　52	896	39	67	4.4
1753–　57	1,091	48	66	4.5

〔出典〕 R. B. Sheridan, 'The Molasses Act and the Market Strategy of the British Sugar Planters', *Jour. of Econ. Hist.*, vol. 17, 1957, p. 64 ; cf. E. B. Schumpeter, ed., *op. cit.*, pp. 61–62.

図 6-1　対西インド諸島貿易

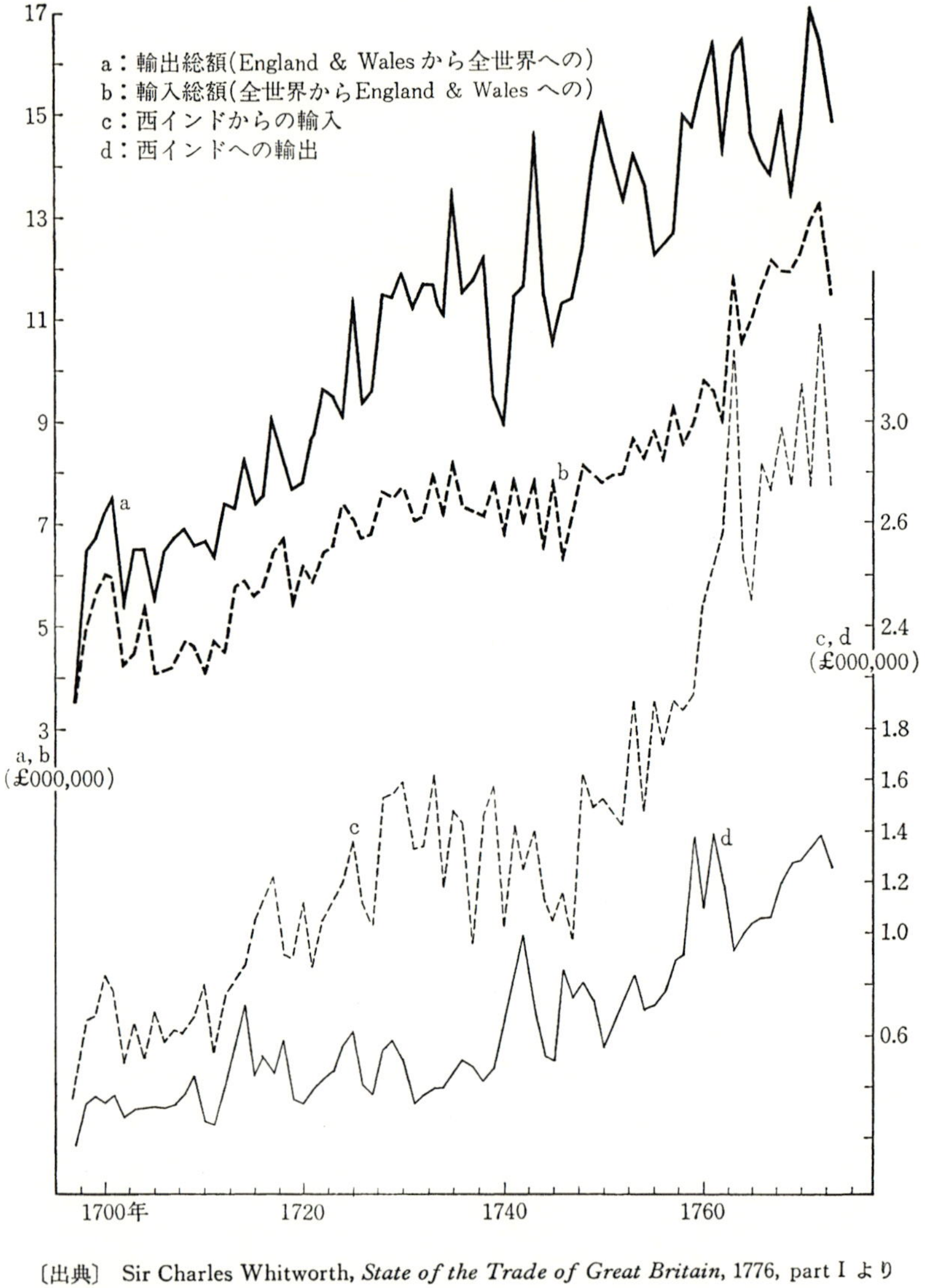

〔出典〕 Sir Charles Whitworth, *State of the Trade of Great Britain*, 1776, part I より計算作成.

表 6-3　主要な西インド諸島植民地の本国向け輸出　(単位：£000)

植民地＼年	1700	1710	1720	1730	1740	1750	1760	1770
Jamaica	240	213	385	536	508	731	1,034	1,275
Barbados	366	230	312	368	229	215	224	283
Nevis	44	96	72	87	36	32	46	97
St. Kitts	44	44	137	248	169	253	292	324

〔出典〕 Whitworth, *op. cit.* より作成.

さらに、一八世紀が深まるにつれて、西インド諸島内の各島の比重にも大きな変化が生じた。一七二〇年代にはすでに疲弊気味のバルバドスを抜いてジャマイカが首位に躍り出し、六〇年代以降は圧倒的シェアを得ることになる。

比較的低品質な砂糖しかとれなかったジャマイカの急激な発展は、面積が広く耕地に恵まれたこと、新開地で地味が涸渇していないこと、スペイン領への公認または非公認の奴隷およびヨーロッパ製品の輸出基地となりえたことなどに、その主要な原因があった。とくにスペイン領との貿易は、「数年で大金をつかみ、故郷に錦を飾りたいと切望する多くのヨーロッパ人を、この地ジャマイカに駆り立てたものである。そんな人びとがここで獲得したスペインの通貨は、当然つまるところイギリスに集まったのである」(3)。

いずれにせよ、早く開発された諸島の衰微とジャマイカの成長とは、一八世紀英領西インド諸島史上の最大のトピックスとなった。しかし、このジャマイカにおいても、他の諸島と同じようにその内部で大地主による土地集積が進行し、七〇年代以後はフランスの競争とこの土地集積にもとづく不在地主制の発展(4)という、英領西インド諸島社会に固有の不健全な性格のために崩壊してゆく。この時代が、本国において「西インド諸島派」の政治活動のとくに活潑な時代となった(5)のは、むしろ現地経済の苦境を反映していたのだ、ということもできる。

このような状況からして一八世紀も後半になると、西インド諸島植民地に対する評価にも翳りがみえはじめる。英領西インド諸島産の砂糖への保護政策にも、奴隷制度や奴隷貿易に対しても、果ては植民地の領有そのものについてさえ、懐疑的・批判的な言論が多くなってゆくのも、このためであった。E・バーク派とA・スミス派の論争はこのことをよく示している。(6) すなわち、植民地を帝国の不可欠な一要素とする立場と、植民地を重商主義体制の枠内にとどめておくことの意義の小さいことを主張する立場の対立である。

以上のような諸点を考慮に入れたとして、西インド諸島の富は本国経済にとってどのような意味をもっていたといえるのか。この点では、計量的な方法を用いて展開されたR・B・シェリダンとR・P・トマスの論争から学ぶべきものが多い。(7) ジャマイカに基礎を置いたシェリダンの主張はこうだ。

はじめに、各種史料によれば、一七四一—四五年と一七七一—七五年におけるジャマイカの中規模砂糖プランテーションに蓄えられた動産は、平均三、八一九ポンドから九、三六一ポンドへ上昇した。この上昇は主として黒人奴隷の増加と価格騰貴によるもので、当初は一所領あたり九九人(平均価格二一ポンド余の評価)であった奴隷が、あとの時代になると二〇四人(平均三七ポンド余)になっている。他方、不動産については、有名なE・ロングの『ジャマイカ史』が詳細なデータを提供してくれる。これによれば、一七七四年の中規模所領の不動産は、平均九、九六三ポンド程度と見積られる。(8) 同じデータでみると、プランテーションの資産構成は不動産五二パーセント、動産四八パーセントとなっているので、この比率を一七四〇年代にも適用すると、四〇年代の中規模所領の平均資産は七、九五六ポンド、(9) 七〇年代前半のそれは一万九、五〇二ポンドとなる。これに四〇年代に四四〇、七〇年代で七七五程度とみられるプランテーションの数を乗じると、二つの時期のジャマイカ砂糖プランテーションの総資産は、それぞれ三五〇万ポンド強と一、五一〇万ポンド強となり、若干の物価騰貴があるにもせよ、三五年間で四倍以上という急成長を達成したことになる。このほか人頭税報告書などからみて、砂糖プランテーション以外にも二三七万ポンド分くらいの奴隷がいたと思われるため、独立戦争前のジャマイカの総資産は一、八〇〇万ポンド程度と考えられる。これに当時の西インド諸島で一般的であった資産・所得換算比率である「一二年買い」(年粗利潤率八・三パーセント)を適用すると、[10]ジャマイカ資産からの年収はおよそ一四九万ポンドにのぼる。この数値は、同時代人ロング自身のやや控えめな数値に遺漏分を加えたものによく一致する。砂糖生産量から推定して、ジャマイカが全西インド諸島のほぼ二分の一を代表していたとすると、アーサー・ヤングの推計値もこれに近い。[11]一方、やや時代は下るが、より信頼性の高いピットの所得税導入時の推計では、一七九八年の全西インド諸島の所得は年間四〇〇万ポンドと見積られ、すべての海外領土からの所得五〇〇万ポンドのじつに八割を占めている。しかも、さらに西インド諸島関係の貿易からも、三〇〇万ポンドの所得があることになっている。

結局、七〇年代前半には全西インド諸島からイギリス人は年間少なくとも二五八万ポンドくらいの所得を得ており、[12]「大ざっぱなところ、一八世紀末でも西インド諸島からの所得は、本国の国民所得の八—一〇パーセントを構成したと考えられる。アメリカ独立以前は、この数値はもっと高かっただろう」[13]と、シェリダンは結論する。

このようなシェリダンの主張に対して、仮構設定と計量史の方法を駆使しながら[14]R・P・トマスは、行政費、軍事費の支出、国際的にみて割高な砂糖生産への投資などを理由に、スミス風の議論を展開する。植民地の領有・開発よりは、本国での一般企業への投資の方が高い利潤をあげえたはずで、西インド諸島植民地の領有は「誤った投資」であるという。[15]こうして、この論争は結局、同時代のバーク派とスミス派のそれに酷似した様相をさえ呈しているのである。

とはいえ、トマスの議論はもちろん、シェリダンの構想をもってしてさえ、「旧帝国」における西インド諸島砂糖植民地の経済的意義は、なお十分に示されているとはいえまい。砂糖植民地領有の経済的効果は、たんに西インド諸島プランターと西インド諸島貿易商のあげた利潤だけでは測定できそうにもないからである。ましてトマスのように、「もし西インド諸島を領有していなかったら」というような仮構はかんたんには設定できない。このような仮定が設定されれば、一見何の関係もなさそうな帝国内の他の地域での活動にも深刻な影響が及んだはずだからである。[16] それでもなお、彼のいうように国内投資が有利であったのかどうか。さらにいえば、一八世紀の中頃からは西インド諸島の資金が本国へ逆流しているのだから、[17] それがなくなっても国内投資の資金はなお潤沢でありえたのか。

一八世紀の西インド諸島は、当時の世界商品である砂糖をはじめ、コーヒー、ジンジャー、棉花、染料などを供給し、イギリス製品を大量に消費したのであり、奴隷貿易、食糧品・日用品貿易を通じて、旧植民地体制の貿易網の中心に位置していたこと、すでに指摘したとおりである。すなわち、東インド物産[18]とイギリス製品ないしヨーロッパ物産[19]を積んでイギリスを出発した奴隷商人がアフリカで黒人奴隷を入手し、ジャマイカやバルバドスにむかい、為替か砂糖を得て帰国したし、またニューイングランド人は、食糧と交換に入手した砂糖から精製したラム酒をアフリカに送った。これも奴隷貿易の必需品となっていたのである。ジャマイカのスペイン領との貿易にはすでにふれた。したがって、砂糖植民地の意義は、プランターと西インド諸島貿易商の所得よりは遥かに複雑で重要なものである。ロンドン、ブリストル、リヴァプールなどの商人、海運業者はいうに及ばず、それぞれの後背地の製造業者に刺激を与え、各輸出港を軸にした経済圏をその周辺に形成し、さらには東インド貿易関係者にさえも大きな影響を与えたのである。

この点をよりよく理解するために、つぎに同時代の事情通、M・ポスルスウェイトの主張をきいてみよう。

(1) *The Cambridge History of the British Empire*, vol. 1, (1929)1960, pp. 266–67. 西インド諸島人口の詳細な分析は、cf. F. W. Pitman, *The Development of the British West Indies, 1700–1763*, (1917)1967, pp. 369–90.

(2) Lord Beveridge et al, eds., *Prices and Wages in England*, vol. 1, pp. 430–31(Lord Steward's Department), p. 197(West-

minster School and Abbey).

（3）　A. Anderson, *An Historical and Chronological Deduction of the Commerce*, (1764) 1801, vol. III, p. 202. とくに、アシエント契約下の奴隷供給では一三—四八パーセントの利潤が上っている。C. A. Palmer, *Human Cargoes: The British Slave Trade to Spanish America, 1700–1739*, 1981, pp. 150–54; cf. C. P. Nettels, 'England and the Spanish-American Trade, 1680–1715', *Journ. of Modern Hist.*, vol. III, 1931, pp. 1–32; G. H. Nelson, 'Contraband Trade under the Asiento, 1730–1739', *A. H. R.*, vol. LI, 1945, pp. 55–67.

（4）　F. W. Pitman, *op. cit.*, pp. 91–126.

（5）　次章第二節参照。

（6）　R. L. Schuyler, *The Fall of the Old Colonial System: A Study in British Free Trade, 1700–1870*, (1945) 1966, pp. 38–79.

（7）　R. B. Sheridan, 'The Wealth of Jamaica in the Eighteenth Century', *Econ. Hist. Rev.*, 2nd ser. vol. XVIII, 1965; id., 'The Wealth of Jamaica in the Eighteenth Century: A Rejoinder', *Econ. Hist. Rev.*, 2nd ser., vol. XXI, 1968; R. P. Thomas, 'The Sugar Colonies of the Old Empire: Profit or Loss for Great Britain?', *ibidem*; cf. id., 'A Quantitative Approach to the Study of the Effects of the British Imperial Policy upon Colonial Welfare', *Journ. of Econ. Hist.*, vol. XXV, 1965.

（8）　Edward Long, *The History of Jamaica*, 1774, vol. 1, pp. 456–63.

（9）　一七七〇年代の動産／不動産比は　£9,361/£9,963≒48/52。資産額(Y)＝動産(p)＋不動産(r)＝$p+\frac{52}{48}\cdot p=\frac{100}{48}\cdot p$.

$Y_{1740}=\frac{100}{48}\times 3819=7956.25$.

（10）　E. Long, *op. cit.*, vol. I, p. 507.

（11）　A. Young, *Annals of Agriculture*, 1784, vol. 1, p. 13.

（12）　Sheridan, op. cit. (1968), p. 56.

（13）　id., op. cit. (1965), p. 306.

（14）　論争の方法論上の問題については、拙稿「イギリス産業革命前史と貿易」(『待兼山論叢』二号、一九六八年)、一六八—七一頁。

(15) Thomas, op. cit. (1968), pp. 30–38.
(16) Cf. Sheridan, op. cit. (1968), p. 60. また、前章第二節、図5－1参照。
(17) R. B. Sheridan, *Sugar and Slavery: An Economic History of the British West Indies 1623–1775*, 1974, p. 305.
(18) W. E. Minchinton, ed., *The Trade of Bristol in the Eighteenth Century* (Bristol Record Society's Publications, vol. XX), 1957, pp. 60, 95 et passim; R. Jarvis, ed., *Customs Letter-Books of the Port of Liverpool, 1711–1813*, (Chetham Society's Publications, 3rd ser. vol. 6), 1954, p. 118.
(19) K. G. Davies, *The Royal African Company*, 1960, pp. 45, 165–78; Jarvis, ed., *op. cit.*, p. 84.

3 M・ポスルスウェイトの西インド諸島・アフリカ貿易論

「わたしの時代にわれわれは、かれら(ポルトガル人)の粗糖をイングランドでまったく使用されないようにしてしまったし、……量のうえでもかつてはかれらのブラジル船隊は一〇万箱ないし一二万箱の砂糖からなっていたのが、いまではバルバドス(の砂糖)のおおきな増加いらい、約三万箱に減少している」。「フランスの西インド植民地はイングランドのそれのようにフリーホールダーにもとづかず、フランス西インド会社に属し、その会社は……フランス国王のもとにあるために、また国王の意のままに課税するため、植民においてあの成果ある進歩を遂げることはありそうもない」。一六九三年、ジャマイカやバルバドスのイングランド人一名は本国の四名のための仕事をつくりだす、と評価したJ・チャイルドはこのようにのべている[1]。一七二八年にも、まだ同様の評価が認められる。「われわれが西インド諸島のプランテーションに定住するまでは、ポルトガル人に粗糖一ハンドレッドウェイト(以下 cwt. と表記)当り四—五ポンドを支払わねばならなかったが、いまでは同品質のものは二二—三五シリングしかしない」、と[2]。

しかし、一七四二年にはすでに、仏領西インド諸島の砂糖生産は一四七万 cwt. 以上になったのに、イギリスのそれは八〇万 cwt. 足らずにすぎず、(3) 遥かに後塵を拝することになる。さらに一七九〇年に終る八年間の平均でも、西インド諸島からのコーヒー、原棉、インディゴ、砂糖などの本国への輸入を比べると、「フランスの砂糖植民地の方が、イギリスのそれより五分の二程度生産力が高いことは明らかである」ということになった。(4) 一七〇一年に白人九、〇〇〇人足らず、黒人奴隷四万五、〇〇〇人余とみられた仏領西インド諸島の人口は、半世紀後には兵役可能な白人だけで五、一〇〇人余、黒人奴隷は三六万五、〇〇〇人弱へと激増した。(5) チャイルドの予想は見事にはずれたわけである。

たしかに一七世紀後半、これまでのポルトガル糖――つまりブラジル糖――を国内市場から駆逐した英領西インド諸島産の砂糖は、国内市場を充たしたばかりでなく、本国への輸入の三分の二を再輸出する力をもっていた。しかし、一八世紀前半に生じた世界砂糖市場の大変化が、事情を一変させたのである。変化の原因は二つあった。ひとつは、オランダおよびとりわけユトレヒト条約以後の仏領砂糖植民地の急速な発展であり、いまひとつは、イギリス国内における消費水準の上昇、人口増加、茶やコーヒーの消費量の増加など、いわゆる生活革命であった。(6) 第一の要因は、結局イギリスの砂糖の国際競争力の決定的低下を導いたために、国内市場確保のための強力な保護政策を展開させることになった。一七三三年の周知の糖蜜法《モラセズ・アクト》は、アイルランド、北米商人による仏領西インド諸島からの輸入の事実上の禁止と、逆に英領西インド諸島からアイルランドへのラム酒その他の非列挙品目の直接輸出の認可を規定した。この西インド諸島派派閥の記念すべき政治的勝利には、北米・アイルランド市場そのものの確保とともに、これらの土地を経由するルートでの本国への輸出の可能性をちらつかせることで、ロンドン商人の購買者同盟を牽制する意味も含まれていた。同じ目的をもって一七三九年には、実際上は無意味なヨーロッパへの砂糖の直接輸出の認可さえなされた。(7)

こうして一七三〇年代以後は、再輸出が激減しはじめる一方、第二の要因も作用しはじめたため、国内市場のシェアが圧倒的に上昇した。アイルランドなどに再輸出されたものをむしろ国内消費と考えると、一七三三―五六年には九五―九七パーセントが国内消費に供されるようになった。[8] 一七一四―二〇年でも、アイルランドなどを含めた再輸出は全体の三分の一ないし四分の一を下回ることはまずなかったのだが、一七三四―四三年にはそれが一〇分の一に達した年は一年しかない。[9] このような状況があったからこそ、一方で西インド諸島の――というより、一部のプランターの――巨富が喧伝されるとともに、他方ではプランターをはじめとする西インド諸島派に対する強い批判が捲き起こることになったのである。

この種の批判の代表的なものは、一七五九年以前の三〇年間に、イギリスは砂糖貿易と砂糖植民地によって二、〇六五万ポンドの損失を被ったと主張するJ・マシーのそれであろうが、[10] このような批判とは別に、イギリスの砂糖植民地が何故にこうも国際競争力を失ったのかという根本問題に目を向けた議論も少なくはない。ここでは五〇年代に出されたポスルスウェイトの議論をとりあげたい。

一七五七年、折から継続中の七年戦争の帰趨に深い関心を寄せつつ、彼は北米、西インド諸島、アフリカ、さらに東インドにおける英・仏商業の比較考察を試みる。彼にいわせれば、ユトレヒト条約締結後ニューイングランドと仏領砂糖植民地の貿易が盛んになり、糖蜜法を無視して仏領産の砂糖や糖蜜がニューイングランドに大量にもち込まれた。[11] この動向は植民地の自立傾向を助長し、イギリス船舶の雇用を減らし、正貨流出の原因となるなど、まさしく帝国の存立基盤を危くするものである。[12] にもかかわらず現実には、北米植民地人のみならず西インド諸島の商人までが、仏領西インド諸島産の砂糖を自国領産と偽って本国へ輸出している始末である。近年はデンマーク人がサンタ・クルース島に定住をはじめ(一七五四年)、英領のリーウォード諸島から経験者を引き抜く動きをみせるなど、国際競争が激化しているだけに、このような貿易は利敵行為というべきである。たとえばこうだ。砂糖プランターは砂糖の売却だけでは必ずしも十分な利潤は得られず、糖蜜とラム酒で採算が合うものだが、フランスは本国のブランデー生産保護のためにラム酒の輸入を禁じている。したがって、英領植民地にそれが売れなければ、仏領西インド諸島には今日ほどの繁栄はありえないのだ。イギリスにとって守るべきものがあるとすれば、それは北米より西インド諸島であり[13]、今次戦争(七年戦争)のフランスの狙いもそこにある。彼らにとって北米大陸での戦争は、いわば陽動作戦にすぎず、その視線はつねに西インド諸島にそそがれている。戦前からエクス・ラ・シャペル条約を無視してセント・リュシア、セント・ヴィンセントなどの中立の諸島への定住を推進しているのが、その何よりの証拠である[14]。また、サン・ドマングへのフランス軍の侵入は、英領西インド諸島の心臓部ジャマイカの軍事的安全をおびやかしているのである。

しかし、利敵行為とみられるこうした仏領植民地との密貿易が執拗に続けられるのはなぜか。その理由は、要するに仏領植民地が英領植民地に比べて三〇—四〇パーセントも安く砂糖を供給しえた、という一事に尽きる[15]。したがって問題の根本的な解決は、英領砂糖植民地の生産性の改善以外にはありえない、とポスルスウェイトは主張する。逆にいえば、フランス人の植民地がチャイルドの予想を裏切って、どうしてこうまで成功したのかという問題の解明が急務だ、というのである。結論からいえば、ポスルスウェイトにとって砂糖植民地の生産力の差は、最大の生産要素である奴隷の供給能力の差に帰せられる。つまり、一八世紀初頭には年間一〇〇航海程度にすぎなかった砂糖運搬船の量を、オーストリア継承戦争中にはすでに六〇〇航海にまで増強したといわれるフランスの成功は、アフリカ貿易を中心とするその優れた外交、商業政策の結果だというのが、彼の基本的見解なのである。

この見解を実証するために、一六八五年のギニア会社設立以後に展開されたフランスのアフリカ貿易政策を、彼は詳細に検討する。

一七〇一年、フランスはイギリス、ポルトガルからアシエント特権を奪い、これを利用することによってサン・ドマング島から大量の黒人奴隷とヨーロッパ物産をスペイン領に送り込んで、その富を吸いあげた。[16] ユトレヒト条約でアシエント特権はイギリスに戻ったけれども、このことは決してフランスにとって損失とはならなかった。というのは、第一に、この頃すでにスペイン領中・南米の貴金属源は涸渇しはじめており、アシエント特権の利益は以前ほど大きくはなくなっていたし、製品の輸出はサン・ドマングを基地として、ひそかに行なうことができなくもない。[17] それどころか、むしろフランスはここでアシエント契約を破棄することによって、奴隷の自国領への確保に成功したともいえるのである。

逆にふたたびアシエント契約を握ったイギリスは、スペイン領への黒人奴隷供給を義務づけられ、自国領への供給が不十分になったうえ、価格も上昇した、とポスルスウェイトはいう。じっさいこの主張は、近年の研究によって裏付けることも可能である。[18] アシエント特権を取り戻したイギリス政府はこれを南海会社に与えたのだが、もとより同社は西アフリカに何の拠点をも持っておらず、奴隷供給は王立アフリカ会社に委ねるほかなかった。しかも、後者もまたすでに一六九八年からは、城砦維持費として一〇パーセントの関税を一三年間徴収する権利と引き換えに、アフリカ貿易の独占権を放棄してしまっており、[19] 奴隷供給にはよほど支障があった。要するに、イギリスの奴隷貿易は完全に自由化されていて同国人のあいだの激烈な競争のために、無政府状態に陥っている。これに対して、ユトレヒト条約直後の四年間を例外として、つねにこの貿易を強力な特権会社の支配下において保護してきたのがフランスである。ディエプ、ルーアンなどの商人が形成したセネガル会社やギニア会社は、のちにジョン・ローの「システム」のもとにインド会社に統合され、「システム」崩壊後もこの貿易は東インド会社の支配下におかれた。東インド会社の方でも、この貿易に自らの支柱を求めたのである。[20] イギリスが王立アフリカ会社に義務ばかりを負わせて何ら有効な援助を与えず、これを事実上破産させたうえ、競争的な南海会社をさえ認可したのとはまったく対照的である。[21] こうして、絹織物の仕上げに必要な樹脂《ガム》の特産地であるガム海岸をはじめとして、アフリカ西岸各地にフランス人が進出することになった。

フランス奴隷貿易の利点は、それが強力な単一の会社の支配下にあったということだけではない。フランスでは政府の積極的な援助がアフリカ＝西インド諸島貿易全体に与えられている、とポスルスウェイトはいう。(22)アフリカ向け輸出、西インド諸島からの輸入などへの関税の全部または一部免除、自国領への奴隷供給やアフリカから本国への輸入への奨励金などを合わせると、少なく見積っても年間四万五、〇〇〇ポンド程度――じっさいはこの二倍くらいだろう――が、この貿易の奨励に使われている。(23)この結果、フランス人は、イギリス人に比べて人数にして一〇倍の黒人奴隷を、それも三分の一の単価で供給できたのであり、(24)英領西インド諸島のプランターが仏領のそれに対抗しえなかったのは当然のことだ、というのである。

以上のような認識に立ってポスルスウェイトは、フランス貿易政策の部分的模倣を提案する。すなわち、アフリカ内陸部との接触を深め、黒人奴隷を確保するために内陸貿易の独占権を東インド会社に与え、個人商人にはアフリカ沿岸から西インドへの奴隷中継商業のみを解放する、というものである。東インド会社は王立東インド・アフリカ会社と改称、一七五〇年に改組された現行アフリカ会社に認められている年一万ポンドの補助金を受ける権利を引きつぐかわりに、アフリカに城砦をつくり、内陸部に浸透する義務を負う。また、王立アフリカ会社が議会の反感を買って失敗した例にかんがみ、この会社はあくまで議会の承認を得てスタートする。(25)しかもこの新しい会社がアフリカで売却する商品は、半額をイギリス製品、残りの半額を東インド物産となるようにする。これはほぼ現状に近いことだから、むしろ自然にそうなるだろう。こうすれば個人商人の利益も害されることなく、強力な東インド会社の力で黒人奴隷の獲得、アフリカ貿易の利権確保ができる。そのうえ、東インド会社にとっても市場が直接確保できて得ると

ころが大きい、と彼はいう。(26)

アフリカ奥地はヨーロッパ人にはまったく知られていないだけに、市場としての将来性は抜群であろう。人間性はどこにおいても不変だから――それゆえ、人道上の見地から奴隷制は将来廃止さるべきである――オランダ人がアジアで成功したように、アフリカ人をも西欧の生活様式になじませることは不可能ではあるまい。それができれば、「開化された野蛮国《サヴェジ・ネイションズ》」つまりヨーロッパ化されたアフリカは、ヨーロッパの製造業に一大市場を提供しうるであろう。(27)この可能性を生かすには、他国にさきがけて内陸部にはいり込み、「開化」に手を貸さねばならない。こうして、彼のプランはアフリカ内陸部の植民地化＝エセ近代化論へと飛躍する。ポスルスウェイトが特定の既得権益とは結びつかない人物であっただけに、将来のヨーロッパとアフリカの関係についてこれほど透徹した――ある意味では時代を一世紀以上先取りした――見通しをもつことができたのであろう。

もちろん、以上のようなポスルスウェイトの見解には、誤解も誇張も含まれてはいよう。しかし、少なくとも次の一点だけはここから明らかになったはずである。すなわち、砂糖植民地領有の意義は、それだけを分離して計測、評価することが不可能だということである。軍事的な意味を別にしても、北米植民地、アフリカ貿易、東インド貿易の状態にもそれは深いかかわりをもっていたのである。もちろんそれはまた、直接、間接に本国産業に対しても波及効果を及ぼした。さらに、砂糖植民地の開発――従属理論風にいえば「低開発化」――が刺激したアフリカや東インドとの関係の将来の可能性については、あらためていうまでもなかろう。ポスルスウェイトは当時としては空想に飛躍しすぎたのかも知れないが、彼の夢はイギリスにとっていつまでも夢のままで終わったわけではないのだから。

最後に、ポスルスウェイトのような理論家ではない当事者の主張を聞いておこう。「西インド諸島のイギリス人財産は、三、〇〇〇万ポンド以上にのぼる。しかも、さらに数百万ポンドの富がこの諸島によってつくり出される商業、つまりアフリカ、東インド、ヨーロッパを包括する商業に使用されている。こうした資本が生む利潤と産物は、結局すべてイギリスに流れ込み、国富を増大させるのである。他方、これらの商業に必要な航海は、カネでは買えない軍事力をイギリスに与えている」(一七七五年、不在地主とロンドンの西インド諸島商人による請願)[28]。

（1） J・チャイルド（杉山忠平訳）『新交易論』(東京大学出版会、一九六七年)、二四九、二四四、二三四頁。
（2） A. Anderson, *op. cit.*, vol. III, p. 150.
（3） *ibid.*, pp. 264–65; D. MacPherson, *Annals of Commerce*, vol. III, 1805, p. 262.
（4） G. Chalmers, *An Estimate of the Comparative Strength of Great Britain*, (1786) 1794, p. CXIII.
（5） M. Postlethwayt, *Britain's Commercial Interest*, 1757, vol. I, p. 527.
（6） 第11章参照。
（7） R. B. Sheridan, 'The Molasses Act and the Market Strategy of the British Sugar Planters', *Journ. of Econ. Hist.*, vol. XVII, 1957, pp. 72–75.
（8） ibid., p. 76.
（9） R. Pares, 'A London West India Merchant House, 1740–69', in Pares, *The Historian's Business and Other Essays*, 1961, p. 255.
（10） J. Massie, *A State of the British Sugar Colony Trade……*, pt. 3, 1759, p. 53.
（11） M. Postlethwayt, *op. cit.*, vol. I, pp. 485–87.
（12） *ibid.*, vol. I, pp. 489–90.
（13） *ibid.*, vol. I, p. 496.
（14） *ibid.*, vol. I, pp. 499, 538 ff.
（15） *ibid.*, vol. I, p. 494. ; cf. Pitman, *op. cit.*, p. 125.
（16） Postlethwayt, *op. cit.*, vol. II, pp. 2 and 149.
（17） *ibid.*, vol. II, p. 183.

(18) *ibid.*, vol. II, pp. 148–50. この点は、Pitman, *op. cit.*, p. 390 によっても確認できる。奴隷輸入量の着実な増加にもかかわらず、再輸出の激増のために、ジャマイカに留保されるものは減少する。一七〇五—一二年には年間五、〇〇〇人以上が留保されたことが二度もあり、最低の年も一、八〇〇人くらいである。一方、一七一三—二〇年では、四、〇〇〇人を越えるのが一度で、最低の年はマイナスとなる。
(19) K. G. Davies, *op. cit.*, p. 134 ; Postlethwayt, *op. cit.*, vol. II, p. 205.
(20) *ibid.*, vol. II, pp. 181–87.
(21) *ibid.*, vol. II, pp. 205–07.
(22) *ibid.*, vol. II, pp. 158–63.
(23) *ibid.*, vol. II, pp. 166–67.
(24) *ibid.*, vol. II, p. 194.
(25) *ibid.*, vol. II, p. 228. この種の請願はロンドン、ブリストル、リヴァプール等の商人から繰り返し提出されている。*House of Commons Sessional Papers of the Eighteenth Century*, vol. 18, pp. 401–53.
(26) Postlethwayt, *op. cit.*, vol. II, pp. 222–25.
(27) *ibid.*, vol. II, pp. 217–19, 221.
(28) Anderson, *op. cit.*, vol. IV, p. 180.

4 奴隷・砂糖貿易と西部・西北部経済圏の発展

アフリカ・西インド諸島を経由する奴隷と砂糖のいわゆる三角貿易が、イギリス本国では西部諸港とロンドンの商人をその担い手としたことはいうまでもない。この奴隷・砂糖貿易こそはリヴァプールの急成長を惹き起こし、工業化に必要な資金を供給し、さらには原棉供給と下級綿織物需要をもたらすことによって、コットン・ポリス＝マンチェスターを、すなわちイギリス産業革命そのものをもたらしたというE・E・ウィリアムズのテーゼは、いまではよく知られている。[1] 港町リヴァプールがまず発展し、それにリードされてマンチェスターが成長したことは、両都市の歴史を一瞥するだけで十分了解しうる。[2] また、リヴァプールの成長が奴隷貿易を主な推進力としていたことも周知のとおりである。[3]

しかし、この場合でも、黒人奴隷の貿易そのものを西インド諸島植民地の経営その他と切り離して独立の活動としてみるのは、著しく見通しを誤ることになる。奴隷貿易そのものは莫大な利潤をもたらしたものの、個々の商人のなかには破産の憂き目に会ったものも少なくない。一般にそれは一〇パーセント近い粗利潤率を記録し、[4] とくにスペイン領との取引ではさらに高い報酬がえられたこともすでにみたが、他方ではリスクも非常に高かったからである。一〇パーセントといえば、法定最高利子率の二倍、公債利廻りの三倍程度にあたるものの、難破、拿捕などによっていっさいが無に帰すこともあったわけだ。西インド諸島の経済事情も、その利潤率を大きく左右したことはいうまでもない。たとえば、ダヴンポート Davenport 家が一七八〇年前後に行なった三度の航海の結果は、次のようであった。すなわち、第一航海は約一二カ月かかって一〇〇パーセント以上の粗利潤をえたけれども、第二航海の成功は帰港時に拿捕した外国船の利益が大きかったのだし、両航海とも象牙輸入の利潤がかなりの額にのぼっている。第三航海は、逆にフランス船に拿捕されて完全なロスとなった。[5]

こうして奴隷貿易そのものの利潤は測定が非常に難しいが、この貿易を軸にした諸活動の経済効果の大きさは想像に難くない。「黒人奴隷取引をその他の活動から切り離すことはできない。この貿易は包括的なものであり、変化に富んだフレクシブルなものであった。そのうえリヴァプール港とその後背地にとっての利益ということになれば、製造業や仲買業、海運業などのそれも無視しえない」[6] ことになる。

ところで、ロンドンをのぞく奴隷貿易の中心が、はじめブリストルにあったことは周知のとおりである。[7] 一七〇〇年頃のイギリスでは、人口二万のブリストルはロンドンに次ぐ大港湾都市であった。市自体はその後も成長を続け、一八〇一年には人口も六万四、〇〇〇人へと増加したが、マンチェスター、リヴァプール、バーミンガムの発展のために人口規模では第五位に、港としての活動の点では第八位に後退した。[8] したがって、この港が奴隷貿易の指導的地位にあったのは比較的短い期間のことである。しかし少なくとも一八世紀前半においては、伝統のあるアイルランド貿易、漁業、毛織物の原料と製品の交換貿易、北西ヨーロッパからの輸入貿易、それらのどれよりも圧倒的に重要なものとしての奴隷・砂糖貿易によって、この港は繁栄をきわめた。[9] そこはまた、大西洋を横切る移民の基地でもあった。[10]

ここで注意すべきことは、このように発達した港町ブリストルは、同時にミドランドの一部を含む西南部イングランドと南ウェールズを包む経済圏の中核を形成していったことである。西南部経済圏のメトロポリスとして、それは後背地の市場、分配の中心、資金源の役割を果たしたのである。[11] いわゆる西部機業地帯の毛織物は、その多くがこの港を通じてイベリア半島、アイルランドなどのほか西インド諸島にも送られた。[12] また、一八世紀バーミンガム製の武器の主要な顧客は、イギリス政府を除けばアジアとアフリカであった。とくにアフリカ市場では、王立アフリカ会社と深い関係にあり、その復活を狙うロンドンの同業者に対抗して、西部地方商人に頼るバーミンガムの業者はアフリカ貿易の自由の継続を強く主張していた。[13] 同じくストアブリッジやバーミンガムのガラス製品が、ブリストルを通じてアイルランドや北米植民地のほか、西インド諸島にその捌け口を見出していたのである。[14]

ブリストル自体、一八世紀後半ともなれば、商業都市であると同時に工業都市としての性格をあわせもつようになる。すなわち、世紀中葉には二〇余にものぼった精糖工場、ガラス工場、煙草加工業、石鹸製造業、鉄・銅製品をはじめとする各種金属工業などが、この港の貿易活動と密接に関連して営まれていた。[15] 貿易によって蓄積された資金が、この西南部経済圏の工業発展をファイナンスしたことも事実であるが、この点は後述する。

しかし、ブリストルのアフリカ貿易はそれほど永くは続かなかった。一七三八・九年がそのピークとさえ考えられている。(16) 全体としての港の繁栄も、一六九八年にアフリカ貿易が自由化されて以来、個人商人の奴隷貿易を軸としてはじまり、世紀中頃からは奴隷から砂糖に重点を移しつつ、一七九三年の対仏戦争頃まで続いたにすぎない。(17)

ブリストルに代って奴隷貿易の中心になったのは、いうまでもなくリヴァプールである。一七二〇年代中頃にこの町への三度目の訪問をしたD・デフォーは、「いまやこの町は豊かで繁栄し、取引量も急増しつつある。ヴァジニアと(西インド)諸島との取引においてだけはブリストルに敵わないが、しかしそれも今にも抜きそうな勢いである」と述べている。(18) 一七〇九年に港湾施設改良の資金源として二一年間賦課金を徴収する権利を認められ、遠洋航海船のための港湾改良が進行したこともその背景のひとつとなっている。(19) もっとも、一八世紀初頭のリヴァプールは、「マンチェスター商品のジャマイカへの輸出、スペイン領への密輸――(一説には、一七四七年頃の同市はこの密輸で一〇〇万ポンドを得たという)――に従事しており、奴隷貿易には関心が薄かったともいわれ

表 6-4　1787年の西インド諸島貿易

港　　湾	西インド諸島へ	西インド諸島から
ブリストル	73隻	71隻
リヴァプール	87	143
ランカスター	37	33
ニューカースル	9	1
プリマス	4	—
ホワイトヘヴン	12	3
地方港計	233隻	254隻
〔トン数〕	〔47,257 t〕	〔49,782 t〕
ロンドン	218隻	252隻
〔トン数〕	〔61,695 t〕	〔70,418 t〕
合　　計	451隻	506隻
スコットランド	77隻	70隻

〔出典〕 A. Anderson, *op. cit.*, vol. IV, p. 659. ただし，この第4巻は，正確には Anderson の手になったものではない．なお，ホワイトヘヴンについては，J. E. Williams, 'Whitehaven in the Eighteenth Century', *Econ. Hist. Rev.*, 2nd ser., vol. 8, 1955–6, p. 402 参照.

る。同市が奴隷貿易に関心を深めるのは、一七三〇年のことである」[20]。いずれにせよこうして、世紀中頃までにはもちろん、アフリカや西インド諸島との貿易でもリヴァプールがブリストルを凌駕してしまうのである。

ブリストルの場合と同様、ここでも港の発展が後背地の工業発展——とりわけそれはマンチェスターにかかわることだが——を刺激したことは、上述のごとくウィリアムズによって強調された。じっさい、「コットン・ポリス＝マンチェスターの成長への最初の刺激がアフリカ・西インド諸島から来た」とすれば、原棉供給もまた一七八〇年頃までは、その三分の二を西インド諸島に頼っていた、とするウィリアムズの主張を統計によって確認するのは容易である。綿織物市場にはすでに触れたし[21]、原棉輸入でもたとえば一七八八年には、総額二、〇四〇万ポンドの輸入のうち一、二二〇万ポンドは西インド諸島もの、二〇万ポンドが合衆国ものであった[22]。西インド諸島では早くも一七・八世紀の交に、棉花の栽培と東インドに対抗する綿工業の創設が提案されている[23]。現実に東インドに対抗して綿工業を成長させたのは、リヴァプールの後背地をなす地域だったわけだが。

綿工業ばかりではない。マンチェスターよりいっそうリヴァプールに近いセント・ヘレンズでは、同市の鉄工業の最初の製品からしてアフリカ向けであったといわれており、銅や真鍮製品も同様であった。ひとたびリヴァプールを不況の波が襲えば、それはこの町の死命を制することになった[24]。もっと北方の、たとえばホワイトヘヴンやメアリポートのようなカンバーランドの都市でさえ、西インド諸島との貿易の利益に浴していた[25]。

ところで、一八世紀前半にブリストルの奴隷貿易が衰退したことは上述したが、その砂糖貿易はますます繁栄し、ロンドンにつぐ砂糖の大市場を形成する[26]。ここからもただちに予想されるように、世紀の中頃から奴隷貿易と砂糖貿易、言いかえるとアフリカ貿易と西インド諸島貿易は分離しはじめる。ロンドンは別として、奴隷のリヴァプール、砂糖のブリストル、煙草のグラスゴーという分極化の傾向が現われるのである。いわゆる三角貿易は砂糖植民地の発展の初期段階においてのみ、すなわちプランターの力が弱く、自ら三角形の各辺を旅する独立の商人が実権を握っていた時代にのみ、成立しえたのである[27]。しかし、三〇年代以後になると、砂糖の単作化、富裕なプランターへの土地集中が始まり、不在地主制の基盤である大プランターのオリガキーが確立すると、それが動かす植民地政庁は故意にインフレを生じさせるとか、法定最高利子率を引き下げるなど、債権者である商人を圧迫する方策をうち出す。こうなると三角貿易の最後の一辺、すなわち西インド諸島から本国への砂糖輸入業は、奴隷商人の手にはおえなくなる。というよりそれは、オリガキーを形成した大プランターたちに取り上げられてしまうのである。「かつては、イギリス商人は自前で取引し、植民地人は植民地の物産で支払いをした。すべてのイギリス人にこの取引はひらかれていたのである。……ところが近年は、イギリス人の砂糖プランターがプランターとしての仕事のほかに商人の仕事をも握ってしまったために、わが王国は大損害を受け、イギリス人商人はその生来の権利を奪われている[28]」。彼ら大プランターは、本国に委託(代理)《コミッション・エイジェント》商をおいて、自らこの業務の主導権を握り始めたのである。

この委託制度の起源と実態については、K・G・デイヴィスとシェリダンの優れた研究もあるが[29]、一七四九年の匿名の小冊子が多くのことを物語ってもくれる。「ロンドン商人で新世界の植民地と自己の勘定で取引しているものは僅かである。大半の者は、プランターの代理商として手数料《コミッション》をもらって彼らの商品を売り、見返りに東インド物産やイギリスおよびその他のヨーロッパ製品を送っている。これに対して地方港の商人は、この利益の多い取引からは排除され、植民地に代理商をおいて……自己の勘定で取引しているのだ[30]」「全王国とその植民地はまるでロンドン(の金融資本)のためにあるようなものだ[31]」と嘆息するこの小冊子の著者は、ロンドンの代理商によるプランターや地方港商人の搾取を非難しているのだが、やがて地方港の砂糖取引でも同様の制度が成立してしまう。

委託制度の成立が、他の誰にもまして奴隷商人を困惑させたことは明らかである。彼らはいまでは砂糖以外の棉花、ジンジャー、ログウッドなどのマイナーな商品に頼るか、正貨や為替手形のかたちで売上代金を持ち帰るしか方法がなくなったのである。奴隷貿易の中心地リヴァプールが、砂糖以上に棉花輸入の中心となったのもこのためである。世紀が深まるにつれて奴隷商人は、西インド諸島における奴隷の仲買業務をさえロンドンの砂糖代理商に奪われてしまう。たとえば、ジャマイカに三、〇〇〇エーカーの大プランテーションをもつトマス・ヒバート Thomas Hibbert の一族は、ロンドンの砂糖委託業務とマンチェスターでの綿織物工業で知られていたばかりか、ジャマイカでの奴隷取引をも牛耳っていた(32)。

事情が以上のようであったとすれば、次のように言ったとしても不当ではあるまい。すなわち、西インド砂糖植民地の最盛期はすなわち大プランターのオリガキーの形成期であり、それはまた奴隷貿易と砂糖貿易が分離される時期でもあったのだ、と。奴隷貿易の中心がブリストルからリヴァプールに移行したのは、このような背景においてであった。だからこそ、砂糖貿易に重心を移したブリストルは棉花を輸入する必要は少なく、したがってまたその後背地にコットン・ポリスを成立させることもなかったのである(33)。他方、この時代になるとロンドンは、奴隷貿易から手を引き、金融に重心を移す。つとに一七四〇年、奴隷貿易に従事した船は年間で、リヴァプール五五、ブリストル四〇に対し、ロンドンは一〇となっていたが(34)、ロンドンの委託代理商は地方港商人のために「手形を割引き、……インド物産その他の商品をロンドン市場で仕入れ、海上保険をかける……などの行為により、……地方港商人が年々の交易で動かす全資本の二―三パーセントは受取る(35)」のである。

七年戦争が本格化すると、西インド諸島プランテーションの経営は悪化する。戦争で圧倒的に生産力の高い仏領の二つの砂糖植民地マルティニクとグァドループが一時的にイギリスの手におち、旧来の英領植民地は恐慌に陥った。戦後、本国における強力な政治力を利用して旧仏領西インド諸島を返還させ、「雪ばかりの数エーカー」と皮肉られたカナダを取得させえたために、この危機は脱しえたものの、[36]市況はいっこうに回復しなかった。ロンドンの粗糖価格は一七三三年の一六シリング一一ペンス余り(cwt. 当り)から四七年には四二シリング九ペンス半へ急上昇していたのに、世紀後半は平均して五〇シリング前後にしかならなかった。[37]他方、プランターの不在化が進行したために放漫経営がひろがり、古い植民地は地味が涸渇した。そのうえ、奴隷価格も高騰して、砂糖の生産コストを押し上げた。アメリカ独立後は食糧や木材の供給が逼迫して、いっそう困難さが加わった。

しかし、このような状況にもかかわらず、というよりこのような困難な状況だったからというべきかもしれないが、大量の新規投資がなされ、砂糖生産も激増していった。アメリカ独立後になってさえ、「西インド諸島の富」の幻影は相変らず作用し続け、ジャマイカを中心として新たなプランテーション開発のための莫大な先行投資がなされる。ジャマイカの砂糖プランテーションは一七六八年に六四八であったが、八六年には一、〇六一に達したし、黒人奴隷人口は四六年の一一万、六八年の一七万から、八六年の二六万、世紀末の三一万へと激増するのである。[38]

新しいプランテーションでは、たとえばニーヴィスのピニー Pinney 家のそれのような古いプランテーションとは違って黒人奴隷の再生産には期待できず、しかも開墾のような重労働が多くて若い男子奴隷を大量に要した。そのうえ、実際に砂糖を生産できるまでには最低五年はかかったから、ジャマイカの場合の二〇年足らずで五〇パーセント以上というこの開発ペースが、いかに多くの資金を要したかは想像に難くない。[39]

そうだとすれば、この莫大な資金を供給したのは誰か。というより、それが可能だったのは、主としてはロンドンの委託代理商たちにほかならない。ベックフォード、ロング、フラー、ヴォーン、ベイリー、ヒバート、バーク、グラント、モアなどの家系がそれである。[40]砂糖の委託販売による手数料よりも金融業務の方が本業のようになってしまった代理商のなかには、「マーチャント・バンカー」の名で呼ばれる者さえ出現する。ロンドンばかりでなく、ブリストルなど地方港の代理商のなかにも、同様の活動をした者もある。たとえば地方港商人としては一流であったブリストルのピニー家の場合でも、地主＝プランターとしての収入は別にして、砂糖の委託業務の収入は最高時で年間一、〇〇〇—二、五〇〇ポンドであったのに、利子収入は一万二、〇〇〇ポンドに達していた。[41] しかし、一般的にいえば、地方港の商人にはこのような膨大な先行投資をまかなう資金力はなかった。これまでに蓄積されたリヴァプールやブリストルの地方資金は後背地の鉱・工業へ流れはじめており、[42] ロンドンの資金力に対抗することは難しくなっていたのである。リヴァプールの奴隷貿易商会は一七八三年に四二あったが、一〇年後には二五に減少してしまう。[43]

こうして、活潑な新規投資と不況の併存というこの奇妙な事態のひとつの帰結は、プランターとロンドンの代理商の立場の逆転であった。一八〇四年の一文がその事情を一言にして物語っている。「西インド諸島の土地はいまやロンドンの商人団体の財産になり果てている[44]」と。かつてのプランターの代理人は、いまやその債権者として主導権を握ることになったのである。ロンドンでも地方港でも、抵当流れなどのかたちで半ば不本意ながら西インド諸島に土地を所有することになった商人の例は、枚挙に暇がないほどである。

以上の事実からして、とりあえず次のような結論を導くことができよう。第一に、ランカシアやミドランド、南ウェールズ、グラスゴー等の経済発展、とくにリヴァプールとマンチェスターのそれが、アフリカ・西インド諸島との貿易によってリードされていたことは明白である。綿織物工業はとりわけこの貿易によって市場と原料の両方を提供された。しかし、第二に、この貿易と工業発展の資金ソースの関係は、それほど単純ではない。少なくとも世紀末の数十年についてなら、西インド諸島の領有は「誤った投資」だったというR・P・トマスの主張も、彼のいう理由とは違うが当っているかも知れない。いずれにせよこの時代になると、地方港の商人は、植民地開発のための投資よりは後背地の工業発展への投資に向うのである。

(1)　E・ウィリアムズ(中山毅訳)『資本主義と奴隷制』(理論社、一九六八年)。

(2)　一七九〇年代まではリヴァプールの方が人口も多く、遥かに早く成長していた。F. Vigier, *Change and Apathy: Liverpool and Manchester during the Industrial Revolution*, 1970, pp. 41, 95, 98.

(3)　ウィリアムズ、上掲訳書、七四—七七頁(E. Williams, *Capitalism and Slavery*, 1961, pp. 62–64). cf. P. G. E. Clemens, 'The Rise of Liverpool, 1665–1750', *Econ. Hist. Rev.*, 2nd ser. vol. XXIX, no. 2, 1976, p. 219. なお、リヴァプールの奴隷貿易全般については、池本幸三「リヴァプールと奴隷貿易」(竜谷大学『経済学論集』、一二—一、一九七二年)をみよ。

(4)　R. Anstay, *The Atlantic Slave Trade and British Abolition 1760–1810*, 1975, p. 47. アフリカ貿易商でも、奴隷貿易はリスクが高すぎるとして避ける者もあった。*Letters of a West African Trader*, edited by T. S. Ashton(reproduced in M. W. Flinn, ed., *Readings in Economic and Social History*, 1965, p. 128).

(5)　F. E. Hyde, B. B. Parkinson and S. Marriner, 'The Nature and Profitability of the Liverpool Slave Trade', *Econ. Hist. Rev.*, 2nd ser. vol. V, 1953, pp. 369–70. ブリストルに関しては、次の史料が詳しい。J. Latimer, *The Annals of Bristol in the Eighteenth Century*, (1893)1970, vol. 2. 利潤の高さについては、pp. 142–46, 76–78. 奴隷叛乱によるロスの例は pp. 145, 301, 343.

(6)　Hyde, Parkinson and Marriner, op. cit., p. 365.

(7)　ブリストルの奴隷貿易については、池本幸三「ブリストルと奴隷貿易」(竜谷大学『経済学論集』、一一—三、一九七一年)をみよ。

(8)　Minchinton, ed., *op. cit.*(Bristol Rec. Soc., XX), p. IX.

(9)　一六九九—一七〇〇年のブリストルの輸入貿易の地域構成(船腹のトン数による)は、四九・五パーセントが新世界、二〇・五パーセントがスペイン・ポルトガル、一一パーセントがアイルランドからとなっている。*ibid.*, p. 5.

(10)　C. M. MacInnes, *Bristol: A Gateway of Empire*, (1939)1968, ch. VIII.

(11)　W. E. Minchinton, 'Bristol——Metropolis of the West in the Eighteenth Century', *T. R. H. S.*, 5th ser. vol. IV, 1954, pp. 69–89.

(12)　Minchinton, ed., *op. cit.*(Bristol Rec. Soc., XX), pp. 59, 62–64, 76, 142.

(13) W. H. B. Court, *The Rise of the Midland Industries 1600–1837*, (1938)1965, pp. 144–47.

(14) *ibid*., p. 219.

(15) W. E. Minchinton, ed., *The Growth of English Overseas Trade in the 17th and 18th Centuries*, 1969, pp. 42–43.

(16) Minchinton, ed., *op. cit.*(Bristol Rec. Soc., XX), pp. XIV and 32.

(17) *ibid*., pp. XIX and 180.

(18) D. Defoe, *A Tour through the Whole Island of Great Britain*, 1726(Everyman's Library), vol. II, p. 256.

(19) A. Anderson, *op. cit.*, vol. III, pp. 36 and 325.

(20) J. A. Picton, *Memorials of Liverpool: Historical and Topographical including A History of the Dock Estate*, vol. 1, 1875, pp. 168 and 193.

(21) ウィリアムズ、上掲訳書、八一、八五頁(E. E. Williams, *op. cit.*, pp. 68 & 71)。綿織物市場については、上掲表5－4参照。原棉供給源は、一七八六―九〇年では七〇・七五パーセントが西インド諸島、二〇・四四パーセントが地中海であり、東インドや合衆国は一パーセントに満たない。T. Ellison, *The Cotton Trade of Great Britain*, (1886)1968, p. 86. 西インド諸島各島からの原棉輸入統計は、L. J. Ragatz, ed., *Statistics for the Study of British Caribbean Economic History 1763–1833*, 1927, p. 15 (table VI). グレナダとジャマイカがその中心である。

(22) M. M. Edwards, *The Growth of the British Cotton Trade, 1780–1815*, 1967, pp. 250–51.

(23) T. Tryon, *Tryon's Letters, Domestick & Foreign……*, 1700, Letter XXXII, p. 183 and Letter XXXIII, pp. 194–200.

(24) T. C. Barker, *A Merseyside Town in the Industrial Revolution: St. Helens, 1750–1900*, (1959)1966, pp. 128–29, 50 and 76.

(25) E. Hughes, *North Country Life in the Eighteenth Century*, vol. II, passim に描かれた Lowther 家や Senhouse 家の活動をみよ。

(26) R. Pares, *A West-India Fortune*, (1950)1968, pp. 186–206.

(27) R. B. Sheridan, The Sugar Trade of the British West Indies from 1660 to 1756 with Special Reference to the Island of Antigua(unpublished Ph. D. thesis), 1951, ch. V は、砂糖貿易の形態を次の四段階に区分する。(1) travelling merchant (2) supercargo (3) factor (4) commission agent

(28) J. Massie, *A State of the British Sugar-Colony Trade*, 1759, pp. 47–48.

(29) K. G. Davies, 'The Origins of the Commission System in the West India Trade', *T. R. H. S.*, 5th ser. vol. 2, pp. 89–100; R. B. Sheridan, 'The Commercial and Financial Organization of the British Slave Trade, 1750–1807', *Econ. Hist. Rev.*, 2nd ser. vol. XI, no. 2, 1958, pp. 249–63.

(30) anon., *An Essay on the Increase and Decline of Trade in London and the Outports*……, 1749, pp. 31–32.

(31) *ibid*., pp. 38–39.

(32) Sheridan, op. cit.(Commercial and Financial Organization), p. 255. ロンドンの委託代理商の業務については，D. W. Thomas, 'The Mills Family: London Sugar Merchants of the Eighteenth Century', *Business History*, vol. IX, no. 1, 1969, pp. 5–8を参照。

(33) むろん，ブリストルが棉花をまったく輸入しなかったわけではない。cf. Minchinton, ed., *op. cit.*(Bristol Rec. Soc., XX), pp. 16–17 et passim.

(34) R. Davis, *The Rise of the English Shipping Industry in the Seventeenth and Eighteenth Centuries*, 1962, p. 293.

(35) anon., *op. cit.*(An Essay on the Increase and Decline of Trade), pp. 32–33.

(36) W. L. Grant, 'Canada versus Guadloupe, An Episode of the Seven Years' War', *A. H. R.*, vol. XVII, no. 4, 1912, pp. 735–43. ただ，シェリダンはこの主張に批判的である。R. B. Sheridan, *op. cit.*(Sugar and Slavery), p. 453.

(37) F. W. Pitman, *op. cit.*, pp. 186–87. この数字は *the London Gazette* のもの。なお，第二節注(2)をも参照。

(38) Pitman, *op. cit.*, pp. 374, 377–78.

(39) T. Tryon, *op. cit.*, Letter, XXXIII, p. 188, Letter, XXXIV, p. 201.

(40) Beckford 家はチャールズ二世時代のジャマイカ総督にはじまり，Long 家はクロムウェルのジャマイカ遠征軍に従軍したSamuel にはじまる。Hibbert 家はジャマイカ商人であった John(1732–69)の頃から勃興したようである。Fuller, Vaughan, Bayly, Bourke, Grant, More の諸家系も，似たような出自をもっている。

(41) R. Pares, *op. cit.*(West India Fortune), p. 258.

(42) W. E. Minchinton, ed., *op. cit.* (English Overseas Trade), pp. 46–47.

(43) R. B. Sheridan, op. cit. (Commercial and Financial Organization), pp. 260–61.
(44) anon., 'A Defence of the Slave Trade', *Edinburgh Review*, vol. V, 1804, p. 236.

5 西インド諸島の富の崩壊

「きわめて控えめな計算によっても、……西インド諸島の耕地、建物、黒人奴隷、その他あらゆるストックからなる資本は、六、〇〇〇万ポンドを下回ることはあるまい。……また、正確にはいえないけれども、……この六、〇〇〇万ポンドという膨大な資本の半分以上は、本国在住者の直接の資産であるか、または抵当物件として彼らの手中にあるものである」(1)。

すでに前節の末尾で、一八世紀末西インド諸島プランターの経済事情が悪化していったことにふれた。しかし、西インド諸島が一八世紀中頃の「もっとも価値のある植民地」から「領有する意味もない植民地」へ、決定的に評価を落としたのはウィーン体制成立後のことである。一八世紀末以来、イギリスの熱帯領がトリニダード、モーリシアスなどかなり増えたうえ、世界的にみればキューバ、ブラジルの開発、合衆国南部の開発がすすんで(2)、砂糖をはじめ棉花などの熱帯の生産物の供給が激増し、価格の下落が目立った。ロンドンの粗糖価格は一七九九年の cwt. 当り六五シリングから一八三一年には二二シリング半へ暴落し、西インド諸島産の棉花も一七九八年の一重量ポンド当り二二―四シリングから、一八三一年には四シリング九ペンスないし七シリング三ペンスへと値崩れした(3)。これに反して奴隷貿易の廃止が決定的打撃となって、奴隷価格は急騰した。

しかし、西インド諸島の富の崩壊の根本的理由は、もっと早くから植民地社会の根底に巣食っていたように思われる(4)。いうまでもなくそれは、不在地主制のことである。西インド諸島の不在地主制は、一八世紀中頃の大ブーム期とアメリカ独立戦争からウィーン会議までの時期、およびウィーン会議から奴隷制の廃止された一八三三年までの三つの時期に、それぞれ違った理由から成長したと考えられる。

第一の好況期は、E・ロングをして「イギリスで大地主が多数の小農場を廃止したのとそっくり同じやり方で、大プランターは三〇〇―四〇〇エーカー程度の小農場から貧しい入植者を追い出した[5]」といわせた強烈な土地集積ともからんで、前例のないほど富裕な地主を出現させた。このために、まずその子弟を本国に送って教育する風習が一般化し、ついで当の地主プランター自身が本国に引き上げて、奢侈的な生活――東インド帰りの「ネイボッブ」に対する、いわゆる「西インド諸島ジェントルマン」の生活――をおくる。一八世紀中葉にはジャマイカだけからでも、毎年三〇〇人以上がジェントルマン教育を受けるべく本国への航海についた[6]。ジャマイカ・プランターの不在化を批判したE・ロングも、不在化の要因として真先にあげているのが教育問題である。彼によれば、「以前は子供の教育には(イギリスから)男・女の家庭教師を呼び寄せるのがふつうで、本国への往復という難行を子供にさせる親は少なかった[7]」。しかし、一七七〇年までにはこの島の住人の息子たちは、四人のうち三人までがアメリカ大陸を含む海外の学校に入学するようになった。

ドーセットの地主兼非国教徒聖職者の家系から出てニーヴィスの大プランターとして成功し、ついで砂糖代理商となっても成功、ブリストル市長をさえ輩出したピニー家[8]は地方港の西インド諸島派の典型的な例であるが、この家系でもオクスフォードを出た二代目ジョン以下はほとんど例外なくイギリスで教育を受けている。ジョンの場合はそれでも、費用がかかりすぎるというので父親は反対であったが、ブームを迎えた世紀中葉には、このような習慣はまったく一般化した。イギリスですごす西インド諸島人《クレオール》の息子たちの派手な生活ぶりが、人びとの耳目をそばだたせる。

砂糖代理商の仕事はたんに砂糖の売却だけでなく、プランテーションの必需品の仕入れ、船舶のチャーターなど多様なものがあり、のちには融資こそがその中心業務となること、すでに見たとおりだが、島から遊学してくるプランターの子弟の教育の面倒をみることも、大きな、しかもやっかいな仕事のひとつになる。[9] しかも、本国でジェントルマンを気取りながら教育をおえたクレオールの二世たちは、植民地での厳しい生活を覚えてもいなければ、あらためてそれに戻ってゆく意志もない。「子供を(現地で)教育してこそ、その地に愛着を覚えるようになる」とロングが強調するのもこのためである。[10] 庶民院議員にもなり、ドーセットの地主に落ちついてしまった三代目のジョン・フレデリックなどピニー家の子供たちもこの例外ではなかった。[11] ニーヴィスにおけるこの家系の財産を再興した四代目のジョンでさえ、つねにイギリスまたはアメリカ本土への引き上げを狙っていたのである。[12]

なるほど西インド諸島でも、非常に富裕になりながら不在化しなかった者もある。一七五〇年のジャマイカで資産額第五位のプランターであったプライス Price 家は、その好例である。しかしこれはあくまで例外で、一般には「ジャマイカ」という地名そのものが、砂糖植民地の不在地主として本国で派手な生活を送る疑似ジェントルマンをただちに連想させる状況にあった。じじつ、初代のチャールズ・プライスでさえ、息子はオクスフォードに入れたし、彼自身にしても「ジャマイカを決して母国とは考えなかった」のである。[13]

「西インド諸島の住民は、かの地を自分の郷土とは思っていない。彼らは子供たちを教育のために母国へ送る。彼ら自身も健康を回復し、獲得した財産を享受するために母国にむかう。(政治的)野心をもっている人にとって、その野心を満たしうる場所は母国しかない。いかに多くの西インド諸島ジェントルマンがイギリス庶民院の議席を占めているかについては、多言を要すまい。英領西インド諸島のどこかでプランテーションを相続した者で、ヨーロッパで教育を受けなかった者や何年かを本国で過ごしたことのないような者はほとんどいない。プランテーション所有者の多くはその所得のすべてを本国で受取り、これを消費していて、西インド諸島などは見たこともないのである」。[14] まさに砂糖植民地のブームはクレオールたちに「ひと山」当てさせる役割を果たし、ひと山当てたクレオールたちは子供を先頭に、ついには一家をあげて帰国し、本国のジェントルマン社会に接近してゆくことになったわけである。

不在地主制形成の第二の時期は、西インド諸島の経済環境が一般に厳しくなり始めた時代である。先の時期に本国で教育された相続者たちがそのまま不在化したのは当然である。そうでなくても、長兄が子供なしに死亡したりすると、もともと西インド諸島に関心もなく、年金を受取ることだけを考えていた次・三男が相続人となり、これが不在地主制の源泉のひとつとなった。この第二期から次の第三期にかけて、植民地の客観的経済条件はどんどん悪化していったのに、他方では本国でも際立った社会現象となったほどの奢侈的な生活を続けたプランターは、次第に負債の淵に沈みはじめる。[15] 一八三三年の奴隷解放の際に支払われた補償金の行方をみれば、その事情がよくわかる。このとき奴隷所有者には二、〇〇〇万ポンドの補償金が支払われたのだが、[16] そのほとんどはプランターの手には残らず、負債のかたとして商人におさえられたのである。[17] 状況がこのようであったのだから、ロンドンのラッセル Russell 家にしろ、ブリストルのピニー家にしろ、不承不承ながら抵当流れのプランテーション所有権をもたざるをえなくなったのも不思議ではない。こうして、一八三〇年代までには西インド諸島のプランテーション所有者は一変した。新しい地主はそのほとんどがロンドンを中心とする代理商だから、現地を知らない人の方が多かったのである。

西インド諸島の社会はこの第三期になると、まったく不健全な様相をおびてくる。本国における西インド諸島派の政治的影響力は、不在地主がふえるにつれて強化さえされたが、植民地自体では政治も経済も教養と才能のある担い手を欠いて、急速に崩壊していった。白人の人口が激減して、共同体が成り立たなくなったのだ。不在地主の代理人《アターニー》にしても決定的に不足し、なかには一五、六もの所領の管理をかけもちする者さえ現われた。経営者としての意識をもたない不在地主は、改良投資のために当面の収益率の低下を耐え忍ぶことができなかったから、生産性も生産された砂糖の品質も著しく悪化した。ピニー家は、債務の返済できない不在地主には、西インド諸島に赴いて経営に専心するよう勧告した。一八二一年にブリストル市長にもなったチャールズ・ピニーは、「どんな西インド諸島の所領であれ、その荒廃を防ぎたいと思うなら、あるいは少なくともひどく減価するのが嫌なら、地主はときどき現地に赴くべきであって、何年間も放置したりしてはならない」という。[18]

英領西インド諸島で唯一の例外であったのは、もっとも早く開かれ、もっとも早く地味の涸渇したアンティグアで、この島は一八世紀はじめからすでに疲弊していたからかえって不在地主制が発達せず、結果的には例外的に遅くまで生きのびることができた。[19] しかし、一般の英領植民地と好対照をなすのは、ここでも仏領のそれである。後者の高い生産性は、在地地主による経営にその一部を負っていることは確実である。

植民地にとって致命的であった不在地主制度は、本国の経済や社会にはどのような影響を与えたのだろうか。西インド諸島の領有が、本国経済全体にとって有益であったかどうかは議論のあるところだとしても、不在地主制の成立そのものが、個人的には早くからプランターとして成功した者が多数いたことを示している。プランター以上に利益のあった奴隷商人や砂糖代理商の場合はなおさらである。[20] もっとも、個々の商人をプランターと区別することは、ピニー家やラッセル家の例が示すとおりほとんど不可能であるが、とにかくこうした「成功者」は現地社会に執着することはまったくなかったから、当然、本国で活用すべき大量の余剰資金の保有者ということになった。これに加えて、世紀の交ないしとくにウィーン会議以後の「西インド諸島の富」の崩壊に直面した人びと——早くにそれを予見した人びとを含めて——のあいだでは、できるだけロスを少なく、一刻も早く資産を本国に引き上げることが当面の課題となった。この時流に乗り遅れたり、逆らったりした者は大商人といえども破産の危機に晒されたのである。[21] こうして、個人的な現象としては不在地主制成立の当初から、また「西インド諸島の富」の崩壊期には大量現象としても、大きな資金ソースの解放がなされたといえよう。

とすれば、これらの資金はイギリス社会のどのような部門に流入したのだろうか。第一に考えられるのは、本国における地主＝貴族、ジェントルマン社会への流入である。豊かな西インド諸島関係者の社会が、第三部で論じる「疑似ジェントルマン」のそれとして、ロンドンその他の港湾都市、バースを典型とする社交都市などに出現した。「疑似ジェントルマン」としての彼らの生活は、少なくとも表面的にはジェントルマン以上にジェントルマン的であることを追求した結果、華美をきわめた。たんに「疑似ジェントルマン」化するばかりでなく、実際に広大な所領を入手し、貴族やジェントリと姻戚関係を結び、庶民院の議席を獲得し、ひいては貴族、ジェントリそのものに転化する者も少なくなかった。バルバドス商人の子孫であるヘアウッド Harewood 伯、ウェールズのペンリン Penrhyn 卿の一族、『ジャマイカ史』の著者E・ロングの一族たるファーンバラ Farnborough 男爵などは、その典型的な例である。奴隷解放で補償金を受取った貴族は、ジャマイカ関係だけで一八人にものぼっており、准男爵となるとさらに大勢いたものと思われる。[22] ジャマイカ関係者とイギリス貴族の通婚が頻繁になされたことを、この数字は示していよう。一八世紀イギリスの上流社会における結婚市場の特色は、まさにこのような純粋のイギリス地主ではない家系の子女の進出にあったといえる。[23]

具体的な例を二つあげよう。ひとつはロンドンの砂糖代理商ヘンリー・ラッセルの家系である。一七五三年、ヘンリーは年金のほかに二八万四、〇〇〇ポンドの遺産を残して死んだが、その内訳は五万三、〇〇〇ポンドがヨークシア在の土地、残りは公債とプランテーションおよび債権からなる西インド諸島の資産とであった。遺産の三分の一はこの家系の西インド諸島貿易をついだ次男ダニエルにおくられたが、一六万七、〇〇〇ポンド近くは長男のエドウィンに残された。次男の事業が失敗しても、「イングランドの貴族の家系を一つおこすのに十分な」相続額であった。[24] 実際、この兄弟は父の跡を襲ってともに庶民院議員となっている。

もうひとつの例は、すでに何度か触れたピニー家である。ドーセットの非国教徒の聖職者で地主兼アイルランドのレース取引商であったジョンの末子アザリアが、モンマス公の叛乱(一六八五年)に連座してニーヴィスに逃れたとき、彼の財産といえば僅かに一五ポンドの現金と、本国の肉親達との取引上の便宜という目にみえないものだけであった。中興の祖ともいうべき養子ジョンが本国に引き上げ、プランターから代理商への転換の第一歩を踏み出そうとした一七八三年でも、先祖伝来のドーセットの所領は別にして、西インド諸島の資産は七万ポンド程度であった(25)。ところが、その後代理商として金融、海運、砂糖取引からの収入が増えたため、彼が生を終えた一八一八年には三四万ポンドにのぼる遺産があった。当然、本国かアメリカ本土への引き上げを切望していたジョンは、一七八二年には六対一であった現地と本国の資産比を、一八一八年には五対四にまで移していた。ほぼこの頃が一家の資産のピークで、以後は現地資産の評価が暴落するため、総資産も減少せざるをえなかったようである。

しかし、取引は資産総額を上回るペースで縮小していたので、かえって大量の余剰資金が生じもした。ジョンの長男ジョン・フレデリックとその息子ウィリアムは、旧来の西部の所領のほかに、現地西インド諸島にも巨大な資産をもつ典型的な不在地主＝西インド諸島ジェントルマンとして議会に顔を出し、浪費的で無能、怠惰な生活を送った。これに対して、家産の実際の運営はジョンの末子チャールズが掌握する。結局彼は名目額の三分の一程度のロスで西インド諸島の資産の引き上げに成功する。この資金を活用して長兄のようなランチエ＝疑似ジェントルマンへの道を辿ることが、彼の理想であった(26)。いまや砂糖代理商としての業務は後退し、安全で有利な投資先には何であれ手を染める多角的金融業者の色彩が濃厚になってゆく。ロンドンの短期資金市場や大西部綿織物会社 Great Western Cotton Works への投資からはじまり、運河とドック、綿業、国内の鉄道株、のちにはカナダ公債、インドの鉄道株などがチャールズの投資先一覧表の主要項目となる。こうして、同じく「疑似ジェントルマン」化したとはいえ、選挙法改正反対の暴動にブリストル市長として捲き込まれることになるチャールズの資産形態は、現地の抵当物件が主であった父親のそれや土地と公債が中心の兄のそれとは違って、遥かに新しい時代の息吹を感じさせるものである。[27]

　チャールズの場合はしたがって、ランチエ化したことは事実としても、単純に西インド諸島の富のジェントルマン社会への流入とはいえない。それはむしろ第二の類型——産業・金融界への流入——として扱うべきものである。しかし、ピニー家の歴史を全体としてみれば、それは地主支配体制《スクワイアラキー》確立期の政治動乱から離英を余儀なくされた家系が、西インド諸島をステップにジェントルマンとしてイギリス社会に復帰したことになるわけで、植民地が支配階級たるジェントルマンと被支配層たるノン・ジェントルマンのあいだの交流の媒介となっていたことを如実に示している。この事実が地主支配体制の安全弁の役割を果たしていたことは明らかで、後述するように、これこそ、つとにD・デフォーが熱狂的に主張したことでもあった。[28]かつては『ドゥムズデイ・ブック』にも記載されたほどの名家でありながら、すっかり没落していたグロスターシアのベックフォード家がジャマイカで成功、ロンドン市長などを輩出するに至ったのも、同様の例といえよう。この家系でも、一九世紀前半を生きたウィリアムともなるとまったくランチエ的・奢侈的な生活を送るようになり、『国民人名辞典(D. N. B.)』でさえ、「概して無駄な生涯」と評する有様となる。

　西インド諸島の富が崩壊したとき、あるいはそれ以前からその余剰資金は、チャールズ・ピニーの例のように、産業・金融界にも流入した。プランテーションや植民地貿易の資本が産業資本に転化してゆく例は、イングランドばかりかスコットランドやウェールズでも認められる。スコットランドでは、印紙条例一揆からアメリカ独立に至る一連の政治変動のなかでアメリカとの煙草およびリネン貿易というドル箱を失って、その資本の多くが西インド貿易に転向する。しかし、少なくともその一部はその地の工業化——とくに綿工業の展開——の資金源となった。ウェールズでも、西インド諸島関係者であって、いわゆる「公共心に富んだ《パブリック・スピリテッド》」「改良に熱心な《インプルーヴィング》」地主貴族のひとりとなったペンリン卿の活動が目立っている。道路、運河、囲い込み、鉱山業など彼の活動範囲は多岐にわたり、むしろ彼が着手しなかったフィールドの方が珍しいくらいである。奴隷貿易を展開するかたわら、アフリカ、西インド諸島方面の軍隊への物資納入で産をなしたA・ベイコン Bacon もウェールズの炭田や鉄工業に投資している。(29)

イングランドにかんしてはE・ウィリアムズがその具体例を数多く拾いあげているし、そのほかにもシェリダンはニューカースルの西インド諸島貿易商でジャマイカ地主でもあったジョン・グラハム＝クラーク Graham-Clark、マンチェスター綿工業に関係したヒバート家、タチェト Touchet 兄弟などをあげている。(30) この種のリストを次々と拡大してゆくことは、大して困難なことではない。ランカシア地方における初期の鉄道建設に、奴隷解放の補償金がかなり大きな役割を果たしたことも、すでに同時代に指摘されているところである。(31)

(1) A. Anderson, *op. cit.*, vol. IV, p. 183.
(2) E・E・ウィリアムズ、上掲拙訳、II、二一章。
(3) L. J. Ragatz, 'Absentee Landlordism in the British Caribbean, 1750–1833', *Agricultural History*, vol. 5, 1931, p. 12. より詳細な価格統計は Ragatz, ed., *op. cit.* (Statistics), tables 1–4.
(4) 不在地主の総数などについては、次章第二節参照。
(5) E. Long, *op. cit.*, vol. 1, p. 386.
(6) Ragatz, op. cit. (Absentee Landlordism), pp. 9–10.
(7) Long, *op. cit.*, vol. 1, p. 387. 東インド商人の場合も、子弟教育は問題であった。C. Gill, *Merchants and Mariners of the 18th Century*, 1961, p. 125.
(8) Pares, *op. cit.* (West India Fortune) は、ピニー家の分析である。
(9) Pares, *op. cit.* (Historian's Business), pp. 210, 214–17.

（10）　Long, *op. cit.* vol. 1, p. 387 ; Ragatz, op. cit.,(Absentee Landlordism), p. 10.
（11）　Pares, *op. cit.*(West India Fortune), p. 54.
（12）　*ibid.*, pp. 78–79.
（13）　M. Crafton and Walvin, *A Jamaican Plantation: The History of Worthy Park 1670–1970*, 1970, pp. 64–76.
（14）　anon., *Remarks on the Letter Addressed to Two Great Men*, 1760, cited in Sir Lewis Namier, *England in the Age of the American Revolution*, (1930)1961, p. 234.
（15）　Ragatz, op. cit.(Absentee Landlordism), p. 12 ; Pares, *op. cit.*(West India Fortune), pp. 239–42.
（16）　3 & 4 William IV, c. 73. 一八三三年八月二十八日のことである。
（17）　Pares, *op. cit.*(West India Fortune), p. 317.
（18）　*ibid.*, pp. 224–26. J・マシーも、本国の地主は地価の二・五ないし三パーセントの地代しか得られないのに、西インド諸島では一〇パーセント程度になるのだが、不在化しないことがその条件だという。Massie, *op. cit.*, p. 80.
（19）　Ragatz, op. cit.(Absentee Landlordism), p. 23.
（20）　Pares, *op. cit.*(West India Fortune), p. 231.
（21）　*ibid.*, p. 311. 典型的な失敗の例は Robert Hibbert(1770–1849)の場合である。
（22）　R. B. Sheridan, op. cit.(Wealth of Jamaica), pp. 307–08. プランターの土地投資については L. J. Ragatz, *The Fall of the Planter Class in the British Caribbean, 1763–1833*, 1927, p. 50.
（23）　H. J. Habakkuk, 'Marriage Settlements in the Eighteenth Century', *T. R. H. S.*, 4th ser., vol. XXXII, p. 22 ; cf. D. Thomas, 'The Social Origins of Marriage Partners of the British Peerage in the Eighteenth and Nineteenth Centuries', *Population Studies*, vol. 26, no. 1, 1972, p. 110. 後者は貴族とブルジョワの縁組はまれだという。
（24）　Pares, *op. cit.*(Historian's Business), p. 226.
（25）　Pares, *op. cit.*(West India Fortune), pp. 163–64.
（26）　*ibid.*, p. 174.
（27）　*ibid.*, pp. 320–32.

(28) M. Shinagel, *Daniel Defoe and Middle-Class Gentility*, 1968, pp. 131-33 et passim. また、第九章参照。
(29) 拙稿「イギリス産業革命と地主」(『西洋史学』七五号、一九六七年)参照。
(30) Sheridan, *op. cit.*(Sugar and Slavery), p. 478.
(31) *The Times*, 8 March 1836. cf. M. C. Reed, *Investment in Railways in Britain, 1820-1844*, 1975, p. 264.

6　おわりに

工業化前イギリスの経済・社会の変容にとって、西インド諸島植民地はどんな意味をもっていたのか。これが本章の問題であった。

一般に貿易や植民地保有の工業化の起源とのかかわり合いは、間接的な効果を別にすれば、製品市場、原料供給および資本供給源の三つの面から考察さるべきものであろう。(1) しかし、はじめの二点、つまり製品市場と原料供給にかんしては、貿易・植民地保有の意味はまったく明白かつ決定的である。(2)

これらに比べると、工業化初期の資本形成に西インド諸島がもった意味は、一見したところでは判定が難しい。同時代のスミス派の思想家たちやR・P・トマスのように、砂糖植民地の保有は本国にとって「誤った投資」だとする見解がつねに存在しているからである。しかし、この点では、かねて砂糖植民地は本国にとって負担であったとしていたR・ペアーズが、その研究生活の末期に結論を逆転させたのがいかにも象徴的である。(3) もちろん、工業化にかかわる投資を行なった西インド諸島関係者のリストをいくら拡大しても、そこから全体的な結論は導き難いかも知れない。しかし少なくとも一八世紀中葉以後、富裕なプランターや代理商のなかに積極的な工業投資を実践する者が少なくなかったことだけは事実である。また、西インド諸島の富が決定的に崩壊にむかった世紀末以降は大量現象としても、この植民地に関連していた資本の他の方面への転換があったことも確実である。もちろんこの場合、すべての西インド諸島関係者がアクティヴな生産的投資をしたなどというのでは毛頭ない。むしろ不在地主としてもとからランチエ的であった彼らは、何よりも真正のジェントルマン（つまり本国地主）への道を希求し、それが叶わないまでも、証券保有者としてそのランチエ的性格を維持しようとしたのである。

このこととも関連して砂糖植民地は、本国の社会構造にも大きな影響を与えた。その不在地主制が、本国において華やかな「疑似ジェントルマン」の社会をつくりあげたからである。本国での生活や地位に不満を感じた人びと――とりわけ地主ジェントルマンの次・三男――が植民地で成功をおさめ、不在地主として帰国した。ジェントルマン支配体制の安全弁としての機能が、砂糖植民地にはあったのだ。この点では、実際に西インド諸島ジェントルマンとなりえた人間の数はそれほど問題ではない。その可能性が派手に喧伝されたこと、すなわちその社会心理的効果が重要なのである。西インド諸島の富の崩壊後も、商人やプランターは株式や国債の保有者等として、その生活習慣を維持しえたこと、上述のとおりである。

さらに、砂糖植民地はそれ自体も重要な意味をもってはいたが、それを核として成立した帝国体制全体にこそ、より決定的な意味があったという事実を、あらためて銘記すべきであろう。トマスのように「もし砂糖植民地がなかったら」という仮定をおくとすれば、旧植民地・重商主義体制全体が成立しなかったはずなのである。結局、こうした直接・間接いずれの意味においても砂糖植民地の奴隷制プランテーションこそは、イギリス本国に市場と原・材料、いまや基礎食品化しつつある砂糖などを供給し、工業化の資金の一部を提供しながら、本国上流社会のランチエ的＝ジェントルマン的性格を温存する安全弁ともなったのである。

（1） 上掲拙稿（『待兼山論叢』二号）、一六一―六二頁。

(2) 「奴隷貿易廃止委員会 a Committee for the Abolition of the Slave Trade と自称するマンチェスターの紳士たち」にあてたリヴァプールからの手紙は、この間の事情をよく示している。いわく、奴隷供給を断たれれば、西インド諸島はフランスにくみするかも知れない。そうなれば、「マンチェスターはもとより、ランカスター州〔ランカシア〕全体は、フランス人に次のように宣言されたらどうすることができようか。つまり、『ポンド当り一ないし二シリングの関税を払わなければ、あなた方の工場に原棉は供給しない』、と」。T. Baines, *History of the Commerce and Town of Liverpool*, 1852, pp. 476-77.

(3) Pares, *Merchants and Planters*, 1960, p. 50; cf. id., 'Economic Factors in the History of the Empire,' *Econ. Hist. Rev.*, vol. VII, 1937, p. 130. 西インド諸島の保有に批判的であったアダム・スミスも、そこへの投資が帝国内の他のいかなる土地へのそれよりも高い利潤を保障したとしている(大内兵衛・松川七郎訳『諸国民の富』、岩波文庫版、(三)、三一一—三一二頁)が、この事実はあまり知られていない。

七　煙草と砂糖

――北米大陸植民地の位置――

「煙草の栽培は、砂糖のそれほど有利だとは思われない」「わが煙草植民地が、われわれがわが砂糖植民地から帰来する栽植者たちにしばしば見うけるほど富裕な栽植者を、一人として本国に送ってきたためしもない」。
（アダム・スミス『諸国民の富』、大内兵衛・松川七郎訳、岩波文庫、㈢、三四頁。訳文一部変更。）

1　「辺境」と「半辺境」

イギリス重商主義帝国の核が、本国を別にすれば新世界の植民地におかれていたことは、あらためて指摘するまでもない。しかし、ここで忘れてはならないことが二つある。ひとつは、この場合、新世界植民地というのが、必ずしも北米大陸植民地のみを意味するのではなく、むしろ少なくとも一八世紀中頃までにあっては、西インド諸島植民地の方が重要視されていたということである。いまひとつは西インド諸島にしろ、北米にしろ、いずれもそれ自体が単独で重要だというよりも、アイルランドや東インドを含めた帝国の全体構造こそが、イギリスの経済発展にとって意味があったということである。[1]このような前提に立ったうえで、ここでは主としてパリ条約以降の北米大陸植民地が、イギリスの経済発展にとってどのような意味をもっていたかを、西インド諸島と対比しながら考察してみる。

しかし、この問題とならんで、本章にはもうひとつの課題がある。すなわち、ともにイギリス重商主義帝国の植民地として従属的な地位におかれていた北米植民地と西インド諸島植民地の、あまりにも対照的なその後の歴史発展のコースの分岐点をさぐることが、それである。この目的のためには、たとえばI・ウォーラーステインの議論が、ひとつの手がかりを与えてくれるであろう。(2)

ウォーラーステインにとっては、一五世紀末以降の歴史は、彼のいう「世界経済」すなわち資本主義的な性格をもつ世界的分業体制を中心として展開する。これに比べれば国民経済などというものは、本質的に政治の単位であって、経済のシステムとしては自立的な存在ではない。唯一の自立的システムとしてのこの「近代世界経済」は、中核・半辺境・辺境という三つの要素によって構成され、辺境と中核のあいだには、工業製品と食糧や原・材料、貨幣素材などの交換、つまり垂直分業が成立する。この交換は必然的に不等価交換になっていることもあって、辺境としてこの分業体制に組み込まれた地域は、一方的に「低開発化」されてゆく。この意味で「低開発」とは、歴史上すべての国が一度は経験した「未開発」の状態とはまったく別のものである。中核地域、つまり当面は西欧における工業化の進展が、すなわち辺境の低開発化の推進力となるのである。たとえば日本のように、長期間この「世界経済」の枠外にあった地域は、未開発ではあっても、低開発の状態にあったわけではない。「世界経済」の枠内に辺境として組み込まれた地域が、ながく外部世界にとどまった地域より遥かに開発が困難になるのは当然である。

このようなウォーラーステインの議論を前提にすれば、一八世紀西インド諸島の砂糖植民地が「辺境」にあたることとは確実である。(3) 中核地域では自由な賃金労働が成立するのに対し、強制労働が辺境の特徴となるのだが、奴隷制プランテーションが後者の極端な例であることはいうまでもなかろう。しかし、そうだとすれば、北米大陸植民地はどうだったのか。「世界経済」の中核としての大工業国と典型的な「低開発」諸国という、両地域がゆきついた現状のコントラストはどこからきたのか。その差異は、イギリス重商主義帝国という共通の枠組のなかにあった一八世紀に、すでにその萌芽がみられたのではないか。これが、本章の副次的な問題なのである。

十三植民地は独立し、やがて工業化してゆくのに、西インド諸島はなぜそれができなかったのか。その答えは、要するに前者が完全には「辺境」化されなかったということに尽きよう。ニューイングランドや中部の植民地が、本国の貿易に役立つ特産品を生み出さないという意味で、イギリス帝国のなかでもとくに「無用な」植民地、それどころか本国産業と競合する商品を生産しかねない「危険な」植民地とみなされていたことは周知のとおりである。中核地域に食糧や原料を供給する垂直分業体制の従属的部分という「辺境」の定義からして、このような植民地は明らかに「辺境」とはいえない。再版農奴制や奴隷制のような強制労働が「辺境」のいまひとつの指標であることからしても、これらの植民地は「辺境」の概念に合わない。ニューイングランドや中部はいわゆる「主要商品《ステイプル》」――「換金作物《キャッシュ・クロップ》」――をもたないがゆえに「無用」であり、したがって「辺境」化されなかったのである。それが「自由な労働」の地となったのも、同じ理由からである。[4]

もっとも、ニューイングランドについてさえ、辺境化の危険がまったくなかったのではない。一七〇四年の海軍造船資材法 Naval Stores Act はそのピークをなすものである。[5]海洋帝国を形成しつつあったイギリスにとっては、軍事的にも経済的にもその死命を制する意味をもった木材、ピッチ、タール、帆布などの造船・建築資材は、北欧・バルト海地方から供給されていたのだが、その水域でのオランダ海運業の圧倒的優越と現地の政情不安のために、形成途上のイギリス帝国はしばしば危機に瀕した。[6]この致命的欠陥を補い、かつ「無用な」ニューイングランドを「有用化」つまり「辺境化」しようという一石二鳥を狙ったのが、ニューイングランドを造船資材の供給源たらしめようとしたこの法令であった。ただし、本国にとって不可欠な造船資材――つとにそれらは航海法のいわゆる「列挙品目」にかぞえられている――の確保がこの法令の第一の目的であったか、そのような主要換金商品の生産に専門特化させるこ

表 7-1　マスト材の輸入

（本）

	φ18インチ−	φ12-18インチ	φ12インチ以下
1696-1701年平均			
ニューイングランドから	75	15	18
スウェーデン	135	66	621
ノルウェー・デンマーク	215	302	1,325
その他の北欧	177	167	34
1706-1715年平均			
ニューイングランド	246	27	12
スウェーデン	808	419	1,110
デンマーク・ノルウェー	1,214	2,206	2,843
その他の北欧	129	6	64
その他	8	7	2
1760年			
ノルウェー	60	1,566	2,007
イーストカントリ	352	160	55
ロシア	895	747	583
ニューイングランド	603	127	603
1770年			
ノルウェー	54	1,874	2,754
イーストカントリ	61	72	824
ロシア	875	473	171
ニューイングランド	699	581	191

〔出典〕 J. J. Malone in *Mariner's Mirror*, vol. 58, no. 4, 1972; H. S. K. Kent in *Econ. Hist. Rev.*, 2nd ser. vol. VIII, 1955.

とで、この植民地をイギリス製造工業の保護市場として成長させようとしたのか、議論のあるところではある。アメリカ産のマストなどの輸入にはトン当り一ポンド、タール、ピッチなどにはトン当り四ポンドの奨励金をつけたこの政策は、麻類やテレピン油のような他の地域からも十分輸入しうる商品をも対象としていたし、海軍関係者があまり熱心ではなかったという事実もある。また、ピッチとタールの生産には好適な条件にあったカロライナ[7]については、その生産があまり奨励されなかったともいわれる。カロライナがすでに米やインディゴなど、他の特産物をもっていたからであろう。とすれば、造船資材法の主要な意図は、換金商品をもたない植民地にそれをもたせ、イギリス製品に対する購買力をつけること、ひいては垂直分業を成立させて「辺境」化することにあった、とも考えられるのである。(8)

もっとも、この法令やそれを廻るキャンペーンについては、先学の業績(9)もあり、のちにも触れるので深くは言及しないが、この法令が有効でなかったことだけは、表7－1によって明らかになる。すなわち、同法施行前には最大級のマストの輸入で、ニューイングランドは全体の一二パーセントを占めていたが、施行後の一〇年間では一〇パーセントにその比重が落ちているのである。絶対量では確かに増加したのだが、北欧からの輸入の増加とは比較にならなかったからである。逆にニューイングランドでは造船業が発展し、後述するようにパリ条約以後は年間建造高四万トンにまで達する。ニューイングランドからすれば、造船資材法が意図通り機能しなかったことで、「辺境」化の道を回避しえたのである。

しかし、北米植民地といっても、南部の煙草植民地はどうだったのか。煙草やインディゴ、米といった換金作物をもち、強制労働が展開された南部植民地は、当然西インド諸島と同じ「近代世界経済」の「辺境」であったというべきではないか。現状の両地域がかなり異なった相貌を呈しているとしても、それは前者が「半辺境」としてなかば自立性を保っていた北部や中部と単一の政治体＝合衆国を形成した結果である、ともいえる。(10)

しかし、それならば煙草植民地は何ゆえに独立し、西インド諸島とは異なった政治的枠組に組み込まれたのか。逆にいえば、西インド諸島はなぜ独立しえなかったのか。議論がここまでくると、次のような問題提起を避けることができない。すなわち、大陸の煙草植民地とカリブ海の砂糖植民地では、ともに「辺境」ではあったにしても、本国との経済上のかかわり合いにおいても、何か本質的な差があったのではないか。ともに主要換金作物《ステイプル》であるとはいえ、前

図 7-1　煙草と砂糖の貿易

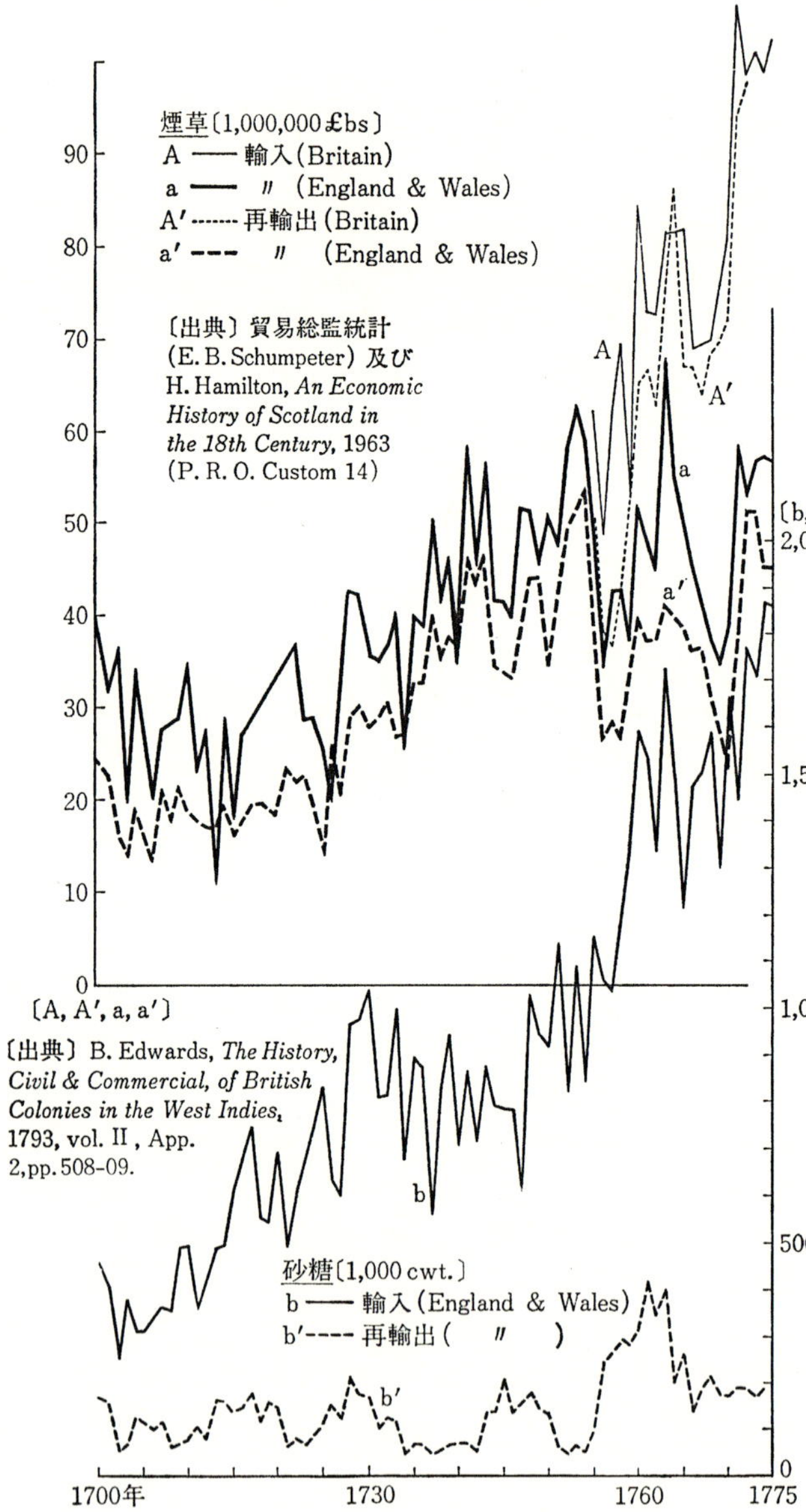

者の煙草と後者の砂糖とでは、本国と植民地を結びつける度合いが著しく異っていたのではないか、と。(11)

(1) バルバドス島の代理人 factor ジョージ・ウォーカー G. Walker の庶民院での証言は、このことをよく示している。彼はいう、「(砂糖植民地の利点は)、それが……大量のイギリス人と巨額の富を用いる商業と航海を創り出すことであります。……同植民地は、北米とアイルランド〔からの輸入品〕に頼っている分だけ、北米やアイルランドがイギリスと交易することを可能にしているのであります。……それらはまた、砂糖キビの栽培に要する労働力の供給をイギリス〔人奴隷商人〕に頼っているだけに、イギリスのアフリカ貿易を支えているわけでもありますし、……アジア物産を消費する分だけ、……東インド会社の貿易の成長をも支えておるのであります」と。Quoted in R. B. Sheridan, *Sugar and Slavery: An Economic History of the British West Indies 1623–1775*, 1974, p. 475.

(2) I. Wallerstein, *The Modern World-System: Capitalist Agriculture and the Origins of the European World-Economy in the Sixteenth Century*, 1974(拙訳『近代世界システム』I、II、岩波書店、一九八一年)。ウォーラーステインの他の著作については、同訳書、I、「まえがき(訳者解説)」の注(8)参照。

(3) Wallerstein, *The Modern World-System II: Mercantilism and the Consolidation of the European World-Economy 1600–1750*, 1980, p. 157.

(4) 「世界経済」の外にあるとはいえないが、辺境と中核の中間にあって比較的自給的な状態を保っている地域を、ウォーラーステインは「半辺境」Semi-Periphery と称している。大陸の中部・北部はまさにこのような状態にあったといえよう。*ibid.*, pp. 236–37.

(5) 3 & 4 Anne, c. 10.

(6) Cf. J. J. Malone, 'England and the Baltic Naval Stores Trade in the Seventeenth and Eighteenth Centuries', *Mariner's Mirror*, vol. 58, no. 4, 1972, pp. 375 ff.

(7) Lord Sheffield, *Observations on the Commerce of the American States with Europe and West Indies*, 1783, pp. 28–30.

(8) Wallerstein, *op. cit.* (Modern World-System II), pp. 238–39. じっさい E. Phillips, *The State of the Nation*, 1725, p. 10 は、新世界が造船資材を供給できれば、〔イギリス帝国としては〕年間四〇―五〇万ポンドの節約になるとして、その規模を予測している。

(9) 宇治田富造『資本主義成立期の植民地問題』(青木書店、一九六四年)、第四章。
(10) ウォーラーステインをはじめとするいわゆる「新従属派」のなかには、現在の合衆国南部をさえ「低開発」地域として扱っているものもある(たとえば、A・G・フランク、吾郷健二訳『従属的蓄積と低開発』、岩波書店、一九八〇年、一八一頁)。しかし、これは国家といった政治単位を故意に度外視することに急なあまりの極論というほかない。
(11) 煙草貿易にかんしては、宇治田富造『重商主義植民地体制論』I(青木書店、一九六一年)、三〇二頁以下が詳しい。

2 不在化の可能性

一七六六年四月の『紳士雑誌《ジェントルマンズ・マガジン》』誌上の一論説は、当時の大陸植民地と西インド諸島植民地のあいだの政争に関連して、両植民地がもつ本国政治への影響力の決定的な差異、その結果としての不平等を力説してやまない。「私の聞き違いでなければ、いまや議会には自ら西インド諸島のプランターであるか、あるいはプランターの後継者であるか、あるいはまたかの地に(何らかの)……関係をもっている議員は四〇人以上もいる、とのことである。(これに対して)本国の議会にうって出られるほどの土地を母国にもっているような北米植民地人は、ひとりとして見つけ出せないだろう」。かくして、「西インド諸島関係者と北米関係者のあいだで紛争が生じると、いつでも勝利を収めるのは前者と決っているのだ。国民の正義や良識が西インド諸島貴族の団結力をうち破ることはきわめてまれである。というのは、要するに彼らは庶民院議員として、また国の内・外における大土地所有者として、二重の影響力を行使する権利があると自認しているからである(1)」。

大陸植民地、とくに北部のそれが本国産業と競合的な経済構造をもつ「有害な」植民地とされ、「有用な」西インド諸島と対比されたことは周知のとおりである(2)。しかし、本国における両植民地の政治的影響力の格差は、そのような重商主義の理論が投影されたものではない。いいかえれば、西インド諸島が「有用な」植民地だから、その利害がより重視されたわけではないのである。それはまさに、本国議会において利益を代表する議員の数そのものの差であり、圧力団体の力量の差なのである。

ではいったいどうしてそのような差が生じたのか。おそらくそれは、もっぱら両植民地の経済力と社会的性格の違い、さらにその前提としての主要換金作物《ステイプル》そのものの違いからきた、というほかなかろう。「西インド諸島のプランターたちは、自己の生産物をイギリスに送り、かわりに好きなものを輸入しているにすぎないのだが、貿易差額はつねに彼らにとって大きな黒字となっており、そのことが彼らをしてイギリスで膨大な所領を買い取り、ひいては議員選挙に候補者としてうって出ることを可能にしている[3]」のである。つまり、巨富を築きやすい条件に恵まれた西インド諸島では、有力プランターはほとんど本国にも土地を買って帰国し、不在地主化する。彼らは文字通りの有閑階級＝「西インド諸島ジェントルマン」として、本国の政治に関与することになるわけである。砂糖をはじめ、棉花、ジンジャー、インディゴなどを産する西インド諸島では、プランターはその子孫に「貴族にもふさわしい《プリンスリ》富」を残すことができ、「多くの人びとがここで急に成り上り、いまでは財力の点ではこの国のもっとも由緒ある家系にも劣らないほどになっているのだ[4]」。

じっさい、ジャマイカの公式記録では、一七七五年、七七五のプランテーションのうち二三四、砂糖とラムの生産量にしてほぼ四〇パーセントが不在プランターの手中にあった[5]。同じ時期に、最高の事情通のE・ロングは、不在の年金受領者と地主の合計数を二、〇〇〇人としている[6]。不在化したプランターの多くが本国の庶民院に議席を求めたことは、次のエピソードがよく示している。すなわち、一七六七年、二、五〇〇ポンドでノーサンプトンの選挙区を買収しようとしたチェスタフィールド卿は、次のように反論されたという。いわく、「(買収費は)最低でも三、〇〇〇ポンド、ふつうは四、〇〇〇ポンドになっています。なかには五、〇〇〇ポンドも出して豊かな東インド関係者と西インド諸島関係者が買い占めていますから、とうてい不可能です[7]」、と。

こうして、巨富とそれによって可能になった不在地主制を基礎にした西インド諸島派派閥の強大な政治的影響力は、不在地主化することがなく、したがって本国議会に足場を築きえなかった大陸植民地人の羨むところとなった。彼らの反対を押し切って糖蜜法や砂糖法を成立させえた西インド諸島関係者にとっては[8]、北米大陸人のように、「代表なくして課税」されているといった事実はなかったのである。もちろん、四〇人もの不在地主が議会にいるという主張は、「こうして北米植民地はたいていの場合母国には無視され、豊かな兄弟である西インド諸島の関係者からは軽蔑され、抑圧され、虐待されている」とするこの論者一流の誇張である。ネイミアの分析では[9]、一七六一年議会の西インド諸島不在地主は、ジャマイカの七人とバルバドスの二人、リーウォード諸島の四人の計一三人にすぎない。関係の商人を含めても、四〇人には到底達しまい。そのうえ逆に、大陸植民地の利害を代弁する議員がひとりもいなかったというわけでもむろんない。たとえば、つとに一七〇一年の議会でも、西インド諸島と大陸関係の商業に関係する議員が一一人はかぞえられ[10]、そのうち何人かはとくに対大陸貿易に関係をもっていたと思われる。しかし、主としてそれはプランターとは微妙に利害のくいちがう商人であり、不在地主が核をなした「西インド諸島派」のような単一の「派閥《インタレスト》」を形成するには至らなかったことも事実である。ちなみに、一七三〇年から七五年までに庶民院に議席を得た「西インド諸島派」は七〇人、うち二〇人が商人で五〇人がプランターだという指摘もある[11]。このような東インド関係のそれと並ぶ圧力団体の存在が[12]、西インド諸島植民地の帝国における地位を、北米大陸のそれとは対照的なものにしていたのである。

とすれば、不在化の可否の決定的な要因となったプランターの経済力の差とは、どの程度のものであったのか。たとえば一六九〇年代のメリーランドでは、プランターの七四・六パーセントは資産総額一〇〇ポンド以下であった。

そこから一〇〇ポンド刻みでプランターの構成比は一二・一、五・五、二・七、一・四、一・三、〇・六、〇・三、一・五パーセントとなっており、一、〇〇〇ポンドを越える資産家は一・五パーセントしかいなかった。一〇〇ポンド以下のグループは奴隷や年季契約奉公人をもつ余裕はなく、年間の可処分所得もせいぜい六ポンドから一五ポンドまでにすぎなかった。全体の二一・七パーセントにあたる資産一〇〇ポンドから五〇〇ポンドまでの階層では、せいぜい五人程度の奴隷をしかもちえず、煙草による年間所得は六ポンドから一〇〇ポンドまでと考えられる。(13)

これに対してジャマイカのプランターは、砂糖革命がまだ完了しきってもいなかった一六七四―一七〇一年でも、平均一、九五四ポンドの資産をもち、六三人の奴隷と三人の年季契約奉公人を使っていたものである。(14)この時代のジャマイカがすでに年間三〇〇人以上の富裕な帰国者を本国に送り込んだ、といわれるのもうなずけよう。むろん、メリーランドでも比較的富裕なプランターのなかには、商才を発揮して半ば商人化し、いっそう富裕になる者も存在した。その結果一七五〇年代には、資産一、〇〇〇ポンドを越すプランターが全体の三・九パーセントとなり、例外的には一〇万ポンド以上の資産を残した者もある。(15)しかし、それでも、一七四〇年代にすでに中規模所領で平均七、九五六ポンドと見積られるジャマイカのプランテーションとは比較にならない。後者は一七七〇年代前半には、じつに一万九、〇〇〇ポンドを越える。(16)ジャマイカの砂糖プランターに比べれば、煙草プランターはその名に値しない存在だったのである。等しく主要換金作物といいながら、煙草やインディゴを基礎としては、不在化してジェントルマン風の生活を維持することは難しかったのだ。「煙草貴族《タバコ・ロード》」の富は、「砂糖王《キング・シュガー》」のそれには到底及ばなかったのである。

砂糖プランターと煙草プランターのこのような経済力の差は、彼らと本国商人との関係にも如実に反映された。K・G・デイヴィスやR・B・シェリダンの先駆的研究が明らかにしたように、(17)砂糖貿易ではまず一八世紀前半のうちにロンドンで、ついでブリストルやリヴァプール、ランカスター、グラスゴーなどでもいわゆる「委託代理商」制度が成立した。[18] 土地を集積し、巨大化したプランターが自らの責任において砂糖をイギリスに送り、手数料を支払って代理商にその売却を行なわせたのである。イギリス商品の購入も、プランターの要請に従って代理商が行なった。この意味で、少なくとも七年戦争終結時からアメリカ独立戦争までの期間の西インド諸島貿易は、プランターの責任において実践されたということができる。

煙草にかんしても、同様の制度が成立しなかったわけではない。じっさい、ロンドンの煙草貿易はほとんどこの制度を通じて行なわれた。ロンドンの煙草輸入はイギリス国内の消費と結びついている度合いが強く、そこでは品質がとくに問題になったことが、そのひとつの原因と考えられている。一七七〇年代の前半でいえば、もうひとつの煙草貿易センターであったグラスゴーでは輸入品の九六・五パーセントが再輸出されたのに対し、イングランドとウェールズの諸港——輸入量で、その過半がロンドン——では、八三・四パーセントしか再輸出されなかったのである。[19] ところが、国内消費分については、品質の微妙な違いが価格に敏感に反映されるので、商人自らが現物を見るまでは買値をつけられなかったことが、「委託」制度成立の大きな原因であったと思われるのである。[20]

委託代理商制度が成立する前提条件としては、砂糖であれ、煙草の場合であれ、商人の与える信用の問題があったことも当然である。ロンドン商人がその強大な資金力にものをいわせて、信用供与を通じて、通常の商取引のリスクを避けるために編み出したのがこの制度であった、ということもできるのだ。アムステルダムにかわってロンドンが世界の金融センターにのし上り、シティの大商人が商業から金融へその営業の重点を移してゆく過程が、ここに反映しているのである。[21] いずれにせよ、こうして成立した煙草の委託代理商制度は、本質的には砂糖のそれと何ら違いがなかった。商品の販売、購入、保険や傭船の手配などふつうの業務のほかに、プランターの子弟の本国における教育の面倒をみることまでが代理商の仕事になっていたことも、同じである。[22]

しかし、煙草貿易にはこれとはまったく別のルートと、別の方式もあった。一七〇七年にイングランドの航海法体制の内部に組み込まれたスコットランドは植民地貿易を急速に発達させたが、とりわけ地理的にも新世界への航海に有利な位置にあったグラスゴーが、たちまち煙草貿易のセンターになったからである。[23] しかも、グラスゴーの煙草貿易は、ほとんどもっぱら外国市場と結びついていた点にその特徴がある。イギリスからの煙草の再輸出先をみると、グラスゴー勃興の直前にあたる一七三〇年代まではオランダむけが中心であったが、[24] 一七四四年までにフランスむけがこれを凌駕する。[25] オランダや北欧むけには主としてメリーランド産の匂いの強いオロノコ種が好まれ、比較的マイルドなヴァジニア煙草がフランスに送られた。その際、フランス側の輸入機構は完全な独占体による請負制度になっていたから、イギリスに派遣されたバイヤーは品質を細かく吟味するよりは、とにかく短期間に大口の買付契約を結ぶことにもっぱら関心があった、と考えられる。そうなると、プランターの意向を汲んで価格がピークのときに売ることを義務づけられているロンドンの代理商は、あまり都合のよい取引相手ではなかった。[26] 対仏輸出の成長が、委託代理商制度をとらないグラスゴーの成長につながったのはこのためである。

ロンドンの代理商に委託販売させるほど大規模ではない多くの煙草プランターの生産物を、現地においた支店を通じて直接買い集める。これが、グラスゴー商人の方法であった。彼らは、植民地各地にプランターの必要とするイギリス商品——ヨーロッパやアジアの物産の再輸出を含めて——を売る支店、すなわち「ストア」を開設し、収穫時に煙草で支払うことを条件に信用販売したのである。プランターにとってイギリス商品は日常生活に不可欠であったのに、煙草は収穫期の郡裁判所開廷時に取引きされるのがふつうであったから、ストア制のもとでは信用供与と煙草の予約買付けが必然化したわけだ。[27] こうして、年間可処分所得が一五ポンド以下というような中・小プランターは、このストア制を通じてグラスゴーに惹きつけられる。グラスゴーが煙草貿易港としていっきょに浮上した原因のひとつが、ここにあった。しかも、世紀中葉から海岸地方の地味が涸渇し、より奥地のピードモント高原に煙草栽培がひろがると、新開拓地には極小規模のプランターがふえたうえ、船積港までの陸送というやっかいな問題も生じた。[28]ロンドンの委託代理商がこのような煩雑な仕事を引受けるはずもなかったのである。

たとえば、グラスゴーの有力な煙草商であったジョン・マードック John Murdock とアーチボルド・ブキャナン Archbald Buchanan の商会は、ヴァジニアのハノーヴァー郡で、一人の総代理人の監督下にある二つのストアを開設し、年間三、〇〇〇ポンドの取引きを行なった。両ストアがプランターたちに供与した信用は、一二〇〇ポンドにのぼっていた。ふつう一つのストアは一二ないし一四マイル四方程度をサーヴィス・エリアとし、ストアの経営をまかされた代理人は煙草の買付けで五パーセント、イギリス商品の販売については一〇パーセントの手数料を与えられた。[29]新しいプランテーションの開拓には、奴隷や年季契約奉公人のような労働力の購入、生活必需品の確保のために、外部からの信用に依存せざるをえない一面があったが、中・小プランターへの商品供給と信用供与を同時に果たしたのが、ここにいうストア制だったのである。

グラスゴー商人が採用したストア制は成功を納め、イギリスの煙草輸入に占めるスコットランドのシェアは、一七三八年の一〇パーセントから一七六九年のほぼ五二パーセントにまで急上昇した。[30]ストア制を通じて中・小プランターを掌握した彼らは、市場としてはフランスを最大の顧客とした。フランスの煙草輸入に占めるグラスゴーの比率も、一七三〇年の一〇パーセント弱から一七五七—六二年の五二パーセントへ、同様の急上昇を遂げている。[31]ストア制によって現地で直接購入すると、煙草貿易船が集荷のために港に停泊する日数を節約できる。この時代の経済発展の基本要因が「取引きコスト」の削減、とりわけ海運能率の向上にあったこと、[32]そのなかでも決定的に重要だったのが集荷、荷役日数の短縮にあったというのが、いまではほぼ定説化しているといってよいことからすれば、この事実には測り知れない意味がある。ロンドンより遥かに短くて、戦時にも比較的安全な航路をとれたことも、プランターの意向を体さなければならなかった委託商とは違ってフランス人バイヤーに即売しえたことも、いずれも資本の回転率を高めた点でグラスゴー商人に有利であった(33)。彼らの海運費用があまりに安く、また「ほかにも彼らはいくつかの利点をもっているので、いまにロンドンでもグラスゴー経由で仕入れた煙草の方が安価になることもありえないことではない」とさえいわれたものである(34)。

結局のところ、一八世紀後半のイギリスでは煙草の三割ないし四割が委託代理商を通じて、残り七割ないし六割がストア制を通じて輸入された(35)。ということは、ほとんどが委託代理商制度に依存した砂糖貿易との対比でいえば、煙草貿易は相対的に小規模プランターの生存を許す構造になっていたことを意味しよう。むろん、逆に煙草栽培で小規模プランターが多数を占めたからこそ、こうした形態の貿易がありえたともいえるだろうが。

いずれにせよ、富の水準からして不在化が困難であったことと、小規模プランターに生存の可能性があったことによって、本国にとっての煙草植民地の意味は砂糖植民地とはまったく違ったものになった。砂糖植民地の所得は有力プランターの不在化にともなって、その大部分がそっくり本国に移送され、いわば本国の国内需要の一部をつくり出したのに対し、煙草植民地の収入はその多くが現地で支出されたのである。もとよりストア制そのものが何よりもイギリス商品の信用販売を基礎として成立していたのだから、それもイギリスの製造工業に市場を提供したことにかわりはない。しかし、この場合、そうしたイギリス商品は植民地人自身のために現地で利用されたのだし、それだけに、いつの日かその供給源をどこか別の地域——たとえば北部——に切り換えることも可能なはずであった。これに対して、所得がそっくり本国に移送された砂糖植民地は、供給源のオールタナティヴをもつどころか、自らの所得で潤うこともなく徹底した従属と「低開発」化を経験するのである(36)。同時代人E・ロングの次の一文は、慎重に読むとこの間の事情をよく物語っているように思われる。

彼はいう。「ジャマイカに住み、現地でその所得を支出するプランターの方が、〔不在化して〕イギリスでそれを使うプランターより有用であることは確実だ。理由は明白で、前者の所得はジャマイカで流通し、他の植民者の生活を支えることになるが、この植民者たちこそは交易、航海、工業製品の消費などを、イギリスにいては考えられないほど……増進するからである」。大地主一人の不在化は、当人のみならず数百人の白人人口の減少につながり、現地の社会を崩壊させ、ひいては本国にも害を与える。したがって、不在化してロンドンやバースに住むかわりに現地に住めば、同じプランターの家族の支出でも、結局は「母国にとって二倍以上の効果がある」、と。[37] 効果は、「母国にとって」よりも植民地そのものにとってこそ、無限に大きかったというべきであろう。

最後に、不在化が進行した西インド諸島とそれが不可能であった煙草植民地では、貿易関係や債務関係の意味もまったく違っていたことにも注目しておきたい。たとえばこうだ。一八世紀中頃からイングランドとウェールズからの西インド諸島むけ輸出は北米植民地へのそれの後塵を拝するようになる。しかもその直前から急成長するスコットランドの植民地貿易では煙草の比重が圧倒的に高いから、ブリテン全域の数値ではなおさら北米市場の優位が目立ってゆく(図7-2参照)。しかし、この事実をもって西インド諸島植民地の重要性の相対的低下を主張する旧来の諸見解は、いささか性急というほかない。というのは、第一に、両植民地向け輸出が交差、逆転してゆく時期こそが、砂糖プランターの不在化が急速に進む時代にあたっているうえ、第二には西インド諸島の砂糖輸出量は煙草のそれと大差のない比率で成長し続けており、同諸島の生産や所得そのものが俄かに低下したのではないからである。つまり、同諸島の所得が島内での消費や投資にむけられなくなった、というのがことの真相なのである。この意味では、同諸島向けの輸出統計はそれが生み出した需要のごく一部をしか表示しておらず、同諸島の真の重要性を覆いかくしている

図 7-2　市場としての西インド諸島と 13 植民地〔£000〕

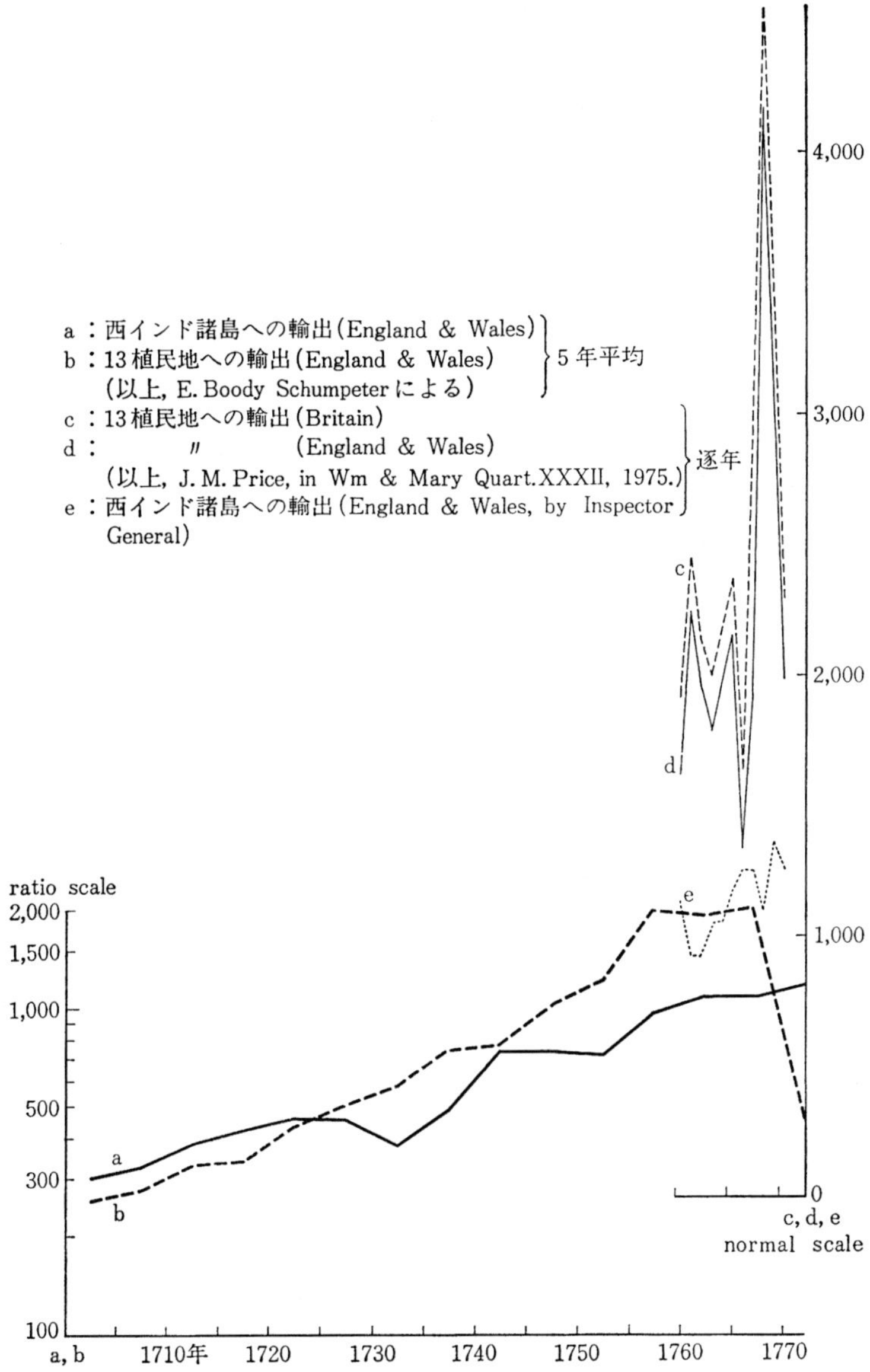

a ：西インド諸島への輸出 (England & Wales)
b ：13 植民地への輸出 (England & Wales)
(以上, E. Boody Schumpeter による)
5 年平均
c ：13 植民地への輸出 (Britain)
d ：〃 (England & Wales)
(以上, J. M. Price, in Wm & Mary Quart. XXXII, 1975.)
e ：西インド諸島への輸出 (England & Wales, by Inspector General)
逐年
4,000
3,000
2,000
1,000
0
c, d, e
normal scale
ratio scale
2,000
1,500
1,000
500
300
100
a, b
1710年
1720
1730
1740
1750
1760
1770
a
b
c
d
e

のである。

これらの事情は、同時代の人びとにはよく理解されていたように思われる。D・マクファソンの次の一文は、その何よりの証拠である。彼はいう。砂糖植民地との貿易は、一見したところイギリスの赤字となっているが、「同地のプランテーションはその多くがイギリス在住の地主の掌中にある。つまり、同地への輸出はプランテーションへの投資、輸入はその生産物の収穫と考えられるべきで、貿易差額が赤字であるといっても、それはイギリス国民の損失ではなくて地主の懐にころがり込む純利益を示しているのであり、原価を遥かに越える産出があることの証左である。……その一部は、利子や負債元本の返却というかたちで本国の金融家《キャピタリスト》に支払われる。地主の手に落ちる部分もあるが、その地主というのが多くはイギリス在住の商人……など[38]」からなっているのだ、と。

(1) anon., 'An Short Sketch of the Transactions that led to the New Regulations of Commerce that have lately been agitated in Favour of the Colonies', *Gentleman's Magazine*, vol. 36, Apr. 1766, pp. 228–31.

(2) 宇治田富造，上掲書（『植民地問題』），第一章第二節を参照。

(3) 'An Short Sketch', *Gentleman's Magazine*, 1766, p. 229.

(4) loc. cit.

(5) R. B. Sheridan *op. cit.*(Sugar and Slavery), p. 385.

(6) E. Long, *The History of Jamaica*, vol. 1, 1774, pp. 377–78.

(7) *Earl of Chesterfield's Letters to his Son*, 1857(New York ed.), 19 Sept. 1767. Everyman's Library 版では略されている。
また，cf. L. J. Ragatz, *The Fall of the Planter Class in the British Caribbean, 1763–1833*, 1928, p. 52.

(8) 詳しい事情は，cf. A. Anderson, *An Historical and Chronological Deduction of the Origin of Commerce*,(1764)1801, vol. III, pp. 177–82, 195–96.

(9) Sir Lewis Namier, *England in the Age of the American Revolution*, (1930)1961, pp. 235–36.

(10) R. Walcott, *English Politics in the Early Eighteenth Century*, 1965, p. 161. ちなみに，新・旧会社の対立でとくに政治的になっていた東インド関係者は一五人という。
(11) R. B. Sheridan, *op. cit.* (Sugar and Slavery), p. 60.
(12) 「西インド諸島派」の変遷については，拙稿「イギリス工業化と旧帝国——西インド諸島を中心に——」(『史林』五四巻六号，一九七一年)，八〇—八一頁。さらに，cf. L. M. Penson, 'The London West Indian Interest in the Eighteenth Century', *E. H. R.*, vol. XXXVI, 1921 reproduced in Mitchison, ed., *Essays in the Eighteenth Century*, 1966; id., *The Colonial Agents of the British West Indies*, (1924) 1971, pp. 174 ff.
(13) A. C. Land, 'Economic Base and Social Structure: The Northern Chesapeake in the Eighteenth Century', *Journ. of Econ. Hist.*, vol. XXV, no. 4, 1965, pp. 642 ff. このように零細な者までがプランターを自称し，プランター以外の職業を忌避した理由については，J. S. Bassett, 'The Relation between the Virginia Planter and the London Merchant', *Annual Report of the American Historical Association*, 1901, vol. 1, pp. 560–63. また，一七七六年のメリーランドのプランターについては，R. Forster & E. L. Papenfuse, 'Les grands planteurs du Maryland au XVIIIe siècle: une élite politique et economique', *Annales: E. S. C.*, 37e Année, No. 3., 1982, pp. 552–73.
(14) R. S. Dunn, *Sugar and Slaves: The Rise of the Planter Class in the West Indies 1624–1713*, 1973, p. 171.
(15) A. C. Land, op. cit., pp. 639–40, 653.
(16) Sheridan, *op. cit.* (Sugar and Slavery), pp. 230–31. 砂糖プランターのなかには，北米大陸に住んだ者もあるし，政治・経済事情の悪化が不在化を促したこともあるから(R. S. Dunn, *op. cit.*, pp. 102–03)不在化の促進要因は単純ではない。しかし，それを可能にした条件は，巨額の収入を措いてほかにはない。
(17) 前章第四節注(29)参照。
(18) Sheridan, The Sugar Trade of the British West Indies from 1660 to 1756, (unpublished Ph. D. thesis), 1951, p. 248. 委託代理商の役割については ibid., p. 231; cf. D. W. Thomas, 'The Mills Family: London Sugar Merchants of the Eighteenth Century', *Business History*, vol. XI, no. 1, 1969, pp. 5–8.
(19) 図7－1の出典参照。

(20) R. Pares, *Merchants and Planters*, 1960, p. 36; T. M. Devine, *The Tobacco Lords*, 1975, p. 67.

(21) C. Wilson, *Anglo-Dutch Commerce and Finance in the Eighteenth Century*, (1941) 1966, p. 169.

(22) Bassett, op. cit., pp. 559 ff. esp. p. 571.

(23) 初期の煙草貿易については C. M. MacInnes, *The Early English Tobacco Trade*, 1926.

(24) *The Political and Commercial Works of......Charles D'Avenant*, vol. V, 1771, pp. 427–28.

(25) Devine, *op. cit.*, p. 67.

(26) グラスゴーにおけるフランスの買付けに対するロンドン煙草商の苛立ちは，次の二通の手紙によく表われている。*Joshua Johnson's Letterbook, 1771–1774*, ed. by J. M. Price, (Pub. of London Rec. Soc., 15, 1979), 31a. and 143.

(27) Devine, *op. cit.*, p. 59; Joshua Johnson のアメリカ側のパートナーでさえ，グラスゴーとの取引きは「ストア制」に依っていた。*Joshua Johnson's Letterbook*, p. xi.

(28) J. H. Soltow, 'Scottish Traders in Virginia 1750–1775', *Econ. Hist. Rev.*, 2nd ser. vol. XII, 1959, p. 84.

(29) Devine, *op. cit.*, p. 57.

(30) Soltow, op. cit., p. 85.

(31) Devine, *op. cit.*, p. 67.

(32) D. C. North and R. P. Thomas, *The Rise of the Western World*, 1973, p. 93.（速水融・穐山洋哉訳『西欧世界の勃興』ミネルヴァ書房，一九八〇年，一三〇―一三一頁）。また，D. C. North, 'Sources of Productivity Change in Ocean Shipping 1600–1850', *Journ. of Political Economy*, vol. 76, 1968, pp. 953–70; J. F. Shepherd and G. M. Walton, *Shipping, Maritime Trade and the Economic Development of Colonial North America*, 1972, ch. 5.

(33) J. M. Price, 'The Rise of Glasgow in the Chesapeake Tobacco Trade, 1707–1775', *Wm & Mary Quart.*, 3rd ser. vol. 11, 1954, pp. 187–90. 一重量ポンド一―一・五ペニーの煙草の運賃が〇・五ペニーくらいであった。また，cf. Devine, *op. cit.*, p. 68.

(34) Quoted in *ibid.*, p. 67.

(35) J. M. Price, *Capital and Credit in British Overseas Trade: The View from the Chesapeake 1700–1776*, 1980, p. 6.

(36) さしあたり，E・ウィリアムズ（拙訳）『コロンブスからカストロまで』I（岩波書店，一九七八年），一六七頁参照。

(37)　E. Long, *op. cit.*, vol. 1, p. 387.

(38)　D. MacPherson, *Annals of Commere*, vol. 3, 1805, p. 342.

3　国際商品と国内商品――再輸出の可能性

プランターの不在化を許すか否かという問題のほかに、同じ主要換金作物といいながら、砂糖と煙草では決定的な性格の違いがもう一点あった。煙草は、イギリスに輸入されたもののうち八〇パーセント以上が再輸出された典型的な中継商品であったのに対し[1]、英領西インド諸島産の砂糖は一八世紀中期ともなると仏領のそれに価格の点で競争できず、その市場がアイルランド、スコットランド、北米を含む帝国内にほぼ限定された[2]、という事実がそれである(表7－2参照)。

本国への輸入品の大部分が再輸出された煙草については、将来たとえば政治上の自由がえられれば、イギリス商人を介することなく[3]アメリカ人が最終市場であるフランスやオランダ、北欧などとのコンタクトを確立してゆくことも、理論上は十分可能であった[4]。航海法の規制は、国際競争力の強い商品を生産しえた煙草植民地にとってこそ桎梏となりうる可能性があったのだ。

むろん、一連の航海法の実効性や功罪についての永い論争史に、ここで屋上屋を重ねる議論を展開するつもりはない[5]。ただ、それが桎梏となりうる可能性は煙草植民地にはあっても、砂糖植民地にはなかったという事実を指摘すれば十分である。本国内で強大な政治的影響力を行使しえた西インド諸島関係者は、イギリス帝国全域を強固な保護市場に仕立てあげた。一七三三年の糖蜜法や六四年の砂糖法がその象徴だとすれば、六三年のパリ条約もまた、彼らの勢力のバロメーターであった。すなわち、この条約で七年戦争中に占領した仏領砂糖植民地を返還し、「雪ばかりの

表 7-2　砂糖と煙草の国内留保分 (輸入－再輸出)

	1700/02	1710/12	1720/22	1730/32
砂糖	16.3	8.6	9.6	2.8
煙草	257	337	516	770

	1740/42	1750/52	1760/62	1770/72
砂糖	4.3	11.1	10.4	8.6
煙草	713	904	1,140	1,455

〔出典〕 E. B. Schumpeter, ed., *English Overseas Trade Statistics*, table, XVIII より計算.
tobacco : £bs. 000,000
sugar : cwt. 000

表 7-3　煙草再輸出先 (ポンド)

	ロンドン	地方港	スコットランド	計
オランダ	16,463	2,093	14,075	32,631
フランス	7,020	2,880	22,514	32,414
ドイツ	7,579	587	3,097	11,263
フランドル	3,789	711	711	5,211
アイルランド	30	1,656	2,873	4,559
北欧	1,073	954	797	2,824
スペイン	854	39	130	1,023

〔出典〕 O. M. Dickerson, *Navigation Acts and the American Revolution*, 1951, p. 37.

数エーカー」と皮肉られた当時としては不毛のカナダをとるという、破天荒な選択をイギリス政府が断行したのは、彼らの圧力のためであった。仏領植民地にはまったく競争しえなかった英領西インド諸島の関係者としては、これらの島を返還し、保護市場＝イギリス帝国から排除することが、自己の生存のために不可欠な条件だったのである。(6)

　このように、西インド諸島は保護市場としての帝国に依存したが、この市場はまた激しく膨脹してゆく市場でもあった。一七世紀にはなおまったくの奢侈品であった砂糖が、一七七〇年代前半のイギリスでは一五一万ハンドレッドウェイトが消費されるに至った。フランスの輸入量はイギリスの八割程度に達していたが、国内消費は輸入の四割にも満たず、額にして五五万ハンドレッドウェイト、つまりイギリスの三分の一程度にすぎなかった。一七四二年の両国の国内消費量の比率は四対三くらいであったから、イギリス市場の急成長ぶりが窺えるというものである。フランスの人口は一七七〇年代でもイギリスの三倍くらいだったから、ラフな言い方をすれば、イギリス人は平均してフランス人の八―九倍程度の砂糖を消費したことになろう。(7)

ワインが国民的飲料であり続けたフランスに対して、イギリスでは紅茶が急速に普及したことがこの背景をなしていることはいうまでもない。(8) 茶は、煙草とともに密輸が多く、輸入量の測定が難しい商品のひとつだが、貿易総監統計による限り、その国内消費量は一七〇三年には四万(重量)ポンド、四二年に一三八万ポンド、七二年には一、一六三万ポンドとなっている。(9) 一世紀余のあいだにイギリス人の生活習慣、とりわけその食生活を一変させた「生活革命」が、英領西インド諸島の発展を支えていたのである。(10) 西インド諸島の砂糖植民地はイギリス本国の市場を離れては存在しえなかったのだから、航海法体制はここでは桎梏などではありえなかった、というべきであろう。

(1) たとえば一七七二年には、イングランドとウェールズは約五、一五〇万重量ポンドの煙草を輸入し、四、一五〇万ポンド分を再輸出した。同じ年、スコットランドは四、五三〇万ポンドを輸入して四、四四〇万ポンドを再輸出した。合計の再輸出率は八八・七パーセントである。価格表示では、前掲表5―3のようにさえなる。E. Boody Schumpeter, ed., *English Overseas Trade Statistics, 1697–1808*, 1960, table XVIII; H. Hamilton, *An Economic History of Scotland in the Eighteenth Century*, 1963, App. IX.

(2) 一八世紀中頃の砂糖の再輸出率は、一〇パーセント前後。

(3) 事実、独立戦争中からフランスとの直接貿易の交渉が盛んにおこなわれた。ex. cf. Letter from Earl of Rockford to Horace St. Paul on 29 Sept. 1775(*Facsimiles of Manuscripts in European Archives relating to America 1773–1784*, 1970, vol. XIII)。その他同じ史料集には、交渉の模様を示す材料は多数認められる。

(4) 表7―3参照。また、一七〇〇―〇九年の平均値では、総額一、七六〇万重量ポンドの再輸出中、オランダへは七八五万ポンドで四四・六パーセントを占めた(前節注(24))。

(5) 簡単には R. P. Thomas, 'A Quantitative Approach to the Study of the Effects of British Imperial Policy upon Colonial

Welfare: Some Preliminary Findings', *Journ. of Econ. Hist.*, vol. XXV, no. 4, 1965, pp. 615–16, 636–38; R. Davis, *The Rise of the English Shipping Industry in the Seventeenth and Eighteenth Centuries*, 1962, p. 391 et passim.

(6) E・ウィリアムズ、上掲訳書、I、一〇六―〇七頁。また、前章第四節注(36)参照。

(7) Sheridan, op. cit.(Sugar Trade), pp. 56–58. フランスの砂糖再輸出率は、J. Tarrade, *Le commerce colonial de la France a la fin de l'ancien régime*, t. 2, 1972, p. 753. また、フランスの植民地貿易全体については、服部春彦「一八世紀後半におけるフランスの植民地貿易」(『西洋史学』九七号、一九七五年)、一九―三九頁。

(8) Cf. Bal Krishna, *Commercial Relations between India and England, 1601 to 1757*, pp. 195–96.

(9) E. B. Schumpeter, ed., *op. cit.*, table XVIII; D. Forrest, *Tea for the British: The Social and Economic History of a Famous Trade*, 1973, pp. 68 ff.

(10) Cf. J. T. Botsford, *English Society in the Eighteenth Century as Influenced from Oversea*, (1924) 1965, pp. 55 ff. esp. p. 59.

4 対外収支と金融問題

対外収支にかんしても、北米大陸植民地と西インド諸島はつとに別々の道を歩みはじめていた。一七六八年から七二年にかけての北米大陸植民地の対外収支を推計したシェパードとウォルトンによれば[1]、ニューファウンドランドやフロリダなどを含む北米大陸植民地は、貿易収支では年間一八〇万ポンドという巨額の赤字を出している。その九四パーセントは対英貿易によるもので、中部以北の植民地が惹き起こしている。貿易収支で黒字といえるのは対南欧貿易だけで、西インド諸島との貿易でさえ海運収入を勘定に入れない限り、小幅の赤字である。

しかし、海運を主体とする貿易外収支ではニューイングランドと中部が大幅の黒字を計上しているため、貿易収支と貿易外収支を合わせた経常収支――ただし、奴隷と年季契約奉公人の購入費、船舶輸出収入、植民地における政府支出などを含まない――では、ニューイングランドが一五万ポンド、中部が三九万ポンドの赤字に対して、南部は二四万ポンドの黒字ということになる(表7－4)[2]。しかし、さらに一方での奴隷などの購入費(六万ポンド)と、それよりは遥かに低い年季契約奉公人の購入費、他方での年間四〇万ポンドに達した植民地における政府の軍事支出などを総合すると、「十三植民地の経常収支は……ほぼ均衡しており」、中部や北部で小さな赤字があっても、「南部では赤字はなかっただろう」と考えられている[3]。

それどころか、すでに七年戦争終結の時点から、植民地における政府支出が対英赤字補塡に重要な役割を演じることはなくなった[4](表7－5参照)。戦時中はこの政府支出の役割が、当然のことながらきわめて重要であったことについては、同時代人の証言もある[5]。しかし、戦争が終ると、煙草輸出の成長によって、対英貿易赤字そのものが二割以上軽減されたうえ、南欧むけ食糧輸出、西インド諸島関係の海運業、船舶の輸出などの収益がふえたからである。南欧むけ輸出は一七二〇・三〇

表 7-4　北米大陸植民地の経常収支　(1768-72年平均)

	全北米大陸	N. England	中部	南部
対イギリス*	−1,615	−532	−717	−35
南　欧**	+633	+109	+216	+175
西インド諸島	+447	+244	+106	+95
アフリカ	+24	+23	+1	0
対全世界	−499	−150	−392	+239

〔注〕〔£000〕ケベック，ニューファウンドランド，フロリダなどを略してあることなどで，合計の数値は合わない．奴隷，年季契約奉公人，船舶の売買は除かれている．

* アイルランドを含む．** ワイン諸島を含む．

〔出典〕J. F. Shepherd & G. M. Walton, *Shipping, Maritime Trade and the Economic Development of Colonial North America*, 1972, p. 138.

表 7-5　北米大陸植民地における政府支出

(年平均 £000)

	本国政府支出	対英貿易収支	バランス
1749-55年	268	−322	−54
1756-63	998	−982	−16
1764-75	417	−773	−357

〔出典〕Julian Gwyn, 'British Government Spending and the North American Colonies 1740-1775', in P. Marshall & G. Williams, eds., *The British Atlantic Empire before the American Revolution*, 1980, p. 82.

年代には年間五―六万ポンドにすぎなかったのに、一七五〇年代には一二・五―一五万ポンドとなり(6)、七〇年前後の五年を平均するとおよそ五四万ポンドとなった。この貿易では、七〇年前後で平均一二万ポンドにのぼったとみられる海運収入も、ほとんどアメリカ人の手におちたはずである。

対西インド諸島貿易は僅かながら赤字だったが、ここでも七〇年前後の平均値で三二万ポンド以上の海運収入があった(7)。大陸植民地の輸出品のなかでは、相変らず煙草が一位で(年七六・七万ポンド)、パンと小麦粉(四一・二万ポンド)、米(三一・二万ポンド)がこれに次いでいたが、海運収入は煙草に次ぐ位置を占め、貿易外収支の黒字が商品取引の赤字の六二パーセントをカヴァーしていた(8)。このほか十三植民地は、パリ条約から独立戦争までの期間に、年平均四万トンの船舶を建造し、そのうち少なくとも一・八六万トン、価格にして一四万ポンド程度を輸出した(9)。イギリス側の記録でも、一八世紀最後の三分の一の期間には、ロンドンでは外国貿易船の一八パーセント、沿岸貿易船の一五パーセントが植民地で建造されたものであった(10)。

したがって、平和の到来で植民地における政府支出は半減したが、そのことによって十三植民地が危機に陥ることもなかったのである。言いかえれば、イギリス旧帝国の完成の時点とされる一七六三年は、同時に対外収支のうえで、十三植民地がほぼ自立の方向にむかう出発点でもあったのだ(11)。

とはいえ、対外収支がほぼ均衡していたからといって、個々の植民地人が本国人に負債を負っていなかったのではない。一七七二年の金融危機が債権者であるイギリス商人と現地プランターの対立を先鋭化させ、独立運動への導火線のひとつとなったというR・B・シェリダンの指摘は、いまも否定されたわけではない(12)。「負債が父から息子へ、何世代にも渡って引きつがれているので、プランター〔の家産〕はいわばロンドンの商社の付属資産となり果てている」と嘆いたのはジェファソンである(13)。しかし、七年戦争以後、十三植民地の対英負債は総額でこそ増大しつつあっ

表 7-6　独立戦争前から持ち越した植民地人の負債

(年5%の利子を含む, 1790年)

13植民地 計		ヴァジニア	メリーランド
(計£)	4,984,655(100%)	2,305,409(46.3%)	571,455(11.5%)
うちロンドンへ	46.6%	16.9%	54.3%
うちグラスゴーへ	44.4%	69.6%	42.4%
		Va+Md	
		ロンドンへ	24.4%
		グラスゴーへ	64.2%

〔出典〕 J. M. Price, *Capital and Credit in British Overseas Trade: The View from the Chesapeake, 1700–1776*, 1980, pp. 7 & 9.

たが、人口一人当りでも貿易額との比率でも、ともに減少傾向を辿り、本国資本への依存度は全体に低下しつつあったことが確認できる。(14) ところが、この点でまったく例外であったのが、煙草植民地であった(表7-6参照)。ヴァジニアとメリーランドでは、人口一人当りの負債額が漸増するのである。その結果、一七七六年には、二つの煙草植民地の住民は平均二ポンド七シリングの対英負債を負っていたのに、その他の植民地人は三分の一以下の一四シリング四ペンスをしか負っていなかった。(15)

大陸植民地の状況がこうだったとすれば、西インド諸島はどうだったのか。対英貿易収支が順調であるにもかかわらず、イギリス人商人の供与する信用に依存する度合いが高かったという限りでは、砂糖植民地の状況は煙草植民地のそれに酷似していた。もっとも、西インド諸島にかんする経常収支表は作成されたことがない。表7-7は、シェリダンが試みた貿易収支表で、これによればアメリカ独立戦争直前の貿易収支が若干の輸出超過ということになっている。貿易外収支の正確なデータは得られないわけだが、イギリス本国にとっても北米大陸にとっても、西インド諸島が海運、商業手数料、保険料などの形態をとる膨大な貿易外収入の源泉となっていたことはまちがいない。しかし、これらの支払いは、いずれも不在化したプランターによって本国内でなされたから、西インド諸島については国際収支の概念を比喩的にでも適用することが難しい

表 7-7　英領西インド諸島の貿易収支　(1772-74年平均, £000)

輸　　出		輸　　入	
イングランド・ウェールズ〔c.i.f.〕	4,058	グレイト・ブリテン	1,711
スコットランド〔c.i.f.〕	142	アイルランド	290
アイルランド〔c.i.f.〕	148	アフリカ	640
地金輸送〔c.i.f.〕	125	北米	725
c.i.f. ベースの計	4,473	c.i.f. ベースの計	3,366
f.o.b. に転換	3,187		
北米むけ輸出(f.o.b.)	400	貿易差額	221
合計(f.o.b.)	3,587		3,587

〔出典〕 R. B. Sheridan, *op. cit.*(Sugar and Slavery), p. 470.

のである。

事情は、本国商人に対する負債についても同じである。プランターがロンドンの委託代理商に大きな負債を負い、ついにはプランテーションを譲り渡すといった現象が、とりわけ一八世紀末以降しばしばみられるようになったこと、前章に考察したとおりである。[16] しかし、こうした債務も、西インド諸島にかんしては海をへだてることなく、本国内の関係にとどまることが多かったわけである。したがって、商人とプランターのあいだの債権・債務の関係はいかに緊迫しようとも、植民地の独立運動につながる可能性は皆無だったのである。それどころか、西インド諸島にかんしては商人とプランターを区別すること自体、それほど意味はない。不在化したプランターが代理商となったり、逆に商人が抵当物件のプランテーションを獲得することも多く、本国の政界でも両者はなかば融合して、単一の「西インド諸島派閥」を形成していたからである。[17]

ここまでくれば、植民地保有がイギリスにとって資本の流失につながったのか、逆にそれがもたらす収益が本国経済の資金源となったのかという、アダム・スミス以来の論争にも言及しなければなるまい。[18] というのは、商人によるプランターへの信用供与という事実こそが、資本流失説の最大の根拠となっているからである。植民地保有や植民地物産の再輸出貿易が資本の流失をもたらすと主張し続けたスミスは、次のようにいう。「新植民地というものはつねに資本不足である。資本さえ使用すれば、多額の利潤や利益をあげうる」のだが、それだけの資本がない。したがって、「新植民地はできるだけ多く母国から借金をしようと努力するから、いつでも債務を負っている」。植民地人は母国の富者から借用証書によって資金を借りるのではなく、「ヨーロッパの財貨の供給をうけているその取引先に対する支払いを、ゆるされる限り延期してもらう」のである、と。[19]

植民地、とりわけプランテーション型植民地の開発には、膨大な費用がかかったことは明らかである。たとえば、本国から受取る年四〇ポンドの年金だけというケアリ・ヘリヤーのごとき零細な砂糖プランターの元本も、[20]寄せ集めればかなりの額になろうし、奴隷の売掛代金の回収に失敗した王立アフリカ会社の事実上の倒産も、植民地開発資金の流れを示す一例とみえなくもない。[21]

しかし、開発が進むにつれて資本の流れは逆転する。長期の開発資金は不要となり、逆にプランテーションからは利潤があがってくる。砂糖革命完了後の西インド諸島や独立戦争前の十三植民地は、すでにこのような状況にあった。スミスのいう短期の商業信用は拡大されるが、他方、それ以上の利潤が本国商人やプランターのもとに確保されたのだ。その結果、不在化の起こらなかった十三植民地では、七〇年代にはすでに経常収支はせいぜい小幅の赤字をしか示しておらず、大規模な外部(＝本国)資金の導入が必要であったとは思えない。しかし、こうした自立化の傾向は、あくまで海運収入、南欧・西インド諸島むけ穀物輸出、さらに煙草輸出を柱として成立していたわけで、そのうちどれかひとつが欠けても不可能になるはずであった(表7－8参照)。これに対して砂糖植民地は、不在化によって利潤のほとんどが本国へ移され

表7-8　北米植民地の輸出主要項目

(1768-72年平均 £000)

煙草	766	米	312
海運サーヴィス	610	魚類	287
パン・小麦粉	412	インディゴ	117

〔出典〕 Shepherd & Walton, *op. cit.*, p. 135.

るため、現地では資本が蓄積されず、いつまでも外部からの資金導入が不可欠であった。そこには、たとえば十三植民地と結んで自立の方向を辿る可能性はまったくありえなかったのである。

（1） J. F. Shepherd and G. M. Walton, *op. cit.*, p. 115.
（2） *ibid.*, p. 138.
（3） *ibid.*, p. 151.
（4） J. Gwyn, 'British Government Spending and the North American Colonies 1740–1775', in P. Marshall and G. Williams, eds., *The British Atlantic Empire before the American Revolution*, 1980, pp. 82–83.
（5） D. MacPherson, *op. cit.*, vol. III, pp. 317–18 も、一七四四年から五八年までのあいだに、西インド諸島むけに比べて大陸植民地への輸出が著しく成長したことを、統計によって示しているが、その成長は主として軍需景気によるもの、と断定している。
（6） Shepherd and Walton, *op. cit.*, p. 41.
（7） *ibid.*, p. 139.
（8） *ibid.*, p. 136.
（9） J. M. Price, 'A Note on the Value of Colonial Exports of Shipping', *Journ. of Econ. Hist.*, vol. XXXVI, 1976, p. 722.
（10） R. C. Jarvis, 'Eighteenth-Century London Shipping', in A. E. J. Hollaender, and W. Kellaway, eds., *Studies in London History*, 1969, p. 411.
（11） 独立戦争中の植民地側の財政事情については、P. Mathias, *The Transformation of England : Essays in the Eighteenth Century*, 1979, ch. 15.
（12） R. B. Sheridan, 'The British Credit Crisis of 1772 and the American Colonies', *Journ. of Econ. Hist.*, vol. XX, 1960, p. 186.
（13） cited in J. M. Price, *op. cit.*(Capital and Credit), pp. 5–6.
（14） *ibid.*, pp. 13–14.

(15) *ibid.*, p. 12.
(16) Sheridan, op. cit. (Sugar Trade), pp. 191 and 200 et passim.
(17) R. Pares, *Merchants and Planters*, 1960, p. 37.
(18) 上掲，第六章六節注(3)をみよ。
(19) アダム・スミス(大内兵衛・松川七郎訳)『諸国民の富』(三)，(岩波文庫，一九六五年)，三四七，三五〇頁
(20) J. H. Bennett, 'Cary Helyar, Merchant and Planter of Seventeenth-Century Jamaica,' *Wm & Mary Quart.*, 3rd ser. vol. 21, 1964, p. 55.
(21) すでに一六七六年でも，王立アフリカ会社はその資本金の三分の二にあたる七万ポンドをバルバドス島一島に貸し付けていたが，このうち少なくとも二・五万ポンドは「長期」債権であった。同年，ジャマイカでも同社は二・五万ポンドの債権をもち，四年後にはそれが六万ポンドになっている。西インド諸島全域では一六八〇年に一二万ポンド，一六九〇年には一七万ポンドの貸し付けになっていた。K. G. Davies, *The Royal African Company*, 1957, pp. 318-19.

5　工業化と煙草貿易

ストア制度や委託代理商制度を通じて，雑工業製品や毛織物を輸出し，煙草や砂糖を輸入，その一部は国内で「生活革命」の素材となりながら，残りの部分は再輸出されて最初の製品の価値を実現する。このような構造をもった「商業革命」期の新世界貿易は，イギリスの工業発展とどのようにかかわっていたのであろうか。奴隷貿易や西インド諸島との砂糖貿易にかんしては，それがリヴァプールを発展させ，マンチェスターの綿工業を生んだとするE・ウィリアムズのテーゼもあり，すでに関説するところもあった。したがってここでは，グラスゴーの煙草貿易とスコットランドの工業発展を中心に考察をすすめたい。煙草貿易の最大のセンターとなったグラスゴーとその後背地が産業革命の中心地のひとつでもあったことは，いうまでもない。しかし，この二つの現象に因果関係を認めるか否かは，

すでに永い論争史のあるテーマである。アメリカ独立戦争が勃発して煙草貿易が突如中断され、投資先を失った商人が綿工業などに転じ、「スコットランド産業革命」を惹き起こす。これがH・ハミルトンの唱えたテーゼであり(1)、論争はこのテーゼを廻って展開した。

イギリス(ブリテン)のなかでも比較的後進的な地域であったスコットランドに唐突に工業化が進行し、グラスゴーとその周辺がイギリスでも代表的な工業地帯となってゆくタイミングが、アメリカ独立戦争の始期と一致していることから、ハミルトンの学説には説得力があった。しかし、個々の企業を経営史的に辿ってゆくと、この学説には疑問も多く、一九五〇年代以降は批判的な見解が目立ってきている(2)。煙草貿易は確かに独立戦争で大打撃をうけ、もとの水準に回復することはなかった。しかし、それも八〇年代後半ともなると、最盛期の四分の一程度には回復したし(3)、一般に商人は遊休資金を工業投資にむけたというよりは、土地への投資——地主化——と西インド諸島貿易に転換することが多かった(4)。図7-2のc、d、eをみれば、十三植民地との貿易と西インド諸島貿易とはほぼ逆相関しており、相互補完的な傾向にあったことが分かる。こうして、一九六三年にはハミルトン自身がそのテーゼを修正することになったのである(5)。

しかし、一八世紀第二・四半期以後、急速に勃興したグラスゴーの煙草商人は、植民地むけ輸出品——いわゆる雑工業製品を高い比率で含む——をできるだけスコットランド内で買付けようとしたことも事実である。そのために、彼らは各種の製造業にも手を染め、貿易と多様な製造業を兼業する商・工複合企業体となっていった。一六六〇年から一七三〇年までの七〇年間には、貿易商のつくった製造業の企業体は九件しか確認されていないが、一七三〇年代には一〇年間で七件、四〇年代には一一件、五〇年代にも七件をかぞえ、世紀後半にはスコットランド西部の大企業で、煙草や砂糖の貿易と無縁なものはほとんどなくなった(6)。商人を有力なパートナーとする企業は、皮革、精糖、ロープ、醸造、ガラス、リネン、鉄、石炭、綿織物など、新世界の植民地との貿易にかかわりのある製造工業のあらゆる分野に及んだ。たとえば、一八世紀のスコットランドに存在した三つの鍛鉄製造会社のうち二つはグラスゴーにあったが、そのひとつは釘や斧、犂などを生産するために、一七三四年に煙草商人によって設立された。三五年後、ヴァジニア貿易商三人によって、同様の会社が六、〇〇〇ポンドの資本金をもって設立されている。これらの企業は原料などを確保する必要から、一八世紀末の三〇年間に石炭業やガラス製造業にも投資してゆく。一七七九年から一八〇一年までに貿易商が関与して創設された銑鉄製造業は九件をかぞえた。(7)

一九三二年のハミルトンの研究以来、とくに煙草貿易との関係が強調されていた綿工業についてはどうか。近年でもS・シャピロのようにハミルトンの旧説を支持するむきもあるが、(8) 煙草貿易の中断が工業投資を生んだと考えるのは無理が多い。一七九五年にロンドンのサン火災保険会社 The Sun Fire Office と取引のあった綿工場だけをとると、植民地貿易商の出資額は一七パーセントにすぎない。(9) しかも、ここにいう植民地貿易商の多くは西インド諸島貿易商で——西インド諸島貿易と綿工業のつながりを説くウィリアムズのテーゼの傍証がここにある——、煙草商人の役割は大きくない。独立戦争で西インド諸島貿易に転じた商人が、綿工業と結びついてゆくケースはかなり認められる。(10) ただし、このデータがとられた九五年といえば、スコットランド綿工業がすでに軌道にのった時代であるため、このデータでは綿工業の成立期における商人の役割を多少とも過小評価しているきらいはあるのだが。(11)

表 7-9　スコットランド植民地貿易商が投資した鉱・工業

繊維産業(絹, リネン, 毛)	23
〃　(綿)	12
〃　(仕上工程)	9
鉄　(鍛鉄)	4
鉄　(銑鉄)	3
炭　坑	14
精　糖	7
鉱　山	2
ロープ・帆	3
皮　革	4
醸　造	2
ガラス	3
石けん	2
煙草加工	1
陶　器	1

〔出典〕 T. M. Devine, *The Tabacco Lords*, 1975, p. 47.

最後に、表7-9は一七〇〇年から一八一五年までに確認しうる植民地貿易商の投資した企業の内訳である。個々の商人についてみるとただ一つの製造業にのみ投資した者二一人、二企業に投資した者一九人、三企業が一一人、四企業に分散して投資した者九名となっており、なかには一七企業に投資したジェイムズ・ダンロップ James Dunlop のような例もある。

以上の事実は、要するに次の二つのことがらを示唆している。すなわち、第一に、十三植民地との貿易が停止してその資本が工業に向けられた、とは考え難いということである。むしろそれ以前からの貿易の展開そのものが、植民地むけ輸出品を確保する必要から、商人の工業への投資を生んだ、というべきであろう。新世界貿易にあっては、輸入品である煙草や砂糖と同じく、輸出品を安価に、確実に入手することもその経営上不可欠な条件であった。後背地に製造工業を展開しえなかったホワイトヘヴンの煙草貿易商ラトウィジ Lutwidge, C., が、ロンドンをはじめベルファーストやダブリンを含む全国各地に代理商をおいて輸出品の買付けをしなければならなかった事実をみれば、このことの意味は容易に理解できる。(12)

第二には、商人の土地や工業への投資が、リスク分散の意味をも含んでいたらしいことがわかる。貿易のリスクは大きかったし、貿易活動の規模の拡大には限界もあったから、これも自然な成りゆきであっただろう。土地への投資にはジェントルマン志向という社会的価値観が作用していたことはいうまでもないが、いったん入手した土地については、鉱業や工場用地としてこれを開発することも、ごくふつうのやり方となっていた。

結局、煙草商人は貿易の中断によって遊休化した資本を工業に投資したのではなく、貿易の便宜と経営の安定のために工業投資を余儀なくされたのである。したがって、煙草貿易の工業発展にとっての本当の意味は、その収益が工業化の一部をファイナンスした——それも事実なのだが——というよりは、植民地にイギリス製品に対する購買力を与えたところにこそある、というべきであろう。じじつ、商人が自前の企業で生産したもの以外の工業製品を輸出しようとする場合、その金融機構のなかでは、輸出商自身よりも仲買人＝倉庫業者が決定的な役割を果たしていた。彼らはいわゆるマーチャント・マニュファクチャラーズから製品を仕入れ、これを貿易商に信用販売するのである。彼らの与える一年程度の信用が、輸出活動にとっては大きな意味があった。貿易は確かに植民地の開発と同じく、それ自体に資本が必要だったのである。逆に、マーチャント・マニュファクチャラーズの方でも、彼ら仲買人＝倉庫業者の信用に依存していた。後者の資金は、親からの相続、婚姻、自己利潤の再投資のほか、国民のあらゆる階層からかき集められたことがわかっている。委託代理商ばかりか彼らのなかからも、一九世紀の大銀行家が輩出したのも当然である。(13) 輸出貿易金融のこのような形態は一八一五年ないし二〇年頃まで続き、そこからは生産者が自ら輸出をおこなうようになる。(14) つまり、自立的な産業資本の再生産機構が確立する、というわけである。

事情がこのようであったとすれば、はじめにあげたアダム・スミスの主張は認められるのだろうか。スミスにとっては、再輸出貿易は植民地保有と同じく、不合理であった。煙草を例にあげて彼はいう。「たとえば、メリーランドやヴァジニアは大ブリテンへ年々九万六、〇〇〇樽以上の煙草を送っているが、大ブリテンの消費は一万四、〇〇〇樽を越えない」ので、残りの八万二、〇〇〇樽は再輸出されている。この再輸出は、要するに迂回貿易の一種であって、資本の回収期間が非常に長くなっている。「もし、植民地の煙草の販路が大ブリテンの市場だけに限定されていなかったならば……わが国へは国内消費に必要な分以上には……こなかっただろう」。「現在、大ブリテンが自国の消費のために、他の国々へ大量の余剰煙草を輸出して購買している財貨は、この場合には……僅かな自国の製品で購買するようになっただろう」。こうなれば遥かに小さな資本で、煙草の再輸出貿易が果たしている機能はすべて賄える、というのである。(15)

しかし、ヨーロッパを核とする「世界経済」が収縮の局面にあり、そのなかでイギリスが他の中核諸国と熾烈な生存競争を展開していたこの時代には、スミスの主張はなお実際的であったとはいえない。七〇年代前半におけるイギリス雑工業製品の輸出先をみると、ヨーロッパ一に対して非ヨーロッパ地域三の比率になっている[16]こと、すでにみたとおりである。この時点ではなお、イギリス製造工業は他のヨーロッパ諸国のそれに比べて、圧倒的に優位にあったとも言いきれない。伝統的に比較優位を確立していた毛織物工業はともかく、雑工業製品の製造業では保護市場が必要であった。煙草そのものは砂糖とは違って国際競争力の強い商品であったから、その販売を自由化しても植民地はイギリス製品への購買力を維持できたかも知れない。しかし、煙草の再輸出がなくても、たとえば一七六〇年代のイギリスが、「僅かな自国製品で」必要なヨーロッパ商品を購入できたかどうかは、はなはだ疑問というべきであろう。さらにいえば、イギリス製品の輸出と煙草の輸入とはストア制や委託代理商制によって結合されていたわけで、煙草の自由化は同時に工業製品の植民地への輸入をも自由化させ、イギリス雑工業製品の製造業は保護市場を失ったかもしれない。独立戦争で中断されたスコットランドの煙草貿易では、まさにスミスの希望どおり、再輸出貿易が消滅したが、それにあてられていた資本が工業生産にむけられたかどうかは判然としないこと、上述のとおりである。

実際のところ、スミス自身の主張もそれほど首尾一貫しているわけでもない。というのは、同じ著作の別の箇所で彼は、煙草の国内消費と再輸出について、すでに引用したのと同じ数値を用いながら次のように言っているからである。「もし再輸出が停止すると、その分の煙草の購入に用いられる財貨の生産に使用されているイギリスの全住民の生産的労働も、終息せざるをえない」。したがって「もっとも迂回的な外国貿易も、ばあいによっては、その国の生産的労働を……維持するために、もっとも直接的な外国貿易と同程度に必要なこともありうる[17]」、と。

(1) H. Hamilton, *The Industrial Revolution in Scotland*, (1932) 1966, pp. 120–21.

（2）　M. L. Robertson, 'Scottish Commerce and American War of Independence', *Econ. Hist. Rev.*, 2nd ser. vol. IX, 1950, p. 130; R. H. Campbell, *Scotland since 1707*, 1965, pp. 40 and 46. キャンベルは，独立戦争による商業の途絶が工業への投資を促進したとはいえず，そのようなことがあるとしても，銀行を媒介とするなど，間接的な形態をとったはずという。貿易はむしろ成長したときにこそ，工業に市場を与えるという意味で，工業発展への直接的な刺激となった，というのである(p. 47)。

（3）　H. Hamilton, *An Economic History of Scotland in the Eighteenth Century*, 1963, p. 416.

（4）　*ibid.*, p. 279. しかも，Robertson, op. cit., p. 125 によれば，スコットランド商人は，ノヴァ・スコシア，ニュー・ファウンドランド，カナダなどを法の抜穴として利用した。一七七五年以前にはゼロに近かったノヴァ・スコシアへの輸出が，七六年には四・五万ポンドになったし，五，〇〇〇ポンド弱であったカナダむけも，七五年には一・三万ポンドに急増した。

一七九〇年までにスコットランドの対西インド諸島貿易は，合衆国との貿易を上回る。砂糖輸入量は一七八六年の一一万ハンドレッドウェイトから一四万ハンドレッドウェイトへ，棉花輸入は八五万重量ポンドから二七二万ポンドへ急成長し，それに応じてリネンなどの輸出も激増する。全イギリスの対合衆国貿易がどう変化したかは，J. Potter, 'Atlantic Economy, 1815-60: the U. S. A. and the Industrial Revolution in Britain', in Pressnell, ed., *Studies in the Industrial Revolution*, 1960. とくに煙草については ibid., p. 252. さらに，R. Davis, *The Industrial Revolution and British Overseas Trade*, 1979, tables, 38-40; T. M. Devine, 'Glasgow Merchants and the Collaps of the Tobacco Trade, 1775-1783', *Scottish Historical Review*, vol. LII, no. 153, 1973, pp. 50-74.

（5）　土地への投資については T. M. Devine, *op. cit.*, ch. 2.

Hamilton, *op. cit.*(Economic History), p. 168.

（6）　Devine, *op. cit.*, p. 35.

（7）　*ibid.*, pp. 37-38.

（8）　S. Shapiro, *Capital and the Cotton Industry in the Industrial Revolution*, 1967, p. 173.

（9）　Devine, *op. cit.*, p. 44.

（10）　Robertson, op. cit., pp. 128-29: Hamilton, *op. cit.*(Economic History), pp. 270, 279 et passim.

（11）　北政巳「スコットランドとイギリス産業革命」(角山栄編『講座西洋経済史』Ⅱ，同文館，一九七九年)，二六〇頁。

(12) E. Hughes, *North Country Life in the Eighteenth Century*, vol. II, 1965, pp. 31-32.
(13) J. M. Price, *op. cit.* (Capital and Credit), pp. 144-45.
(14) N. S. Buck, *The Development of the Organization of Anglo-American Trade 1800-1850*, 1925, pp. 144/45.
(15) スミス、前掲訳書、㈢、三四九―五〇頁。
(16) 前掲表5-3参照。
(17) スミス、前掲訳書、㈡、四一四頁。

表 7-10　イギリス*の対ヨーロッパ輸出
(1772-74年平均, £000)

	北西欧むけ	北欧むけ
a　毛織物	847	116
b　雑工業製品	266	81
c　その他	355	104
A　国産品計	1,468	301
B　再輸出	3,006	217
d　(うち煙草)	(736)	(70)
煙草／工業製品〔d/(a+b)〕	0.66	0.36

* スコットランドを含まない．スコットランドを入れると最下段の数値は遥かに上昇することはいうまでもない．
〔出典〕 R. Davis, in *Econ. Hist. Rev.*, 2nd ser. vol. XV, 1962, App. から算出．

6　おわりに

西インド諸島と大陸南部のヴァジニアやメリーランドは、一見したところ似通った経済構造をもっていた。強制労働を使用し、換金作物を栽培するプランテーション経済という点でも、本国商人の供与する信用への依存度の高さでも、両地域は共通していた。これらはすべて、ウォーラーステインのいう「辺境」概念に適合するものである。

しかし、他方では、すでに煙草植民地には本国との関係において砂糖植民地とは決定的に趣を異にする点があった。煙草プランターが不在化しうるほど豊かにならなかったことと、煙草が再輸出商品としてイギリス市場への依存度が極度に低かったことによって、煙草植民地は潜在的自立性が高かったからである。言いかえれば、煙草植民地は砂糖植民地ほど徹底的には「辺境」化されなかったし、イギリスの代りに、「半辺境」となったニューイングランドに結びつく可能性をも残していたのである。紅茶と一体となってイギリス人の食生活の柱のひとつとなった砂糖と、つまるところ嗜好品の域を出なかった煙草との商品そのものの性格の違いが、そこに深い影を落している。それだけ煙草のイギリス市場が狭かったともいえるし、逆にその国際競争力が高かったともいえるのである。ヨーロッパ諸国のなかで、まだ必ずしも圧倒的な生産力を誇るというわけにもいかなかったイギリス雑工業は、その製品をもって直接ヨーロッパ市場に切り込むことができなかっただけに、圧倒的な国際競争力をもつヴァジニア、メリーランドの煙草を媒介として、その輸出市場を植民地に求めていったのである。この意味で、北米植民地市場の相当の部分は、いわば「煙草を通じて彼の地に移されたヨーロッパの購買力」を示しているのである(表7-10参照)。

八 「商業革命」期の対ヨーロッパ貿易
――ポルトガルと北欧――

1 はじめに

「商業革命」のもっとも著しい特徴のひとつは、貿易の地域構造の変化にあった。まったくヨーロッパ内の存在でしかなかった一七世紀初頭のイギリスは、対蘭・対仏戦争に次々と勝利した結果、非ヨーロッパ世界に広大な植民地を維持する帝国に変貌を遂げる。イギリスが貿易の面でも、非ヨーロッパ化の傾向を示したのは、けだし当然であった。

しかし、すでに掲げた貿易の地域別構成表(表5-2)を一瞥すれば、ここにいう非ヨーロッパ化の過程にはいくつかの例外があったことがわかる。たとえば、アイルランドとの貿易、北欧からの輸入、南欧への輸出などは例外的にそのシェアをほぼ維持したのである。とすれば、一種の「植民地貿易」であり、歴史的経緯からいっても新世界と一括して扱われるべきだと思われるアイルランド貿易はともかく、イギリスがヨーロッパから離脱してゆくこの時代に生き残った二つの対欧貿易――北欧からの輸入と南欧貿易――は、工業化前夜のイギリス経済にとってどのような意味をもっていたのか。この二つのブランチは何故に生き残りえたのか。これが本章の課題である。

2 一八世紀の北欧貿易

一七・八世紀イギリスの重商主義体制のなかで、決定的に不足していたものが木材とピッチ、タールなどの森林資源であったことはよく知られている。麻類を含めてこれらの物資が鋼鉄船や鉄道出現以前のイギリスのような国にとっては、造船、建築、初期的な機械などの素材として、その経済力、軍事力の基礎をなしていたことも周知のとおりである。しかも、こうした木材、森林資源はいまひとつの基礎資材でもあり、またそれ自体、木炭を燃料として製造された鉄とともに北欧から供給されたので、むしろ北欧貿易の成長テンポは、そのままイギリス経済の成長のバロメーターでさえあった(1)。

一八世紀イギリスの北欧貿易では、麻類とピッチ、タールを供給したバルト海沿岸のいわゆるイースト・カントリとの貿易や鉄などを供給したロシアとの取引が量的には大きかったが——前者はすでに停滞的なのに、後者は激しく成長しつつあり、ウォーラーステインのいう「ヨーロッパ世界経済」へのロシアの吸収過程が読みとれる(2)——、それらについてはすでにいくらか触れたし、基本的な構造には違いがないので、ここでは木材を供給したノルウェー——デンマークの支配下にあった——と鉄を供給したスウェーデンとの貿易を検討する。後者の基礎は一六六一年の通商条約によって、またデンマークとのそれは一六七〇年の条約によっておかれた。すなわち、戦時に敵対国を支持しないことを条件として相互の自由貿易を認めるというのが、その骨子であった(3)。これらの条約を基礎に、一七世紀後半のイギリスは北欧への毛織物輸出を四割近く成長させ、植民地物産やリヴァプールの初期の発展を支えたナントウィッチ産の塩などを含めて、世紀の交の北欧むけ輸出は二五—二六万ポンドに達した(4)。

しかし、一七世紀末、仏・英両国をはじめとして保護主義への傾斜が国際的風潮となりはじめると(5)、北欧貿易の様

表8-1 対北欧貿易

輸出 (年平均, £000)

仕向先＼年	1701–5	1721–5	1741–5	1751–5	1761–5	1771–5
デンマーク・ノルウェー	47	84	60	84	134	178
イースト・カントリ	135	107	167	177	266	85
スウェーデン	59	41	24	17	28	71
ロシア	102	53	76	98	66	191

輸入 (年平均, £000)

輸入元＼年	1701–5	1721–5	1741–5	1751–5	1761–5	1771–5
デンマーク・ノルウェー	74	97	88	82	82	93
イースト・カントリ	154	157	230	277	168	261
スウェーデン	195	168	185	194	24	187
ロシア	128	177	292	497	816	1,062

〔出典〕 E. B. Schumpeter, ed., *op. cit.*, tables V & VI.

相も一変する。すでに一七世紀にイギリス毛織物に高い関税を課していたスウェーデンは、一七二四年に航海法を発布し、二六―二七年に設定した一般輸入関税を三四―三五年にはいっそう強化したため、イギリス産毛織物は事実上閉め出された。三九年には、毛織物のみならずほとんどのイギリス製品が、事実上禁輸となった。東インド物産も、イギリス商人を利用してスウェーデンが自国の東インド会社を設立した結果、イギリスからの輸入はその必要が少くなった。

この事情はデンマーク＝ノルウェーについても同じで、一七三二年に東インド会社を再建、西インド会社をも創設したこの国は、一七三〇年から六〇年にかけて発布した諸法令により、イギリス製品をほぼ完全に排除した。すなわち、毛織物ばかりか、一七四六年には塩、さらに一七六〇年にはガラスや煙草の輸入を禁止、六二年にはその保護政策体系が完成したといわれる。海運業についても、船籍別の差別関税、差別港湾税の設定によって外国船、とくにオランダ船とイギリス船の排斥を策した。(6)

こうした北欧諸国――ロシアやイースト・カントリにも類似の傾向が認められる――の政策転換は、その必然的帰結としてイギリスの輸出不振をもたらした。北欧への輸出はその総量こそ一八世紀を通じて微増したが、毛織物輸出は世紀初頭の一九万ポンドから七〇年代の一二万ポンドへと絶対的に低下した。しかも、帆布用麻類、ピッチなど船舶用品、鉄、木材などを内容とする北欧からの輸入はますます重要性を増しており、その総額は七〇年代までに三倍近くにふくれ上った。[7] こうして一八世紀の北欧貿易は、「失われた貿易」の名の生まれた一七世紀のそれにもましてイギリス側の入超となり、重商主義者の危惧の種となった。輸入品が帝国全体を経済的・軍事的に支える基礎物資であったことが、彼らの不安をいっそうかきたてたのである。[8] 論争的な『ブリティッシュ・マーチャント』誌の編者によれば、「(あらゆる種類の海運資材をここから買うのだから、この輸入が途絶えれば)われわれは板子一枚海上に浮かべることはできない。……その差額は金や銀で支払うほかなく、その額は年々二〇万ポンドに達すると聞いている」のである。もっとも彼自身は、この貿易で得られた資材でつくられた船舶五〇万トンがトン当り年五ポンドの船賃を稼ぎ、その五分の一つまり五〇万ポンドは外国人が支払うという想定のもとに、「(この貿易の赤字の)二倍以上のものが他国民から海運業で得られる」と考えることに慰めを見出している。[9]

たしかにズンド(エレサン)海峡文書をみても、一七〇九年のような戦時は別にして、イギリスの北欧貿易は圧倒的にイギリス船によって展開された――ただし、北欧貿易全体でのオランダ海運業の優越は一七八〇年まで変らない――ことがわかる(表8-2参照)。しかし、それはこの貿易が極端な片貿易であった事実をカヴァーするものではなかったのである。そのうえ一六五三年にオランダが工作して英・仏両国船に対してズンド海峡を閉ざしたのをはじめ、一七世紀後半から一八世紀にかけて、バルト海地方の政治状況は必ずしも安定したものではなかったから、この「イギリスの生命線」はつねに脅威に晒されることになった。[10] したがって、コルベールのフランスがポルトガルにピッチ

表 8-2　ズンド海峡西航船舶数

(隻)

年	1669	1689	1709	1729	1749	1769	1779
全イギリス船	90	153	30	514	283	767	668
(イギリス行イギリス船)	(85)	(151)	(30)	(500)	(270)	(707)	(660)
全オランダ船	989	747	278	1,118	836	1,218	1,024
全国籍・イギリス行船	145	177	78	521	295	852	944

〔史料〕 N. E. Bang og Knud Korst, eds., *Tabeller over Skibsfart og gennem Øresund, 1661–1783 og gennem Storebaelt 1701–1748*, Første del, 1930. この史料にかんしては Det Kongelige Bibliotek(コペンハーゲン)のお世話になった.

やタールの供給源を求めようとしたのと同様に、ニューイングランドに森林資源の供給源を求める動きが出てきたとしても不思議ではない。本国産業と競合的な構造をもつニューイングランドを「好ましい」植民地に変質させることもできるであろうこの計画は、重商主義者の理想からいえばまさに一石二鳥であった[11]。北欧貿易を植民地へスイッチしようというこの種のキャンペーンは、一六九六年、西インド諸島で起こった海運資材の不足によるパニックを契機に本格的に展開され、翌九七年のスウェーデン王カール一一世の死去から北方戦争に至る政治的混乱が、これに拍車をかけた。一七〇一年からはスウェーデンが独占を強化し、フランス以外への供給を停止したりしたので転換のキャンペーンもピークに達し[12]、一七〇四年、植民地産の海運資材への奨励金制度が創設された[13]。同様の運動は一七一五・六年[14]、一七二〇年代、五〇年代にも展開された。しかし、一七〇四年の法令も、アメリカからの木材の輸入関税を廃止させた二〇年代の運動も、結局は決定的な効果をあげえなかった。五〇年代のそれはノルウェーの木材輸出商に衝撃を与えたが、まもなく彼らも「重商主義者の理想と個々の商人の利害は別物」だという事実に気付いて安堵することになる[15]。植民地産の木材や木材製品は、いかに重商主義者の理想に近くとも、輸送コストの膨大なこともあり、安全性や安定性の点でもとくに戦時には北欧貿易以上に不都合だったからである。マスト材などでは、アメリカものの品質が劣ったという事実もある[16]。

スカンディナヴィア諸国からの供給を補うのに現実に意味があったのは、むしろ鉄やピッチ、タール、大麻を大量に供給したロシアであった。ズンド海峡文書でも、ペテルブルグへ向かうイギリス船は一八世紀を通じて急速に増加している。[17] しかも、一八世紀のロシア貿易においては、一七世紀のモスコー会社の運命とは逆に、イギリスはオランダを圧倒することさえできたのである。

(1) P. Jeannin, 'Les comptes du Sund comme source pour la construction d'indices généraux de l'activité economique en Europe (XVIe–XVIIIe siècles), *Revue Historique*, t. 231, 1964, pp. 55–102, et 307–340 ; W. S. Ungel, 'Trade through the Sound in the 17th and 18th Centuries', *Econ. Hist. Rev.*, 2nd ser., vol. XII, 1959. なお、本章で直接は扱わない一七世紀のバルト海貿易については、S. Åström, 'From Cloth to Iron", *Commentationes Humanarum Litterarum*, t. XXXIII, 1963, pp. 1–260 ; A. E. Christensen, *Dutch Trade to the Baltic about 1600*, 1941 ; G. N. Clark, *The Dutch Alliance and the War against France 1688–1697*, 1923 ; J. K. Fedorowicz, *England' Baltic Trade in the Early Seventeenth Century : A Study in Anglo-Polish Commercial Diplomacy*, 1980.

(2) 厳密にいうと、ウォーラーステインはこの過程を産業革命以後においているが、賛成し難い。cf. I. Wallerstein, *The Capitalist World-Economy*, 1979, p. 27.

(3) H. S. K. Kent, *War and Trade in Northern Seas : Anglo-Scandinavian economic relations in the mid-eighteenth century*, 1973, pp. 1–3. 条文は、C. Jenkinson, ed., *A Collection of All Treaties*, 1785, vol. 1, pp. 166–72.

(4) R. W. K. Hinton, *The Eastland Trade and the Commonweal*, 1959, passim ; T. C. Barker, 'Lancashire Coal, Cheshire Salt and the Rise of Liverpool', *Transactions Hist. Soc. of Lancs. & Cheshire*, vol. 103, 1952, pp. 83–89.

(5) R. Davis, 'The Rise of Protection in England, 1669–1786', *Econ. Hist. Rev.*, 2nd ser., vol. XVI, 1966, pp. 306–17 ; C. W. Cole, *French Mercantilism, 1683–1700*, 1943, ch. 1.

(6) Kent, *op. cit.*, pp. 6 and 8.

(7) 一七五二―四年では、麻類三七万六、〇〇〇ポンド、鉄二六万七、〇〇〇ポンド、リネン一六万九、〇〇〇ポンド、木材一二万ポンドが北欧からの輸入品のビッグ・フォーであった。

(8) J・チャイルド(杉山忠平訳)『新交易論』(東京大学出版会、一九六七年)、二〇頁は、「(イーストランドでは)われわれは以前の半分の交易もしていないが、オランダ人は一〇倍も交易している」という。原著は一六九三年の上梓である。
(9) C. King, *The British Merchant*, 1721, vol. 1, pp. 29-30.
(10) C. E. Hill, *Danish Sound Dues and Command of the Baltic*, 1926, passim, esp., ch. V-VIII.
(11) 宇治田富造『資本主義成立期の植民地問題』(青木書店、一九六四年)、五二―七八頁。
(12) この間の事情は A. Anderson, *An Historical Deduction of the Origin of Commerce*, vol. 3, (1764)1801, pp. 15-17.
(13) 3 & 4 Anne, C. 9(*Statutes of the Realm*, vol. VIII, pp. 354-56). マスト用材の場合、一トンにつき一ポンド。この制度はスコットランドにも拡大適用された。アダム・スミス(大内兵衛・松川七郎訳)『諸国民の富』(三)、(岩波文庫、一九六五年)、四二五頁。
(14) D. MacPherson, *Annals of Commerce*, 1805, vol. 3, pp. 49-50.
(15) Kent, *op. cit.*, pp. 34 and 61. つぎの文献をもみよ。比嘉清松「イギリスのバルト海貿易とスウェーデン、ロシアの貿易政策との関係について」(『尾道短期大学研究紀要』一五、一九六六年)、一〇四―五頁。また、前掲表7-1をも参照。
(16) アメリカ産マストの品質問題については、Lord Sheffield, *Observations on the Commerce of American States with Europe and West Indies*, 1783, pp. 31-32.
(17) 一七一〇年に一隻、以後一年おきに二、三五、三〇、四五、七六隻となり、七九年には一〇二隻となる。この年オランダは六二隻を同地へ送った。

3 輸入の決済

北欧からの輸入品の中心がピッチやタールを別にすれば、ノルウェー産木材とスウェーデン産棒鉄にあったことはすでに述べた。そこで、この二つの商品を例にとって、しばらくその取引の実態を検討したい。結論的にいえば、ここにも植民地貿易において認められたのと同じ委託代理商制度の成立が認められる。「商業革命」を生きのびたヨーロッパ貿易の一ブランチは、少なくともその形態のうえでは植民地貿易と共通の性格をもっていたのである。

一八世紀中頃のイギリスは、金額にして七―八、〇〇〇ポンドの木材を輸入したが、その八割までがノルウェー、とくに現在のオスロ周辺にあたるクリスティアニア Kristiania および南端に近いクリスティアンサン Kristiansand からイングランドにもち込まれた。海岸寄りで伐採されたノルウェー木材は、マスト、船腹用の赤色材、家具用の白色材の三種からなっていたが、とりわけ赤色材は熱帯航海用の船舶には不可欠であった。またノルウェー材は、テムズ河口をはじめとする造船業地帯への輸送コストの点でさえも、ウェールズ奥地のそれより遥かに有利であった――イングランドは一六世紀末の「森林の涸渇《デフォレステイション》」のため、ほとんど木材を産しない――ことが、圧倒的な競争力の原因となっていた。(1)

現地の山林地主は小規模で、商品をとりまとめて輸出する輸出商人の支配下にあった。これに対してイギリスの輸入商のなかには、自ら代理人を派遣して集荷した者もあったが、一般にはノルウェーの大輸出商に依存せざるをえなかったのである。この際、輸入業者は輸出商人に二・〇ないし二・五パーセントの手数料を支払ったうえ、リスクや経費のほとんど――二〇パーセントの関税を含む積出し価格(f.o.b.)の三〇―五〇パーセント増しというのが、イギリスでの c.i.f. 価格――を負担するという「コントラクト制」がとられた。(2)

しかし、この制度では、ただでさえ資金の回転に二、三年を要したうえ、商品の保管にも膨大な資金を要したため、イギリス側の輸入業者の資金負担はあまりにも大きかった。そこで導入されたのが委託代理商の制度である。この制度を通じてシティの金融市場にリンクされることによって、木材貿易は当時の植民地貿易とともに、一九世紀以後のシティによる世界の金融支配の先鞭をつけたのである。それはまたロンドンの地方港に対する優越を強めた。というのは、この制度がロンドンにいち早く成立した結果、リヴァプールを除く地方港への輸入が首都を経由してなされるようになったからである。

ノルウェーがイギリスをその木材輸出のほとんど唯一の相手国としたように、スウェーデンもその鉄の大部分をイギリスに輸出した。逆に森林がなくなり、したがって木炭の涸渇したイギリスとしても、コークス製鉄法がそれほど普及せず、技術的にも上質品がつくれなかったあいだはスウェーデンへの依存は避けられなかった。ロシアを除いて有力な競争相手もなく、アメリカ産の鉄への転換もかけ声倒れに終っていた。一七五〇年、ロシアとスウェーデンのあいだに戦争が勃発して供給途絶の危機が迫ると、アメリカもののロンドンへの輸入関税が廃止されたが、これもスウェーデン人が心配したほどの成果はなかった。じっさい、世紀中頃ではオランダ、ドイツ、スペインなど大陸諸国からの輸入合計三、〇〇〇トン程度の方が、アメリカからのそれを凌駕してさえいた。その結果、一七五〇年代では、スウェーデンからの輸入約三万トンが全体の四分の三を占め、五五―六三年の平均でも三分の二を占めていた(3)。国産の鉄はスウェーデンからの輸入とほぼ同額であったと思われる。

輸入された棒鉄の約一五パーセントは「オレグルンド Oregrund」とよばれた鋼生産用高級品であり、この品質のものはスウェーデン以外では産出しなかったので競争力は絶大であった。「並スウェーデンもの」とよばれた第二ランクのそれからも刃物くらいは十分つくれたが、この品質ではロシア鉄の競争を避けられなかった。一八世紀初めの数トンから世紀中頃の数千トンにまで成長したロシアからの輸入は、産地でのコストがスウェーデンの四分の一といわれながら、ペテルブルグまでの陸送コストが高くつくためにほぼ対等に競争できる程度になっていた。燃料費はもとより、地代も賃金も遥かに低い北欧・ロシア産の鉄にはイギリス産棒鉄が対抗しえなかったのは当然であろう。

ところで、ノルウェーの木材商とは違ってスウェーデンの鉄輸出業者は、商品を担保にその価格の八分の七までの融資をおこなう国立銀行の規定のお蔭で、イギリス人の供与する信用に依存する必要がなかった。スウェーデン商人

表 8-3　正貨(地金)輸出

(£)

輸出先	デンマーク・ノルウェー	イースト・カントリ	ロシア	東インド	オランダ	総　計
1700年	0	486	5,207	805,577	3,331	833,570
1710年	0	0	1,213	228,102	164,841	395,620

〔出典〕 R. Oxenford, 'An Essay towards Finding the Ballance of Our Whole Trade Annually from Christmas of 1698 to Christmas 1719', in G. N. Clark ed., *Guide to English Commercial Statistics 1696-1782*, 1938, table 1(P.R.O., C.O. 390/14)

が強固な鉄独占団体を維持し、価格決定力を維持しえたのもこのためであった。しかし、この場合でも輸入業者には、需要側つまり零細な鉄加工業者などへの信用賦与を含めて、大きな資金留保が要求されたし、七年戦争によってスウェーデンに金融危機がひろまると、スウェーデンの輸出業者にも信用を与えることが不可避となった。したがって、ここでも輸入仲介者としての代理商制度が成立する。シェフィールド全市はたった六人の代理商によって供給されたとさえいわれている。(4)

鉄であれ木材であれ、イギリスの北欧貿易が決定的な入超であったとすれば、その決済はどのようにしてなされたのか。一七・八世紀の決済機構にかんしては、「ウィルソン・ヘクシャー論争」が未解決になっている。とくに北欧貿易にかんしては、為替による多角決済が未発達なため主として地金決済がおこなわれたというC・H・ウィルソンの主張に対し、地金決済はロシア以外ではあまり見られず、アムステルダムを中心とする多角決済の機構が十分に成立していたとするE・F・ヘクシャーの説が対立しているのだが、後者の支持者が今日では多くなりつつあるようだ。(5) 地域別の貿易差額と地金の現送量がまったく相関していないことが彼らの主張の重要な根拠のひとつであるが、確かにときの貿易総監の書記R・オクスンフォードが作成した地金輸出推計(表8-3参照)を、貿易統計と対比すると、そのことは容易に確認できる。ロシアを除いて北欧へ地金が送られていることは少なく、貿易収支が大幅な黒字であったオランダに圧倒的な地金輸出がなされていることが、アムステルダムをセンターとする多角決済の実在を推定させるのである。(6) しかし他方では、正貨輸出があったことを示す史料にこと欠かないことも事実である。たとえば、J・ジーやM・ポスルスウェイトのような情報通がクラウン貨の輸出に言及しており、南部ノルウェーではむしろ英貨が宗主国デンマークの通貨以上に普及し、租税さえが英貨で支払われたともいわれる。(7)

この論争の行方がどうなるにしろ、イギリス重商主義帝国の補完物、というよりその生命線としての北欧貿易を帝国内の植民地貿易にスイッチできなかった以上は、その膨脹してゆく貿易収支の逆調を補償するブランチが不可欠であった。為替による多角決済が全面的に成立していたとしても、最終的な収支はバランスさせなければならない。とくに圧倒的に成長しつつあったロシア貿易では、正貨のみが唯一の支払い手段であった。そのうえ、国内に流通する通貨にも一定量の追加供給がなければ、人口や経済規模の成長は通貨不足を惹き起こし、物価下落によるデフレ効果によってほとんど自動的に停止したであろう。このような状況のなかでイギリスが見出したもの、それがもう一つの「生き残った対欧貿易」としての南欧貿易だったのである。(8)

(1) H. S. K. Kent, 'The Anglo-Norwegian Timber Trade in the 18th Century', *Econ. Hist. Rev.*, 2nd ser. vol. VIII, 1955, p. 62. 当時の造船業については、さしずめ、R. Davis, *The Rise of the English Shipping Industry in the 17th and 18th Centuries*, 1962, Ch. III, IV.
(2) Kent, *op. cit.* (War and Trade), pp. 49–50.
(3) *ibid.*, pp. 60 aind 63; cf. *ibid.*, p. 184.
(4) *ibid.*, pp. 71–75.
(5) J. Sperling, 'The International Payments Mechanism in the 17th and 18th Centuries', *Econ. Hist. Rev.*, 2nd ser. vol. XIV, 1961, pp. 446–68; J. M. Price, 'Multilateralism and/or Bilateralism: the Settlement of British Trade Balances with "the North" c. 1700', *ibid.*, pp. 254–74 etc.
(6) 表8－3参照。cf. C. Whitworth, *State of the Trade of Great Briiain*, 1776, pt. II, pp. 5, 7, 29 and 35.

(7) J. Gee, *The Trade and Navigation*, 1726, p. 207; M. Postlethwayt, *Universal Dictionary of Commerce*, 4th ed., 1774, vol. 1, "Denmark". 他方、北欧ではオランダ通貨しか通用しなかったという説もある。cf. Price, op. cit., p. 259.

(8) かりに、公定評価額表示による輸出＋再輸出－輸入の演算をした結果をみると(これはかなりのバイアスを含んでいるので、正確な貿易差額とはいえないが)、一八世紀はじめと五〇年代初頭のあいだに、対西欧は一・八倍に黒字幅がふえたのに対し、対南欧では一〇・二倍に激増した。その他、英領諸島(アイルランドなど)は赤字から大幅な黒字に転じ、対新世界は四割ほど赤字がふえた。東インドは赤字幅が縮小したが、これは一時的現象と思われる。一方、対北欧は赤字幅が二・七倍になったのである。実数でも、北欧がマイナス六八万ポンドで赤字のトップ、南欧はプラス一五七万ポンドで西欧(プラス二九〇万ポンド)につぐ存在となった。

4 ポルトガル貿易の成長

前掲表5－2にいう「南欧」にはイタリアや北アフリカ、レヴァント地方なども含まれてはいるが、その中心がスペイン、ポルトガル貿易にあることはいうまでもない。なかでも一七世紀中頃にはほとんど取るに足りない存在であったポルトガル貿易は、一八世紀前半にはスペイン貿易を上回るほどのシェアを有していた[1]。スペイン貿易とポルトガル貿易はたんに規模が似ていたばかりか、イギリスからの毛織物の輸出と地金、ワイン、果物などの輸入という商品構成など、その基本性格にも共通点が少なくなかった。しかし、両国とイギリスとの外交関係には大きな差があったし、おなじく地金といいながらスペインが銀を供給したのに対して、ポルトガルのもたらした金は、やがてイギリスが金本位制に移行するための前提条件となったことも特筆されなければならない。以下、もっぱらポルトガル貿易に考察の対象を絞るのは、このような理由からである。

ところで、対スペイン貿易のほとんど唯一の研究書——それも貿易史というよりは政策史に偏っているが——を残

表8-4 対南欧貿易

輸出 (年平均, £000, ( )内は総輸入中のシェア%)

期間	1701-05	1711-15	1721-25	1731-35
ポルトガルへ	610(10.6)	638	811	1,024
スペインへ	272(4.7)	406	582	780

期間	1741-45	1751-55	1761-65	1771-75
ポルトガルへ	1,115	1,098(8.6)	964	613(3.9)
スペインへ	87	1,038(8.2)	1,023	1,004(6.3)

輸入

期間	1701-05	1711-15	1721-25	1731-35
ポルトガルから	242(5.3)	252	387	326
スペインから	168(3.7)	320	424	498

期間	1741-45	1751-55	1761-65	1771-75
ポルトガルから	429	272(3.3)	312	365(2.8)
スペインから	64	405(4.9)	451	538(4.2)

〔出典〕 Schumpeter, ed., *op. cit.*, tables V & VI.

したJ・M・マクローチランは、およそ次のようにいう。すなわち、一六六七年の通商条約で基礎のおかれた対スペイン貿易はイギリスにとって満足すべきものであったので、中南米との直接取引の必要性はなく、じじつ南海会社も失敗に終った。スペインおよびその彼方の新世界はイギリスにとって大きな毛織物市場であったが、スペインにとってもイギリスはワインと果物の最大の顧客であって、両国の貿易関係は「双方にとって有益」であった。しかも、この点ではポルトガル貿易もまた同じだ、というのである。(2) こういえば、ただちに想起されるのがリカードウがその比較生産費説を証明するために設定した仮説であろう。(3) むしろ、マクローチランはリカードウの主張を鵜呑みにした、という方が当っているかも知れない。

ポルトガルがワイン、イギリスが毛織物というそれぞれ相対的に有利な生産物の生産に専念し、それぞれの産物を交換する方が、両国がこの二種類の商品を独自に生産するより結局「両国にとって」有利だというのが、リカードウの主張である。これに対してアダム・スミスは、一八世紀の対ポルトガル貿易の枠組を決めたメスエン条約が、より安価で質のよいフランス・ワインにかえてポルトガルものの消費を強制した点で、イギリスの消費者に負担をかけ、「ポルトガルに有利で大ブリテンに不利なものであることは明白である」[4]としている。しかし、工業化というような長期的・歴史的な視点からみてもリカードウ＝マクローチラン的な主張は確認できるであろうか。いわんやスミスの見解はそのまま支持できるのだろうか。

一六四〇年にスペインからの再独立を果したブラガンザ朝がイギリスの援助を受けて以来、ポルトガルは一貫してイギリスからの軍事的・政治的援助に頼ってそのアフリカ・ブラジル帝国を維持するとともに、他方ではひきかえに経済面での対英譲歩を繰り返した。国内にワイン生産を行なう地主・貴族のインタレストが強かったことが、このような経済的従属化を容易に推進させたのである。

一六四二年条約についで締結された五四年のイギリス・ポルトガル通商条約こそは、このような従属化――半辺境化というべきか――の方向を最初に決定づけたものであった。[5] クロムウェル外交最大の成果とさえいわれるこの条約では、イギリス商人に貿易と居住の権利が保証され、十分の一税免除の特権も保証された。王政復古後も、六一年条約によってこれらの諸特権が確認され、ポルトガル王女とチャールズ二世の政略結婚が行なわれるほど両国関係は親密化した。関税の上限が二三パーセントとされたため、イギリス毛織物はほとんど問題なくポルトガルに流入し、本国と西アフリカ、ブラジルを黒人奴隷と砂糖で結んだポルトガルの三角貿易を、たちまちイギリスを含む四角貿易に変形してしまった。これに伴ってブラジル貿易は急速に成長したが、ブラジル向け輸出品のなかに占めるポルトガル産品の比率は逆に急に低下した。[6] リスボン在のイギリス系商会が一六五四年の六〇から、後述のエリセイラ Ericeiraの改革で一二に減少したのち、一八世紀初頭には九〇以上に増加したことがそれを示していよう。海運業においても、イギリス側の差別船舶税によって両国間の海運のすべてをイギリスに握られたばかりか、決定的な船腹不足のために、対ブラジル貿易においてさえイギリス船の進出を許した。

ところで、一六五〇年代以降、とくに一六七〇年代のヨーロッパでは英領植民地における「砂糖革命」、煙草栽培の成功を反映してこの両商品の価格が急落した。この両商品、とくに砂糖はかねてブラジルの特産品としてポルトガルの主要輸出品となっていたから、(7)ポルトガルの国際収支は必然的に悪化した。ここに新しい国際収支改善策としてワインの生産、輸出にいっそう専門特化してゆかざるをえない理由もたしかに存在したのである。

これに対してイギリス側でも、もともとはフランス・ワインを需要し、嗜好の点でもそれが完全に生活に定着していたが、(8)フランスがコルベールのもとに保護主義を徹底し、英・仏経済競争の様相が強まると、対仏貿易の逆調が政

表 8-5　対ポルトガル貿易の構成 (%)

年代	輸入中のワイン	輸出中の 穀物	輸出中の 繊維品
1700-04	69	(11)	70
1701-05	71	(—)	71
1706-10	71	(12)	71
1711-15	86	(—)	77
1716-20	83	(1)	80
1721-25	84	(7)	76
1726-30	84	(—)	80
1731-35	88	(12)	73
1736-40	87	(10)	75
1741-45	86	(5)	79
1746-50	85	(8)	76
1751-55	85	(8)	73
1756-60	86	(6)	84
1761-65	82	(13)	74
1766-70	82	(1)	77

〔出典〕 H. E. S. Fisher, *The Portugal Trade: A Study of Anglo-Portuguese Commerce 1700-1770*, 1971, App. I-V; C. Whitworth, *State of the Trade of Great Britain*, pt. II, 1776.

表 8-6　ブラジル金及びダイアモンドのポルトガルへの輸入 (年平均, £000)

1711-15年	728	1731-35年	1,113
1716-20	315	1736-40	1,311
1721-25	1,715	1741-45	1,372
1726-30	693		

〔出典〕 Compiled by C. R. Boxer (*The Portuguese Seaborne Empire 1415-1825*, Pelican ed., p. 384) from Jorge B. de Macedo, V. Magalhães Godinho, F. Mauro et al.

治問題化した。(9) とくに一六七四年に「貿易推計表《スキーム・オヴ・トレイド》」が作成されて、対仏赤字が約九七万ポンドとはじき出されると、ワイン供給源の転換が切実に希求されることになった。(10) 八〇年代に設定されたフランス・ワインに対する禁圧的高関税が、この転換を完了させた。すなわち、ポルトガルは大量のイギリス毛織物を受け入れるかわりに、振わなくなったブラジル物産の輸出にかえて、ワインの輸出を獲得したのである。(11)

ポルトガルにとってブラジル物産の輸出競争力の低下を補う対応策は、こうした対英従属的分業体制の確立とはまったく異なった形態をとることも可能なはずであった。じっさい七〇年代には、保護貿易政策にもとづく自立的産業構造の構築をめざす試みが行なわれもした。いわゆるエリセイラの改革である。このいわばコルベール的改革によって、イギリス毛織物の輸出は不振となり、ポルトガルの国際収支もめだって改善された。(12) ワイン生産に依存する地主・貴族の力がいま少し弱く、一六九三―九五年のブラジル金鉱の発見に伴う購買力の突然の上昇という偶発事件がなければ、メスエン条約体制とは逆に、エリセイラの夢が実現していたかも知れないのである。

(1) 表8-4参照。
(2) J. M. McLauchlan, *Trade and Peace with Old Spain, 1667–1750*, 1940, p. 19.
(3) D・リカードォ(小泉信三訳)『経済学及び課税の原理』(岩波文庫、一九二八年)、第七章。
(4) アダム・スミス、上掲訳書、㈢、二四〇―四一頁、四五六―五七頁。
(5) 条文は、Jenkins, *op. cit.*, I, pp. 71–75.
(6) S. Sideri, *Trade and Power: Informal Colonialism in Anglo-Portuguese Relations*, 1970, pp. 20–22.
(7) J・チャイルド(杉山忠平訳)『新交易論』(東京大学出版会、一九六七年)、二四九頁。Anderson, *op. cit.*, vol. 3, p. 150.
(8) A. D. Francis, *The Wine Trade*, 1972, pp. 99–116. 一六七五年まではポルトガル・ワインの輸入は少ない。*ibid.*, p. 79.
(9) もっとも重要な文献として J. Fortrey, *England's Interest and Improvement*, 1663. があげられる。
(10) M. Priestley, 'Anglo-French Trade and the Unfavourable Balance Controversy, 1660–1685', *Econ. Hist. Rev.*, 2nd ser.

vol. IV, 1951, pp. 37-52.

(11) もっとも、その後も平和な時代やトーリ政権下ではフランス・ワインの復活の兆しがみえたりもした。Francis, *op. cit.*, p. 117 et passim. ポルトガル・ワイン(とスペイン本土産ワイン)の進出はまた、カナリア諸島のワインにとって大打撃となった。G. F. Steckley, 'Wine Economy of Tenerife in the Seventeenth Century : Anglo-Spanish Partnership in a Luxury Trade', *Econ. Hist. Rev.*, 2nd ser. vol. XXXIII, 1980, p. 348.

(12) Sideri, *op. cit.*, p. 28.

5 メスエン条約体制

エリセイラの改革はイギリスに危機感をもたらした。ポルトガルを新毛織物の最大の市場としていたイギリスは、毛織物の熟練職人がポルトガルに移住することを厳禁し、結局、一六九〇年エリセイラを自殺に追い込んだ。(1) それでもなお、一六九八年にはポルトガル側が毛織物の輸入を禁止しようとしたから、イギリスがポルトガル国内の地主・貴族インタレストを利用して、改革を徹底的に抑圧する方向にむかったのも当然であった。そのうえ、ブラジル金の発見が当面、国際収支上の問題を解決してしまったことが、改革意欲を完全に鈍らせた。

以上がJ・メスエン Methuen の対ポルトガル交渉の背景であったとすれば、彼にとって直接の武器は戦争と凶作であった。(2) すなわち、この時代のイギリスが穀物の強力な輸出国になっていたがゆえに、ポルトガルの凶作はスペイン継承戦争の勃発とともに、彼の交渉をきわめて有利にしたのである(表8-7参照)。その結果、僅かに三カ条で構成されたいわゆるメスエン条約は、(3) いわば食料および軍事的援助と引きかえに、(4) 一六五四年条約で認められたイギリス商人の諸特権を全面的に復活させたのである。すなわち、同条約の第一条は(5)「(ポルトガルの)諸法令で従来禁止されてきたイギリス製毛織物、その他の羊毛製品のポルトガルへの輸入を、ポルトガル国王およびその後継者の名にお

表 8-7　ポルトガルむけ穀物輸出　(メスエン条約前後, qr.)

年	1701	1702	1703	1704	1705	1706	1707
Flour	37	422	1,988	1,871	2,109	3,579	2,547
Wheat	7,056	27,843	80,618	85,342	61,779	80,343	132,068

〔史料〕 P. R. O., M. A. F., 7/1, fos. 29-31 and 74-78. compiled by C. Davenant, cited in A. D. Francis, *The Methuens and Portugal 1691-1708*, 1966, App. 3.

表 8-8　ワインの輸入地域別構成　(単位：tun=252 ガロン)

年　代	フランス	ポルトガル	スペイン	マデイラ	カナリア	計
London						
1675	7,495	20	4,012			12,096
1690-96 (ave.)	—	785	893			1,851
England & Wales						
1697-1702	273	1,096	1,443			3,149
1703-12	125	969	296			1,568
1714-16	1,342	9,303	5,697	291	1,865	19,718
1717-26	1,297	12,066	7,458	195	809	22,496

〔出典〕 A. D. Francis, *The Wine Trade*, 1972, App.(Statistics of the Wine Trade). より計算.

いて、今後永久に許可する」と規定し、逆に第二条はイギリス側にポルトガル産ワインの輸入を永久に認めることを規定している。この第二条の後半では、ポルトガル産ワインは最大限フランスものの三分の二までしか課税されないことも規定されたのだが、現実にはフランス産ワインには禁止的高関税が課されていたので[6]、この条項に抵触することなく課税率を引き上げる余裕が十分にあった。しかも、イギリスが与えることになっていた軍事的・政治的援助にしても、実際にはイギリスはユトレヒト講和会議でもスペインの主張を抑えず、むしろポルトガルと同列に扱いさえしたので、ポルトガルにとってイギリスは潜在的抑止力以上の意味はもちえなかった。逆に、地中海への入口を扼するポルトガルとの軍事同盟は、イギリスにとってこそ意味があったとさえいえよう。

　スミスの主張とは反対に、このようにイギリスに有利な片務条約であったからこそ、この条約は同時代のイギリスのあらゆる党派に歓迎されもしたし、(7)条約以降の貿易関係もイギリス側に有利に展開したのである。すなわち、一七〇三年の条約締結を境に、一六九七—一七〇〇年と一七〇六—一〇年を比較すると、ポルトガルの対英輸出は四〇パーセント、輸入は一二〇パーセント増加した結果、逆調の差額は二三五パーセント上昇した。しかも、ポルトガル側の赤字は、貿易収支以上に海運、保険料などの貿易外収支においていっそう大きかった。条約以後は、ブラジル貿易の過半もイギリス船によって行なわれ、貿易差額と貿易外収支をあわせておよそ一〇〇万ポンドもの赤字がポルトガル側に出た、という説さえある。(8)

構造的な面でのポルトガルの損失はもっと大きく、エリセイラ時代に芽ばえたマニュファクチュアはイギリス製品の奔流のまえに潰え、技術者の一部はブラジルに移住した。イギリス穀物の流入はポルトガルの穀物生産をさえ低下させ、農民はブドウ栽培に移動した。従属経済に特有の、食糧生産をさえ犠牲にしたこの換金作物の単作化がどの程度進行したかは、たとえば一七六五年のポルトガルが消費穀物の二分の一をイギリスと北米からの輸入に頼ったという事実をみれば明らかであろう。(9)そのうえ、ブドウ栽培の中心地たる上ドーロー Douro 地方では、信用供与をテコにイギリス商人が生産をさえ支配しかねない様相を呈した。(10)ポルトガルは金のほかはほとんどワインだけを輸出する典型的な従属経済の位置に固定されたのである。イギリス側からいえば、なおポルトガル産ワインはフランス産のそれより高価であったが、毛織物と穀物の輸出の増加や海運収支の増加が十分にそれを補っていた。(11)これまで流入していたフランスやスペインの毛織物はポルトガル市場から追放されたのである。また、イギリス市場ではフランス・ワインが追放され、フランスのワイン産地は深刻な打撃を受ける。(12)イギリスがふたたびフランス・ワインに戻ってくるのは、イギリス経済の絶対的優位が確立したのちの一八六〇年代のことであった。

メスエン条約による従属構造の確立をスムーズにした最大の要因は、ブラジル金の突然の出現であった。大量の正貨の流入が何を結果するかは、その国の経済構造の問題である。地金を生産的に活用する主体を欠いているポルトガルのような国では、それは支配階級の消費習慣にのみ影響を与え、一時的に国際収支の赤字をカヴァーする。購買力だけが上昇するので物価が騰貴し、輸入がふえる。それでも輸出品のワインが値上りすれば、イギリスからの輸入品は価格が安定していたから交易条件が有利に動くはずであったが、実際には生産面にまで食い込んで価格決定権を握るイギリス商人の策動のため、一七三〇年代からワインの価格だけはポルトガル国内でも低下してゆき、貿易の不均衡をいっそうひどくした。リスボン港に出入りする船舶の四〇—六五パーセントがイギリス船なのに、ポルトガル船自体は一〇パーセント台という海運統計が両国の経済関係の実勢を示唆しているといえよう。

スペイン銀の場合と同様、ポルトガルに送り込まれたブラジル産金のうちどれくらいのものがイギリスに流れたか、正確なことはわからない。スミスは年間二六〇万ポンドという説をあげながら、これでは「ブラジルが提供しうると考えられている額以上」になってしまうと批判している。[13] いずれにせよ、イギリス商人が貿易などの差額を受取る手段としては、ブドウ園への投資や海運業への投資のかたちをとってそのままポルトガルに留保するか、為替決済をとるのでなければ、金の現送以外にはなかった。しかも、ポルトガルはほとんどの国に対して収支が逆調だったので、為替決済は不利で、[14] 結局大部分が地金現送に頼ったのではないかと思われる。[15]

イギリスに流入した金は、ポルトガルの場合とはまるで違った影響をイギリス経済に与えた。すなわちそれは、経済成長を可能にし、国際収支を改善しながら世界の金融センターとしてのシティの成長を促した。ヴィクトリア朝イギリスの世界支配のテコとなった金本位制が、このブラジル金を初期の基礎として成立してきたこともいうまでもない。正貨の流入は資本や労働がさしあたって完全雇傭の状態にあれば、たんに物価を押し上げるだけだが、不完全雇傭状態の経済にうまくチャネライズされれば取引量の増加を惹き起こす。ブラジル金が流入しなければ、一八世紀のイギリス経済はデフレ効果によって、結局は成長を停止したかも知れない。E・J・ハミルトンとD・フェリクスのあいだで闘わされた産業革命と物価騰貴の関係にかんする論争[16]では、一六世紀にかんするそれとは違って、インフレの原因についての考察が欠落しているが、この点でもブラジル金の意味は再認識されなければならない。アムステルダムにかわってシティが金融の中心になっていった理由はもとより多様だが、ロンドン商人W・ブロンド Braund がすでに世紀中頃にオランダへの金送金をロンドンで仲介している事実は注目に値しよう[17]。

結局、メスエン条約とブラジル金は相まって自由貿易を建前とする垂直分業体制を組み立て、ポルトガルにのちのインドにも比すべき経済的従属性を押しつけたのである。自由貿易主義とは、覇権を握った国が従属国に押しつけた重商主義の一形態である[18]。

(1) C. R. Boxer, *The Portuguese Seabourne Empire 1415–1825*, (1969) 1973, Pelican Books, p. 156.
(2) メスエンの通商条約交渉については、次の研究が詳しい。A. D. Francis, *The Methuens and Portugal, 1691–1708*, 1966, pp. 184–218.
(3) 一七〇三年一二月二七日、リスボンで締結。
(4) メスエン条約の軍事的・政治的背景については、A. D. Francis, *op. cit.* (Wine Trade), pp. 119 ff.
(5) 条文の全文が次の箇所に再録されている。A. Anderson, *op. cit.*, vol. 3, pp. 19–20.
(6) ワイン関税は品質によりきわめて多様だが、すでに一七世紀末、並のフランス・ワインには一タン(＝二五二ガロン)当り五八ポンドもの関税がかかっており、ポルトガルものはその半額以下であった。Francis, *op. cit.* (Wine Trade), p. 115.
(7) Cf. A. D. Francis, *op. cit.* (The Methuens), pp. 322–36.
(8) Cf. C. King, *op. cit.*, vol. II, p. 12.
(9) D. MacPherson, *op. cit.*, vol. 3, p. 425.
(10) H. E. S. Fisher, 'Anglo-Portuguese Trade, 1700–1770', *Econ. Hist. Rev.*, 2nd ser. vol. XVI, 1963, p. 228.

(11) ibid., pp. 227–29.
(12) Francis, *op. cit.* (Wine Trade), p. 125.
(13) アダム・スミス、上掲訳書、㊂、二四一頁。
(14) ポルトガルの通貨ミルレイスの対ポンド為替レイトは、メスエン条約後には激しく低下した。一六九九—一七〇二年を一〇〇とすると、一七〇九—一一年は八九・四、一七一九—二一年は八九・八となる。J. McCusker, ed., *Money and Exchange in Europe and America 1600–1775: A Hand Book*, 1978, p. 111 より算出。
(15) H. E. S. Fisher, op. cit., p. 224. 表8-6をも参照。
(16) E. J. Hamilton, 'Prices and Progress', *Journ. of Econ. Hist.*, vol. XII, 1952; D. Felix, 'Profit Inflation and Industrial Growth', *Quart. Journ. of Economics*, vol. LXX, 1956.
(17) L. S. Sutherland, *A London Merchant, 1695–1774*, 2nd ed. 1962, p. 35.
(18) Sideri, *op. cit.*, pp. 72–73, and 75. なお、本節の記述は全般に H. E. S. Fisher, *The Portugal Trade: Study of Anglo-Portuguese Commerce 1700–1770*, 1971 に依存した。

6 ポンバルの改革

一七五五年にリスボンを襲った大地震と凶作は、たちまちポルトガル経済を深刻な危機に追い込んだ。むろん、危機のより本質的な原因が外国貿易、とくに対英貿易の構造からきたものであることは見易いことである。さらに六〇年頃からブラジルの金鉱が涸渇しはじめたことが、これまで表面化しなかったこの構造的欠陥を白日の下にさらした。しかし、危機が顕在化したことはそれなりに構造転換を試みるチャンスでもあったわけで、じじつこのチャンスをつかんだ人物こそがポンバル Pombal 侯だったのである[1]。駐英大使として先進的なイギリス経済の実態にふれてきた彼は、震災からの復興を最大の任務として一七五六年に宰相の地位にのぼるが、生活必需品の三分の二までがイギリスからくるという植民地型の経済構造からの脱却こそが、真に緊急の課題であることを十分に承知していたといえよう。それゆえ、ポルトガルのリストともいうべきポンバルの政策の柱が、保護貿易政策の採用と再生産機構の構築におかれたのも当然であった。

就任後まず最初に彼が打った手は上ドーロー・ワイン会社の設立(五六年)であり、ワイン生産部門からのイギリス商人勢力の排除であった。この会社を基盤としてポルトガル人は対英ワイン輸出そのものにも進出、価格決定の実権は久しぶりに彼らのものとなった。ポンバルがブラジル貿易などのために設立した諸会社こそさして成功しなかったが、七年戦争を利用して海運業の振興にも成功、ブラジル貿易はもとより対英貿易においてすらポルトガル船の巻返しが認められるようになった。このような、いわばポンバル改革の第一段階ともいうべき諸施策によって、すでに六〇年代はじめにはイギリスからの毛織物の輸入が急速に減少し、反対にワインの輸出額は単価の上昇もあって増加したので、対英貿易収支は四割程度も改善された。イギリスでは、ポルトガル貿易の「衰退」を嘆く声がしきりに聞かれるようにもなる。二〇年前なら六—七〇〇隻のイギリス船が入港したリスボンに、いまでは年四〇〇隻しか来航しないと嘆くイギリス商人によれば、「条約で認められた諸権利の侵害、関税の引き上げ、奢侈禁止法施行によるイギリス製品の需要減、ポルトガル国内での債務の取り立ての不確実さと遅れなどが原因」であった。(2) しかし、なおこの時点では、ワイン輸出への全面的依存というポルトガルの経済構造そのものは、基本的に変っていなかったことも事実である。

これに対して、六〇年代末から七七年の失脚時までのポンバルの政策は、(1) 輸入の削減、(2) 家内工業の域を出ない国内産業の規模の拡大、(3) ブドウ栽培から穀物生産への農地、農民の還流による食糧の自給化、(4) ブラジルの植民と開発を四本柱として、国民経済の自立化をはっきりと目標にしたものであった。(1)は震災からの復興基金という名目で輸入関税を設定することから始められたが、ポンバル自身の失脚が、国内の地主・貴族インタレストの抵抗をおしてこの政策を貫徹することの難しさを示している。(2)については、王立の絹織物マニュファクチュアや毛織物工場などが設立され、前者は年率九パーセントもの利潤をあげたという。(4)は、一七七〇年代後半にイギリスの原棉供給の五分の一を占めたブラジル産棉花を利用して、綿織物業を展開することにあった。(3)

このようなポンバル改革の成果はむしろ彼自身の失脚後にあらわれ、一八世紀最後の四半世紀はブラジル金が涸渇したにもかかわらず、かえって著しい経済発展によって特色づけられた。(4) イギリスへのワイン輸出は長期的には安定していたし、棉花輸出も九〇年代にアメリカものが出現するまでは成長株であった。棉花はその後もフランスへ大量に輸出されたので、(5) 国際収支は目にみえて改善された。マカオを拠点とする極東貿易も順調だったし、羊毛の輸出禁止令を背景に、ポルトアレグレ Portalegre などには毛織物工業も定着した。八〇年代には、むしろイギリスからポルトガルを経てブラジルへという金の流れさえ、一時的には認められた。

四〇年代後半には年平均二、一〇〇トンであったスウェーデン鉄の輸入が九〇年代前半には四、二五〇トンとなり、イギリス鉄も六一―六二年頃の一万一、一〇〇トンから八一―八三年の三万トンへ輸入が増加していて、ポルトガル国内経済の活況を想像させる。これまで圧倒的にイギリス製品からなっていたブラジル向け輸出品の構成も、一七九六―一八〇〇年には三〇・三パーセントが国産品というところまで回復した。

対英輸出では、棉花などの増加によって一七九六年にはワインのシェアが六三パーセントに低下した。また、輸出全体のうちイギリスへ流れた分は、ワインなどポルトガル物産については五九パーセント、ブラジル物産については二二パーセントとなった。ブラジル物産はとくにフランスなどの諸国へも多く流れえたことを、これらの数字は示している。この傾向は、イギリス以外の諸国における綿工業の展開に応じてますます進行し、一八〇六年にはブラジル

物産の一七パーセントだけがイギリスに流れるようになった。(6)

しかし、このように顕著な成果をあげ、ポルトガルを工業化へむけて踏み出させたかにみえたこの改革にもポンバル自身の失脚に象徴されるように、旧来の経済構造の温存をのぞむ既成勢力のエリセイラ時代にも劣らぬ強靭さによって、当然限界がみえはじめていたが、それにもましてすべての努力を一瞬にして水泡に帰す事件が発生した。一八〇七年のナポレオンの侵攻である。ポルトガル王室はイギリス政府の指示によってブラジルに逃避し、その領土の防衛は全面的にイギリスに委ねられた。その代償としてイギリスが要求したものは、ブラジルのイギリス商人への開放であった。イギリスはもはやポルトガルを経ずにブラジル経済を支配しうるにいたった。ギャラハーとロビンソンのいう「自由貿易帝国」がこうして成立した。しかし、それはつとにイギリスとポルトガルとの関係として成立していた関係以外の何物でもなかった、ということもできるのである。

(1) C. R. Boxer, *op. cit.*, pp. 180 ff. 邦語では、住田育法「ポルトガル宰相ポンバール侯とその時代」(京都外国語大学『COSMICA』X、一九八一年)があるのみ。
(2) D. MacPherson, *op. cit.*, vol. 3, p. 426; cf. *ibid.*, pp. 457–58.
(3) Sideri, *op. cit.*, pp. 101–04.
(4) *ibid.*, pp. 106–07.
(5) 服部春彦「十八世紀におけるフランス対外貿易の展開過程」(『京都大学文学部研究紀要』一九号、一九七九年)、表10参照。
(6) Sideri, *op. cit.*, p. 118.

7 おわりに

「商業革命」とは、要するにイギリスの貿易の重心がヨーロッパから離れてゆく過程であった。それはイギリスがアジアと新世界の領土に基礎をおく帝国の構造を整えてゆく過程の貿易面への反映でもあった。この時期にそのシェアを維持した対ヨーロッパ貿易の二つのブランチというのも、しょせんはこの帝国構造の補完物的性格をもつものに限られていた。いいかえれば、イギリスとのあいだに植民地貿易的な垂直分業関係が成り立つ場合に限られていたのである。委託代理商制度の成立といった取引の実態面からみても、これらのブランチは植民地貿易に類似していた。

とはいえ、北欧とスペイン、ポルトガルとのあいだには、イギリスへの従属の程度において明白な差のあったことも無視できない。北欧諸国がそれなりに維持した保護政策は、政治的・軍事的従属性の強かったポルトガルにはとりえないものであった。別言すれば、三大陸にまたがる帝国を政治的に維持することに固執したポルトガルは、そのコストを対英経済従属という形で支払わされたのである。この意味で、「自由貿易帝国」はすでに一八世紀にポルトガルやスペインを媒介にして成立していたといえる。ポルトガル貿易にかんするスミスやリカードウの見解は、「イギリス的偏見」以外の何ものでもない。メスエン条約を基礎としたイギリスの対ポルトガル貿易は、ポルトガルの経済構造をゆがめ、その工業化を抑圧した。スミスやリカードウはともかく、同時代の現場の商人たちはこのことを十分に認識していたに違いない。オーストリア継承戦争の前夜に対オーストリア貿易交渉を行なった人びとの主張のなかにも「オーストリアをイギリスのペルーにする希望」や「オーストリアのアメリカ化」の可能性についての言及をみることができる。[1] メスエンが同様の希望や予想をもっていたとしても、まったく不思議ではない。

(1) P. G. M. Dickson, 'English Commercial Negotiations with Austria, 1737–1752', i.: Dickson, ed., *Statesmen, Scholars and Merchants*, 1973, p. 108.

Ⅲ 帝国とジェントルマン

――「商業革命」期の社会――

九 「疑似ジェントルマン」の成立
——「商人＝ジェントルマン」——

1 はじめに

かつてのいわゆる「ジェントリ論」をひきついで、イギリス近代史を通じてジェントルマンのヘゲモニーが貫徹したとする主張は、いまでは通説の位置を占めているといってよい。しかし、そこにいうジェントルマンの実態が何であるのか。またその概念内容は時代の推移とともに、どのように変化してゆくのか。このような問題には、なお必ずしも十分な解答が与えられているとはいえない。とくに市民革命と産業革命に挟まれた一七・八世紀のジェントルマンについては、このような問題はほとんど提起されたことがない[1]。それが「地主支配体制《スクワイアラキー》」の名を与えられるほど、ジェントルマンのヘゲモニーがピークに達した時代であったことを思えば、この欠落はぜひとも埋められなければならない。

他方、イギリス近代史、とりわけその工業化前史を「帝国」の歴史としてみようというのが、この研究の基本的立場である。とすれば、国内におけるジェントルマンによる支配の構造と対外的な帝国＝植民地構造とはどのような関係にあったのか、ということもきわめて重要な問題になる。それゆえ本章は、重商主義帝国の形成期にあたる一七・八世紀を対象に、ジェントルマンによる支配の体制が植民地支配をその安定のための不可欠な要素としていたことを明らかにし、[2]ひいてはこの時代におけるジェントルマン概念の特質を浮彫りにすることを目的とする。帝国支配とジェントルマン・ヘゲモニーの相互依存性は、前者がそのピークを迎える一九世紀にもっとも明確になろうが、つとに一八世紀にも十分に確認できると思われるのである。

ところで、このような目的のためには、いつの時代にも、ジェントルマン概念の核をなしている大地主そのものではなく、その時代にあらたにジェントルマン階級に吸収されていった階層を捉えることが不可欠である。このような階層の人びとは「ジェントルマン」を強硬に自称しているばかりか、客観的・社会的にもかなりそれに近いものとして意識されている。この意味で、このような階層――ごく大づかみにいえば一六世紀における法律家、内科医、聖職者などのプロフェション、本章の時期における商人など――を、ここではひとまず「疑似ジェントルマン」Pseudo-gentleman と総称しておく。つまり、各時代の通念によって規定された特定の職業――「地主＝ジェントルマン」も明らかにひとつの「職業《オキュペイション》」であったが、それに準じる社会的権威を有するいわゆる「ジェントルマン的職業」――に従事する者が、ここにいう「疑似ジェントルマン」である。「地主支配体制《スクワイアラキー》」の確立した一八世紀には、この階層はどのような存在形態を示していたのか。これが本章の課題である。[3]

（1）　ピューリタン革命前については越智武臣『近代英国の起源』(ミネルヴァ書房、一九六六年)。一九世紀については米川伸一「現代イギリスの史的考察――もう一つのイギリス史像」(『経済評論』、一九七〇年、七、八、九、一〇号)、および村岡健次『ヴィクトリア時代の政治と社会』(ミネルヴァ書房、一九八〇年)などがある。

（2）　この問題にかんする基本的な考え方は、すでに次のところで提示しておいた。拙稿「工業化前イギリスの社会と経済」(柴田三千雄・松浦高嶺編『近代イギリス史の再検討』、お茶の水書房、一九七二年)、二一八―二二四頁。

（3）　本章で用いる同時代文献は、ほとんどがロンドン大学 Goldsmiths' Library と British Library の所蔵にかかるものである。

2 スクワイアラキーの構造

一六世紀末に、イギリス社会を古代ローマ社会とのアナロジーを通じて分析した人文主義者トマス・スミスは、それが大ざっぱにいって四つの階層から成り立っていることを指摘している。「イギリス・ジェントルマンの第一の階層」すなわち爵位をもつ貴族、「ジェントルマンの第二階層」すなわちジェントリ、それに中産層としての「市民《シティズン》」、「有産町民《バージェス》」、「ヨーマン」、最後に「第四階層の人」すなわち貧民大衆、がそれであった。[1] この分析は部分的な修正を加えさえすれば、一七世紀や一八世紀にも十分通用すると思われる。[2] ここでは第一の社会層と第二のそれがともに「ジェントルマン」と呼称されており、イギリス近代史を通じて両者が事実上同一の社会層に属していたことを示している。[3] 身分的には平民――したがって、彼らの代表が庶民院を構成した――であるところのジェントリが貴族とふつうに通婚し、食卓をともにし、いわゆるジェントルマン文化を共有したことが、少なくとも一六世紀から一八世紀に至るイギリス社会を、フランスその他の社会との際立ったコントラストのなかにおいているのである。しかもそればかりか、支配階級としてのこのジェントルマン層は、もっと下の第三の階層に対してさえ「開かれて」いたこと、またそれが当時のフランス人にとってはひとつの驚異であったこと――むろん、フランスの貴族制度といえども完全に「閉ざされて」いたわけでもないが――は、ヴォルテールの『哲学書簡』[4] やトックヴィルを引き合いに出すまでもなく、よく知られている。支配階級としてのジェントルマン層の大部分が貴族身分に属さないジェントリによって構成されていたイギリスでは、ジェントルマン階層にみるべき特権が賦与されていない一方で、彼らが商・工業のような営利活動に従事することを妨げる法令や慣習もまた存在しなかったのである。言いかえれば、ジェントルマンをジェントルマンたらしめるものは、莫大な財産と有力者との人間的結びつき(=パトロネジ)以外にはなかった。財産、とくに土地からあがる不労所得に依存し、その大きな所得によって「ジェントルマンらしい」生活様式をもって他のジェントルマンの「友情」やパトロネジを維持できる人がジェントルマンたりえたわけである。旧制度下のフランスとは異なり、(5)成功した第三階層の人びとのジェントリ化を妨げる法的・身分的な障壁は、この国にはもはや存在しなかったのである。

これに対して、人口の過半数を占めた第四階層の人びとは、すでにスミスによって古代のプロレタリアに比定された人びとであって、一六八八年にG・キングが「イギリス王国の富を減少させる人びと」と称した、家計収支が慢性的に赤字である階層であった。(6)P・マサイアスが整理したJ・マッシーの推計によれば、一七六〇年頃にはつとにこの人びとの半数以上は非農業的なセクターで雇傭されていた。(7)中産層とジェントルマンを区別する最大の基準が自ら稼ぐ必要があるか否かにあったとすれば、この第四階層がすぐ上の中産層の人びとから区別されるゆえんは、少なくとも一七・八世紀には、徒弟修業によって正規に獲得された「技術」を含む「財産」ないし「生産手段」をいくらかでも所有しているか否かにかかっていた。したがって、後者の区分線は前者、すなわちジェントルマンをノン・ジェントルマンから区分するそれよりも遥かに越え易いものであった。

そのうえ、スミスのいう四つの階層の内部にはさらに複雑多岐な階層の積み重ねがあり、同時代の法学者ブラックストーンも、社会の上層だけで数十の身分《ステイト》を区分している。(8)まことに一八世紀イギリス社会は「二、三の階級からなる階級社会といったものからは程遠く、数十にものぼる階層の積み重ねであった」(9)のである。それでいてそこには、階級の利害を代表する政党も労働組合も存在しない。本質的にそれは、階級ないし階層の連帯よりは貴族・ジェントリから貧民大衆までを貫く縦の紐帯の社会であった。(10)

とすれば、そうした個々の縦のハイアラキーのなかで、各個人(家族)の位置を決定したものは何だったのか。それこそが上述の「財産とパトロネジ」だったのである。すなわち、財産の絶対額とその種類、および友人や縁者の質と人数が問題であった。とりわけ財産の問題は決定的であった。同時代の大陸や中世のイギリスでは、一般的にいってステイタスが財産や友人の質を決めたのに対し、一八世紀イギリスではその逆の傾向が支配的であったともいえる。大所領をもてばいずれは爵位にも手が届くということを示す事例はいくらもあるし、スミスのいうジェントルマンの第二階層つまりジェントリは、大陸におけるその対応物である中・小貴族とは違って、大土地所有者であることと「ジェントルマンらしい生活習慣」をもっていること以外には、その地位を維持すべき法的・身分的根拠をほとんどもっていなかった。したがって、次節以下に検討するように、ジェントルマンとしての地位を直接は相続できない次・三男は、軍隊やプロフェションの世界や実業界にはいることを余儀なくされたが、このような「ジェントルマン的職業」の世界でも、それぞれの職業に就くのに要する費用とその職業の社会的評価とは、ほぼ比例的な関係にあった。(11)

しかし、財産の問題はたんにその額の問題だけにはとどまらなかった。資産のなかでももっとも安定性の高い資産である土地財産こそがもっとも高い社会的地位、すなわちジェントルマンのそれを保障する。(12) それればかりか、土地が与える社会的権威にも、その土地の所在地如何によって多様な格差があった。(13) スコットランドやウェールズの土地は、イングランドのそれほどの社会的地位を地主に保障はしなかったし、アイルランドや西インド諸島の地主は、つまるところ後述する「疑似ジェントルマン」の一類型でしかありえなかった。つまり、ブリテン島以外の地域にある土地財産は、公債の形態をとった財産や商業上の富にも似た意味をしかもちえなかったのであるが、それでも西インド諸島の不在プランターやアイルランドの不在地主、公債保有者、大商人などは、不労所得によって「ジェントルマン的生活習慣」が維持できた資産家階級であり、その限りでプロフェションの人びとや将校たちとともに「疑似ジェントルマン」ではありえたのである。この意味で彼らは、何らかの富はもっているが、財産からあがる不労所得をもっては生活しえず、もとよりジェントルマン的な生活習慣はとても維持できないスミスの第三階層とは、決定的に相違してもいた。

ところで一七・八世紀、とりわけ王政復古以後のイギリスではすでに封建的土地所有はほぼ廃棄され、地主の絶対的所有権が確立していたから、ここでは土地は完全に自由な商品と化していた。つまり、十分な資金さえあれば誰でも地主になることができ、それぞれの時代に「ジェントルマン的」とみなされた教養や生活習慣を整えることによって、しかるべき「友人」を確保すれば、支配層の一員たりえたのである。他方では、地主＝ジェントルマンがそのステイタスを維持するには、所領を維持し続けること以外に方法はない。市民革命前後に長子相続制が、「継承的不動産処分《ファミリ・セツルメント》」の厳格化という形をとって強化されるのは、まさしくこのためであった。(14) それゆえ、土地所有権の特殊なあり方(私有財産権の確立)と、その土地所有にイギリス人が与えた特殊な社会的価値とが重なりあって、一七世紀後半、一八世紀のイギリスには、たんにジェントルマンの二つの階層――G・キングの推計では二〇〇家族にすぎない貴族(15)と一万六、〇〇〇家族をこえるジェントリ――のあいだだけでなく、ジェントルマン層全体とノン・ジェントルマン層のあいだにも、土地を媒介としてかなり著しい社会的流動性が生じる余地がいちおうあった。「いちおう」というのは、現実に新たに地主化してゆく人びとの数は、土地市場がきわめて不活溌になったこの時代には、むしろ減少していったと考えられるからである。帝国形成過程で戦われた対蘭・対仏戦争に伴う財政負担が、地租の定形化を通じて中・小地主を没落させ、大地主による土地集積を推進する結果になったこと(16)、しかも大地主は継承的不動産処分を施すことが可能であったから、彼らの土地は分散しにくかったことなどが、所領の売却件数を減少させたからである。名誉革命前後の半世紀余の地主層の動向をこのように捉えるH・J・ハバカクの見解には、辺境部の研究などを通じて散発的な批判はあるものの、[17]トーリ派＝中・小地主の没落、ウィッグ系大地主による政権壟断というこの時代の政治史上の動向とも整合的で、[18]依然として揺ぎない定説となっている。したがって、一八世紀のジェントルマンとノン・ジェントルマンの間の交流は、後者の一部が前者からの脱落者にかわって地主化するという伝統的なパターン――もとよりそれも消滅はしなかったのだが――とは異なった方法で保たれていた、と思われる。

事情は、社会的地位のいまひとつの指標をなしていたパトロネジの問題を検討すれば明確になる。パトロネジとはむろん保護者と被護者の関係をさす言葉だが、同じ社会的地位にある者同志の関係、つまり「友人関係」をも含めて考えることができる。[19]ジェントルマンの友人をもつことがジェントルマンたることの第二の条件だったわけである。ジェントルマンたる友人をもつためには、自らそれぞれの時代に「ジェントルマン的」と認められた生活様式を維持しなければならない。生活様式とは、経済学の分析装置でいえば、言葉のもっとも広い意味における消費のパターンにほかならない。とすれば、一八世紀のイギリスでは、極言すれば、一方での所得の高と質、他方での消費の型こそが社会的地位の基準だったのである。しかも、前者の条件はしだいに緩和され、たとえば必ずしもイングランドの地主でなくても、財産所得によって第二の条件を満たしさえすれば、ジェントルマンの扱いをうけることになる。ジェントルマンの条件の重点が、所得の型からしだいに消費の規模と型に移行するにつれて、成功した商人や法律家にとっては、地主化しないでジェントルマンになる可能性が生じてきたのである。

（1） T. Smyth, *De Republica Anglorum: The maner of Gouernement or policie of the Realme of England*, 1583(1970), pp. 20–34. ただし、ほぼ同一の記述が W. Harrison, *The Description of England*, 1587(1968), pp. 94 ff. にもみえる。
（2） P. Laslett, *The World We Have Lost*, 1965, ch. 2.
（3） H・J・ハバカク（拙訳）『十八世紀イギリスにおける農業問題』（未来社、一九六七年）、一一九―一二〇頁。
（4） ヴォルテール（林達夫訳）『哲学書簡――イギリス書簡――』（岩波文庫、一九五一年）、六二頁。

(5) このような主張には批判もある。たとえば、cf. J. McManners, 'France', in A. Goodwin, ed., *The European Nobility in the Eighteenth Century*, 1953, pp. 25–28 ; R. B. Grassby, 'Social Status and Commercial Enterprise under Louis XIV', *Econ. Hist. Rev.*, 2nd ser. vol. XII, 1960, pp. 19–38 ; P. Goubert, *L'Ancien Régime, t. 1 : la société*, 1969. しかし、フランスでもブルジョワの貴族化がみられたとしても、「貴族になる」のと「平民のままでジェントルマンたりうる」のとは、まったく意味が異なる。

いわゆる「移行期」のイギリス貴族をめぐる論争も、この角度から考察さるべきであろう。すなわち、L・ストーンによれば、イギリスで貴族制度が生き残りえたのは、それが生活様式や教養その他、いわゆる「社会的承認」の点で、一定の制約を設定したり、タイム・ラグを含んだりはしていたが、つねに結局は、資産の階梯の頂点にある人びとに一致するように、自ら順応していったからだ、という(L. Stone, 'The Inflation of Honours 1558–1641', *Past & Present*, no. 14, 1958, pp. 45–70)。しかし、このことは狭義の「貴族」よりはより広い「ジェントルマン層」の特徴だということができる。「ジェンティリティとは、しょせん昔からの富豪ということにほかならない」のである(R. Ashton, 'The Aristocracy in Transition', *Econ. Hist. Rev.*, 2nd ser. vol. XXII, no. 2, 1969, p. 317)。

また、S・ウルフは、イギリスのジェントルマンに当る階層はいちおうどこの国にも存在したし、この階層の人間が富を背景に爵位をえて貴族になるのはさして困難ではなかったという。

しかし、そのウルフでさえ、イギリスのジェントリが圧倒的に高い社会的流動性をもったこと、土地市場が他国に比べて遥かに活溌であったこと、貴族の次・三男のプロフェションや実業の世界への進出が容易なことなどがとくに目立つ、という事実は承認している(cf. S. Woolf, 'The Aristocracy in Transition : A Continental Comparison', *Econ. Hist. Rev.*, 2nd ser. vol. XXIII, no. 3, 1970, pp. 527–28)。

(6) G. King, *Natural and Political Observations and Conclusions upon the State and Condition of England*, (1969), reprinted as *Two Tracts by Gregory King*, 1936, p. 31 (also reproduced as *The Earliest Classics*, 1973, p. 48).

(7) P. Mathias, 'The Social Structure in the Eighteenth Century : A Calculation by Joseph Massie', *Econ. Hist. Rev.*, 2nd ser. vol. X, 1957, pp. 42–43.

(8) W. Blackstone, *Commentaries on the Laws of England*, (1765), vol. 1, pp. 364–409.

(9) H. J. Perkin, 'The Social Causes of the British Industrial Revolution', *T.R.H.S.*, 5th ser., vol. 18, 1968, p. 129.

(10) H. Perkin, *op. cit.* (Origins), pp. 38 ff.

(11) 商人の徒弟になるための一時金は五〇—三〇〇ポンドであったが、ジェントルマン的とは考えられない大半の手工業などでは、一〇ポンドまでであった。R. Campbell, *The London Tradesman*, 1747 (1969), pp. 331–40. また、たとえば将校のポストにしても、下表のように、その地位と価格は明確に相関していた。

Lieutenant Colonel	£ 3,500
Major	2,600
Captain	1,500
Ensign	400

〔出典〕 E. Robson, 'Purchase and Promotion in the British Army in the Eighteenth Century', *History*, XXXVI, p. 60.

(12) J. Carswell, *From Revolution to Revolution : England 1688–1776*, 1973, p. 15.

(13) *ibid.*, p. 25.

(14) ハバカク、上掲拙訳、二〇頁および一六四—六六頁。

(15) baronet を加えると一、〇〇〇家族ほどになる。baronet の法的地位については、Blackstone, *op. cit.*, vol. 1, p. 392.

(16) 地租定型化の過程については、隅田哲司『イギリス財政史研究』(ミネルヴァ書房、一九七一年)、第六章、および W. R. Ward, *The English Land Tax in the Eighteenth Century*, 1953, pp. 17 ff.

(17) ハバカク、上掲拙訳、八三—一一五頁。cf. B. A. Holderness, 'The English Land Market in the Eighteenth Century : The Case of Lincolnshire', *Econ. Hist. Rev.*, 2nd ser. vol. XXVII, 1974, pp. 557–76 ; J. V. Beckett, 'English Landownership in the Later Seventeenth and Eighteenth Centuries : The Debate and the Problems', *Econ. Hist. Rev.*, 2nd ser. vol. XXX, 1977, pp. 567–81 ; L. Bonfield, 'Marriage Settlements and the "Rise of Great Estates" : The Demographic Aspect', *Econ. Hist. Rev.*, 2nd ser. vol. XXXII, 1979, pp. 484–93. しかし、ハバカク自身、その主張を変えてもいない。Sir John Habakkuk, 'The Rise and Fall of English Landed Families, 1600–1800', Part I, *T.R.H.S.*, 5th ser. vol. 29 ; Part II, *T.R.H.S.*, vol. 30, 1980 ; esp. I, pp. 205–07.

(18) J. H. Plumb, *The Growth of Political Stability in England 1675–1725*, 1967, esp. ch. 6.

(19) 同時代の「友人」の意味については H. Perkin, op. cit. (Social Causes), pp. 132–33.

3　「疑似ジェントルマン」の概念

「有閑階級で生活様式はまったくジェントルマン的であるのに、その経済的基礎が土地財産にはおかれていない都市的な家族」を「疑似ジェントリ」pseudo-gentry と称したのはA・エヴェリットである。(1) 地主＝ジェントルマンとの接触も多く、一円の住民にパトリアーカルな影響力を及ぼしたイン経営者などを彼はさしているのだが、ここでは概念を多少拡大して、ジェントルマンとノン・ジェントルマンのあいだをつなぐ橋ないしエレヴェイター的な階層と理解しておきたい。こういうものとしての「疑似ジェントルマン」pseudo-gentleman は、決して真正のジェントルマンではない。医師が医療行為をなす限り、商人が貿易に従事する限り、いいかえれば何であれ勤労によって収入を得ている限り、本物のジェントルマンではありえない。それは、上述のジェントルマンの二つの条件のうち、所得の型ではいささか本来の条件からはずれているが、消費生活の型のうえでは完全に条件にかなっている人びとといってもよいし、ジェントルマンの次・三男の生活手段であった「ジェントルマン的職業」に従事する人びとといっても、ほぼ当っていよう。

これらの職種で大成功を納めた者は、さらに本国内に土地を買って地主、すなわち真正のジェントルマンに転化したのだが、多くの者は没落してノン・ジェントルマンの階層に組み込まれていってしまう。「疑似ジェントルマン」の地位は、それに就くのにカネがかかること——商人の徒弟になるにしろ、大学や高等法学院に入学するにしろ、将校のポストを買うにしろ——、コネクションが不可欠なことなどのために、ジェントルマンの次・三男以外には容易に得られるものではなかった。しかし、他方では、これらの職種がいずれも何らかの意味での「才能」を必要とするものであっただけに、競争の原理がいくらかは作用し、ノン・ジェントルマンの家系の子弟にもチャンスがあったのである。しかも、才能はもとより相続しえないし、彼らが有した「土地以外の形態の財産」、たとえば公債や商業上の富は、土地に比べれば不安定なものであったから、結局、上昇も下降もせずに「疑似ジェントルマン」の地位に何代もとどまることは困難であった。(2)「ジェントルマン的職業」はこうして、イギリス近代社会の上層部につねにある程度の社会的流動性を保障したのである。この階層を踏み台としてジェントルマン層に上昇してゆくタイプを、R・S・ニールに従って「サミュエル・スマイルズ型」、逆に下降する人びとを「サンチョ・パンザ型」とでも呼んでおきたい。(3)

いずれにせよ、このような流動性の存在こそが、ジェントルマンのヘゲモニーの長期にわたる安定の基礎であったことは間違いない。被支配層から有力な個人をたえず補給して自らの活力を高める一方、被支配層の内部に社会構造の変革を求めるエネルギーが危険なほどに蓄積されるのを防ぐ。これが、ジェントルマン＝支配層の自己保存策だったのである。このような構造になっていたからこそ、「商業革命」期の商人たちも、産業革命期の工場主たちも、ジェントルマン支配の打倒を口にするよりも、自ら地主＝ジェントルマンの思考・行動様式をなぞらえ、「われわれもジェントルマンである」と主張する――つまり「疑似ジェントルマン」化する――ことになったのである。

このような機能をもった「疑似ジェントルマン」層は、すでに一六世紀にも確認できる。著名なW・ハリソンの一文はその好例である。強い非難をこめて彼はいう。(4)「誰であれイギリス王国の法を学ぶ者、大学で学問に没頭する者、医学〔内科学〕や一般教養学を修める者、戦争に際して将軍となったり、国内で王の治世を補佐することで王国に貢献する者で、肉体労働をせず、ジェントルマンらしい姿かたち、顔つきをすることができ、またそうする意志をもつ者」は、カネでジェントルマンの地位が買える、と。この一節は、一六世紀の「ジェントルマン」の定義としてしばしば引用されているが、前後の文章を読めば、ハリソンがこの種の人びとを真正のジェントルマンと認めていなかったことは明らかである。「足に合わない大きな軍靴をはいて、ケガをするのは本人だけだ」(5)、というのが彼の結論なのである。ハリソンにとっては、法律家、学者、医者、将校、官僚などは、まさしくいまいましい「似而非」ジェントルマンだったのである。しかし、同時にまた、ハリソンの考え方がどうあろうと、こうした職業の人びとがその財力によってジェントルマンを装い、ジェントルマンの思考・行動様式を身につけはじめており、社会的にもしかるべきものとして承認されそうになっていることをも、この一文は示していよう。しかも、ハリソンのこの一文はほとんどそっくり、T・スミスの著作にも採用されており(6)、人文主義者のあいだでは、これがほぼ共通の社会認識となっていたことを窺わせる。このような意味で、ハリソンがあげた職種こそは、一六世紀における「ジェントルマン的職業」であり、その従事者は、もっとも古典的な「疑似ジェントルマン」であったといえよう。

とはいえ、一六世紀では、なおこの階層の規模はごく小さかった。ピューリタン革命前の一世紀間、とくに一六世紀末以降の時期が、地主＝ジェントルマンの次・三男問題が極度に深刻化した時代であったのも、このためである。ハリソンのあげた職種のうち、医師と法律家は聖職者とならんで歴史上もっとも古いプロフェションであるが(7)、これらの職種で成功するには才能が不可欠であり、ノン・ジェントルマン層の出身者との競争に晒される。しかも、修道院はなくなっているうえ、宗教をめぐる情勢はなお混乱していたから、聖職は決して安定した職種ではなくなっていた。大学も卒業生が急増したにもかかわらず、教授ポストはふえず、「疎外されたインテリ」(8)が続出して、ピューリタン革命の知的前提のひとつとさえなっていた。

将校というポストも、王政復古後の帝国形成期と比べると、数も少なく有望なものではなかった。アイルランドや新世界への植民活動はこうした背景があって企画されたものであり、「ジェントルマン的職業」のひとつと考えられていたが、もとよりこの時代に成功したものはほとんどなかった。したがって、ジェントルマンの次・三男にとって残された唯一の道は、もっとも古典的な方法、つまり国王や貴族の家臣、従者となることであった。しかし、この点では「ジェントリの勃興」の世紀が「貴族の没落」の世紀でもあったこと、宮廷というものもまた、すでに革命前から財政難が深刻であり、革命期にいたっては存在もしなくなった事実を想起すべきであろう。

こうして、「疑似ジェントルマン」になること自体が、この時代には極度に困難であった。「こんな暮しをぼくのような生まれの紳士にふさわしいものといえるかね。兄貴の馬の方が大事に育てられているよ」、と嘆息したのは『お気に召すまま』の劇中人物であるが[9]、シェイクスピアを引き合いに出すまでもなく、「ジェントリの勃興」の犠牲となった次・三男たちの不満を示す文献は枚挙に暇がない。たとえば、T・ウィルソンはイギリスの社会構造を分析した著名な著作『イギリスの状態』のなかで、「モルトの山の上に猫が食べ残した程度のもの、つまりごく少額の終身年金くらい」を、長兄夫婦の慈悲によってあてがわれるにすぎないのが次・三男だと嘆いている[10]。「次・三男とは、いわば『怒れる若者たち』であった」というJ・サースクによれば[11]、革命に際しても、W・ウェリンやJ・リルバーンのような小ジェントリの次・三男をリーダーとしたレヴェラーズや、長兄すなわち有産者、次・三男すなわち無産者と定義したディガーズに対して、長兄たちを指導者とした独立派が長子相続制をめぐって対峙したのだ、という。ジェントルマンの次・三男が「ジェントルマン的職業」にも就けないとすれば、イギリス社会を二分する深いクレヴァスを越えて、ノン・ジェントルマンの階層にいきなり転落することを意味する。「むしろヨーマンの家に生まれたかった」ともらす者さえあったのも、理解できないことではない。

しかし、状況は王政復古とともに一変する。ジェントルマンの次・三男問題を扱った論説は突然影をひそめ、一九世紀中頃まではもはや言論界の主要な問題ではなくなってしまうのだ。一七世紀前半まではあれほど深刻であった地主＝ジェントルマン家系の次・三男問題はどこへ行ったのか。

むろんこの問題には、ただちに想起される解答がいくつかある。厳格継承的不動産処分が採用されることが多くなり、次・三男の財産相続上の立場を改善したことは、とくに重要であった。[12] そのうえ、王政復古後には宮廷役人への道が再びひらかれ、聖職もまた国教会がいちおう安定して多少とも魅力を回復した。医師の世界でも伝統的な内科医《フィジシアン》のほかに、外科医《サージョン》やアポシカリの地位が著しく向上して、ジェントルマン的職業のひとつになりつつあったし、土地《ランド・》財産管理人《ステュワード》なども同様であった。[13] また人口学上の変化も、次・三男問題の解消にいくらか与っていたと思われる。もともとジェントルマン階級ではとくに人口制限がなされる傾向が強かったのだが、一七世紀末、一八世紀初頭には、公爵の家系だけをサンプルとして算出された上流階級の人口再生産率は〇・八〇で、[14] あきらかに人口減少の傾向にあった。とくに結婚市場の一般的傾向や持参金の変化からみて、男子の減少が著しかったことが予想される。

しかし、王政復古とともにジェントルマンの次・三男問題がいっきょに解消された理由としては、これらの事情はあまりにも弱い。そうだとすれば、いったい決定的な理由はどこにあったのか。

（1）A. Everitt, 'Social Mobility in Early Modern England', *Past & Present*, no. 33, 1966, p. 71; id., *Change in the Provinces: the Seventeenth Century*, 1969, pp. 43–46.

（2）R. Grassby, 'English Merchant Capitalism in the Late Seventeenth Century: The Composition of Business Fortunes', *Past & Present*, no 46, 1970, p. 107.

（3）R. S. Neale, *Class and Ideology in the Nineteenth Century*, 1972, p. 101.

（4）W. Harrison, *op. cit.*, pp. 113–14.

（5）*ibid.*, p. 114.

（6）T. Smyth, *op. cit.*, pp. 28–29.

（7）anon., *A General Description of All Traders Digested in Alphabetical Order*, 1747, pp. i–xxxi; R. Campbell, *op. cit.*, pp. 24–50, 66–83. なお、プロフェションの階層の勃興も、後述する証券《ストック》・ジェントルマンのそれと同じく、決して一九世紀に固

有の現象ではない。この点については、A. M. Carr-Saunders, *Professions: Their Organizations and Places in Society*, 1928 を批判した E. Hughes, 'The Rise of the Professions in the Eighteenth Century', *Durham Univ. Journ.*, n. s. vol. XIII, 1952, pp. 46–59. また、cf. B. Hamilton, 'The Medical Professions in the 18th Century', *Econ. Hist. Rev.*, 2nd ser. vol. IV, no. 2, 1951; G. Holms, *Augustan England: Professions, State and Society 1680–1730*, 1982; W. Prest, *Lawyers in Early Modern Europe and America*, 1981 etc.

（8） M. H. Curtis, 'The Alienated Intellectuals of Early Stuart England', in T. Aston, ed., *Crisis in Europe, 1560–1660*, 1965, pp. 299, 305 et passim.

（9） 『シェイクスピア全集』2（筑摩書房版一九六七年）、六六頁、阿部知二訳。

（10） Thomas Wilson, *The State of England Anno Dom. 1600*, (1601)1936, Camden Miscellany, 3rd ser. vol. XVI, p. 24.「上流階級の次・三男の身分」という一節がわざわざ挿入されている。

（11） J. Thirsk, 'Younger sons in the Seventeenth Century', *History*, no. 182, 1969, pp. 358–77.

（12） 栗原真人「婚姻継承財産設定 Marriage Settlement の歴史的意義をめぐって」（『香川法学』一―一、一九八二年）、一五二頁。

（13） land steward の実態については G. E. Mingay, 'The Eighteenth-Century Land Steward', in E. L. Jones & J. D. Chambers, eds., *Land, Labour and Population in the Industrial Revolution*, 1967, pp. 3–27; E. Hughes, 'The 18th-Century Estate Agent', in Cronne, Moody and Quinn, eds., *Essays in British and Irish History*, 1949, pp. 185–217, esp. p. 189.

（14） T. H. Hollingsworth, 'A Demographic Study of the British Ducal Families', in D. V. Glass & D. E. C. Eversley, eds., *Population in History*, 1965, table 23.

4 商人の社会的地位

地主＝ジェントルマンの次・三男問題はどこへ行ったのか。結論を先取りしていえば、こうだ。ピューリタン革命から七年戦争に至るまでの重商主義戦争とその結果としての帝国＝植民地体制の確立、これと関連した「商業革命」

が、急激な変化の根本的原因であっただろう、と。

革命をひとつの転換点として、商人の社会的評価が著しく変化する。「商業革命」が商人を「疑似ジェントルマン」の地位に押し上げたのである。また、重商主義戦争は、直接の結果として、将校をこれまでよりは遥かに見込みのある職種にしたばかりか、戦費捻出のために行なわれた公債の大量発行――「財政革命」――を通じて、土地ではなく「証券《ストック》」に基礎をおく資産家層を生んだ。さらに、戦争が次つぎとイギリスの勝利となって植民地が拡大されると、本国ではなく植民地に土地を所有する植民地地主たちが、続々と出現した。こうした植民地地主の頂点には、アイルランドや西インド諸島の大地主のように、自ら帰国して本国のジェントルマン社会に接近し、政治上の大圧力団体を形成した層がある。その下には、不在化まではできないために、植民地において徹底したジェントルマン的生活様式を追求した在地の地主、プランターがおり、ダブリンやキングストンやカルカッタには紛れもない「疑似ジェントルマン」の社会が形成された。

これらの植民地にはまた、医師、法律家、聖職者などが少数ながら存在し、不在地主のための所領管理人と並んで、いわば植民地地主の予備軍となっていた。この階層にも、多くの本国ジェントルマンの次・三男を見出すことができるのである。

一七世紀中頃以後の重商主義的対外発展は、こうして商人《マーチャント》＝ジェントルマン、ストック・ジェントルマン、植民地ジェントルマンといった新型の「疑似ジェントルマン」を大量に生みだすことによって、ジェントルマンの次・三男問題に象徴される社会的緊張をいっきょに緩和した、といえるのではなかろうか。市民革命と産業革命に挟まれた一八世紀社会の相対的安定は、植民地という安全弁の存在によって保たれたと思われるのである。したがって、以下、まず商人の社会的地位の変化から検討しよう。

前節にあげたハリソンの一文には、もうひとつ注目すべき事実がある。すなわち、そこには商人《マーチャント》――当時の用語法では「外国貿易商」のこと(1)――への言及がみられないことである。というより、ハリソンは明らかに商業を「ジェントルマン的職業」とは認めていなかった。物価高や物資の不足の原因が商人にあるとする彼は、商人がジェントルマンと交流していることは認めながらも、あくまで「ジェントリの下の市民層に位置する者」と断定しているのである(2)。

このような反商人的な見解は、一六世紀にあっては特異なものでもなかった。たとえば、没落したジェントリの救済には戦争しかないと説いたD・ディグズも「商業などというものは、フィレンツェやヴェネツィア以外ではジェントルマンにふさわしい仕事ではない(3)」からだ、と主張しているのである。T・ウィルソンの場合も、ジェントルマンに次ぐ階層は「法律家、大学教授、聖職者」などとなっており、商人はそのなかに含まれていないようにみえる(4)。

ハリソンやウィルソンから一世代後の一六二〇年代に執筆したと思われる主著『外国貿易によるイングランドの財宝』のなかで、東インド会社重役T・マンは次のようにいう。「実際のところここイングランドにおいては、多くの商人が他の国々におけるほど、その職業にかんして奨励をうけていないことに気付いており、また、この貴い天職に見合うほどの……評価をうけていないこともみているので、自らの職業に秀でようと努力しないのである。わが王国の貴族階級にはみられないが、他の国々においては、この職業によって親子代々その富を著しく増大し、家名と家系とを維持することが行われている。ところがわが国では、貿易商人の名声はもっとも富裕なもののそれでさえたちち消えうせ、子供は富を残されながら父の職業をさげすみ、(名ばかりにすぎないのに)ジェントルマンになって、その財産を愚行と放らつさのうちに費消」する、と(5)。ハリソンやウィルソンのような人文主義者とは違って、これが商人自身の声であることには注意しなければならないが、それにしても、この一文からは少なくとも二つのことが読みとれよう。第一には、イギリスでは、商人の社会的地位が不当に低くなっている、と商人自身が感じていたこと、第二には、したがって、成功した商人は地主＝ジェントルマンに転化する傾向が強く、ヴェネツィアやオランダの都市貴族に匹敵する豪商の家系(いわゆる Merchant Dynasties)が成立する可能性がごく少なかったこと、がそれである。(6)

ところが、王政復古以後の「商業革命」期になると、状況は一変する。同時代の人物ではないが、一八世紀に活躍した歴史著述家G・チャーマースは、王政復古期のイギリス経済の繁栄の原因として、次のような事実をあげている。いわく、「とりわけ行動様式の変化、つまり結婚による上流階級と中産階級の交流が、ジェントリをして、否、貴族の分家筋をしてさえ、息子たちを商人の徒弟に出すようになったことがあげられる。このことによって、これまではただ利益があがるという意味しか持たなかったひとつの職業が、高貴なものに高められたのである。他方では、実業界はこうした上流人士の豊かな資本とすぐれた知識を利用することが可能になったのだ」(7)と。

それどころか同時代人のなかにも、さらに明快な見解の持主もいた。すなわち、一六八六年に出た匿名の小冊子の著者がそれである。国内商人とは厳密に区別さるべき外国貿易商は豊かな相続資産を元本としてもち、生まれも悪くはないうえに、現代の外国語はもとより古典語の教養をさえ有し、諸外国の度量衡や通貨、商品、政治や慣習、天文学、航海術などあらゆる分野について深い知識を要求される。したがって、「貴族やジェントリは自分自身であれ、息子であれ、商業に従事することを不名誉などと考えるべきではない」、と彼は主張する。(8)「この高貴な職業《プロフェション》を上流人 Person of Quality にはふさわしくないなどといって騒ぎたて貶めるのは、馬鹿げた、不当で、不快なやり方である。商人が金儲けをするのが問題……なら、ジェントルマンが官職や土地を売買し……法律家や医師が相談料《フィー》をとりながら家名や法衣を穢したなどといわれないのはなぜなのか。商人ばかりが為替を受取るからといって、その生来の権利を奪われるべきいわれはない」、と彼は断言するのである。(9)

このような変化は、名誉革命の年のイギリス社会の状況を分析した例のG・キングにも十分反映している。というのは、彼の社会構成表では、「ジェントルマン」、「官僚」に続いて「外国貿易商」がおかれ、その下に法律家や聖職者が並べられており、彼自身、商人をここにいう「疑似ジェントルマン」の中核に措定していたことを示唆しているからである。

さらに、一七世紀後半以来、父から息子へ引きついで半世紀以上にわたって出版され続けたチェンバレンの『イングランド評判記』を版を追って辿ってみると、同様の変化がより鮮明に浮んでくる。すなわち、自らジェントルマンの家に生まれた、いわば旧世代の人間であった父エドワードは、一六九二年版においてさえ、次のように述懐している。「ごく近年まで、イギリスの貴族やジェントリはなお息子たちに商売《ショップキーピング》をさせるのは、一門の名誉や名声に反する穢わしいことと思っていたものだ。商売は隷従のしるしだし……紋章官も、そうなるとジェントルマンの資格 gentility が失われるものと判定していた」。「ところが、最近は準男爵やナイト、ジェントルマンの子供たちが店を構えるばかりか、ときには行商をさえ行ない、わが国民の恥辱となっている(10)」。詳細にみると、エドワード・チェンバレンが問題にしているのは、むしろ国内商業のことであるようにもみえるが、それにしても、商行為という「奴隷的」な生活ぶりは「高貴な精神」をもつ青年貴族にはまったく不向きだと、彼が考えていたことは確実である。ところが、父の死後、一七〇四年から改訂版を発行した息子ジョンになると、「商売人《トレイズマン》は平民のなかにかぞえられるが、……その一部である外国貿易商は、公共の福祉を増進すること大であり、よく寄付をし、気前がよいので、イギリスでもっとも評判の良い階層である。……この国では、貿易商になることはジェントルマン家系に生まれた者にとっても、とくに次・三男にとっては、何ら恥かしいことではない」と主張しているのである(11)。

すでにこの頃になると、アディソンのような評論家も「商業《トレイド》はイギリスの領土を一片たりとも増やさないが、新たな帝国にも似たものをもたらし、富者をふやし、土地財産の価値を限りなく上昇させる」と主張し、「諸般の事情にてらして、商人ほど有益な社会層はない」と認めるようになる。[12] しかし、商人、実業家の社会的地位、つまりジェントルマンと彼らの相互関係について、この時代にもっとも多くの著作をものした人物、しかもこの問題について過激ともいえるほど進歩的な思想をもっていた人物は、ほかならぬD・デフォーであった。ロンドンの肉屋の家に生をうけながら、本名の Foe をあえて貴族風の Defoe と改姓さえした彼にとっては、ジェントルマンへの上昇こそが人生の目的であり、彼がものした文芸作品のほとんどは、ノン・ジェントルマンが植民地を踏み台として、ジェントルマンに成り上ろうとする苦難の物語である。すなわち、文芸評論家M・シナゲルのいう「デフォーの植民地命題」である。[13] しかし、彼のジェントルマン志向をもっとも直截的に示しているのは、晩年の二著作『イギリス商人大鑑』(一七二七年)[14]と『イギリス紳士大鑑』(一七二八・九年執筆、未完)[15]とである。どちらの論説にも、軽蔑を含んだ地主の言葉に対して「いかにも私自身はジェントルマンではないが、私にはジェントルマン〔の地位〕を買い取ることができる」と豪語する商人を登場させたデフォーにあっては、商人より地位の低い国内商人《トレイズマン》でさえ「トレイディング・ジェントルマン」たりえたのである。[16] それどころか別の個所では、チャールズ二世の言葉に仮託して、「トレイズマンこそが、イギリスの唯一のジェントリ層だ」[17]とさえいうのである。

しかし、ここまで言っては言い過ぎであって、彼自身の真意は次のようなところにあったというべきであろう。つまり、「近年……法律、商業、戦争、[18]航海……および、公債保有……などで巨富をえる人びとが増えている」が、彼ら自身は必ずしもジェントルマンとは認められない。しかし、その息子となると、しかるべき教育を受け、徳性も身に備えるので、彼らは紛れもないジェントルマンとみなされる。「それどころか、父親たちにしても、ほとんどそれに近い扱いを受けている」のだ。実際問題として、結婚や買収によって、古くからのジェントルマンの家系と商人や法律家のそれの融合が起こっている。ケントやエセックスのジェントリの二〇〇家族くらいまでは商人の出身であり、本来の地主というのは五分の一にも満たない。逆に実業界にはいったジェントルマンの子弟は無数にいるが、こういう出自の実業家はいうまでもなくジェントルマンである、と[19]。

ここで、かなり錯綜ないし混乱もしているデフォーのジェントルマン概念を詳細に分析する余裕はないが、彼の主張には、当時としてはなお「願望」の域を出ない部分が含まれていたことは確かであろう。しかし、彼の主張のうち、ジェントルマンの次・三男が商業の世界に大量に進出したこと、外国貿易商は「ジェントルマンに近い」扱いをうけたことなどは、ほぼ正確な歴史事実と考えられる。なぜなら、たとえば一七三三年にロンドンで初版の出たヴォルテールの『哲学書簡』でも、ほとんど同じ観察がみられるからである[20]。

一八世紀中頃までには、こうして貿易商人は「ジェントルマン的」な階層とみなされた。G・ミージュといえばスイスからの移民で、上述のチェンバレン父子の刊行物に似た『イギリス案内』を一七〇七年から四八年にかけて一一版上梓した人物だが、その最終版には次のような一節がある。いわく、「以前は、国内商業《トレイディング》は、ジェントルマンの体面を穢す、賤しい職業であったが、いまでは豊かな国内商人《トレイズマン》もその職を離れさえすれば、ジェントルマンとみなされる。外国貿易商《マーチャント》についていえば、彼らは国内商《トレイド》・工業の基礎となり、国富のもととなっているのだから、彼らがジェントルマンであることには疑問の余地がない[21]」。より具体的にいえば、市長や都市当局の高級役人などは、ジェントリ層の中核をなすエスクワイアに当る、とも説明している。

一七七四年に周知の『商業辞典』を刊行したM・ポスルスウェイトも、商人は引退すればジェントルマンになれるし、海外貿易商は現役のままでもジェントルマンでありうると述べて、次のようにも説明している。「商取引《トレイド》はここイギリスでは、ジェントルマンであることとまったく矛盾しないので、むしろ商行為《トレイド》がジェントルマンをも生み出すのである。というのは、商売人《トレイダー》の子孫も、一、二世代のちには立派なジェントルマン、政治家、議員、枢密院議員……および貴族として、最高、最古の家系の出身者と比べても遜色のない存在になるからである」[22]、と。しかし、これより二年前にまとめられた『商学概論』の著者で、商業教育の大家であったT・モティマーになるともっと激しく、商人の方が貴族より歴史の古いものだ、と豪語さえしている。[23]

一世紀余にわたる「商業革命」を背景として、貿易はもっとも典型的な「ジェントルマン的職業」となったのである。デフォーの夢は実現し、「商人《マーチャント》＝ジェントルマン」の概念が成立したのだ。[24] 地主＝ジェントルマンの次・三男問題は、まず第一にこうして解消されたのである。「地主支配体制《スクワイアラキー》」が大商人層をパートナーとしたのは、けだし当然であった。

しかし、なお留意すべき事実が二つ残っている。ひとつは、それでも地主の商人に対する姿勢はなおアンビヴァレントなものであったということである。一八世紀末に書かれた『高慢と偏見』のなかでも、作者オースティンはその登場人物について、「兄と自分たちの財産が商売で儲けられたものだという事情の方は、忘れがちであった」と論難している。[25] 商人は「疑似ジェントルマン」になったのであって、真正のジェントルマンになったわけではないのである。

いまひとつの問題は、「ジェントルマン的」になったのは貿易商であって、国内商や製造業者はあくまでその枠外にあったということである。以上に引用した文献のなかにも、ときとして「トレイド」という、きわめて解釈の難しい言葉が使われているが、地主＝ジェントルマンの貿易商に対する姿勢と製造業者に対する姿勢とには、こと一八世紀にかんする限り、雲泥の差があったことはまちがいない。一九世紀はじめにマンチェスター史を著したJ・ウィーラーの次の二文を比べれば、事情が明確になろう。彼はまずいう。「ジェントリ……階級は戦争による高物価で次・

三男に他の生活手段を見つけてやれず、渋々ではあったが彼らを商業の世界に入れた。一八世紀にはこういう人物が大勢マンチェスターにも現われ、彼らの新たな血がはいったことで、イギリス商人《マーチャント》の格が上ったことには疑問の余地がない(26)」、と。しかし、ジョージ一世時代に製造業者《マニュファクチャラー》の徒弟に出されたカントリ・ジェントリの息子たちは、当時の「小規模なカントリ・ジェントリの生活は決して贅沢なものではなかったのだが……それでも〔実家とは〕非常に違う扱いに耐えられずに……ほとんどはやめてしまって軍隊か海にむかった(27)」というのである。地主＝ジェントルマンは商人とは相容れることができたが、製造業者とはそれができなかったのである。職工《メカニクス》でもジェントルマンになれるとか、労働者とジェントルマンの区別もなくなるという、S・スマイルズやA・マーシャルの立場(28)は、一八世紀にはたとえたんなる空想としても、存在しえなかったというべきであろう。

(1) ex. D. Defoe, *The Complete English Tradesman, in Familiar Letters*, (1727)1969, vol. 1, pp. 2-3.
(2) Harrison, *op. cit.*, p. 115.
(3) Dudley Digges, *Foure Paradoxes or Politique Discourses*, 1604, pp. 77-79.
(4) Thomas Wilson, *op. cit.*, p. 23.
(5) T・マン(渡辺源次郎訳)『外国貿易によるイングランドの財宝』(東京大学出版会、一九六五年)、一五―一六頁。
(6) Cf. H. Peacham, *The Complete Gentleman and Other Works*, (1622), ed. by V. B. Heltzel, 1962, p. 21.
(7) G. Chalmers, *An Estimate of the Comparative Strength of Great Britain*, 1794, p. 46.
(8) anon., *The Character and Qualifications of an Honest Loyal Merchant*, 1686, pp. 6-9.
(9) *ibid.*, pp. 9-10, 12.
(10) E. Chamberlayne, *Angliae Notitia, or The Present State of England for the Year of 1692*, p. 109.
(11) John Chamberlayne, *Angliae Notitia.....for the Year of 1707*, p. 110.
(12) Addison, *The Spectator*, no. 69, Everyman's Library ed. vol. 1, p. 214.

(13)　イギリス「小説」の源流となったとも考えられるデフォーの物語り的な作品は四点あるが、そこではいずれも貧しい境遇からスタートした主人公が、主として海外、とくに植民地を舞台として大成功を遂げ、ジェントルマン(レディ)に近い地位をえる姿が描かれる。とりわけ、伝統的な中産階級の地位に安住することを勧める父親の忠告を振り切って「海に」むかうロビンソン・クルーソーは、新・旧世代の人生観の違いを身をもって示している。しかし、「植民地」をベイスとして富裕になったとしても、なおしかるべき教養や徳性、とくに宗教性を欠くときには、完全なジェントルマンとは社会的に承認され難いということも、これらの「小説」の主題の一部を構成しているとみることができる。こうして、デフォーが「小説」の形で主張したその「ジェントルマン」像は、出生＝血筋は問題にせず、資産と教養・徳性を決定的なメルクマールとするものである、ということができる。(D. Defoe, *The Life and Strange Surprising Adventures of Robinson Crusoe*, 1719; id., *The Fortunes and Misfortunes of the Famous Moll Flanders*, 1722; id., *The History of Colonel Jacque*, 1722; id., *Roxana: The Fortunate Mistress*, 1724.)

なお、わが国では、大塚久雄『国民経済』(大塚久雄著作集6、岩波書店、一九六九年)をはじめ、天川潤次郎『デフォー研究』(未来社、一九六六年)、山下幸夫『近代イギリスの経済思想』(岩波書店、一九六八年)、内多毅『イギリス小説の社会的成立』(研究社、一九六〇年)など経済史、英文学史両面で多くのデフォー研究が出ているが、いずれもそのピューリタン倫理の面からのアプローチが目立ちすぎ、「ジェントルマン」論の立場からする研究はごく少ない。cf. M. Shinagel, *Daniel Defoe and Middle-Class Gentility*, 1968, ch. 6.

(14)　D. Defoe, *The Complete English Tradesman*, (1727) 1969, 2 vols.

(15)　id., *The Compleat* (sic) *English Gentleman*, ed., by K. D. Bulbring, 1890.

(16)　id., *op. cit.* (Tradesman), vol. I, p. 308.

(17)　*ibid.*, p. 304.

(18)　ここでデフォーは、直接将校として従軍した者のほか、軍需によって巨富を獲得、「ジェントリの栄誉」をえた人、つまり「政商」的な人びとにも言及している。Defoe, *op. cit.* (Gentleman), p. 257. このような社会層については、N. Baker, *Government and Contractors: British Treasury and War Supplies, 1775–1783*, 1971, pp. 216–40.

(19)　Defoe, *op. cit.* (Gentleman), p. 263.

(20) ヴォルテール、上掲訳書、六二頁。
(21) Guy Miege, *The Present State of Great Britain*, 1748, reproduced in D. A. Baugh, ed., *Aristocratic Government and Society in Eighteenth-Century England*, 1975, p. 47.
(22) M. Postlethwayt, *Universal Dictionary of Trade and Commerce*, 1774, vol. 1, 'commerce'.
(23) Thomas Mortimer, *Lectures on the Elements of Commerce, Politics and Finance*, 1772, p. 171 et passim.
(24) "merchant-gentleman" という語の初期の用例としては、*The London Magazine*, April, 1732, p. 10 における "a merchant and polite young gentleman" や次節注(8)などがあげられる。
(25) J・オースティン(富田彬訳)『高慢と偏見』(上)(岩波文庫、一九五〇年)、二六頁。
(26) J. Wheeler, *Manchester: Its Political, Social and Commercial History, Ancient and Modern*, 1836, pp. 146–47.
(27) *ibid.*, p. 149.
(28) A. Marshall, *The Future of the Working Classes*, 1873, p. 18.

5 「商人＝ジェントルマン」の存在形態

王政復古期を境に外国貿易商の社会的地位が急速に上昇し、「商人＝ジェントルマン」の理念が成立した、といった。いわば商人は「疑似ジェントルマン」化したのであり、商人のままで「レスペクタブル」つまり「ジェントルマン的」でありうるとされはじめたのである。しかし、理念のレヴェルではなく、現実の商人はどのような社会的存在であったのか。そもそも彼らは、均質なひとつの階級をなしていたのか。彼らと地主社会との交流は、実際にはどの程度あったのか。これらの問題をめぐっては、早くはH・J・ハバカクやW・E・ミンチントン、最近ではN・ロジャース、D・T・アンドリューらの研究ないし論争がある[1]。

論争の行方がいっこうに判然としないのは、ひとつには議論が程度の問題にかかわっているからであり、いまひと

表 9-1　17世紀ロンドン市民の資産額

資産額(£) ＼ 年代	1586-1614		1666-1677		1678-1693	
0	235件	14.86%	264件	23.12%	155件	19.82%
1 - 500	927	58.63	449	39.32	302	38.62
501 - 1,000	167	10.57	147	12.87	110	14.06
1,001 - 5,000	199	12.59	228	19.96	174	22.25
5,001 - 10,000	33	2.09	39	3.41	22	2.81
10,001 - 20,000	13	0.82	12	1.05	15	1.92
20,001 - 30,000	6	0.38	1	0.09	2	0.26
30,001 -	1	0.06	2	0.18	2	0.26
5,001 - 計	53	3.35	54	4.73	41	5.25
501 - 計	419	26.51	429	37.56	325	41.56
計	1,581	100.00	1,142	100.00	782	100.00

〔出典〕 R. Grassby, 'The Personal Wealth of the Business Community in Seventeenth-Century England', *Econ. Hist. Rev.*, 2nd ser. vol. XXIII, no. 2, 1970, p. 224(The Court of Orphans of London の資産目録).

つには、史料の関係上、総括的な統計研究ができず、「印象主義的」手法に頼る以外にないことに原因がある。たとえば、前節にあげたT・マンのいうように成功した商人の間で地主志向が強く、「豪商の家系」が成立しにくかったのだとすれば、一七世紀前半では「商人層」のアイデンティティは弱かったというべきであろう。これに対してR・G・ラングは、「……ロンドンの上流商人で、地主家系の出の者はまれだし……その富の力をもって土地に回帰した者もほとんどいない」と断定している[2]のだが、彼が調査の対象としたのは総数一四〇人のオーダマン経験者にすぎず、しかもそのうち一一八人は土地所有者であり、ほぼ五分の一が地主＝ジェントルマンの子弟であることを承認したうえでのことなのである。オーダマン経験者はロンドン商人全体を代表しているとは言い難いし、五分の一という数値は大きいのか小さいのか、判断の根拠は必ずしも明確でないのである。したがって、ここでも部分的な計量データを可能な限り利用しつつ、最終的には総合的な状況判断に頼るハバカク流の「印象主義」的手法の方がむしろ有効であろうと思われる。

一七・八世紀の商人社会には何が起こったのか。計量的に確認できることからはじめよう。まず第一に、「商業革命」は商人の富を顕著に増加させた。ロンドンの「孤児裁判所《コート・オヴ・オーファンズ》」に残された記録で、五、〇〇〇ポンド以上の資産を残した市民は、一六・七世紀の交には三・三五パーセントであったが、半世紀後の一六六六―七七年になっても四・七三パーセントにしかならなかった。この間に物価は三〇パーセントほど上昇したから、上流商人層の富は事実上あまりふえなかったと思われる。これに対して、引き続いて一六年間の数値をみると、物価の下降傾向がありながら、その数値は五・二五パーセントにまで上昇する(表9－1参照)。この傾向は、W・K・ジョーダンの主張とも一致する。(3)

ロンドン商人の個人的な財産額ではなく、全国民の所得のなかで「商業上の収入」が占める比率も、「商業革命」によって急上昇を遂げたことは、G・キングとJ・マシーの政治算術書を整理・対比した表4－3Iをみれば明白である。

しかし、他方では、史料が得られる範囲でもっとも包括的に個別商企業の粗利潤率を調査したR・グラスビーによれば、成功した商人の企業利潤率は、一七世紀はじめの二〇パーセント前後から世紀末以後の数パーセントへ、一七世紀のうちに顕著に低下する。グラズビー自身はこの事実から、イギリス商人の会計技術が未熟で、すでに他の投資部門に比べて不利になっていることに気付かずに商業投資を継続し、結果的にはイギリスの経済発展に革新的な役割を果たすことができた、という。(4) しかし、この事実はまた、次のような変化をも示唆している。すなわち、一七世紀前半では、商業は依然として一攫千金の夢をのせた、大成功の可能性をもった職業であったと同時に、遺産目録を残すに至らなかった多くの「落伍者」をもっていたに違いない。商業活動自体がまだ商品別の専門化がすすまず、商人たちはほとんど取引相手地域の名称をもって呼ばれていた。一七世紀の商人は商業での大成功を足場に地主＝ジェントルマンと化すことが可能であり、また事実、上述のG・ラングの主張にもかかわらず、そうしたのである。「商業国では……富がながいあいだ同一家族のもとにとどまっているということはきわめてまれ」だと喝破したのはスミスである。[5] したがって、一般に「商人はステイタスや権威を得るために土地を買い、地主はステイタスを使って蓄財をした」[6]のだとしても、商人の富が著しい成長性と流動性(不安定性)という二つの特質を明瞭に示していたこの時代には、富をまもるという純粋に経済的な理由からも、地主化は必然のコースだったのである。[7]

これに対して一八世紀の商人は、遥かに専門化しており、成功しても彼らが得る利潤率はあまり高くなかったが、それだけ安定もしていたのである。「いわばルーティンに従って営業するジェントルマン風の商人」'Gentlemen merchants who trade, as it were, by rote' が出現するのである。[8] 商業そのものが安定しただけではない。商人には土地以外の投資対象がひらけ、リスク軽減のためには必ずしも土地に依存する必要がなくなる。じっさい一七世紀後半以降の商人の資産は、土地、公債、株式、都市当局へのローン、官職等々、広い範囲に分散されているのが普通である。[9] したがって、相対的には土地投資の契機が弱くなり、地主化の可能性が減少するのである。クーパー卿(Lord Cowper)のハートフォードシアとケントの土地が、地租を差し引くと三ないし三・五パーセントの収益をしかあげえず、[10] サー・ウィリアム・ペティが土地では五パーセントの収益をあげるのは難しいと考えていたことからすれば、[11] 商業利潤はいかに低下したといっても、一般になお遥かに高かったのだから、安定性の問題をのぞけば、純経済的には土地投資は明らかに「不利」でさえあったのである。

他方、商人はたとえ地主化を望んでも、そのために必要な、たとえば三〇〇エーカー以上といった規模の所領を入手することはきわめて困難にもなった。対外戦争に伴う公債発行と地租を主要な原因として中・小地主が没落し、大地主による土地集積が進行したこと、その結果、厳格な継承的不動産処分を施される土地がふえて、一八世紀のイギ

表 9-2　London の Alderman の社会的出自　(%)

父の職業	(1) 1600–1624		(2) 1660–1689		(3) 1738–1763	
ロンドン市民	23	(36)	23	(34)	46	(61)
地方の商・工業者	14	(22)	12	(18)	7	(9)
ジェントリ	17	(27)	27	(40)	22	(29)
ヨーマン・ハズバンドマン	10	(16)	6	(9)	1	(1)
その他・不明	36	—	33	—	25	—
	100	(100)	100	(100)	100	(100)

(　)は「その他・不明」をのぞく構成比
〔出典〕 (1) R. G. Lang, in *Econ. Hist. Rev.*, 2nd ser. vol. XXVII, no. 1, 1974, (2), (3)は N. Rogers, in *Social History*, vol. 4, no. 3, 1979 よりそれぞれ計算.

リスでは土地市場が不活溌になったこと、ハバカクの力説するとおりである。(12)

こうして、ミドルセクスの土地登記簿調査の印象としてロジャーズも、「三〇〇エーカー以上もの土地を買ったオーダマンはごくまれであり、商業や金融の世界から富の大量移動があったとは思えない(13)」というような状況が生まれたのである。商人は成功してもほとんどの富を商業・金融界におき続け、「疑似ジェントルマン」としての生活に必要な限りの土地投資——郊外の住宅とその周辺の小規模な所領の取得——をしかしなくなったのである。

他方、商業の世界にはいってくる人びとの層にはどんな変化があったのか。この問題についても、断片的ではあるが計量的なデータが得られる。表9-2はロンドンのオーダマンになった者の父親の職種ないし地位を示している。オーダマンはすべてが狭義の「商人」であったわけではないし、少なくとも政治志向の強い人びとであっただろうことからいえば、上層市民層のサンプルとしても、多少は偏っていることになるかもしれない。しかし、彼らのほとんどが「商人」、それも最富裕層の商人であったことはまちがいない。表が示していることは、次の三点に要約できよう。(1) 一七世紀後半・一八世紀前半には、ロンドン市民を父とする者の比率が目立って高くなり、上層ロンドン市民の家系の継続性が高くなったらしいことがわかる。「豪商の家系《マーチャント・ダイナスティーズ》」がイギリスにも成立しはじめた、ということにもなろうか。(2)ジェントリ層の出身者もどちらかというと、その比率が上昇した。ジェントルマン層の次・三男の商業界への進出が目立って多くなったという同時代人の主張は、ほぼ確認できるわけだ。(3)逆に、こうした変化の犠牲になったのが、ヨーマンやハズバンドマンのような農村の中産層の子弟である。こうしてみると、「商業革命」期のロンドン上流商人層は、ますます多くのジェントリの次・三男を受け容れ、ますます多くの自らの子弟に家業をつがせた結果、下から社会的上昇を遂げようとする青年達にとっては、これまで以上に狭い門となったことになる。

表ではまた、地方の実業家の子弟も比率が激減しており、彼らもまたロンドン商人層の「安定化」と地主＝ジェントルマンの次・三男の進出の犠牲になったようにもみえる。しかし、一七世紀末に人口二万をかぞえ、ノリッジを抜いて第二位の都市となったブリストルの商人ギルドの徒弟にかんする表9－3をみれば、地方の貿易港でもロンドンと同じ現象が生じており、商人層はひとつの階層としてまとまりつつあったことが窺える。ブリストルで市民権を得るには、他の特権都市と同じく、相続、婚姻、市長の認可などの方法もあったが、それらの方法で市民権を得た者も、外国貿易を行なうにはほとんど徒弟を経験したといわれるので、(14)表はブリストル商人の社会的出自の大まかな目安にはなっていよう。ここではジェントルマン家系の出身者の比率は上昇していないが、ヨーマン・ハズバンドマンの比率は明らかに低下し、「商人」のそれが上昇、狭義の「商人」家系の継続性が高まったことを暗示している。言いかえれば、商人層は主要な都市ないし港湾ごとにまとまった集団をつくりはじめ、(15)そこで成立した集団はジェントルマンの次・三男層を十分受け容れるものであった、ということである。

ところで、こうしてより上の階層との交流を強めつつ、下の階層とのそれを薄め、「疑似ジェントルマン」化しつつあった大商人とはどのような人びとで、全国に何人くらいいたのか。すでに何度か関説もしたように、今日の「商人」にあたる言葉は一八世紀のイングランドには存在しなかった。'merchant' とは、厳密には「他国の商品や物産を輸入したり、イングランドの物産や製品を他国に輸出する人」つまり「海外貿易商」だけをさす言葉である。これに対して国内商は 'tradesman' ないし 'trader' とよばれ、貿易商《マーチャント》よりは明らかに下位の社会層に属している。一七二七年にデフォーが与えた定義はこのようであった。世紀も後半のモティマーになると、国内の卸売商人を貿易商《マーチャント》と混同することに強く警告し、両階層はそもそも必要とする教育からしてまったく違う、と主張している。(16) もっとも、このような警告がなされること自体、そうした混同が少なくとも一部に生じていたことを示してもおり、じっさい一七四七年に刊行された匿名の『職業案内』は、海外貿易商のほか国内に食庫などを構える卸売商が「マーチャント」にあたる――ただし小売店主 'shopkeeper' は違う――と説明している。(17) 同年、R・キャンベルが出した同様の案内書でも、「商人」の範囲はかなり広い。(18) しかし、その場合でも外国貿易商が他の「商人」とは判然と区別される存在であることは明示されているし、当の外国貿易商が国内商人を蔑視していたことを示す材料にもこと欠かない。

　したがって、W・E・ミンチントンが一八世紀のイギリスには均質な「マーチャント」という階級は存在しないといったり、(19) またわれわれが「地主階級《ランデッド・インタレスト》」と「商人層《コマーシャル・インタレスト》」などという場合、そこには国内商

表 9-3　ブリストル商人の徒弟の社会的出自

父の職業	1600-1630		1670-1690	
	実数	%	実数	%
マーチャント*	70	19(32)	57	25(45)
ジェントルマン	88	23(40)	50	22(39)
ヨーマン・ハズバンドマン	61	16(28)	21	10(16)
その他	158	42 —	98	43 —
	377	100	226	100

〔注〕*　mere merchant のみ
(　)はその他をのぞく構成比
〔出典〕 *Publications of Bristol Record Society*, XIX, ed. by P. McGrath, 1955, pp. 275-77.

人や金融業者をさえ含めていることが多いのだが、同時代人にとっては厳密な意味での「商人《マーチャント》」とは「外国貿易商」であった、といってまちがいない。じっさい、一八世紀ロンドンの『住所録《ディレクトリ》』をいくつか調べてみても、そこに名前の出ているような富裕な市民のなかでも、「マーチャント」と称している者はせいぜい三〇パーセントまでにしかならない。[20] しかも、この『住所録』についても、「僅かなワイロで国内商や卸商を『商人《マーチャント》』として記載している」という風評があったくらいである。[21]

そのうえ、このような狭義の「商人」の内部においてさえ、なお富の格差は甚しかった。一八世紀前後の政治算術家たち――G・キングやP・カフーン――が、いずれも所得の差をもとに二種類の「貿易商」を区別せざるをえなかったのもそのためである。結局、一七世紀末のキングが二、〇〇〇家族、一八世紀中葉のM・ポスルスウェイトが一、九〇〇人、一九世紀初頭のカフーンが三、五〇〇人と見積った「上流商人」こそが、ここにいう「商人＝ジェントルマン」にあたることになろう。[22] 外国貿易商全体のなかでも、それはキングで二〇パーセント、カフーンで一三パーセントほどにしか当らない。

このような「豪商の家系」は、いうまでもなくロンドンに圧倒的に多く成立した。今日いうところのホーム・カウンティーズに小さな所領と邸宅を構えて、ジェントルマン的な消費生活の場を確保するとともに、資産の多くはシティの商業的世界に残す、というのが彼らの通常の姿である。東インドやポルトガルとの貿易で成功し、エセックスに邸宅をもったウィリアム・ブロンド Braund と、典型的な「東インド派」を形成した彼の一族のほとんども、その例にもれなかった。[23] また、東インド会社の重鎮であり、もとから関係の深かったケントのメイドストンやエイルズフォードにカウンティ・ハウスをもったサー・ジョン・バンクス Banks は、ロンドンでは当時貴族の居住地であったリンカンズ・イン・フィールズに住む、やはり典型的な都市ジェントルマンであった。[24] しかし、東インド派より前から

「豪商の家系」を形成していたのが、レヴァント会社員である。トルコ貿易には、言葉をはじめ特殊な知識が必要だったし、同社が「制規会社」となったために、徒弟も個々の商人が自前でリクルートせざるをえなくなった。そのために、早くから閉鎖性が認められたうえ、一七世紀には「トルコ商人」といえば「大富豪」の代名詞と考えられるほど富裕でもあったからである。彼らの営業が事実上ルーティン化していて、彼ら自身、一種の有閑階級となっていたことにはすでにふれた。

地方都市に誕生した「商人＝ジェントルマン」の場合も、同様であった。たとえば、リーズの大商人――毛織物商サー・ヘンリ・イベトソン Ibbetson のような――の場合、そのビジネスはほとんど完全にルーティン化していた、といわれる。そうなると彼らは直接業務にタッチする必要がなくなり、「カントリ・ジェントルマンに次ぐ」有閑階級とみなされるに至ったのである。(25)

時代はやや下りすぎるが、一七七〇年代後半から大量の土地を購入した同じヨークシアの大毛織物商デニソン Denison 家の例をみると、彼らの社会的地位がどのようなものであったかが、容易に推測できる。下から勃興してきた「新興」商人の典型であったこの家系が大規模な土地投資を行なったのは、独立戦争でアメリカ市場が失われ、フランスの地中海への進出でイタリア貿易も不安定になったために、ヨークシア一帯が深刻な不況に陥ったからである。不況で生じた余剰資金は貴族への貸付けにむけるか、土地ないし公債に投下するかであったが、かつてチェスターフィールド卿への貸付金がほとんど回収不能となった苦い経験にてらして、デニソン家は貴族への金融を避けた。しかも、一七七八年以後、地代・地価ともに暴落していたので、当主は「土地を買って四パーセント以上の利益があがらないようなら、公債を選ぶ」と主張していたのである。公債は、経費も労力もなしで三・七(一七七七年)ないし五・〇(一七八〇年)パーセントもの利子を生んでいたから、それも当然であった。しかし、八一年に約二万ポンド分の公債を買おうとした同家は、結局五、〇〇〇ポンド分しか入手できなかった。同家の土地投資は、「ステイタスを買うため」に「望んで」なされたものではなかったのである。[26]

とすれば、デニソン家の人びとは何故に土地購入を望まなかったのか。一八世紀末には、デニソン家のような「新興」の商人でさえ、ピールやアークライトのような「ノン・ジェントルマン」の世界の人びととはまったく別の、ジェントルマン的な人間、ここにいう「疑似ジェントルマン」とみられていたからである。同家の人びとは、グラマー・スクール、徒弟、外国への留学兼出張といった莫大な資金のかかる教育をうけ、治安判事やハイ・シェリフ職を歴任し、ゲインズバラやロムニーに肖像画を描かせるなど、土地を購入するまでもなく、社会的評価の点ではジェントルマンに近くなっていたのである。

デニソン家の例が示すように、一八世紀の大商人にとっては、二つないし三つの生活形態がありえた。第一の選択は伝統的な地主化の道を辿るか否かである。地主こそが真正のジェントルマンであることにはなお違いがなかったが、一八世紀にはこの道が狭まっていたこと、上述のとおりである。したがって、成功した商人の多くは地主化せずにジェントルマン化する方法、つまり「疑似ジェントルマン」への道を辿ったのである。東インド貿易商トマス・ホール Hall とその友人ヒューアー Hewer についてのC・ジルの次の表現は、状況をよく示している。「後者は、なお貿易にも関心を残している地主であったのに対し、ホールは田舎屋敷と若干の土地財産をもつ商人であった[27]」、と。しかし、再びデニソン家の例が示すように、「疑似ジェントルマン」としての生き方にも、基本的には二つの道がありえた。すなわち、ひとつは、現物取引からは引退して公債、イングランド銀行や東インド会社株、運河の株、地方銀行株などに資産を投下してランチエ化する方法であり、いまひとつは「現職のままジェントルマンの生活を」'a country life in business' する方法である。後者が「商人《マーチャント》=ジェントルマン」だとすれば、前者はさしずめ「証券《ストック》・ジェントルマン」とでもよぶべきであろう。

とすれば、このような「商人＝ジェントルマン」――リーズではせいぜい一二家系といわれる「豪商の家系」――を他の人びとと区別する装置、言いかえれば、「疑似ジェントルマン」の「ジェントルマン性《ジェンティリティ》」を保証したものは何か。

(1) ハバカク、前掲拙訳書所収の諸論文、および H. J. Habakkuk, 'Marriage Settlements in the Eighteenth Century, *T.R.H.S.*, 4th ser., vol. XXXII, 1950, pp. 22–23, etc. さらに N. Rogers, 'Money, land and lineage : the big bourgeoisie of Hanoverian London', *Social History*, vol. 4, no. 3, 1979 ; D. T. Andrew, 'Alderman and big bourgeoisie of London reconsidered', *ibid.*, vol. 6, no. 3, 1981 etc.

(2) R. G. Lang, 'Social Origins and Social Aspirations of Jacobean London Merchants', *Econ. Hist. Rev.*, 2nd ser. vol. XXVII, no. 1, 1974, p. 47.

(3) R. Grassby, 'The Personal Wealth of the Business Community in Seventeenth-Century England', *Econ. Hist. Rev.*, 2nd ser. vol. XXIII, 1970, p. 224 ; W. K. Jordan, *The Charities of London, 1480–1660*, 1960 との関係については *ibid.*, p. 225.

(4) R. Grassby, 'The Rate of Profit in Seventeenth-Century England', *Eng. Hist. Rev.*, vol. LXXXIV, 1969, pp. 748–49, 751.

(5) アダム・スミス(大内兵衛・松川七郎訳)『諸国民の富』㈢(岩波文庫、一九六〇年)、四九八頁。

(6) R. Grassby, 'English Merchant Capitalism in the Late Seventeenth-Century : The Composition of Business Fortune', *Past & Present*, no. 46, 1970, p. 107.

(7) ibid., pp. 94 and 105.

(8) R. Davis, *Aleppo and Devonshire Square : English Traders in the Levant in the Eighteenth Century*, 1967, p. 71.

(9) R. Grassby, op. cit.(Rate of Profit), pp. 739–44.

(10) W. A. Speck, 'Conflict in society', in G. Holms, *Britain after the Glorious Revolution 1689–1714*, 1969, p. 147.

(11) ハバカク、前掲拙訳、一一一―一一二頁。

(12) 上出、第二節注(16)、(17)参照。

(13)　N. Rogers, op. cit., pp. 448–49, n. 50.

(14)　一七世紀に市民権を与えられた六五七人の商人のうち三四一人は徒弟，二〇三人は相続によった。*Merchants and Merchandise in Seventeenth-Century Bristol* (Publications of the Bristol Record Soc., XIX, 1955, ed. by P. McGrath), p. x. 一八世紀の同種の数値については，次節をみよ。

(15)　W. E. Minchinton, 'The Merchants in England in the Eighteenth Century', *Explorations in Entrepreneurial Hist.*, vol. 10, 1957–58, pp. 67–68.

(16)　T. Mortimer, *op. cit.*, p. 172.

(17)　anon., *A General Description of All Traders*, 1747, p. 140.

(18)　R. Campbell, *op. cit.*, pp. 284–89.

(19)　W. E. Minchinton, op. cit. (Merchants in England), p. 67.

(20)　*London Directory*, 1740 で試みにG項のはじめ（一一八頁）までをとると，八七八名中四三八人が「マーチャント」，*London Directory*, 1774 でも，全体で一八八頁のうち六一頁までで，総記載数二，〇二五名中五七六人が「マーチャント」。

(21)　Mortimer, *op. cit.*, p. 172.

(22)　G. King, *op. cit.*, p. 31 (Two Tracts); M. Postlethwayt, *op. cit.* (Universal Dictionary), "People"; P. Colquhoun, *A Treatise on the Wealth, Power and Resources of the British Empire*, 1814, pp. 124–28. また，J・マシーは一七六〇年頃について，中・上流のそれを三，〇〇〇家族としている。

(23)　L. S. Sutherland, *A London Merchant 1695–1774*, (1933) 1962, pp. 5–8.

(24)　D. C. Coleman, *Sir John Banks: Baronet and Businessman*, 1963, pp. 51 and 124.

(25)　R. G. Wilson, *Gentleman Merchants: The Merchant Community in Leeds, 1700–1830*, 1971, p. 81.

(26)　id., 'The Denisons and Milneses: Eighteenth-Century Merchant Landowners', in J. T. Ward and R. G. Wilson, eds., *Land and Industry: The Landed Estate and the Industrial Revolution*, 1971, pp. 158–62.

(27)　C. Gill, *Merchants and Mariners of the Eighteenth Century*, 1961, p. 137.

6　「商人＝ジェントルマン」の条件

大商人が商人のままでも「レスペクタブル」と考えられるようになった理由は何か。第一の条件は、いうまでもなくその巨大な富と暇とであり、またそれらを前提として成立する「ジェントルマン風」の生活様式であった。しかし、商人の「ジェントルマン性」を主張したほとんどの同時代人がもっとも重視したのは、教育であった。由緒正しい地主家系に生を受けた「生まれよき《ボーン》ジェントルマン」に対して、「疑似ジェントルマン」は「育ちよき《ブレッド》ジェントルマン」であるほかなかったのだから、広義の教育こそが決定的に重要となったのである。(1) とすれば、一八世紀の大商人はどんな教育を受けたのか。

N・ハンスが『国民人名辞典』(D. N. B.)に現われた一八世紀の有力商人三六一名について検討した結果は、表9－4のようである。(2) ここから、一八世紀大商人の教育について二つの特色を見出すことはさして困難ではない。第一に、こうした商人の教育的背景はジェントルマンのそれと大差がないこと、第二には、それと関連して、ディセンティング・アカデミーが商人の教育には、かつていわれたほどのドミナントな役割を果たしていない、ということである。

一八世紀には、商人の教育がジェントルマンのそれに接近しただけでなく、明らかにそのことによってジェントルマンの教育も、いくらか商人的になってもいった。近代語による実学的教育をジェントルマンにふさわしいものとしたデフォーの教育論が現実化することはなかったにしても、ジェントルマン教育には、次・三男のための身すぎの方法を与えることが、少なくともひとつの目的として含まれていたとすれば、「商人＝ジェントルマン」が彼らの次・三男の職種として重要性をますにつれて、商人にも転身しうる実用性をもった教育が必然的に要請されたからである。(3) ロンドンのクライスツ・ホスピタル校(4)をはじめ、ブリストルやニューカースルなど商業の中心地にある古いグラマ

表 9-4　D. N. B. にみえる 18 世紀大商人の学歴

出身校種	England & Wales の商人		貴族・ジェントリ
グラマー・スクール	110人	(30.5%)	(13.7%)
パブリック・スクール	77	(21.3)	(43.1)
プライヴェイト・スクール	64	(17.7)	(7.0)
ディセンティング・アカデミー	48	(13.3)	(1.5)
家庭内	62	(17.2)	(33.5)
	計　361人		実数計　713人

〔注〕 商人で Ox-bridge 卒業者は，アイルランド，スコットランド人を含めて 162 人．この人数は上の表に含まれている．(England & Wales のみ.)
〔出典〕 N. Hans, *New Trends in Education in the Eighteenth Century*, 1951, table III.

ー・スクールが、こうした新傾向の旗手であった。しかし、純粋の商業教育という点のみからいえば、グラマー・スクールは十分ではなかったし、ましてパブリック・スクールにはおのずと限界があった。すでに引用したキャンベルの『職業案内』は、次のように断言している。「三大専門職、つまり法律家、内科の医師、聖職者のいずれかになるのでなければ」、パブリック・スクールよりはプライヴェイト・スクールの方がよい。前者では、教師は「たんなるペダントで、有用な文書についての知識もなく、ただ言葉の遊戯に耽っており、人間や事物についてひどく無知だから」、と。(5)

他方、教育内容からすれば実学的であったにしても、ディセンティング・アカデミーも大商人の教育機関としてはあまり機能しなかったこと、表の示しているとおりである。そもそも、一八世紀の大商人層は非国教徒の集団などではない。はじめは非国教徒であった家系でさえ、ステイタスが上るにつれて、国教会派に転じてしまうからである。一七世紀には非国教徒が大半であったリーズの商人社会にも、一八世紀には非国教徒は一ダースとはいなくなった。イベットソンやデニソン家のライヴァル、ミルナー Milner 家のリーダーも、社会的上昇の過程で次つぎと改宗した。(6) とくに成功した商人の二代目は、ほとんど国教に転じた。

信仰よりは事業の利益や社会的地位を、というのが宗教的熱狂からさめた世代である一八世紀の大商人層に共通の心性であったこと、サー・ジョン・バンクスの家系の例でも、クェイカーとして育ちながら、シティでも影響力を高めるために国教会派に転じたA・クローリー Crowley などのケースでも確認できる。(7) 産業資本家のなかでは例外的に社会的地位が高く、商人と同じく「疑似ジェントルマン」的な存在であった醸造業者の場合も、成功した業者の二代目はジェントルマン的価値観を身につけ、非国教徒としての宗教的情熱は失ってしまった、という。(8)

したがって、ディセンティング・アカデミーの卒業証書は、そこでなされた教育がいかに実用的であったとしても、一八世紀の商人社会への入会手形としてはあまり有効ではなかった。結局、商業教育とジェントルマン教育の融合がもっとも成功したのは、商業都市に群生した、ひとつひとつは小規模なプライヴェイト・スクールであった。伝統的なグラマー・スクールの古典的ジェントルマン教育への批判として成立した一八世紀のプライヴェイト・スクールは、職業・技術教育に重点をおいたものと、古典教育を新しい方法で実践して卒業生をオクス・ブリッジに送り出したプライヴェイト・グラマー・スクールの二つに大別される。学生にも、大学進学を希望する者、海軍や海運関係に進む者、陸軍をめざす者、商業を志す者などが認められ、それぞれに応じたコースや学校が成立した。一六九〇年からその存在が証明されるソホ校 Soho School を嚆矢として、一八世紀全体で数百は数えられるこの種の学校は、その三分の二までがロンドンとその近郊にあった。(9)

『商学概論』の著者モティマーもこの種の学校の校長であったが、すでに触れたように、商人《マーチャント》には国内取引商などとはまったく異った種類の教育が必要だとして、前者のジェントルマン的性格を強調したのも彼であった。「一〇人の豊かな若いジェントルマンに、商人として必要ないっさいの教育を、年一〇〇ギニーで授ける」という彼の学校の目的は、多くのプライヴェイト・スクールに共通するものであった。たとえば、イズリングトン校 Islington Academy は、外国語、作文、数学、会計学等々、「ジェントルマン、学者、実業家などの養成に必要な学問を」授けると謳い、ジェントルマンの子弟を「陸軍、海軍、高級船員、国内商・工業、商人《マーチャント》の会計事務所」等にむけた各コースにわけて教育したし、チェスント校 Cheshunt Academy は「若いジェントルマンに、ラテン語、ギリシャ語、フランス語、作文、会計学つまりイタリア式簿記と数学を」ダンスやフェンシングとともに教えた。また、ロンバード街にウィリアム・ミルンズ Milns がもっていたシティ商業学校 City Commercial School は「文学的教育を商業・数学・哲学的な教育と結合させる」ことをめざしていた。(10)

プライヴェイト・スクールの多くが——職業・技術教育を目的としたものでさえ——「ジェントルマン教育」とテクニカルな教育の融合を理想としていたことは、これで明らかであろう。もっとも、「商人」たる資格として、多少ともジェントルマン的な匂いのする「学校」教育をうけたことがあげられるようになるのは、一八世紀も後半のことでしかない。それまでは、商人教育の重心が「学校」よりは徒弟制度にあったことは見易い事実である。「大商人には徒弟をとる者も、とらない者もあるが、とる場合は一般に一〇〇—三〇〇ポンドの一時金を課して」おり、たかだか五—一〇ポンドしか要求しなかった国内商人や製造業者の場合に比べると、彼らの徒弟にはいれる青年はそもそも制約されていた。(11) こうした経済的条件による事実上の制限は、他の種類の「ジェントルマン的職業」にも共通して認められるが、さらに徒弟として入門するには多くの場合縁故も必要で、この面からの制約もあった。有力な商人のもとでの徒弟経験が、少なくとも一八世紀後半までは教育としても、またステイタスの基礎としても、すぐれた条件でありえたのも当然であろう。

「商人」の「ジェントルマン性」の基礎となる条件としては、ほかに姻戚関係や交友関係があげられる。もっとも、これらの要素は「ジェントルマン性」の原因というよりは、結果であった、という方が当を得ているかもしれないのだが、最後に一瞥しておきたい。

一七四〇年から一八三〇年のあいだに、リーズの地方紙に報じられた一三二組の商人の縁組のうち、六九件はリーズ市内の相手とのあいだでなされ、さらにそのうち四三件は商人家系の出身者を対象としていた。とくに一ダース程度の「豪商の家系」は姻戚関係によってあたかも巨大な一族の観を呈していた。[12] ブリストルでも、相互に血族、姻戚関係で結ばれたエルトン Elton、ハーフォード Harford、ロジャーズ Rogers など一〇前後の家系が商人社会の核をなしていた。しかも、こうした階層とジェントルマン家系とのあいだにも、しばしば縁組がなされたことは、デフォーのあげている多数の例もあり、つとに確認されていることでもある。この意味で、出身地ケントの小ジェントリ家系のほか、ロンドンの有力商人で市長をも輩出したデシク Dethik 家やノッティンガム伯家、エイルズフォード伯家とも縁組したロンドン商人サー・ジョン・バンクスの一族は、大商人層の婚姻パターンの典型でもあったことになろう。[13]

婚姻パターンと並んで、交友関係もまた商人層のジェントルマンらしさを保証する要因であった。ブリストルでは、「商人＝ジェントルマン」の社交クラブとして機能したのが「ブリストル商人協会」The Society of Merchant Venturers of the City of Bristol であった。一五五二年に設立されたこの会への新規入会者は、一八世紀全体で三六七人にすぎなかったが、そのうち二一〇人は厳格な徒弟修業を経て入会を許され、七五人は権利を相続、八二人は一時金支払いによって特認されたものである。[14] 最盛期のブリストルにおける経済、政治、社会を牛耳ったこの会は、一六九〇年代には会員一九人であったのだが、一七〇七年までに一〇〇人に達し、同市の貿易活動のピークでもあった三七年にその会員数も最大になったのち、次第に減少した。会員はあくまで「貿易商《ミア・マーチャント》」に限定され、なかでもアフリカ・西インド諸島貿易商が主体をなしていた。この港の貿易活動のもうひとつの柱であったアイルランドやヨーロッパとの取引に従う商人はあまり含まれていないのである。つまり、この協会は、ブリストルでもとくに有力な大商人のクラブだったわけである。

新興商人は一時金を支払う方法でこの協会員となり、その社会的評価を高めることを狙ったことはいうまでもない。ヘリフォードのイン経営者の息子で、無一文の身からジャマイカに渡って成功、ブリストルに戻って大商人となったウィリアム・マイルズ Miles や、エクセターに生まれ、ブリストルで徒弟にはいり、西インド諸島貿易商として大成功したサミュエル・マンクレイ Munckley のように、市外出身でありながら同市の指導者的存在となった人びとは、いずれもこの方法で入会を認められ、「ジェントルマン」に近い社会的評価を獲得したのである。[15]

結局、多少ともジェントルマン風の教育を受け、自らと同じ階層かジェントルマン層かに姻戚関係や交友関係を確保することで、一八世紀の大商人は「疑似ジェントルマン」となったのである。[16]

（1） D. Defoe, *op. cit.* (Gentleman), p. 3 et passim.
（2） N. Hans, *New Trends in Education in the Eighteenth Century*, 1951, pp. 26–27.
（3） Cf. G. C. Brauer, *The Education of a Gentleman: Theories of Gentlemanly Education in England 1660–1775*, 1959, p. 73.
（4） B. Gardner, *The Public Schools: An Historical Survey*, 1973, p. 78.
（5） R. Campbell, *op. cit.*, p. 84.
（6） R. G. Wilson, *op. cit.* (Gentlemen Merchants), pp. 182–84.
（7） D. C. Coleman, *op. cit.* (Sir John Banks), pp. 146–47; M. W. Flinn, 'Sir Ambrose Crowley, Ironmonger, 1658–1713', in H. G. Aitkin, ed., *Explorations in Enterprise*, 1965, p. 257.
（8） P. Mathias, *The Brewing Industry in England, 1700–1830*, 1959, pp. 321–22; cf. D. Rapp, 'Social Mobility in the Eighteenth Century: the Whitbreads of Bedfordshire, 1720–1815', *Econ. Hist. Rev.*, 2nd ser. vol. XXVII, no. 3, p. 387.
（9） N. Hans, *op. cit.*, p. 69.
（10） *ibid.*, pp. 92–108.

(11) 前掲，第二節注(11)参照。
(12) *The Leeds Intelligencer* および *The Leeds Mercury* による。R. G. Wilson, *op. cit.*, p. 212. また，ブリストルについては，Minchinton, ed., *op. cit.* (Publications of the Bristol Record Soc., vol. XXIII), p. xiii.
(13) D. C. Coleman, *op. cit.* (Sir John Banks), ch. VII.
(14) Minchinton, ed., *op. cit.* (Pub. of the Bristol Rec. Soc., XXIII), pp. vii, xiv.
(15) H. R. F. Bourne, *English Merchants: Memoirs in Illustration of the Progress of British Commerce*, (1866) 1969, vol. II, pp. 16 ff.; I. V. Hall, 'The Whitson Court Sugar House 1665–1824', *Transaction of the Bristol and Glos. Archaeological Soc.*, vol. LXVIII, 1951.
(16) 他の港湾都市でも同様の現象がみられた。G. Jackson, *Hull in the Eighteenth Century*, 1972, ch. V and XI; A. L. Melson, ed., *A Calendar of Southampton Apprenticeship, 1609–1740*, 1968, introduction.

7 おわりに

「商業革命」の進展と土地市場の不活溌化のために，一八世紀には「豪商の家系」が成立した。そうした家系の人びとは，地主社会とは明確に区別される都市型の社会を形成した。しかし，その場合，地主と商人という二つの階層は相互に対立，敵対するのではなく，政治的に提携し，文化的にも相容れることが可能であった。じっさい，地主はその次・三男を好んで商人の徒弟となし，商人は地主家系との婚姻を望みもしたのである。

一〇　「疑似ジェントルマン」の諸形態

1　はじめに

「商業革命」は商人の社会的地位の向上をもたらし、商人は商人のままでも「ジェントルマン性」を主張しうるようになった。しかし、この時代に「疑似ジェントルマン」として成長した集団は、現役の商人だけではなかった。大成功をおさめながら地主化はしなかった商人の、もうひとつの生き方としては公債をはじめとする証券《ストック》に頼る方法があった。重商主義戦争に伴う「財政革命」や抵当法の変化、交通革命の進行などが、このような方法を可能にしたのである。しかし、諸戦争の結果として帝国が拡大されてゆくと、アイルランドや西インド諸島のケースを典型として、植民地不在地主がもうひとつの有力な「疑似ジェントルマン」のグループを形成し、強力な政治力を発揮しはじめる。さらに、こうした新興の集団のみならず、従来から存在した将校やプロフェションのグループも、諸戦争と植民地拡大の影響を受けて、その社会的位置を微妙に変えた。

したがって本章は、植民地帝国の形成過程がイギリスの社会構造に与えた影響を、すでに前章にみた商人以外の「疑似ジェントルマン」層との関連に絞って検討する。植民地帝国が拡大する過程では、多数の貧民がたとえば「年季契約奉公人」として新世界に渡ったわけで、そのことが本国内の人口移動や都市部の救貧問題にどんな影響を与えたか、といった問題もいずれ検討しなければならないが、一七・八世紀海外移民の計量的研究が、国内の人口移動の研究に比べても遅れているために、当面はこうした中・下層民の問題を捨象し、右のような観点に限らざるをえないのである。しかし、この時代のイギリス社会が、ジェントルマンによる支配のもっとも典型的に展開した時代であることを想えば、それもまた意味のないことでもあるまい。

2 「証券《ストック》・ジェントルマン」

株式会社の設立が自由化され、海外への資本輸出が国民経済の重要な一特徴となった一九世紀のイギリスでは、現実の企業経営にあたる「企業家」とは区別された意味での「投資家」階級が成立した、とJ・M・ケインズはいう。「投資家」には土地、建物などの資産の管理権だけを手放して報酬を得る者、一時的に資産を手放して、毎年一定額の金銭を受取り、最後には資産を回復する者、事実上資産を永久に手放すかわりに、無期限に年金を受取る者などがあるが、この最後のケースにあたるのが、抵当証書や社債などである。一八世紀でいえば一七五二年の統合後の政府公債、いわゆる「コンソル公債」や東インド会社の永久債がそれにあたる[1]。

しかし、「企業家」と「投資家」が明確に分離するのは一九世紀のことで、その結果、「巨大で、強力で、個人としては裕福で、全体としてはきわめて富裕だが、建物も、土地も、事業も、貴金属をもたず、法定通貨で年収をえる権利だけをもつ、非常な尊敬をうけた階級が成長していった」のだ、とケインズは主張する[2]。確かに、第三の形態の「投資家」が大量に出現するのは一九世紀も後半のことであっただろう。しかし、「投資家」の第二形態の者はすでに一八世紀にもかなりの数にのぼっており、証券の取引に従事する人々とともに「金融関係者 Moneyed Interest」とよばれる新興の集団をなしていたことも、紛れもない事実である。その意味で、「投資家」つまり「証券《ストック》・ジェントルマン」の成立を一九世紀に固有の現象と考えるのは、プロフェションの勃興を一九世紀に限られた現象と考えるのと同じように、間違いとはいえないが不正確な主張というべきである。

「イギリスでは地主階級《ランデッド・インタレスト》にこれまでほどの精彩がなく、重税の下に沈みかけてさえいる。商・工業者《トレイディング・インタレスト》もいまでは行き詰っていることは間違いない。これに対して金融関係者《マニド・インタレスト》だけは、この両者をえじきとしつつ、日増しに成長を遂げ、驚異的な水準に達している」といわれたのは、一七四九年のことである[3]。この階層の成立に決定的な影響を与えたのが、東インド会社、イングランド銀行、南海会社という三大金融会社《マニド・カンパニーズ》の成立とそれらを通じての公債の発行、つまり「財政革命」にあったことはいうまでもない。「金融会社 money'd companies の成立が大勢の正直で、気前のよい、勤勉な商人を、くだらぬ、情ない、ずる賢い証券屋 stock jobber に変えてしまったのだと思う」、とは一七三二年の一論者の言い分である[4]。しかし、地租の増徴に反対する別の一論が指摘するように、「抵当をとって貸付けられた金銭には課税されたことがなく、公債に投下された資金にも課税すべきでないと考えられているために、地主の利益に反して不当な利益をえた金融関係者《マニド・メン》たちは、農村のジェントルマンを食いものにし、もっとも由緒ある家系の相続財産をつぶすのである[5]」とすれば、抵当法が変化し、抵当市場が成立したことも、「証券・ジェントルマン」の形成の一因であったといえよう。

私企業への投資は株式会社が一般には禁止されていた以上、それほど重要ではありえなかったが、有料道路《ターンパイク》のトラストへの出資や運河株への投資など、交通革命に関連した「受動的投資」がかなりの規模に達したことも事実である。運河建設がひとつのピークに達した一七八〇―一八一五年にかけて、「外国貿易商、銀行家、富裕な金利生活者」が全運河新設資本の二一・五パーセントを保有していた[6]。しかし、交通革命の債券類は九〇年代までは一般にフロートしなかったともいわれるし[7]、その額にしても、一七世紀末でも二、〇〇〇万ポンドに達した公債――それも一七一〇年代にはたちまち倍増し、一八世紀末には五億ポンドに近づく――や、一七世紀末にやはり二、〇〇〇万ポンドといわれた抵当市場への投資などとは比較にならない。(8) ところが、抵当市場にかんする包括的な史料は乏しいので、抵当投資者の分析もきわめて難しい。したがって、以下の考察は三大金融会社の株ないし公債への投資者を中心になされる。

一六九三年にスタートして以来の公債制度は、七年戦争開始直前のその完成に至るまで、およそ五つの局面を経過した。(9) 第一の局面は試行錯誤を重ねた一六九三年から九七年までで、この間に政府は中央銀行の必要性など多くのことを学びとった。第二のそれはS・ゴドルフィン Godolphin を政策遂行者とするスペイン継承戦争の時代で、長期の政府借入れ金は戦費の三分の一を賄うことになった。しかもその条件は、一六九〇年代より政府にとって遥かに有利になったが、他方では長期債も一定期間後には償還さるべきもの "repayable" と考えられていた。第三の局面はR・ウォルポール Walpole の支配期間を中心とする一七一三年から三九年までで、この間に "repayable" の観念はなくなり、定期年金証書の大部分が低利率の通常ストックに転換された。つまり、元金の償還は政府が希望すればできるが、義務ではない形態の、事実上の永久債に転換されたのである。

この政策は第四期、すなわちオーストリア継承戦争中にも受けつがれ、H・ペラム Pelham が政策担当者となった一七四九年から五二年までの第五局面では、平和を利用して長期債の利

表 10-1　運河投資者の構成　(%)

年代	1755-1780	1780-1815
貴族	20.2	3.5
ジェントリ	20.8	18.2
ヨーマン・ファーマー	0.7	2.0
「資本家」*	13.7	21.5
製造業者	7.6	14.6
国内商人	13.4	18.3
プロフェション	8.0	10.3
聖職者	7.8	5.7
女性	7.8	6.1
総資本額	£2,149,000	£15,052,000

〔出典〕 J. R. Ward, *The Finance of Canal Building in Eighteenth-Century England*, 1974, p. 74.
〔注〕＊ 「資本家」とは merchant, banker, rentier のこと.

子負担を経常収支の三分の一程度まで引き下げるかたわら、公債の統合 consolidation が実行され、いわゆるコンソル公債が成立した。こうしてひとまず「財政革命」は完了するが、この時期の安定が、ペラムの兄ニューカースル公が財政を担当した七年戦争期の公債の大量発行を可能にし、ひいては帝国の形成を可能にしたこと、つとに関説したとおりである。(10) これほど長期にわたって、これほど膨大な赤字公債が、物価騰貴をも伴わずに、また抵当市場以外の資金市場に大混乱を惹き起こすこともなく発行されえたことは、注目に値しよう。

ところで、このような「財政革命」の研究にはながい伝統があるにもかかわらず、その担い手つまり「マニド・インタレスト」についてはあまり分析されたことがない。(11) 後述するように、自ら「財政革命」の犠牲者と意識していたトーリ派中・小地主が彼らを仇敵視したこともあって、同時代の文献にも感情的な批判ばかりが目立って、その実態は示されていない。しかし、このことが明らかにされない限り、「財政革命」の社会史的意義も十分には解明されないであろう。

公債は上述の三大金融会社を通じて発行されたが、もちろんイングランド銀行の取扱い量が圧倒的に多かった。資金を借り入れようとする政府は、まず最初に若干の大金融資本家――政府公債の最初の引受けをすることから“underwriter”とよばれた――と談合し、(12) 議会の承認をえて発行に踏み切る。公債は、この underwriter たちから仲介業者である“stock jobber”を通じて最終購買者に売り渡された。「マニド・インタレスト」のなかでも、とくに自己の利益のために国政を壟断する者として激しい批判に晒された underwriter のことはいまだに不分明なので、以下の議論はブローカーである stock jobber と最終購買者に限定される。もっとも、公債ブローカーは一八世紀初めにはなお「専門家」として自立はしておらず、自らのためにもいくらかの公債を保有しているのが普通だったから、ブローカーと最終購買者の区別も難しいのだが。(13)

公債保有者は何人くらいいたのか。同時代の記述はこの点からしてまったく不正確である。たとえば、この問題についての情報通であったD・ヒュームでさえ、一七五二年の債権者を一万七、〇〇〇人と推定、六万人程度とみる今日のそれとはあまりにもかけ離れている。(14) 一七世紀末以来、一七二〇年の南海泡沫事件 South Sea Bubble にいたるまでの証券投資ブームと、他方での一七〇一年、一五、二〇、四五、七二―七三年などの金融危機などによって、(15) 投資者の数はたえず変動したが、一八世紀初頭でおよそ一万人(法人を除く)、一八世紀中葉で六万人、世紀末一〇万人程度というのが、現在のところほぼ妥当な数字と考えられている。(16)

しかし、政府公債への投資者がすべて「証券・ジェントルマン」といえるような階層、つまり「証券投資に基礎をおく都市的な家族でありながら、ジェントルマンの生活様式、思考様式をもつ人びと」の階層を形成したわけではない。なぜなら、証券投資家の大半はごく零細な投資家であり、しかも大投資家と彼らのギャップはむしろ拡大する傾向にさえあったからである。もっとも長期の比較がしやすいイングランド銀行株についてみると、表10-2が得られる。表のうちたとえば一七〇九年の同行のストック保有者一九一六人のうち一万ポンド以上の保有者は二四人、五、〇〇〇ポンド以上一万ポンド未満の者でも五〇人しかいない。(17) この比率が他の公債や株にも適用しうるとすれば、世紀初頭に「証券・ジェントルマン」とよびうる人はおよそ四〇〇人前後であったことになろう。

表 10-2 Bank Stocks 保有者構成

	件数	額
1694 年 Subscription の構成(%)		
中規模投資家	27.4	47.6
大規模投資家	3.4	27.0
1709 年倍額増資後の構成		
中規模	47.9	42.8
大規模	9.7	48.6
1724 年 3 月		
中規模	41.6	40.6
大規模	8.6	49.1
1753 年 10 月		
中規模	47.5	42.8
大規模	8.1	48.5

〔出典〕 P. G. M. Dickson, *op. cit.*, pp. 255, 263, 274 and 287.

〔注〕 中規模投資家とは1,000ポンド以上5,000ポンド未満の投資家，大規模投資家とは5,000ポンド以上の者をさす．

ところで、このような大規模投資家はどこに住んでおり、ほんらいどんな職種の人びとだったのか。同じサンプルの五、〇〇〇ポンド以上の保有者七四人のうち七一人まではロンドンないしホーム・カウンティーズの在住者で、一六八九年以後の戦時に財をなした成り上り者 self-made men であった。五〇〇ポンドから五、〇〇〇ポンドまでの人びとをみても、その大部分はロンドンとその近郊に住む商人、金融業者、専門職《プロフェッション》の人びとによって構成されている。さらにいっそう包括的なデータとして、一七五〇年三月一日付の五大証券の保有者をみよう。五大証券の一万ポンド以上の口座はのべで四四七件、重複分を除くと人数にして三六五人となる。これだけの人びとが全体の五分の一の額面をおさえていたから、その集中度の高さもわかろう。このなかには法人口座約一〇、外人口座九四なども含まれているが、イギリス人保有者の九三パーセントまではロンドンないしその近郊に住む商人、官僚、法律家、将校であった。(18) 要するに大規模な証券投資家は、ロンドンの「ジェントルマン的職業」従事者であったと概括することができよう。七年戦争直前の一七五五年年頭から三月末日までの、コンソル、イングランド銀行株などの取引を分析したA・カーターの結論もほぼ同じである(表10－3参照)。

こうして、農村的・地主的な真正のジェントルマン層とはかなり判然と区別しうる、ロンドンを中心とする「マニド・インタレスト」が成立した。(19) このような社会層が成立したのは、名誉革命後の金融・証券市場の確立＝「財政革命」が、成功した商人やプロフェションの人びとに、土地以外の新たな避難場所を与えたからである。ネイミアの言葉を借りれば「一七四〇年から一八〇〇年までのあいだに成功したロンドンの大商人で、純粋の金融界との境界線に近づいたり、その一線を越えたりしなかった者はほとんどいない」のである。(20) 一七四〇年頃からとくに土地市場が不活潑になって従来程度の富をもってしては、奢侈的な生活を支えうるほどの所領を購入できなくなったこと、他方では証券市場や抵当市場が整備されてその安定性を増したことなどが、成功した商人の「証券・ジェントルマン」化の前提条件であった。しかし、いまひとつの条件として、ジェントルマン的な生活習慣を維持するのに不可欠な小所領を獲得しさえすれば、残りの資産は証券に投資した方が利益が大きいという判断も作用していたことは間違いない。一八世紀初頭に多くの公債投資を行なったクーパー卿の場合、ハートフォードシアとケントの所領からは地租を差引くと三パーセント程度の収益しかあがらなかったのに、公債なら労せずして五パーセントの利子を生んだ、という。[21] 政府借入金が急増した戦争中には、抵当による貸金の利率も急上昇し、五パーセント以上にもなった。[22]

大きな資産をもちながらそれほどの土地を買わず、資産の大半を株券や公債、抵当市場に投じた例としては、たとえば南海会社の重役たちをあげることができる。一七二〇年、南海泡沫事件の事後処理のために、庶民院は同社の元重役二一名の詳細な資産調査を行なったのだが、その回答書を整理すると表10−4が得られる。この回答書は書式が統一されていないので、数表化には若干の困難もあったが、とにかくその内容は詳細をきわめていて、正確さを疑うべき理由はない。

表は、彼らの資産のうち土地・家屋の比率を求めることを主目的として作成したが、それ以外の資産は、一般に(a)他人への貸付け、(b)株[23]、年金証書、(c)公債が大部分で、残りは家財・宝石類などである。表の(4)欄が示していることがらは、かなり明白である。すなわち、居宅を含めて三〇パーセント台というのが彼らの資産のごく平均的な不動産部分であり、全体に土地の比重が低

表 10-3　証券購入者の居住地

	コンソル公債	イングランド銀行株
ロンドン及びホーム・カウンティーズ	923人 (83.6%)	257人 (67.8%)
それ以外のブリテン	154　(13.9　)	53　(14.0　)
外　　国	16　(1.4　)	66　(17.4　)
不　　明	11　(1.0　)	3　(0.8　)
計	1,104人	379人

〔出典〕 A. Carter, *Getting, Spending and Investing in Early Modern Times*, 1975, p. 67 より計算，組換え．
〔注〕 なお，購入者の身分・職業等については *ibid*., p. 68 参照．

表 10-4　南海会社重役の資産構成

（1720 年 6 月 1 日付，一部 21 年 3 月付）

氏　　　名	タイトル	(1)資産の名目額	(2)実質資産額	(3)土地・家屋	(4), (3)の比率	史料の頁
Sir John Fellowes	Bart.	£ 277,905	£ 239,596	£ 14,430	5.2%	vol. 4 37-42
Charles Joye	Esq.	44,511	40,105	0*	0	59-60
Sir William Astell	Esq.	80,419	27,750	24,350	30.3	148- 9
Sir Lambert Blackwell	Bart.	107,917	82,942	54,422	50.4	278
Sir John Blunt	Bart.	189,994	183,349	75,069	39.5	386- 7
Sir Robert Chaplin	Bart.	75,678	45,875	38,310	50.6	405- 8
Sir William Chapman	Bart.	51,015	39,161	6,420	12.6	474- 5
Robert Chester	Esq.	170,218	140,372	35,147	20.6	558- 9
Stephen Child	Esq.	62,687	52,437	5,691	9.1	vol. 5 15- 16
Peter de la Porte	Esq.	34,931	17,151	7,000	20.0	31
Francis Eyles	Esq.	54,379	34,329	17,831	32.8	47
James Edmundson	Esq.	56,735	50,315	150	0.3	54- 6 59
Edward Gibbon	Esq.	111,043	106,543	35,970	32.4	158- 9
John Gore	Mr.	38,936	36,470	12,554	32.2	203- 4
Sir William Hamond	Knt.	52,862	22,707	2,930	5.5	239
Francis Hawes	Esq.	165,587	40,031	88,205	53.3	333- 5
Richard Horsey	Esq.	36,420	19,962	0	0	356
Richard Houlditch	Esq.	71,492	39,527	39,203	54.8	397- 9
Sir Theodore Janssen	Bart.	254,744	226,278	84,089	33.0	489-91
Sir Jacob Jacobsen	Knt.	50,928	39,447	2,069	4.1	518- 9
Arthur Ingram	Esq.	28,895	16,795	0⁑	0	530- 1

〔史料〕 *The Particulars and Inventories of the Estates of the late Subgovernor, Deputy-Governor and Directors of the South-Sea Company*......1721, *House of Commons Sessional Papers of the Eighteenth-Century*, 1975, vol. 4 & 5.

〔注〕 (2)は(1)から負債等を差し引いた額，(4)は(1)に対する(3)のパーセンテイジ．
Bart.=Baronet, Knt.=Knight
*　親と同居，⁑　住居は妻名儀

いのである。居宅と収入源としての土地とを明確に区別しえないケースも多いので、その区分はしなかったが、逆に土地・家屋以外の資産は、少額の家財・宝石類を除いて、ほとんどが収入源であったから、彼らが収入の大部分を土地以外の形態の資産、とくに株や公債に依存していたことは明白である。

こうして、ケインズがその成立、勃興を一九世紀に措定した金利生活者の階級は、小規模ながらすでに一八世紀にも成立していたのである。彼らは明らかに有閑階級であって、その生活態度はジェントルマン以上にジェントルマン的でさえあったし、教養やパトロネジの点でも、地主＝ジェントルマンに遜色はない。主たる収入の基礎が土地ではなくて、証券にあるという点を除けば、彼らもまたジェントルマンそのものだったように思われる。

しかし、他方では、彼ら「マニド・インタレスト」の勃興には、のちの産業資本家に対するそれと同じくらいの強い批判があったことも事実である。こうした批判の主体は、一六八〇年から一七四〇年にかけて、とくに世紀の交の二〇年間ほどに急速に没落していった中・小地主であった。戦争によって、公債利子の支払いにあてられた地租はますます過重となったのに、他方では農業不況があり、また、高利禁止法に束縛されない政府が大量の戦費を調達するために抵当利子も急上昇して、中・小地主の家計は未曾有の圧迫を受けたからである。彼らが、政治的には戦争と課税に反対するトーリ派に結集したのも、ゆえなしとはしない。

アン女王時代の政治史にネイミア的な方法を適用したR・ウォルコットの研究[24]には、近年W・A・スペックらの批判[25]が提出されている。後者によれば、この時代の党派的対立には、大地主、「マニド・インタレスト」と、大地主による土地兼併と公債利子による「マニド・インタレスト」の勃興に脅威と妬みを感じている中・小地主の対立という実態がある、というのである。じじつ、一七〇九年にイングランド銀行株を保有した国会議員四二名のうち三五名まではウィッグ派であったから、「マニド・インタレスト」が際立ってウィッグ色の濃い存在であったことは確かである[26]。戦争が生んだ公債制度と重税を媒介として、地主の犠牲において公債投資家が太り、彼らの代表機関である大金融会社が政府を牛耳っていると嘆く小冊子は、すでに引用したもののほかにも枚挙に暇がないほどである。

この対立は一七一一年、庶民院議員の資格を州選挙区で年収六〇〇ポンド以上、バラ選挙区で三〇〇ポンド以上の地主に限定しようとする法案[27]が出されるに及んでひとつのピークを迎えたが、その後も公債制度が社会的に大きな影響力をもち続ける限り、解消はされなかった。たとえば、一七三二年に地租の軽減を求めた一論者はいう。「およそ世の中に農村で小所領をしかもたないジェントルマンほど哀れな者はない。彼らには財をなしたり、資産を増やしたりする手段がないのだ。彼らがカントリ・ジェントルマンである限り、勤勉も才能も役には立たないのだ。……彼らの多くは、由緒ある家系の長だから、(たとえその土地が抵当にはいっている場合でも)所領の名目上の資産額に応じた生活を……維持せざるをえない。……そうなると、こうしたジェントルマンの最後の拠り所は抵当、つまり金貸し《マニド・メン》ということになるのだが、彼らの方はまったく税を免除されている。他方、年収一、〇〇〇ポンドの地主は、その半分が抵当にはいっていても、全所領の地租を取られるのである」[28]と。一七三三年の『紳士雑誌』も次のような演説を掲載している。「地主こそは過ぐる戦〔スペイン継承戦争――川北〕の最大の担い手だったが、彼らが支払った重い租税は、結局シティのお偉方がその妻子に金襴緞子を着飾らせるための基金となり果てた。それなのに地主はといえば、リンゼイ・ウルジーのガウンをすらその妻子のために贖いえない始末なのだ」[29]。戦時財政は政府という船の真の持主である地主を抑圧し、その乗客にすぎない「マニド・メン」を勃興させることで、名誉革命における「自由と土地財産」の勝利を台無しにしてきたのだ、というのがボーリングブルックたちの主張であったし、スウィフトにとっても、「マニド・メン」が地主の地主として政治を動かしつつあるのは、戦争と公債のためと思われた[30]。

したがって、中・小地主やトーリ派の論客にとっては、「マニド・インタレスト」がジェントルマン的でなどありえなかったのは当然である。一七六〇年代になってもD・ヒュームは、「国家となんの結合をももたず、かれらが住まうのに選ぶ地球上の任意のところで収入を享受でき、生まれながらにして首府や大都市に身をうずめ」ている公債保有者のあいだでは、「高貴の生まれや血統や家柄という観念はすべてなくなってしまう」と警告している。彼にいわせれば、このまま極限まで公債を増発しつづければ、公債は「相続による権威や信用をその所有者に」もたらさないので、「国内の一種の独立した行政官を成す幾つかの階層の人びと」がまったくいなくなってしまう。つまり、公債保有者には生来の為政者階級であるジェントルマンの代理はつとまらない、というのである。[31]

しかし、他方では、すでに世紀初めでも、先にあげた南海会社の重役たちは準男爵、ナイト、エスクワイアなどジェントルマンの称号を、抵抗なく使用していたことも事実である。一般的にいって、コンソル公債が成立して「財政革命」が一段落し、中・小地主の没落過程もほぼ完了する世紀中葉以後になると、感情的な「マニド・インタレスト」批判はかげをひそめる。たとえば、世紀末に小ピットが提案した新税徴収計画に反対したティアネイ Mr. Tierney は、計画が「ストック・ホールダー」に有利だと批判はしたが、彼らの社会的地位にかんしては、「ロンドン・ジェントルマン」とか「成上り貴族 "upstart aristocracy"」と皮肉るのが精一杯であった。[32]

(1) J・M・ケインズ(中内恒夫訳)「貨幣改革論」(『ケインズ・ハロッド』、中央公論社、一九七一年)、一八〇―八一頁。
(2) 同書、一八四―八五頁。
(3) anon., *An Essay on the Increase and Decline of Trade*, 1749, p. 38.
(4) *The London Magazine*, Sept., 1732, p. 353.
(5) *ibid.*, May, 1732, p. 56.
(6) 表10－1参照。
(7) L. H. Jenks, *The Migration of British Capital to 1875*, (1927) 1971, pp. 14-15. しかし、運河株を当該地方に関係のないロンドン商人たちが買い取り、常時売買していることについては、J. R. Ward, *The Finance of Canal Building in Eighteenth-Century England*, 1974, p. 80 and note 2 に引用されている二、三の史料参照。
(8) C. Davenant, Essay on Public Virtue, fo. 122 (Univ. of London, Goldsmiths' Library MS), cited in H. J. Habakkuk, op. cit. (*T.R.H.S.*, 1980), pp. 206-07.
(9) 前掲、第五章四節の図5－3参照。

(10)　R. Browning, 'The Duke of Newcastle and the Financing of the Seven Years War', *Journ. of Econ. Hist.*, vol. 31, 1971, p. 377. また，ニューカースル公その人については R. A. Kelch, *Newcastle: A Duke without Money*, 1974.

(11)　一七世紀にかんしては，仙田左千夫『イギリス公債制度発達史論』(法律文化社，一九七六年)が参考になる。

(12)　七年戦争初期のデヴォンシアを首班とする内閣はこれをやらずに失敗した。L. S. Sutherland, *The City of London and the Devonshire-Pitt Administration, 1756–7*, Raleigh Lecture, 1960.

(13)　A. Carter, *The English Public Debt in the Eighteenth Century*, 1968, pp. 9–13.

(14)　P. G. M. Dickson, *The Financial Revolution in England*, 1967, p. 286.

(15)　T. S. Ashton, *Economic Fluctuations in England 1700–1800*, 1959, p. 136.

(16)　P. G. M. Dickson, *op. cit.*, pp. 260–62, 285 ; A. Carter, *op. cit.*(Eng. Pub. Debt), p. 19.

(17)　Dickson, *op. cit.*, pp. 260–61.

(18)　*ibid.*, p. 294.

(19)　国内の金融市場は，(1)ロンドン周辺，(2)海岸沿いの諸州と大商業都市，(3)イングランドとウェールズの農村地域の三地域ないし三類型に分かれていると主張する史料もあるが，他方では，ロンドン金融市場は早くから国外――とくにアムステルダム――とリンクされており，圧倒的優位にあった。W. Allen, *The Landlord's Companion, or Ways and Means to Raise the Value of Land*, 1736(written in 1732–33), p. 9 ; R. V. Eagly & V. K. Smith, 'Domestic and International Integration of London Money Market, 1731–1789', *Journ. of Econ. Hist.*, vol. XXXVI, 1976, pp. 206–07.

(20)　L. B. Namier, 'Brice Fisher, M. P. : A Mid-Eighteenth Century Merchant and His Connections', *Eng. Hist. Rev.*, vol. XLII, no. 168, 1927, p. 517.

(21)　前章第五節注(10)参照。

(22)　H. J. Habakkuk, op. cit.(*T.R.H.S.*, 1980), p. 208.

(23)　船株や海運関連のものが多い。

(24)　R. Walcott, *English Politics in the Early Eighteenth Century*, 1965.

(25)　W. A. Speck, 'Conflict in Society', in G. Holmes, ed., *Britain after the Glorious Revolution, 1689–1714*, 1969, pp. 133–54 ;

G. Holmes, *British Politics in the Age of Anne*, 1967; cf. G. Holmes and W. A. Speck, *The Divided Society*, 1967.
(26) Speck, *op. cit.*(Conflict), p. 148.
(27) *ibid.*, p. 136.
(28) *The London Magazine*, April, 1732, p. 28.
(29) *The Gentleman's Magazine*, 1733, p. 450. 同年、庶民院にはストック・ジョビング禁止法案が提出された。*House of Commons Sessional Papers*, vol. 7, pp. 115 ff.
(30) J. Swift, 'The History of the Four Last Years of the Queen', H. Davis, ed., *Works*, vol. VI, p. 70.
(31) D・ヒューム(田中敏弘訳)『経済論集』(東京大学出版会、一九六七年)、一四三—四四頁。
(32) *Annual Register*, 1799, i, pp. 176–78.

3 植民地ジェントルマン

商人と公債等の保有者が戦争と植民地拡大の結果として「疑似ジェントルマン」化したといっても、彼ら自身は植民地で生活をしたわけではない。この意味では、植民地の土地経営やその政治的支配を通じて巨富を獲得し、結局地代・金利生活者《ランチエ》となった人びと——植民地官僚と地主・プランター——こそは、帝国形成とジェントルマン支配体制の貫徹という一七・八世紀史の二本の柱に、より直接的に結びついていたということもできる。もちろんこのグループにしても次の世紀の方が、遥かに大きな勢力となることはいうまでもない。しかし、一八世紀イギリスの政界が「東インド派」と「西インド諸島派」という二つの植民地派閥によって左右されたことも、周知の事実である。大英帝国の最盛期たる一九世紀に比べれば、彼らが現地にとどまることはまれで、ほとんどが本国に戻ってその富を享受する傾向が強かった——北米のみが例外である——だけに、彼らが本国の政治・社会に対してもつインパクトも、小さくはなかったのである。

こうした「植民地ジェントルマン」の典型は西インド諸島の不在プランターであるが、ときに「ジャマイカ・ジェントルマン」などと呼称されたこの集団については、すでに第二部でも不十分ながら関説したので、[1]ここでは東インド関係者とアイルランド不在地主を取り上げる。現地に土地財産を維持しながら、そこからの収益を本国で享受する「不在地主」であった点で、後者には西インド諸島派と通じるものがあった。これに対して一八世紀の東インドは、現地に置いた資産を本国にいて利用する方法がなかった点で、いささか趣を異にしていたと思われる。

一　ネイボッブたち[2]

「一五年くらいと言いたいが、そうでなくても、二〇年もすれば総督にでもなれるかもしれない。それほどでなくても、ジェントルマンの生活ができる程度の財産はつくれるだろう」と期待していたのは、一七五二年にカルカッタをめざした東インド会社の一書記であった。[3]しかし、この書記の夢が、会社の営業部門《シヴィル》の社員ばかりでなく、軍事部に属する軍人にも、さらに社員ではないアジア在住のイギリス人——「自由商人 free merchant」、「自由船員 free mariner」などと呼称された——にも共有されていたことはいうまでもない。とはいえ、彼らの夢は実際のところ実現する可能性があったのか。

「ほんの数年前までは、東インドといえば短期間に資産の築けるようなところではなかったので、会社員になりたがる人もあまりいなかったものだ。総督がその巨富をやっとの思いでかかえて帰国したとしても、それを羨やむ人も少なく、……海外のポストは、したがって長期の勤務と自己の才能に頼るほかない人びとによって占められていた」と主張するのは、A・ダーリンプル Darlymple の手になったかともいわれる一七七二年の一パンフである。[4]しかし、このパンフ自体、一七六〇年代からのいわゆる「ネイボッブ」の劇的な致富ぶりに対する一般の批判をかわす目的で書かれたことは明らかである。プラッシーの戦いとディワニー獲得以後の会社の変質が、あまりにも短期間での致富を許し、そのために縁故によって入社する者がふえたことが、「真の改革にとって一大障壁となっている」と著者はいう。確かに、「ほとんど身にまとう下着一枚なくしてインドに赴きし輩、幾百万ポンドという富をもちて帰国し」「公爵にもふさわしき富を有する雨後の筍風《マッシュルーム》ジェントルマン」となり果てたり、などという批判[5]は、プラッシー以後になって急に多くなる。しかし、他方では、プラッシー以前においても東インド会社の営業部門の社員は、ジェントルマンの次・三男にもふさわしい職と考えられていたことも事実である。とすれば、たんなる期待や世評ではなく、東インドに渡った人びとが実際に成功する可能性はどの程度あったのか。

東インド会社の貿易活動にかんする研究は、アジア内貿易は別にして、国内でも国外でも膨大な量にのぼっているが、ここでも人間の移動にかんする研究はほとんどすすんでいない。それでも英・米ではかつてのホルズマンのものや近年のマーシャルのものが数えられるが[6]、わが国ではこの観点からのアプローチは皆無である。そもそも一七・八世紀にインドに渡った人びとはどんな人びとであり、インドではどのような生活をしたのか。彼らは帰国して「ジェントルマンの生活」をなしえたのかどうか。これが本節の課題である。

この時代の東インド在住イギリス人は、大まかに言って三つのグループに分けられる。東インド会社の営業部門社員《シヴィル・サーヴァント》、同社所属の軍人《ミリタリ・サーヴァント》、それに社員外の在住者である。以下、それぞれについて検討しよう。東インドにおけるイギリス人の状況は、一九世紀になると『東インド提要』[7]などがあって、容易にその全容が把握できるが、一八世紀にかんしては散発的な史料を総合する以外に方法がない。

東インドにおけるイギリス人社会の中核をなしたのは、いうまでもなく会社の営業部の社員である。社員の職階は一六歳以上という年齢制限のある「書記 writer」からはじまり、五年で「代理商 factor」、さらに三年後に「準商人 junior merchant」、これを三年つとめて「上級商人 senior merchant」となる。上級商人のなかからは、さらにたとえばベンガルでは一〇人の評議会 Bengal Council メンバーが選ばれた。昇進はかなり徹底した年功序列方式によっており、この点が後述の軍人の場合を含めて、コネクション全盛の本国社会と著しい対照をなしていた、といえよう。(8) ただし、プラッシー以後の「ネイボッブ」時代にはいると、インドにも本国社会のコネクションないしパトロネジの原理がしだいに浸透して、インドのイギリス人社会も従来ほど風通しがよくはなくなったこと、すでにみた七二年の小冊子の主張するとおりである。

書記として入社するには、一七五一年以後は「算術と商業簿記のふつうの教程」を修了していることが条件とされたが、さらに本国に五〇〇ポンド以上の資産をもつ保証人二名をたてることをも求められた。(9) 四九年以降の応募者をみると、とくにプラッシー以前にはすでにインド貿易と関係のある商人の家系の出身者が多かったが、国教会派の聖職者の子弟などもふえており、すでに「インド勤め」が本国の上流社会に受入れられはじめていたことを示している。プラッシー以後になると、社員の「ジェントルマン化」はいっきょに進行し、ベンガル在住の社員は「全員とはいわないまでも大半が……ジェントルマンかジェントルマンの子弟である」といわれるほどになる。(10) パブリック・スクール出身者が急増するのも、八〇年代の現象と思われる。表10－5は、プラッシー以後の会社の急激な拡大、ひいては変質ぶりを示唆しているが、それは同時に会社の人気の高まりをも示していよう。しかし、同じ表はまた、インドに渡った社員の過半が本国に生還しえなかったことをも示しており、「東インド・ジェントルマン」への道が容易でなかったことを暗示してもいる。

営業部門の社員にしてこのようであったから、会社に属する軍隊——基本的には将校をヨーロッパ人が独占し、兵卒として現地人が採用された——ではいっそう条件が悪かった。一般に一八世紀のイギリスでは、将校のポストがジェントルマン的職業のひとつとして、これまでになく大きな意味をもちはじめた。「私の記憶では、かつてはイングランドの最上流の家族の次・三男は、大商人の徒弟になるのがふつうであった。しかし、いまや流行は一変し、若者は一日も早く軍隊に入れなければならないようになっている。読み書きができてもできなくても、羽根飾りつきの帽

表 10-5　ベンガル在住東インド会社員(Civil Servants)

年代	新規任命(年平均)	インドで死亡した者(年平均)
1707-41	169(4.8)	104(3.0)
1742-56	102(6.8)	74(4.9)
1757-61	60(12.0)	36(7.2)
1762-75	314(22.4)	154(11.0)

	新規任命	帰国	在ベンガル	死亡
1762-75	340	36	161	143
1776-84	168	1	160	7

〔出典〕 上半分は，I.O.R., L/F/10/1-2 をもとに P. J. Marshall が作成したもの(*op. cit.*, p. 218)から算出，下半分は Major John Scott の議会演説資料(*The Public Advertiser*, July 19 & 21, 1784)による1784年現在の状況．新規任命数の食い違いの原因はよくわからない．

表 10-6　東インド会社軍将校の死亡地

ロンドン	22人	9.0%
イングランド各州	27	11.0
ウェールズ・スコットランド・アイルランド	7	0.3
オーストラリア	1	—
ヨーロッパ	4	1.6
不明	14	5.7
アジア	150	61.2
海上	20	8.2
計	245人	100%

〔史料〕 *A List of the Officers of the Bengal Army 1758-1834*, pt. 1, 1927 の冒頭から81頁までをサンプルとした．
〔注〕 イングランド各州にあたる者はバース，トーキーなど西南部保養地が多い．

子とレース付きの紅いコートを買ってやり、誰か有力者にコネをつけて将校の職《コミッション》を買ってやるようになっているのだ。……こうして、ほとんどの上流家族がその次・三男を軍隊に入れて」いる、という。[11] むろん現実の軍役は厳しかったから、「貧窮化こそが軍隊入りの前提条件であった」[12] には違いないのだが、そこではなお、教育やマナーや血筋が決定的な意味をもち、パトロネジと買収資金が不可欠であった。したがって、「貧窮化」が条件であったといっても、がんらいはジェントルマンの次・三男などであった人びとにしか、容易に手の届くものではなかったのである。

これに対して東インド会社の軍隊には、とくに一八世紀末以前では、年功序列制が徹底していたうえ、致富の可能性も高かったので、「縁故《インタレスト》をもたない青年たちに、それがなくてもやってゆけるひとつの職種《キャリア》」を与えることになった。つまり、「(地位や富がないために)、本国の軍隊から締め出されている人びとに、昇進のルールも致富の方法もかなり違う、もうひとつの軍役の機会を与えた」のである。[13] じっさい、東インド会社軍の見習士官 cadet 採用条件は、きわめて緩やかであったと思われる。軍役の経験はおろか、操典類についての知識さえまったく問われなかったのである。[14] いずれ往復の航海に耐え、現地の気候や病気の危険を覚悟するのなら、営業部門の社員になる方が有利だったから、「書記のポストを確保しえなかった家族の子弟」が「次善の策」として選ぶのが、[15] このポストだったのも当然である。

将校の昇進は年功序列制がとられて民主的ではあったが、それだけに昇進が遅く、八〇年代には大佐になるのに三〇年はかかるとさえいわれた。インドでそれほど永生きできる人はまれであったから、不満が高まったのももっともであった。一八〇九年、議会の調査委員会がインド勤務の書記職の価格を三、〇〇〇ポンドと評価しながら見習士官のそれを五〇〇ポンドにしか評価しなかったのも、不思議ではない。[16]

会社軍将校の人数は、一七六三年に一一四人、六九年に五〇〇人、八四年に一〇六九人とかぞえられているが、見習士官の採用数からみて、七〇年代に激増したことはまちがいない。[17] しかし、一七五八年から一八三四年までにベンガル地方で軍役に従った将校たちの死亡場所を若干のサンプルによってみると、表10－6が得られ、彼らの七割は生きて故国の土を踏めなかったことがわかる。表のサンプルは一九世紀にかなり片寄っているくらいだから、一八世紀の生還率はもっと低かったというべきであろう。

東インド会社の関係では、このほか聖職者や医師が少数認められる。とくに医師は、対仏戦争の展開に伴って軍隊のビルド・アップが進行すると軍医の需要が急速に高まり、その不足が深刻化したから、インドではきわめて貴重な存在であった。もっとも、こうした軍医は、一七四九年のリストで助手《メイト》を含めて三四人、五四年のそれでは三五人があげられているものの、そのなかにはすでに帰国ないし死亡したものが含まれて居り、実数は二〇人程度でしかない。[18]

したがって、インドに赴いたイギリス人としては、彼らより非会社員たる商人や船員の方が遥かに重要である。会社は、一方ではこうした非会社員をもできるだけ統御しようと試みたが、[19] 他方では会社の手に負えないアジア内貿易に彼らが従事することを黙認ないし奨励もした。第二部でみたように、イギリス人のアジア内貿易――いわゆる“port to port trade”――のデータが得られないのはこのためである。会社の文書で「自由商人」だとか、「自由船員」などとよばれている「自らの勘定で交易する許可証を東インド会社から受けている非会社員たるヨーロッパ人」[20] のほかに、まったく非合法な渡航者も多く、[21] 彼らの総数はまったく把握しえない。前者にかんしては、たとえば一七五六年に作成されたと思われる三六年以降のリストがあって、総計三六一の名前が記録されているものの、うち二〇〇人近くは死亡ないし帰国してしまっている。[22] それゆえ、全体としての非会社員数を推定することは困難だが、それがかなりの数であったことには直接的な証言もあるし、[23] 後述する『カルカッタ・ガゼット』が伝えるインドにおけるイギリス人たちの生活ぶりからも窺えるところである。

表 10–7　ベンガル地方における職階ないしステイタス構成

1	Governor General
2	Chief Justice
3	Members of the Supreme Council
4	Puisne Judges
5	Colonels and Post Captains of His Majesty's Navy of three years
6	Senior Merchants in the Honourable Company's Civil Service
7	Lieutenant Colonels and Post Captains of His Majesty's Navy of less than three years
8	Junior Merchants
9	Majors and Masters, and Commanders of His Majesty's Navy
10	Captains of the Honourable Company's chartered ships
11	Members of the Hospital Board
12	Factors in the Honourable Company's Civil Service
13	Captains of the Army, and Lieutenant of His Majesty's Navy
14	Surgeons
15	Chaplains
16	Writers in the Honourable Company
17	Lieutenant of the Army and Ensigns
18	Assistant Surgeon

〔出典〕 *The Bengal Calendar for the Year MDCCXCII.*

事情が以上のようだとすれば、結局インドにおけるイギリス人の社会はどれくらいの規模のもので、そこではどのような生活が展開されたのか。事実上東インド会社がつくりあげたといってよいカルカッタの町は、一七五〇年には人口一万二、〇〇〇程度といわれ、世紀末にはさらに五割程度はふえたと思われる。[24] しかし、人口約二三万とされた一八三六年の記録でも、イギリス人は三一三八人にすぎず、ポルトガル人と並ぶ程度であった。[25] その中核をなした会社員についてはかなり詳しいリストが残されており、[26] たとえば、一七八二年の営業部門では、ヘイスティングズ支配下のベンガルで評議会等の支配層二三人(うち六人は在英)、上級商人一一三人(うち一七人在英……以下カッコ内は在英人数)、準商人五三人(六人)、代理商五二人(二一人)、書記九四人(一一人)、聖職者など八人が数えられる。同様の構成でマドラスに一九五人、ボンベイに一二九人、フォート・マールバラに四六人、セント・ヘレナに一九人などが記載されてもいる。一七九二年の『ベンガル・カレンダー』[27]では、ベンガルのみで営業部門社員およそ四四六人をかぞえている。同年の軍人数は千数百人、ベンガル以外の軍人数は一、五〇〇―一、六〇〇人であった。このほか、高級社員は家族や使用人の同伴を許されており、たとえば一七九〇年に渡印したサー・アーチボルド・キャンベル Archibald Campbell は、夫人以下一三名を同伴した[28]。これらの会社員には、表10-7に示したような厳密な職階序列がしだいに成立したものと思われる。

ところで、イギリス人がインドに渡った理由は、そこに永住することにあったわけではない。彼らにとってインドとは、要するに「ジェントルマンの生活ができるほどの富」の得られるところとしてこそ意味があったのだ。したがって、彼らが「ひたすらこの土地を離れることだけを切望し、妖怪か影のように落着かない」現地生活を送り、「すでに一八世紀中頃にもインド人社会からは完全に隔絶された状態にあって、世紀末以降の公然たる人種差別政策の施行を準備した[29]」のも、異とするには足りない。沐浴をはじめとする清潔さを愛好する習慣など、はからずも彼らが本国に伝えることになった生活文化もいくらかはある。しかし、概して彼らがインドの生活や文化を学ぶ意志など持ち合わせなかったことは、カルカッタのイギリス人社会に出回っていた『カルカッタ・ガゼット』[30]誌を一読すれば明らかである。そこに採りあげられている記事は、現地の軍事・政治情勢、致富の手段にかかわる情報を別にすれば、圧倒的にイギリス情報、イギリスの文物であった。イギリス流の理髪師やコックの求人、ヨーロッパ製家具・書籍の競売、フェンシングの教授、シェイクスピア劇の上演等々が公報、宣伝されており、コーヒーハウスや図書館を開設せよという提案も載せられている。これに対してインド自体にかんする記事といえば、風土病の治療法や殉死の風習にかんする記事くらいしかない。

つまり、インド在住イギリス人の眼は完全に本国をむいており、早急な致富こそが彼らの唯一の関心事だったのであるが、そうだとすれば、彼らはどの程度の富を蓄えたのか。営業部門の社員にとっては、賄賂とアジア内の私的交易、高利貸しなどが主要な収入源となったことは周知のとおりである。[31] 将校の場合も「少ない俸給と膨大な賄賂」を基礎としていた点は同じだが、「バッタ batta」、「二重《ダブル》バッタ」などとして知られたインド勤務の特別手当やセポイ軍が家族同伴であることもあって、司令官に与えられていたバザールの開催権も膨大な収入をもたらした。酒と阿片の販売がとくに利益が大きかったのである。軍人もまた高利貸しや私的交易に精を出したこともいうまでもない。その結果、八〇年代末にコーンウォリス C. Cornwallis は、大佐級 Colonelcy の年収を七―八、〇〇〇ポンドとさえ推定している。しかし、一般的にいえば、すでにみたように営業部門の書記職に比べて見習士官のポストは六分の一程度にしか評価されておらず、軍人は不利な立場にあったものと思われる。[32]

「ネイボッブ」神話の核をなしているラムボルド Rumbold やバーウェル Barwell は六〇―四〇万ポンドもの富をえたといわれたが、これはもとより誇張であったし、「東インド会社員は五年間もすると俸給だけで年間二、〇〇〇ポンドを蓄えられる」というピットの発言には、「二〇人のうち一九人までは一〇年に一万ポンドも得られれば大満足であろう」とスコットらが反論した。[33] スコット自身、一六年インドに居て「シュロップシアの年地代一〇〇ポンドの土地は別にして、私の現在の資産は一万ポンド余りです」と、親しいヘイスティングズ W. Hastings に書き送っている。[34] しかし、他方ではクライヴ R. Clive の年収は公式のものだけで五七年度に二一万一、五〇〇ポンド、六四年にも五万八、三三三ポンドとされているから、驚異的な収入を得た者があったことも確実である。[35]

「ネイボッブ」とよびうる人びとは何人くらいいたのか。新・旧の東インド会社が激しい抗争を展開した一七〇一年議会には、八四人の東インド関係者がおり、そのうち三六人は商人や東インド会社の重役であった。しかし、一七六一年の議会となると、東インド派といえるのはクライヴとJ・ウォルシュ Walsh のほかに「九―一〇人の商人がいただけ」だとネイミアは言う。[36] いずれにせよ、ここまでは東インド関係者といっても、議会に出られるような有

表10-8　18世紀後半の庶民院における植民地関係議員数

年代	東インド関係者				西インド諸島の不在地主	アイルランド地主
	東インド会社重役		ネイボッブ	計		
	A	B				
1754-61					13	22
1761-68					11	25
1768-74					13	36
1774-80	4	5	17	26	14	30
1780-84	4	5	22	31	13	30
1784-90	9	3	33	45	9	25

〔注〕 A：インドへ行ったことのない者，B：インドへ行ったことのある者
〔出典〕 Sir Lewis Namier and J. Brooke, *The History of Parliament : The House of Commons 1754-1790*, vol. 1, 1964, pp. 152, 157 and 162.

力者となったのは、そのほとんどがサー・ジョサイア・チャイルド Child や上述のバンクスのような大商人、金融業者で、現地には一度も赴いたことのない者が多い。つまり、彼らは「イギリスのインドに対する政治的支配権の確立によって得られた利権を用いて富を蓄えた東インド会社の軍人、社員」という「ネイボッブ」の定義には合致しない。厳密な意味での「ネイボッブ」は、したがって当然プラッシー以後に出現したものである。じっさい、一三人の東インド会社社員と一二人の元会社社員(軍人を含む)が議席を得た一七六八年を境に、東インド関係者の議会勢力は上昇の一途を辿ったが、それはもっぱら「ネイボッブ」つまり軍人を含む元会社社員に依っていた。(37) 表10－8は、西インド諸島貿易商などを含んでいない欠陥はあるが、それでも東インド関係者の議会勢力の大きさを推測させるに十分であろう。もっとも、ネイボッブたちが議会に進出——腐敗選挙区を利用して——したのは、ジェントルマンとしての社会的評価を確実なものにするためであったが、それができるのはごく一部の人びとにすぎなかった。

ホルズマンの先駆的研究には巻末に九三名の「ネイボッブ名鑑」が付されている。しかし、これもまたネイボッブの総数を示しているわけではない。表10－5からもほぼ推定はつくが、東インド地方からの

帰国者は営業部門の社員だけでも、一七八五年までに一七八人は数えられるともいわれる。[38] もとより、帰国者がすべて大富豪であったわけでもないが、相当の富を得るまでは帰国しない決意の者が多かったことも事実である。結局、現地に赴くことで、本国では得られなかった富を得た人の数は、たんなる株主などを別にして、世紀末までに数百人には達したであろう。

しかし、インドに行ったイギリス人には、巨富をえたのちにもなお、不安の種が二つあった。現地で得た富をいかにして本国へ送るかという問題と、本国の上流社会が彼らをどのように受け入れてくれるかという問題がそれである。

西インド諸島のプランターやアイルランド地主のように「不在化」、つまり資産を現地においたままでそこからあがる所得を本国で享受する可能性がほとんどなかった点で、インドに渡ったイギリス人の立場は特異であった。他方、彼らには北米大陸への入植者のように現地に永住するつもりもなかったのだから、現地で得た富を本国に移す何らかの手段を見つけなければ、所期の目的は果たせないことになる。しかも、アジアと本国との間の交易、いわゆるトランク・トレイドについては、会社の独占権が厳格だったから、個人資産の「移送《レミッタンス》」は至難だったのである。

もっとも合法的な資産「移送」の方法は、高級船員に認められていた積荷のスペイスを買うか、会社の独占に触れない宝石類、とくにダイヤモンドを送ったり、持ち帰ったりするか、為替を買うかであった。[39] しかし、ダイヤモンドはブラジル産のものと競合し、プラッシー以後はヨーロッパでの需給バランスが崩れていたし、為替送金は有利な機会が少なかった。ポルトガル人やフランス人を仲介者として「移送」をはかることもできたが、信頼性が低かったし、一七八一年以後は非合法ともされた。[40]

もっとも、いかに困難であったとはいえ、一七七〇年頃のインドからの私的な資産「移送」は年間五〇万ポンド程度[41]——いうまでもなく東インド会社の公的な貿易は含まれない——と考えられるから、二〇万ポンド程度と推計されるジャマイカ不在地主の取り分——西インド諸島全体ではその二倍くらいにもなろうが——よりは多かったのである。アイルランド不在官僚・地主の持出し分と比べても、二分の一ないし三分の一にはなっていたであろう。

しかし、無事に資産を本国に移しえたとしても、本国の上流社会は「ネイボッブ」を簡単に受入れたわけではない。先にあげた『カルカッタ・ガゼット』が、ヘイスティングズ裁判の行方に、彼を擁護する立場から、異常なほどの関心を示したのは、その結末が帰国後の同誌の読者ひとりひとりに対する本国社会の処遇を暗示するはずだったからである。一七八七年八月一六日付の一記事は、こうした不安を端的に表明している。いわく、「イギリスでは東インドからの帰国者 East Indians はひどく軽蔑されるので、ほとんど仲間同志でしか交われないでいる、と訴える私信が沢山届いているが、遺憾なことである」(42)、と。H・ウォルポールが一七六四年に「ムガールのピット、ネイボッブのビュート」と政敵を罵倒した頃から悪意を含んで使われはじめた「ネイボッブ」という呼称は、一七七二年に初演されたサミュエル・フットの芝居『ザ・ネイボッブ』(43)が大評判となって、いっきょに普及した。「アメリカの独立派 Patriots、ネイボッブ、西インド諸島の砂糖プランター」は——別の表現では、「インド帰りのネイボッブ、カリブ海の砂糖プランター、アフリカ奴隷商人、戦時の御用商人 Government War Contractors」——「ウェストミンスターのチャペルから由緒正しい地主＝ジェントルマンの名前を完全に抹殺した」ともいわれたが、「西イ

表 10-9 「ネイボッブ」の定着地

London	14
Kent, Surrey	11
Berkshire	11
Hertfordshire, Bedfordshire, Buckinghamshire	6
Hampshire, Sussex	9
Devonshire, Cornwall, Wiltshire, Somersetshire, Glocestershire, Dorsetshire	14
Other counties in England	15
Overseas	2
Scotland, Ireland	5
unknown	6
Total	93

〔出典〕 J. M. Holzman, *The Nabobs in England: A Study of the Returned Anglo-Indian, 1760–1785*, 1926, Supplement, pp. 131–168 より作成

ンド諸島人の高慢さや奢侈はいまや東インド帰りのそれに抜かれた」結果、ネイボッブこそが地主＝ジェントルマンの最大の仇敵となったのである。[44]

しかし、ネイボッブが妬みの裏返しともいうべき蔑視の対象となった期間は、ふつうに考えられているほど長くはなかった。一七九九年初演のM・G・ルイスの『東インド人』にはもはや彼らに対する蔑視や反撥は感じられない。一七七一年に上演されたリチャード・カンバーランドの『西インド諸島人』に比べても、そのように言うことができる。[45] 帰国したイギリス人は、できることなら所領を獲得し、さらにできれば庶民院にうって出たり、爵位を求めたりしてその社会的評価の向上を図ったのだが、それが功を奏したのである。ヘイスティングズに対する議会の審問が、彼に有利な結果になったのも、ネイボッブ全体に対する世評の変化のためであったと思われる。表10－9にあげた第一級のネイボッブは、ほとんどがイギリスのどこかに所領を得たが、ロンドン周辺を除けば西部や南部に定住した者が多い。気候条件のほか、所領や腐敗選挙区の得やすさがこの分布を決定したのかも知れない。シュロップシアに所領をもち、アイルランド貴族の爵位を得て議会にも出たクライヴをはじめとして、彼らの大半はロンドンにも適当な住居を確保していたように思われる。これに対して、第二級の人びとを多数含んでいる軍人の場合は、ロンドン市内とバースやトーキーのような西南部保養地で死亡が記録されているケースが多く、所領を得ることなく都市民的な余生を送ったのではないかと推測される。第一級のネイボッブが真正のジェントルマンへの道を辿ったとすれば、第二級の人びとは「疑似ジェントルマン」となったのである。いずれにしろ、インド官僚こそが「ジェントルマン的職業」の典型とされる日は目前にあった。

とすれば、本国におけるジェントルマン支配の構造に、インドはどのようなインパクトを与えたのか。確かにインドに赴いたイギリス人の過半数は生きて故国の土を踏めなかった。しかし、にもかかわらず、この地が本国では到底ジェントルマン＝支配層にはいり込む見込みのなかった人びとに、その機会——いかに小さな機会であったにもせよ——を与えたことも事実である。『カルカッタ・ガゼット』への、自ら「イギリスの一流ジェントルマン家系の出身」と称する人物の投書は、この点で象徴的である。

投書人は嘆いて言う。[46] 近年のインドでは誰も彼もが「エスクワイアを名のるために」、彼の如き本来のジェントルマンが「小売商や競売人、仕立屋や印刷工の如き」輩とごっちゃにされ、「鍛冶屋や馬丁にさえ馬鹿にされる」状況で、耐え難い。「こうして、『エスクワイア』という称号のインド流使用法は、すべての地位の区別をなくし、平準化してしまう」というのである。現地人という膨大な被支配層をえたことで、インド在住のイギリス人は、まさしく「最高評議会の議員も料理人も、……馬丁も東インド会社員も、判事も小売人も」ひとしく「尊敬すべき、ジェントルマンの称号」を使えたのである。ノン・ジェントルマンが植民地を媒介としてジェントルマンになりうる、というデフォーの「植民地命題」は、まったくの夢想というわけでもなかったわけだ。

二　アイルランド不在地主

ネイボッブがさしあたり嫌悪感をもって迎えられたのに対し、アイルランド不在地主はしばしば政敵による非難の対象となり、またアイルランド農民の苦境に同情した人道主義者の抗議の対象にもなったけれども、ネイボッブなどよりは容易にイギリス・ジェントルマン社会に組み込まれえた。

しかし、従来アイルランド不在地主制の研究はわが国にはまったくといってよいほどないし、イギリスでも皆無に近い。一介の船乗りがクロムウェルの征服のブレインをつとめ、やがてイギリス貴族のなかでも有数のランズダウン Lansdown 侯爵家の源流をつくりあげたW・ペティ Petty とその子孫の生涯は、アイルランド・ジェントルマンの典

表 10-10　アイルランド不在地主・官僚の持ち出す所得

(年間)

(1) の タ イ プ	£199,100
(2) の タ イ プ	91,200
(3) の タ イ プ	53,400
少額のグループ	40,000
不 在 官 僚	31,510
イングランドでの教育・訴訟費	33,000
Civil List による年金	23,070
軍 人 年 金	67,658
そ の 他	82,561
計	£621,499

〔出典〕 Th. Prior, *A List of the Absentees of Ireland and the Yearly Value of their Estates and Incomes Spent abroad with Observations on the Present State and Condition of that Kingdom*, (1729) 1730 (3rd ed.), p. 14.

型ということになるが、僅かに彼についてだけは松川七郎氏の名著があって世に知られている。(47) しかし、彼自身の書いた『アイァランドの政治的解剖』にほんらい付加されていた不在地主の名簿は定評のあるハル C. Hull 版ですでに削られていて、邦訳にはもちろんない。(48) そのうえ、政治算術家としてはいかに優れた人物であったにしても、自らアイルランド地主のひとりであったペティの限界は、次の一文によっても明らかである。いわく、「最後に、多くの人はアイァランドが、アイァランドに土地を所有し、その王国の外に住んでいるような不在地主のために大いに疲弊している……と考えている。……私はこの見解に反対する……(49)」と。ちなみに、彼は全土の四分の一程度が不在地主の手中にあると推定しているのである。

したがってここでは、ペティと同じ頃(一六三六年)、アイルランドに入植したイギリス軍人の孫で、不在地主攻撃の急先鋒となったトマス・プライア Prior の小冊子(50)とその後続版(51)を主要な史料として議論をすすめる。この人物は哲学者としても、経済思想家としても知られた典型的な「アングロ・アイリッシュ」G・バークリ Berkeley のダブリン在住の代理人を務めていた。(52)

プライアは不在地主・官僚(53)をまず三つの集団に分類する。すなわち、(1) ほとんどまたはまったくアイルランドを見たことのない地主、(2) ふだんは海外で暮らしているが、ときに一、二カ月アイルランドに来る者、(3) 平素はアイルランドにいるが、保養などのために時折国外に行く者がそれである。彼らがそれぞれに海外に持ち出す所得額は、表10-10の通りだと彼はいう。「海外」とはすなわち、ほとんどがイングランドのことであることはいうまでもない。第(1)グループの完全な不在地主としては、貴族三五人と五三人のジェントルマン(うち女五人)の名があげられている。後者で拠点の分かる一二名のうち五名がロンドンを本拠としており、ほかにもコヴェントリなどの都市があがっている。[54] 不在化したアイルランド・ジェントリはかなり都市的な生活を送ったといえよう。他方、時期はやや下るが、一七八九年出版の『アイルランド貴族名鑑』(全七巻)によってみると、[55] 貴族については次のようにいえる。この名鑑にみえる全アイルランド貴族一五九人のうち、アイルランドにしか拠点をもたない七五名、不明の者、スコットランド等を本拠とする者などを除いて、六二人がイングランドにも所領や居城をもっている。彼らがすべて第(1)種の不在地主であったわけではないが、その拠点はイングランド全域――ヨークシアの六人が州別では最多――にひろがっており、当然のことながらロンドンを拠点とする者はひとりもいない。つまり、同じ不在地主とはいえ、アイルランド貴族はアイルランド・ジェントリとはイングランドでの生活形態がかなり違っていたように思われる。ジェントリが都市的=「疑似ジェントルマン的」だったとすれば、貴族は農村的で、真正のジェントルマンに近かったのであろう。

ところで、彼ら不在地主が持ち出す所得について、プライアは次のように述べている。「もし、年々六〇万ポンド余を流出させるこうしたジェントルマンたちに、この資金を国内で使うように説得しえたならば、すぐにも土地や家屋は改良でき、人口もふえ、製造業もふえ、税収ものびるであろう。……しかし実際は、われらがジェントリ、貴族諸公は自国アイルランドを疲弊させ、すべてを海外で消費する。わが国民は失業し、生計をたてるために海外への移住を余儀なくされている。困窮しはてた人びとはアメリカへすら移民せざるをえなくなっているのだ[56]」。こうしてプライアは、口をきわめて不在地主・不在官僚を非難し、二〇パーセントの「不在税」の新設や海外生活ができるほどの大地主をなくすために均分相続制の導入などを提案する。自らのパトロン、バークリをもブラック・リストにあげることを躊躇しなかった彼にとっては、大地主の「『家名』など何ほどのものでもない、祖国が滅ぶことを思えば」、という次第であった。(57)

それにしてもアイルランドのジェントルマンたちが、「海外」つまりイギリスに所得を持ち出したがる理由は何だったのか。「われらがジェントルマン諸公が、彼ら自身とその祖国にとってかくも有害な行動に走る動機をさぐってみれば、華美な生活、つまり他国〔イギリス〕の貴族やジェントリの消費生活を真似ようという気持が、その資産の膨大なことと相まって、彼らの財産をことごとく外国で使ってしまいたくなる主要な原因である」(58)ことがわかる、とプライアはいう。灼熱の西インド諸島とは違って、現地での生活を困難にする気候・風土上の条件はまずない。したがって、不在化の理由はいわゆる衒示的《コンスピキュアス・》消費《コンサンプション》によって表現される、イギリス上流社会の価値意識にあったのだ。

このような観点からすれば、現地地主の子弟教育が重要な鍵を握ることになる。「西インド諸島の不在プランターの場合と同じで、海外に住んで、そこで結婚すると、その所領は海外で生まれた子供に相続され」てしまい、不在化が必至となる。それゆえ、子弟を海外で教育すること自体が誤りなのだ、とプライアは主張する。(59)一般に、植民地などの従属的な地域では、高等教育機関を現地に設立し、それに然るべき社会的評価を賦与するのでない限り、教育を媒介とする現地上流層の不在化は不可避なようにも思われる。もちろん、現地の教育機関にどのような評価を与えるかということ自体、より広汎な現地人の意識《マンタリテ》に規定されることはいうまでもないのだが。

ところで、アイルランドを犠牲にして実践された不在地主たちの衒示的消費は効果をあげたのだろうか。プライアによれば、「アイルランド不在地主一覧表の中に、アイルランド生まれのアイルランド育ちで、イギリスで暮らすことによって年金なり、官職や将校のポストを得た人はひとりもいない。イギリスの国会議員になりえた人すら、金の力で議席を買った少数の人びと以外にはない[60]」のである。議席を買った人が必ずしも「少数」ではないことは、表10－8が示すとおりだが、「アイルランド貴族は一般の評価からすれば、イギリス貴族よりも低い社会的ランクに位置づけられた」ことはまちがいない。アイルランド貴族がイギリス貴族の娘をめとることは、一〇人に一人くらいの割合いで起こっているから、非常に珍しい現象でもなかったが、前者の家族に大きな犠牲を伴うのがふつうであった。たとえば、一七七七年にイギリス貴族ジャーマン Lord Germaine 卿の長女をめとろうとしたジョン・クロスビー Crosbie は大出費で破産状態に陥った[61]。

表 10-11　不在地主等が持ち出す所得の動向

		地主のみで
1730年(1)	£　621,499/year	(£　383,700)
1769　(2)	1,508,982	(£　572,200)
1779　(3)	1,000,000以上	(£　732,200)
1783　(4)	2,085,394	(£ 1,288,980)
1804　(5)	2,000,000程度	
1812　(6)	2,000,000以上	
1682　(7)		(£　157,465)
1691　(7)		(£　136,017)

〔出典〕 (1) Prior, *op. cit.*, p. 14. (2)(4) Prior 版と同名の匿名の小冊子，1783年版 pp. 4–5 に69年版の数値が再録されている．(4)は p. 31. (3) A. Young, *Tour in Ireland*, (1776–79) 1892, vol. II, pp. 114–17. (5) 庶民院委員会の報告 (1804. 5, 4). (6) E. Wakefield, *An Account of Ireland, statistical and political*, vol. 1, 1812, p. 290. (7)は G. O'Brien, *The Economic History of Ireland in the 17th Century*, (1919) 1972, p. 136.

〔注〕 1833年議会では 4,000,000 ポンドという数値もあげられている．*Hansard's Parliamentary Debates*, 1833, XIX, 583–4.

貴族ばかりか、イギリスの大商人にとっても、アイルランド地主との縁組はイギリス地主とのそれほどには魅力的でなかったから、アイルランドの貴族・ジェントリには、ブルジョワとの通婚《メザリアンス》による致富の道があまり開かれていなかった。アイルランド自体には豊かな商人がいなかったことも、その一因である。こうして、アイルランド地主層、とくにその上流＝貴族層は、イングランドの同じ階層以上に深刻な財政危機に直面していた[62]、といえよう。

本国での評価が相対的に低かった分だけ、アイルランド不在地主の婚姻や教育を含む衒示的消費は激しくなった。ジェントルマン以上にジェントルマン的であろうとするこの傾向は、「疑似ジェントルマン」層に共通の心性であること、あらためて強調するまでもないが、そうなると彼らが持ち出す所得も年々上昇の一途を辿る。表10−11は均質なソースから得られたデータではないが、その間の事情を十分示していよう。

ちなみに、個々のアイルランド不在地主の資産は、一七三〇年頃にはバーリングトン Burlington 卿の年収一万七、〇〇〇ポンドやアラン Aran 卿の一万一、〇〇〇ポンドなどがトップ・クラスであったから、二〇年買いとすれば――実際には、もう少し低いだろうが――、二〇―三〇万ポンド程度ということになろう。同様の計算をしたアーサー・ヤングは、世紀末についてドネガル Donnegal 卿の六二万ポンドなどという数値をあげている。さらに数年後については、いっそう高い数値をあげている史料もある。(63) とすれば、彼らの資力は「ネイボッブ」の最富裕層にも匹敵したことは明らかである。

最後に、アイルランド不在地主の社会的出自はどうだったのか。この点では、一六四一年法による叛乱鎮圧費の募金に応じて征服後の土地を予約された、いわゆる「投機者 adventurers」についてのデータが参考になろう。すなわち、「投機者」総数一、五三三人のうち、出身地の判明している者は一、三三一人、そのうちロンドン出身者が七五〇人となっている。職業のわかる者九二八人、そのうち商人など都市的職業に従事する者が六八九人となっており、(64) 要するに、ロンドン市民がその中核をなしていたことがわかる。これほどドラスティクな地主の交代劇は、一八世紀にはありえなかったが、クライヴの例が示すように、これ以後もアイルランドの土地は商人などが地主化してゆく場合のステップとして機能した一面があるのではないか。

「ネイボッブ」の蔑称でよばれた「アングロ・インディアン」とは比較にならないが、「アングロ・アイリッシュ」の立場も微妙であった。イギリス人の両親の下にアイルランドで生を受けたジョナサン・スウィフトが熱烈なアイルランド・ナショナリストとなったのも、彼自身が本国で思うような処遇を受けられなかったからである、と思われている。彼以後の著名な知識人でもあった「アングロ・アイリッシュ」は、すべて同じような屈折した心情を示している。(65) それほど著名な人びとでなくても、タンブリッジ・ウェルズやバースにいた「アイリッシュ・ジェントルマン」の大群が、言葉のなまりを隠すためにフランス語を使っていたなどという証言は、これも著名な「アングロ・アイリッシュ」であったR・B・シェリダン Sheridan の妹ベッツィ Betsy の書簡集に無数に認められる。(66) 実際、大半のアイルランド貴族がイギリスでは庶民院議員に立候補する資格をしか与えられていなかったという事実は、(67) 彼らの置かれた位置を象徴している。ラフな言い方をすれば、アイルランドの貴族は、イギリスでは一段格下のジェントリなみに扱われたわけで、このことがアイルランドの貴族やジェントリの心理に深い影を落していたのである。

（1） Cf. R. B. Sheridan, 'The Rise of Colonial Gentry: A Case Study of Antigua, 1730-1775', *Econ. Hist. Rev.*, 2nd ser. vol. XIII, no. 3, 1961, pp. 342-57; R. S. Dunn, *Sugar and Slaves: The rise of the planter class in the English West Indies 1624-1713*, 1973, pp. 110-11, 175 et passim.

（2） ここで用いる手稿ならびに文献は、ほとんど India Office Library (London) の所蔵にかかるものである。手稿は I. O. R (Records) と略す。

（3） Letter from S. Dalrymple to Sir H. Dalrymple, 1 Nov. 1752 (cited in P. J. Marshall, *East Indian Fortunes: The British in Bengal in the Eighteenth Century*, 1976, p. 215.

（4） anon., *Considerations on a Pamphlet Entitled "Thoughts on our Acquisitions in the East Indies, particularly respecting Bengal"*, 1772, pp. 3-4.

（5） *The Public Advertiser*, 7 Sept. 1784.

（6） J. M. Holzman, *The Nabobs in England: A Study of the Returned Anglo-Indian, 1760-1785*, 1926; P. J. Marshall, *op. cit.*

（7） たとえば、*The East India Register and Directory*, 1811-.

（8） anon., *op. cit.*, pp. 5-6, 26-28.

（9） Marshall, *op. cit.*, p. 9.

(10) *ibid*., pp. 13–14.

(11) *The London Magazine*, Oct. 1732, p. 354.

(12) I. F. Burton and A. N. Newman, 'Sir John Cope: Promotion in the Eighteenth-Century Army', *Eng. Hist. Rev*., LXXVIII, no. 309, 1963, p. 678.

(13) R. Callahan, *The East India Company and Army Reform, 1783–1798*, 1972, pp. xi, 25–27.

(14) *ibid*., p. 18 には，採用試験の実態の興味深い史料が引用されている。なお，本国，現地を問わず，インド将校養成のための士官学校は（たとえば Addiscombe〔Croydon〕や Barasat Cadet College〔Calcutta〕など），ほとんどが一九世紀に創設されたものである。cf. *A List of the Officers of the Bengal Army 1758–1834*, pt. 1, 1927, pp. xxiv ff. ただし，一七九八年からは R. M. A. Woolwich が年間五一六人を供給した。

(15) P. J. Marshall, *op. cit*., pp. 17–18.

(16) R. Callahan, *op. cit*., pp. 21, 36, and 17.

(17) P. J. Marshall, *op. cit*., pp. 16–17.

(18) *A List of Commissioned Officers in the Medical Services of the British Army 1660–1960*, 1968, pp. XXIV and XXVI; cf. I. O. R., Home Misc., no. 78/53–55, 69–71.

(19) I. O. R., Home Misc., no. 79/559 にみられる二通の General Letters（一七九三年一二月一一日付および九四年五月二八日付）をみよ。

(20) *A List of the Officers of the Bengal Army 1758–1834*, p. xxiv.

(21) Cf. I. O. R., Home Misc. 上注(19)所収の General Letter(28 May 1794).

(22) I. O. R., Home Misc., no. 78/49–51. 五五一五八年の渡航者については，*Records of Fort St. George: Public Despatches from England 1755–56*, vol. 59, 1968, pp. 118–20, 96–97 にリストがある。またたとえば，一七七五年の Home Misc., no. 121/203–20, 205–10 には，八四人の Free Merchant と Free Mariner などの署名が認められる。

(23) Marshall, *op. cit*., p. 21.

(24) *ibid*., p. 24.

(25) *The East India Year-Book for 1841*, 1841, p. 102.
(26) *A List of the Company's Civil Servants in the East Indies*, 1782.
(27) *The Bengal Calendar for the Year MDCCXCII*.
(28) I. O. R., Home Misc., no. 79/519–24.
(29) P. Spear, *The Nabobs : A Study of the Social Life of the English in Eighteenth Century India*, 1963, pp. 148 & 146.
(30) *Selections from Calcutta Gazettes*, 2vols, 1865, ed. by W. S. Seton Karr.
(31) 東インドにおけるイギリス人の致富の方法については，松井透「インドの植民地化」(『岩波講座世界歴史16』，一九七〇年)が要領のよい説明を与えている。
(32) R. Callahan, *op. cit.*, pp. 28–35.
(33) *Parliamentary History*, vol. XXIV, July 21st, 1784.
(34) Holzman, *op. cit.*, pp. 26–27.
(35) *ibid.*, pp. 10–11.
(36) R. Walcott, 'The East Indies Interest in the General Election of 1700–01', *Eng. Hist. Rev.*, vol. LXXI, 1956, p. 237 ; Sir Lewis Namier, *The Structure of Politics at the Accession of George III*, (1929)1963, p. 170.
(37) Sir Lewis Namier and J. Brooke, *The History of Parliament : The House of Commons 1754–1790*, vol. 1, 1964, p. 151.
(38) P. J. Marshall, *op. cit.*, p. 254.
(39) *ibid.*, pp. 220–26.
(40) 21 Geo. III, c. 65, sec. 29.
(41) Marshall, *op. cit.*, p. 256.
(42) *The Calcutta Gazette*, Aug. 16th, 1787.
(43) S. Foote, *The Nabob*, 1778. 一部は P. J. Marshall, *Problems of Empire : Britain and India 1757–1813*, 1968, pp. 147 ff. に収録されている。
(44) *The Public Advertiser*, Jan. 12nd, 1774 and Aug. 8th, 1783.

(45) M. G. Lewis, *Rivers, or the East Indian*, 1800; R. Cumberland, 'The West Indian'(J. Hampden, ed., *Eighteenth Century Plays*, Everyman's Library, 1928).
(46) *The Calcutta Gazette*, Jan. 15th, 1789.
(47) 松川七郎『ウィリアム・ペティ』(岩波書店、上・下、一九五八、六四年)。
(48) Cf. C. H. Hull, ed., *The Economic Writings of Sir William Petty*, 2vols., 1899. W・ペティ(松川七郎訳)『アイアランドの政治的解剖』(岩波文庫、一九五一年)。
(49) 同訳書、一六一頁。
(50) T. Prior, *A List of the Absentees of Ireland and the Yearly Value of their Estates and Incomes Spent Abroad with Observations on the Present State and Condition of that KINGDOM*, 3rd ed., 1730.
(51) anon., *A List of the ABSENTEES of IRELAND and An Estimate of the Yearly Value of their Estates and Incomes Spent Abroad*, 1783.
(52) T. de Vere White, *The Anglo-Irish*, 1972, p. 61.
(53) 一八世紀前半におけるアイルランドの官僚組織については、G. Miege, *Present State of Ireland*, 1731, pp. 70–77.
(54) T. Prior, *op. cit.*, pp. 3–5.
(55) *The Peerage of Ireland*, 7 vols, ed. by M. Archdall, 1789.
(56) T. Prior, *op. cit.*, pp. 22–23.
(57) *ibid.*, p. 34.
(58) *ibid.*, p. 25.
(59) *ibid.*, p. 26.
(60) *ibid.*, p. 23.
(61) D. Large, 'The Wealth of the Greater Irish Landowners 1750–1815', *Irish Historical Studies*, vol. XV, no. 57, 1966, pp. 40 & 39.
(62) E. Wakefield, *An Account of Ireland, statistical and political*, 1812, vol. 1, p. 245. 婚資など家族関係の負担がとくに大き

いという。

(63) T. Prior, *op. cit.*, p. 2 ; A. Young, *Tour in Ireland*, (written in 1776–79), 1892, vol. II, p. 114 ; *Annual Register*, 1797, p. 31.

(64) K. S. Bottigheimer, *English Money and Irish Land : The 'Adventurers' in the Cromwellian Settlement of Ireland*, 1971, pp. 54–75.

(65) T. de Vere White, *op. cit.*, p. 37. Berkeley, Faquhar, Goldsmith, Burke, Grattan, Flood, Chalmont, Tone などが、一八世紀では代表的である。

(66) *Betsy Sheridan's Journal : Letters from Sheridan's sister, 1784–1786 and 1788–1790*, ed., by W. LeFanu, 1960, pp. 16.

(67) Cf. M. W. McCahill, 'Peerage Creations and the Changing Character of the British Nobility 1750-1850', *Eng. Hist. Rev.*, vol. XCVI, no. 379, 1981, pp. 261–65.

4 地主支配体制と疑似ジェントルマン

名誉革命から産業革命までのイギリスでは、地主＝ジェントルマンによる支配の体制が、史上まれにみる安定を得ていた。この安定性の秘密は、植民地帝国の拡大と商業革命を背景として、公債保有者、将校、商人、植民地地主などの「疑似ジェントルマン」層が急速に拡大し、社会的緊張を緩和したことにあった。(1) ノン・ジェントルマン層のなかの有能な個人は、拡大された「疑似ジェントルマン」層を通過して、支配層に上昇することができたし、支配層の次・三男問題も、「疑似ジェントルマン」層が拡大したことで解消されたのである。

「いまや地主階級は打ち破られ、商人、ネイボッブ、それに東インドや西インド諸島から富をかき集めた人びとこそが、この国を支配する機会にもっとも恵まれている」といわれたのは、一七六八年のことである。(2) この言葉の意味は、たとえば次第に腐敗選挙区化しつつあったサウサンプトンの選挙結果をながめてゆくと、いっそう明確になる。

この選挙区から選出された議員は、ほぼ一貫してハンプシアか近隣の州のジェントルマンであったのだが、そのなかには、ごく近年まで商人や専門職であった家系の人も少なくなかったのである。こうして、ジャマイカの所領で没することになるA・スウィマー Swymmer を先頭に、まず西インド諸島のインタレストが反映され、一七六八年からはアイルランド貴族たるパーマストン Palmerston 男爵が当選した。さらに、一七八四年になると、ネイボッブのJ・エイミアット Amyatt が選出されるのである。(3) 地主支配体制の安定性とは、必ずしも地主勢力の圧倒的優越を意味するのではない。地主＝ジェントルマンと新興勢力との緊張の低さをそれは示しているのである。

王政復古期に、航海諸法と穀物輸出奨励金制度――やがて穀物法につながってゆく――という二つの政策体系をもって、しだいに明確な形をとりはじめ、名誉革命後に確立した商人など「疑似ジェントルマン」と地主＝ジェントルマンの連合体としての「地主支配体制」は、国内の民衆運動もさりながら、十三植民地の独立、「西インド諸島の富の崩壊」を経験して、世紀の交からすでにその根底を揺がされていた。しかも、一八四〇年代に上述の二つの政策体系がともに廃棄されるに至って、その歴史的使命をおえる。

しかし、植民地に本国社会の社会的緊張の安全弁としての役割を期待するという、近代イギリス史の基本構造は、一九世紀にもなお多少その形態を変えながら、存続しつづけるはずである。「ヨーロッパ人が西インド諸島に赴くのは、たいてい自らの能力や勤勉さに対して、本国では望みえないほどの報酬《エンカレジメント》が得られると期待してのことであった」(4)が、事情は東インドでも、アイルランドでも、また、世紀が進行しても同じだったのである。

（1）本論文で扱えなかったものでは、植民地におけるプロフェションが、人数の点でも社会的評価の点でも、重要である。
（2）Sarah Osborn の言葉。*Political and Social Letters of a Lady of the Eighteenth Century, 1721–71*, ed., by E. F. D. Osborn, 1890, p. 178.

(3) A. T. Patterson, *A History of Southampton, 1700–1914 : An Oligarchy in Decline, 1700–1835*, 1966, pp. 61–63.

(4) B. Edwards, *The History, Civil and Commercial, of the British Colonies in West Indies*, 2nd ed., 1794, vol. II, p. 3.

二　工業化の生活史的前提
――近世史上の「奢侈」のいみ――

1　「生活革命」と経済発展――生活社会史から経済史へ

生産の成長が結局は人口増加に飲み込まれてしまうという「マルサスの罠《トラップ》」をイギリス経済が脱し、人口が増加しながら一人当りの所得も増加してゆくという、近代的経済成長のパターンが決定的に成立したのは一七七〇年代であり、その条件が徐々に形成されてきたのが一六六〇年以降の「商業革命」時代であった。しかし、「マルサスの罠」からの脱出の第一の契機は、帝国形成の直接的な効果というよりは、それが原因となって起こったイギリスの社会構造の変化、さらにそれを背景とする自ら生活水準の向上を積極的に希求する方向への民衆の性向ないし生活意識の転換にこそ求められるべきであろう。より高い消費生活を志向するよりも、伝統的な生活の様式と水準が維持できさえすれば、むしろ閑暇《レジャー》を志向するという前工業化社会に固有の傾向――いわゆる「反転労働供給曲線」――が消滅しない限り、人口と一人当り所得の同時的成長は大規模かつ持続的には生じえない。とすれば、そのような変化は何が契機となって惹き起こされたのか。結論からいえば、そこには「商業革命」によって非ヨーロッパ世界から大量にもたらされた砂糖、茶、綿布、煙草、藍などの新奇な消費物資と新しい生活習慣の普及、すなわちいわゆる「生活革命」があったのだが、その「生活革命」自体は消費生活に対する身分制的制約が消滅し、むしろ消費のパターンこそが人びとの社会的地位を決定するという、「地主支配体制」の構造的特質そのものによって可能になったのではないか。これがさしあたっての課題である。

「生活革命」とは、かりに経済学の用語を用いるとすれば、消費需要の構造やその水準の劇的な変化のことだとでもいえよう。ところが、これまでは一般に産業革命＝工業化を「生産」の革命として捉える傾向が強く、「需要」面の分析は、皆無ではないがあまりすすんではいない。この傾向は、いわゆる「生活水準論争」が活溌であるにもかかわらず、あまり変化していない。生活水準論争は工業化の「結果」の問題として闘わされていて、工業化の前提条件としてはあまり考えられてこなかったからである。しかし、工業化の起源としての需要問題の重要性は、E・W・ギルボイの指摘(1)をまつまでもなく明らかであろう。

ところで、需要といっても消費需要と投資需要が考えられようが、工業化が本格的になる以前では、後者が大きな意味をもつことはまずなかったはずである。需要はまた、輸出と国内需要とに区分することもいちおうは可能である。いちおうとことわったのは、輸出の消長が商業・貿易都市や生産地に波及効果を及ぼし、結局内需を左右するといった事情が十分認められ、両者を厳密に区分して議論することには現実味が少ないこともあるからである。それにしても輸出は、成長率が断然高かったうえ、工業化の主導部門となった繊維産業や鉄工業でとくに比重が高かったから、工業化への刺激という意味ではむしろ決定的であったということもできる。ただ、輸出そのものにかんしてはすでに第二部第一章などで論じたし、他方では、規模の点では国内需要が圧倒的に大きかったことも間違いない。したがってここでは、考察の対象を国内の消費需要に限定する。「生活革命」とは需要の劇的な変化のことだと説明したが、そこでいう「需要」もまた、まさにこの意味であることはあらためて説明するまでもなかろう。

ところで、その国内消費需要は、いったいどんな要因によって規定されているのか。ギルボイは人口変動、平均の実質所得、新しい商品の導入という三要因をあげている。(2) また、経済統計上は、人口ないし世帯数とその平均所得、消費性向――所得のうち消費にまわされる部分の比率――の積として求められるはずである。しかし、このような経済学上の概念装置は、歴史の研究手段としてはあまり意味がない。そもそも消費性向そのものが、所得と消費支出の額が与えられていなければ計算できないからである。それゆえ、一八世紀史家になしうることは、せいぜいのところ人口、所得、消費性向などの要因が上昇したか下降したか、その変化の方向を推定し、さらにそのような結果をもたらした基本的な原因を推測する程度のことでしかない。いわば数式を用いないモデルの構築作業ということにもなろうか。

このような観点からすれば、たとえば消費性向の動向は何によってもっとも強く規定されていることになるのか。答えは、もはや経済学の概念用語の範囲には存在しないように思われる。どのようなもの
やサーヴィスをどの程度買い求め、どのように用いるかを決定するのは、民衆一般の生活様式や生活意識そのものだからである。否、消費性向だけではない。需要の水準を決定する残りの二要因、つまり人口動態と所得水準もまた、部分的には、人びとがどのような生活様式を希求するかにかかっていた。消費性向に比べると人口や所得はむしろ推定が容易であり、一八世紀の第三・四半期に年収が五〇ポンド以上あった「中産的消費者」層が、一八世紀の初めと終りでほぼ三倍になったとして国内需要の拡大を説くD・E・C・エヴァスレーにしても、(3) 実際にはこの二要因のみに基づいて推算しているにすぎない。消費性向の動向が問われていないばかりか、人口や所得の変化についても、その原因や理由は問われていないのである。つまり、需要分析といいながら、そこでなされていることは所得の高の分析でしかない、という奇妙な事実をみるのである。しかし、他方でわれわれは、一七世紀中葉以降のイギリスでは意識的な人口調節がなされたらしいことを知っている。(4) 意識的な人口調節は、生活水準ないし消費水準への配慮から生じたとみるのが自然であろ

う。もちろん、意識的な人口調節が生活水準への配慮からなされ、その結果として一人当りの消費量が維持されたとしても、そのことで人口増加が停止すれば、総需要は増えるのか減るのか、即断はし難いことになる。ただ、人口そのものでさえ、人びとの生活意識の従属変数とみなされるべき部分があることだけは確実なのである。

平均所得についても、同じことがいえる。貧しい民衆は「必要《ネセシティ》」のために働くのであって、低賃金であればあるほど勤勉であるとする一七世紀までの重商主義者の主張が、高賃金こそが労働意欲を刺激するとする一八世紀人の主張に次第にとって代られることは、後で詳しく論じるが、このような変化——「反転労働供給曲線」の消滅——も、伝統的な生活様式、生活水準の維持のためにのみ労働を行なうのか、むしろその向上をめざすのかという人びとの生活意識にかかわっている。一例をあげれば、E・P・トムスンが明らかにしたように、週末から酒に浸り、月曜日も働かないという「セント・マンデイ」の風習がすたれたのには、ピューリタニズムやメソディズムを道具とする、初期の工場経営者たちによる労働者訓練 labour discipline の力が与っていたにもせよ、(5) 労働者自身の側でのより高い生活水準を希求し、そのためにはあえてより多くの労働をも売るという意識の変革がなされていなければならなかったのである。つまり、従来の研究にみられた工業化を「生産」の革命としてのみ見る立場や、狭義の経済学のパラダイムのなかだけでは、「ひとは何のために働くのか」という労働のモティヴェイションの変化は捉えられないのだ。(6) 結局、消費需要の動向を決定したのは、いわばイギリス人一般の生活意識そのものだ、というべきなのである。

(1) E. Waterman Gilboy, 'Demand as a Factor in the Industrial Revolution,' in *Facts and Factors in Economic History*, 1932, pp. 620–39. 欧米の学界ではむしろ多数派であるこのような「需要理論 Demand Theory」への批判としては、J. Mokyr, 'Demand *vs.* Supply in the Industrial Revolution,' *Journ. of Econ. Hist.*, vol. XXXVII, 1977, pp. 981–1008.

(2) E. Waterman Gilboy, op. cit., pp. 620–25.

(3) D. E. C. Eversley, 'The Home Market and Economic Growth in England, 1750–1780', in E. L. Jones and G. E. Mingay, eds.,

Land, Labour and Population in the Industrial Revolution, 1967, 206–59.

（4）　第三章三節参照。

（5）　E. P. Thompson, 'Time, Work-Discipline, and Industrial Capitalism', in M. W Flinn and T. C. Smout, *Essays in Social History*, 1974, pp. 39–77; cf. N. McKendrick, 'Josiah Wedgwood and Factory Discipline', *Historical Journal*, vol. IV, no. 1, 1961, pp. 38–50.

（6）　本章は、生活史を内容としているために、本格的な実証を展開しようとすると膨大な紙幅を要し、著しく全体のバランスを失するおそれがある。それゆえ、ここでは議論の骨格を示すのに必要な限りの事例を提示するにとどめたい。じっさい、L・ストーンのいう「叙述の復活」の問題ともからんで、生活史や社会史にとっては、研究成果をどのような形式で提示すべきか――伝統的な「論文」の形式はいかにも不都合である――ということが、深刻な問題であるように思われる。cf. L. Stone, 'The Revival of Narrative: Reflections on a New Old History', *Past & Present*, no. 85, 1979.『史学雑誌』九〇編七号（一九七一年）所収の拙評、七二頁をも参照。

2　「生活革命」の進展

革命の名に値するような生活意識の大変革、その反映としての生活様式の動態化は、いつ、どのようにして起こったのか。一六世紀から一八世紀末までの生活史は、おそらく三つの時期に区分することができる。第一期はピューリタン革命までの「トーニーの世紀」である。いわゆる「早期産業革命」と新しい換金作物の導入によって、これまではごく一部の上流階級にしか消費されなかった奢侈的な商品――ほとんどが輸入品であった――が国内で自給され始めるにつれて一般に普及する傾向が出てきたのが、この時代である。農産物でいえば油菜、亜麻、麻、大青、あかね、煙草、観賞用切花、野菜、ブドウ、桑など、工業製品ではボタン、バックル、ピン、塩、石けん、ナイフ、小刀、パイプ、ポット、オーヴン、ガラス、紙、リボン、レース、エール、ビール、酢などが、この時代に国産化のすすんだ商品であるが、大陸から流行のファッションとしてはいり、牧畜業地帯の副業として定着したニット・ストッキングは、一七世紀末の労働者・貧民層の家族の二五パーセントに副業の機会を与えたとさえいわれる。[2] ニットの帽子や手袋、陶器、銅製品などもこの時代に普及する。ステイタス・シンボル的な消費習慣、とりわけ衣類が、新興階層に真似られることを拒否しようとして、奢侈禁止法が頻発されたのもこの時代だが、この問題は後述する。

第二の時期は王政復古から産業革命の初期までの約一世紀、つまり「商業革命」期である。[3] この時期になると、もはや身分や階層を根拠とする消費生活への法的規制の試みはみられなくなる。しかし、それとは対照的に、「貧民の奢侈」を批判する私的な論説、小冊子類が洪水の如く溢れだし、上流階級のいわゆる「衒示的消費 Conspicuous Consumption」つまりステイタス・シンボルとしての消費をより下層の民衆が真似る傾向が急速に拡がったことを示している。消費が社会的競争 Social Emulation の手段となったのである。

「商業革命」によって茶、砂糖、コーヒー、煙草、綿布など新奇な商品がもたらされ、また都市の住民、とくに「疑似ジェントルマン」層が勃興して「都市ルネサンス」とさえよばれる都市の生活文化の成立がみられたのも、この時代のことである。[4] このような諸要因が一体となって、伝統的なイギリス人の生活パターンは文字通り「革命」的な変化を遂げる。

次の第三期、つまり産業革命期には、婦人・児童の家庭外での雇傭が拡大した結果、一方では家族の現金収入(「ファミリ・ウェイジ」)が増え、他方では主婦を中心として家庭内で自給されていた財貨やサーヴィス――衣、食、燃料、教育等々――が家庭外から買い取られるようになる。娯楽にしても、もはや家庭内や共同体内では自給されず、コマーシャライズされてしまう。[5]

以上の三段階のうち、消費の総量が革命的に増加したのは家族構造の変質を伴った第三期であっただろうが、自己の身分に合致した、従来通りの生活を維持するのではなく、より上流の生活を真似ることによって、自己の社会的上昇を図るという、決定的な意識の転換は第二期に生じたというべきであろう。少なくとも、生活史にかかわる一連の史料を概観すると、イギリス人の生活形態がこの時期に決定的に動態化したという印象を禁じえない。一七世紀末のロンドン商人で宗教人でもあったT・トリヨンは、ロンドン周辺の農村部では、食生活を中心に生活様式が著しく変化しつつあり、それが「すべてのビジネスの循環を促進している」としているが、(6)このような主張はおそらく以前にはなかったものと思われる。

新しい消費習慣を中心とする生活様式の「革命」は、圧倒的に海外、とくに非ヨーロッパ世界からの文物の流入によって刺激されたのだから、それが「商業革命」の中心にあたる港湾都市、とりわけロンドンの最上流層にまず起こったのは当然である。飲茶の風習がおそらくその典型であるし、間もなく茶と組み合わされた砂糖についても同じである。(7)しかし、「生活革命」が重大な社会現象となったのは、それが大都市の上流階級の間の現象にとどまらず、一方では社会のより下層へ、他方では都市から農村へ、これまでの常識では考えられないほどの速さで拡散したことに原因がある。前者、すなわち中・下層民への伝播をかりに「社会的」ないし「垂直の」波及とよぶなら、後者は「地理的」ないし「水平の」波及ということができる。

「垂直の」波及は、ほとんどつねに「社会的競争《ソシアル・エミュレイション》」の傾向をもって進行する。つまり、中・下層民のより上流の人びとの模倣、「上流気取り《スノビスム》」として実現するのである。中・下層民の「上流気取り」は、ほんらいの上流人には「奢侈」と映る。下層民のあいだに「奢侈」が蔓延しており、階層間の消費生活上の区別がなくなってしまっているという批判が、消費＝生活革命の進行を裏付けることになるのは、このためである。一六世紀にもフィリップ・スタブズのような強硬な「奢侈」批判者もいたが、(8)とりわけ中・下層民の「奢侈」に対する批判が、文字通り洪水の観を呈するのは一七世紀後半以後のことである。

若干の実例をあげよう。一六六一年、ウスターシアの大陪審判事への賃金査定要求書には、すでに「主人と召使いを服装で区別することは困難である。後者の方が立派な服装をしていることを除いては」、とある。(9) 小説という文学ジャンルの創始者の一人であり、警察行政面の業績でも知られるH・フィールディングも「貴族が王公の華やかさと張り合い、ジェントリが貴族の本来の地位に憧れるかと思うと、帳場のうしろから乗り出した商売人《トレイズマン》がその後釜を狙う。この馬鹿騒ぎはここでも終らず、最下層のクズのような人間にまで及ぶのである」、と感じている。(10) 一七六三年、『英国雑誌 *The British Magazine*』誌上の一論者は、「上流階級のマナーを真似ようとする傾向が、最近より下層民のあいだにも大流行していることからみて、いまにイギリスには庶民《コモン・フォーク》というものがいなくなるだろう」とさえ論じた。(11)

イギリス人文筆家たちの関心の的となり、後述するように激しい批判の対象とされたこのような「社会的競争《ソシアル・エミュレイション》」ないし「上流気取り」の傾向は、外国人観察者の眼にも際立ってみえた。たとえば、「この国では、中・下層階級の人びとも、他の諸国におけるよりもよい衣装を身にまとっており、より良いものを食べ、よい住居に住んでいる。……プライドと世評を維持したいという欲望が、彼らをして自分の行動や外見上の見栄に気をつかわなければならないように仕向けている」、と情報通のスイス人フォン・アルヘンホルツは言い、(12) ベルリンから来た聖職者モリッツ師なども、同様の感想を漏らしている。(13) ただ、彼ら外国人にとっては、イギリスにおける「貧民の奢侈」は非難の対象などではありえず、むしろイギリス人全体の生活水準の高さを示す「感嘆の的《まと》」にほかならなかったのである。

消費生活の革命は、さらに中央から地方へ、都市から農村へという「水平の」方向へも波及した。一八世紀初頭の『スペクテイター』誌は、西南部への観察旅行の結論として、なお地方の住人は「いまだにチャールズ二世時代の服装をしている」ので、まるで古ぼけた「肖像画から抜け出したように見える」と言い、彼らのファッションは「壊れた時計の針のように、一カ所で止まっている」と主張していた。[14] しかし、それから半世紀後の一七六〇年代になると、「五〇年前には、地方人といえばトルコ人か中国人のように奇異な服装をしていたものだが、いまではどこへ行っても最新流行の山高帽と赤い靴下に出くわす」といわれている。[15] これらの観察は、ひとつには都市、とくにロンドンから地方への生活習慣の伝播、つまり消費生活の均質化の傾向を示している。全国的な消費市場が成立する条件が整ったのである。しかし、他方ではそれは、衣服を中心にした「流行」の現象が目立ってきたことをも示唆しているといえよう。

生活革命がまずロンドンに起こったとき、地方人にはやはり「奢侈」と映った。ロンドンの「奢侈」が地方の貧窮化を惹き起こすという主張は、一七・八世紀を通じて繰りかえされる。たとえば、一七四〇年代のある小冊子によれば、「ほんの一世代前までは強い酒といえば薬局にしか売っていなかったのに、いまではこの巨大な首都の到るところで〔それを売る〕飲み屋《タヴァン》や遊び場が目白押しであり」、「衣服にしても、旅職人や女中でさえ、一昔前の最上流人のそれより立派になっている」。しかし、他方では、日常生活の必需品にもこと欠く人びとがいる地方も多く、ロンドンの奢侈は地方の犠牲の上に成り立っているのだ、という。[16] しかし、そうは言っても、結局のところ地方もまた「ロンドンの奢侈」に染まってしまうこと、上述のとおりなのだが。

消費を中心とする生活様式の変化が、社会的にも地理的にも、これほど速く、これほど深く浸透しえたのはなぜか。もちろん、「商業革命」によってもたらされた多数の新奇な商品そのものが、この消費生活革命の最大の刺激であったことは、ギルボイの主張をまつまでもなく明らかである。しかし、量的な制約があったにもせよ、中世にもそれなりに「新奇な」商品がもたらされたことがまったくないわけでもない。したがって、この時代になってはじめて、

「新奇な」商品が上流人の奢侈品に終らず、民衆レヴェルの「生活革命」――一九世紀のイギリス人は砂糖入りの紅茶を飲み、木綿のシャツやハンカチを用いることを奢侈とはみなさなくなる――につながった理由は、あらためて説明されなければならないのである。

社会的波及を可能にした条件は、おそらく二つ考えられる。第一の条件は、すでに一七世紀初頭までに、身分制秩序が弛緩し、そのために消費生活に対する身分制的制約が法律上は消滅していたことである。つまり、一六〇四年に、従来の奢侈禁止諸法 Sumptuary Laws が一括廃止された事実がそれである。奢侈禁止法[17]とは、(1) 広汎な消費生活の規制をめざすとはいえ、基本的には衣服、それも成人男子の衣服の規制を主目的とし、(2) 社会的な目的、すなわち衣服を中心とする消費生活の階層差を温存、固定しようとする目的をもつ法令のことである。こうした奢侈禁止法は、一二九四年のフランスに始まり、一七七六年のポーランドのそれを最後とする長い歴史をもっている。この年、一七七六年に、このような法令はその政策主体が「国王であれ大臣であれ、非礼・僭越の限りである」と酷評した『国富論』[18]を生んだイギリスでは、奢侈禁止法の寿命は他の諸国より短かかったのだが、一五世紀後半から一六世紀いっぱいのピーク時には、他の諸国にも劣らぬ熱意をもってその立法が企てられたことも事実である。

イギリスで最初の奢侈禁止法は一三三六年の「下層民 Lesser People が上流人士 Great Ones の真似をして」「高価な牛肉を食べること」を禁じ、祝日以外に三皿以上の食事をとることを禁じた法令をいうべきか、衣服規定の盛り込まれた翌三七年法をとるべきか、議論のわかれるところである。三七年法は、主要な法令のなかでは内容がもっとも簡単で、(1) 王族を例外として輸入毛織物の着用禁止、(2) 王族、高位聖職者、貴族、ナイト等を除いて、毛皮の着用禁止などを決めている。[19] 輸入毛織物の着用禁止は、奢侈禁止法に保護主義的な意義をみようとする見解の基礎となっているが、輸入品がすなわち奢侈品であったことをも示していると思われる。

しかし、社会層と着用すべからざる衣服との関係を詳細に規定して、一六世紀の諸法の雛型となったのは、次の一三六三年法であった。同法は、使用人と職人に一着二マーク以上の、ヨーマンは四〇シリング以上の衣服の着用を禁じ、馭者、農夫、牧夫その他の「資産四〇シリング以下の者」には毛布と一二ペンスまでの「さらし」以上のものを着用してはならず、「その身分《エステイト》に従ってリネンのガードルを着用すべし」としている。地代収入一〇〇ポンド以下のエスクワイアやジェントルマンは、一着四・五マーク以下、年収二〇〇ポンド以上なら五マークまでの衣服と絹の一部、毛皮などが認められる。都市の商人、シティズン、バージェスなどで五〇〇ポンド以上の資産の保有者は、年収一〇〇ポンドのジェントリなみ、資産一、〇〇〇ポンド以上だと年地代二〇〇ポンド以上のエスクワイアなみとされた。[20] つまり、都市の上層民はその資産額に応じて、中・下層のジェントリ層に対応させられていたことになる。「都市ジェントルマン」の概念の起源をさぐるうえでも、社会的地位の前提としての身分や血統と富の関係を考えるうえでも、このことは興味深い。

ナイト以上の各層にかんする一三六三年法の規定を詳述することは避けるが、いずれにせよ、この法令が以後の諸法令の基本となったことはまちがいない。たとえばちょうど一世紀後の一四六三年法は、テューダー朝下の奢侈禁止法の洪水現象に先鞭をつける結果になったものだが、そこでは、全人口が七つの階層に整然と区分され――五つまでは身分による区分で、一部に収入による区分が併用されている――ているもの[21]の、本質的には一世紀前の規定と違っていない。

一五一〇年から五四年までのあいだにさらに五件の議会制定法が成立したが、この五四年法を最後に、庶民院は奢侈禁止法に敵意を示しはじめる。国王や貴族たちは相変らず、法律による服装等の消費生活規制を通じて、「眼にみえる」形での身分制秩序の維持に熱心であったが、「勃興した」ジェントリたちはもはやこのような規制を桎梏と感

表 11-1 1559年国王布告付帯リスト

Anno XXIV, Henry VIII

None shall weare in his Apparell any	Cloth of golde / sylver of Tincele; satin, sylke, or cloth myxte with golde or sylver, nor any sables.	Except	Earles, and all of superior degrees, and Viscountes and Barons in theyr doblets and sleveless coates.		
	Wollen cloth made out of the Realme; Velvet: Crimson / Scarlet or / Blewe; Furres: Black Jenets / Luzernes	Except	Dukes / Marquesses / Earles or theyre children; Barons and Knyghtes or thorder		
	Velvet in Gownes / Coates or uttermost garments; Furre of Libardes; Embroderye; Prickyng or prinkyng with golde, sylver, or sylke; Taffeta, Satin, Damaske, or Silke chamlet in his uttermost graments	Except	Barons sonnes, Knyghtes, or men that may dispend CC. li. by yere		
	Velvet, otherwyse then in jackets, doblets, etc. Furre whereof the kynde groweth not within the Queenes dominions	Except	Gray Jenettes, Bodge	Except	A man that may dispend one hundred pounde by yere.

〔24 Henry VIII, c. 13 および 1 & 2 Philip & Mary, c. 2 の要約に当る〕

じるようになったのだ。法案が庶民院を通過しなくなった結果、一六世紀後半はもっぱら国王布告 Proclamation の形をとらざるをえなくなるが、それでも一五六二年、六六年、七四年、八〇年、八八年、九七年と矢つぎ早やに出されてゆくのである。(22) これらの諸法令には、すでにみたように国内産業保護をめざしたように解釈できなくもない規定もあり、その観点からすれば、のちのキャラコ禁止法などにもつながってゆく要素をもってはいるが、他方、全体として消費の促進よりは抑制をめざしている法律であること、社会的地位、とくに身分を基準として消費生活を規制しようとしていることの二点において、いわゆる重商主義政策とは明確に区別される政策体系というべきである。したがって、同趣旨の法や布告が頻発された事実が、これらの法令がいかに効果の薄いものであったかを暗示してはいるが——一五八八年以後、この法に触れて処罰された例は一件のみといわれる——、それでも一六〇四年に、「服装にかんする従来のいっさいの法規を廃棄」することが、庶民院で何の抵抗もなく議決されたことは、中・下層民の上流気取りの傾向をいっきょに顕在化させる働きをしたに違いない。(23)

生活革命の「社会的」波及の第二の条件は、もっと積極的なことである。革命と王政復古をはさんで成立する「地主支配体制」のもとでは、もはやステイタスによる生活の型への規制がなくなっていただけでなく、逆に生活のパターンこそがそのひとの社会的地位を決定するようになっていった、と思われるのである。このことをもっとも端的に示しているのが、すでにわれわれの検討したジェントルマン概念の変化＝疑似ジェントルマンの成立にほかならない。

伝統的な地主＝ジェントルマンのみが社会の全分野の支配権を独占する単一の価値体系から、多様な形態の財産所得（＝不労所得）に基礎をおく、多様な疑似ジェントルマンの存在を許す方向への価値体系の多様化ないし分岐が生じたことは前章に論じた。ジェントルマンのヘゲモニーそのものは不動であり、地主こそが真正のジェントルマンであることにも変わりはなかったが、彼らとノン・ジェントルマンとの間隙は、一七世紀後半以降、相互に密接に関連する商業革命、対外戦争、植民地体制の確立、財政革命などを契機として勃興した各種の疑似ジェントルマンによって埋められ、L・ストーンのいう「国連ビル型」社会構成は、多数の尖塔の林立する「サン・ジミニャーノ型」のそれへ転換していったのである。(24)

必ずしも地主でなくても、疑似的なジェントルマンではありうるようになったということは、ジェントルマンの要件の重点が、所得のタイプよりもその額、および生活習慣、教養など大雑把にいって消費の型に移ってきたことを示している。デフォーをはじめ一七世紀末以降の論者が、「血筋によるジェントルマン born gentleman」に対する「育ちによるジェントルマン bred gentleman」の概念をしきりに重視したのも、結局はこのことを示唆していよう。「要するにジェントルマンの称号は、イングランドではジェントルマン的な服装、態度、教育、教養ないし独立性によって庶民から区別されている人全員に与えられる」と喝破したのは同時代人ミージュである。[25] しかし、ジェントルマン的な生活＝消費の型を維持するには、当然、時間的余裕と一定以上の額の所得を必要とする。それゆえここには、本質的に所得の規模を基礎にした、いわばブルジョワ的な社会構成の原理ができあがっていたわけである。産業資本家が疑似ジェントルマンにもなれなかったとすれば、それは彼らの経済力が低く、ジェントルマン的な生活習慣を保持しえなかったからであろう。この社会では、経済力の高さが「ジェントルマン的生活習慣」を通じて社会的に表現される。とすれば、貴族、ジェントリは土地を抵当に入れてでもその地位にふさわしい生活の型を維持することを強制され、疑似ジェントルマンはそれ以上に「ジェントルマン風」を装う。それより下に続く諸階層もまた、同様の上流気取りに陥ったのも、けだし当然であろう。

　当時の文人、モラリスト、宗教家たちが、いっせいにこのような傾向を批判したことはすでに述べた。彼らはたんに奢侈を批判したのではなく、「貧民の奢侈」を批判したのである。上流階級の奢侈は「経済の歯車を稼動させる善行」だが、下層階級のそれは結局窃盗のような犯罪につながる悪徳である。近年この国で泥棒がふえているのは、貧民の奢侈こそが原因だ。これがフィールディングの主張である。[26] しかし、貴族やジェントリにとっては奢侈が「仕事」だが、貧民のそれは悪だという主張は、彼だけのものではない。たとえば、サー・ウィリアム・テンプルはいう。「悪徳となる奢侈と罪のないそれを区別しなければならない」「ポーターにとっては、油濃いベイコンや煙草、燻製ニシン、ジン、モルトを口にし、汚いフードを被った、魚臭い淫売を買うことも奢侈であり、悪徳であろうが、貴族なら……パイナップルを食べ、ハンガリ産のトーケイ酒など最高級のワインを飲み、宝石と金襴に身を飾り、……クロエの芳香をふりまく麗人をはべらせるとしても、奢侈とはいえても悪いこととはいえない」と。[27] このような批判に接するとき、その背後に、商業革命に伴う輸入奢侈品の価格低落とその結果としての「奢侈」＝生活革命の普及、およびそうしたステイタス・シンボルの拡散に対するジェントルマン階級の焦燥を読みとるのは容易であろう。

　他方、この時代に都市から農村へ、ロンドンから地方への生活文化の伝播を可能にした条件には、次のようなものがあった。第一に、都市住民の総人口に占める比率の上昇と、ロンドン以外の地方の大都市でも「都市的な生活文化」といえるものが成立したこと、つまりP・ボーゼイのいう「都市ルネサンス」があった。[28] 住所録を辿ってみると、地方都市にも時計や書籍、家具、煙草、奢侈的食品などの専門店が成立し、医師や音楽家、理髪師のような専門・半専門職が勃興したことは容易に証明できる。スポーツや出版、芝居、音楽のようなレジャーもこの時代にいっせいに商品化される。[29] 比較的大都市と目される都市の人口は、一五二〇年に総人口の約六パーセントだったが、一七世紀末には一五パーセントになったし、[30] 一八世紀にはロンドンより地方都市の人口増加率が遥かに高かったことがわかっているから、地方都市の「都市ルネサンス」によって直接影響を受けた国民もそれだけ多かったことになる。

　しかし、より重要なことは、こうした都市の生活文化、とくにロンドンのそれを農村に伝える媒介手段が成立したことである。たとえば、ジェントルマンの生活習慣としての「社交季節《ザ・シーズン》」の成立がある。毎年一定期間を都市に出て社交生活を送るというこの習慣は、地方の富をロンドンやバースのような「社交都市」に流出させるものだとして、強い批判に晒されもしたが、[31] それが「商業革命」を背景として成立した都市の「生活革命」や「都市ルネサンス」を農村に普及させる役割を果したことも間違いない。[32] ジェントルマンに随行した使用人たちにとってさえ、「社交季節」は都市文化吸収の恰好の機会であったことも、多くの実例が示している。

　都市の生活文化を地方に伝えた第二の媒介体は、この時代に商品化されたレジャーそのものである。というのは、この時代には、芝居や小説、『スペクテイター』誌をはじめとするジャーナリズムなどが、上流階級や都会人の生活文化を伝える一種の作法書として機能していたからである。地方では、常設の芝居小屋やコンサート・ホールはなかったから、宿屋でもあればレストランでもあり、馬車の駅舎でもあったインに付設された集会室が芝居や音楽の上演場所となり、講演場とも、新聞や雑誌の読まれる場所ともなった。[33] インの数の正確な推計はないが、それが馬車交通の発達に伴って成長したことはまちがいない。[34] ロンドンから地方への定期馬車便は、一七世紀後半だけで週三〇〇便[35]以下から六〇〇便以上に増加した。[36] このような変化が、一五七七年に六、〇〇〇軒程度かともいわれるインを激増させ、その黄金時代を到来させたことは容易に想像できる。主要な都市では、イン経営者が社会の最上層部に組み込まれ、「都市ジェントリ」のもっとも代表的な存在となった。ロンドンの生活文化は、インを舞台として芝居やジャーナル、小説などを通じて、地方に急速に普及していったのである。

（1）　もちろん、これらの商品のなかには、もとから一部国産化されていたものもあるが。J. Thirsk, *Economic Policy and Projects*, 1978, pp. 6–7. 当時の輸入品については S. P. 12/8, ff. 63–9 and Lans. 8, ff. 75–6 in B. Dietz ed., *The Port and Trade of Early Elizabethan London Documents*, 1972, pp. 152–55.

（2）　Thirsk, *op. cit.*, p. 168.

（3）　啓蒙書の形式をとったが、拙稿「コーヒー文化の誕生――生活様式の国際化Ⅰ――」、「多彩化する生活――生活様式の国際化Ⅱ――」(角山栄編『産業革命と民衆』、河出書房新社、一九七五年)参照。J. B. Botsford, *English Society in the Eighteenth Century: As Influenced from Overseas*, (1924)1965. をもみよ。

（4）　P. Borsay, 'The English Urban Renaissance: the development of provincial urban culture c. 1680–c. 1760', *Social History*, pp. 581–603. これも啓蒙書の形式をとったが、拙稿「都市文化の誕生」(角山栄・川北稔編『露地裏の大英帝国――イギリス都市生活史――』、平凡社、一九八二年)をも参照。

（5）　拙稿「産業革命と家庭生活」(角山栄編『講座西洋経済史Ⅱ』、同文館、一九七九年)。cf. N. McKendrick, 'Home Demand and Economic Growth: A New View of the Role of Women and Children in the Industrial Revolution', in McKendrick, ed., *Historical Perspectives: Studies in English Thought and Society*, 1974, pp. 152–210.

（6）　*T. Tryon's Letters, Domestic and Foreign*, 1700, p. 17.

（7）上掲『産業革命と民衆』、八二―八六頁。

（8）Phillip Stubbes, *The Anatomie of Abuses : Contayning A Discoverie, or Briefe Summarie of such Notable Vices and Imperfections......in a verie famous ILANDE called AILGNA......*, 1583.

（9）A. E. Bland, P. A. Brown, and R. H. Tawney, eds., *English Economic History : Select Documents*, 1914, p. 361.

（10）H. Fielding, 'An Inquiry into the Causes of the Late Increase of Robbers, etc.', *H. Fielding's Works*, 1882, vol. 7, p. 164.

（11）*The British Magazine*, vol. IV, 1763, p. 417.

（12）J. W. von Archenholz, *A Picture of England*, 1791, pp. 75–83.

（13）C. P. Moritz, *Journeys of a German in England in 1782*, 1965, esp. p. 33.

（14）*The Spectator*, July 28, 1711 (Everyman's Library, vol. I, p. 391).

（15）G. Hill, *History of English Dress from the Saxon Period to the Present Day*, 1893, p. 167.

（16）anon., *An Essay on the Increase and Decline of Trade*, 1749, pp. 11–16.

（17）奢侈禁止法の研究としては、いまなお次のものがもっとも網羅的である。F. E. Baldwin, *Sumptuary Legislation and Personal Regulation in England*, 1926.

（18）アダム・スミス（大内兵衛・松川七郎訳）『諸国民の富』㈡、（岩波文庫、一九六二年）、三六七頁。

（19）10 Edw. III, c. 3; 11 Edw. III, c. 2 & 4; F. E. Baldwin, *op. cit.*, pp. 24, 28 and 30–33; N. B. Harte, 'State Control of Dress and Social Change in Pre-Industrial England', in D. C. Coleman and A. H. John, eds., *Trade, Government and Economy in Pre-Industrial England*, 1976, pp. 134-35. 以下、法令の引用は、*Statutes of the Realm*, vol. I-IV による。

（20）37 Edw. III, c. 8–15; F. E. Baldwin, *op. cit.*, pp. 47–52.

（21）3 Edw. IV, c. 5; cf. Harte, op. cit., p. 136; F. E. Baldwin, *op. cit.*, pp. 102–108.

（22）W. Hooper, 'The Tudor Sumptuary Laws', *Eng. Hist. Rev.*, vol. XXX, 1915, p. 444; F. E. Baldwin, *op. cit.*, pp. 216 ff.

（23）ブラクストンは、次のように説明している。「かつては衣服の華美をいましめる刑法が多数存在した。その多くはエドワード三世、同四世、およびヘンリ八世時代に制定されたもので、先のとがった靴、短かすぎる胴衣、長すぎるコートなどを禁じたものだが、これらの法令は、ジェイムズ一世治世元年第二五法によって、すべて廃棄された」。W. Blackstone, *Commen-*

taries on the Laws of England, Book IV, (1769)1979, p. 171 ; cf. W. Hooper, op. cit., p. 449 ; Harte, op. cit., p. 148.

(24) L. Stone, 'Social Mobility in England, 1500–1700', *Past & Present*, no. 33, 1966, pp. 16–55.

(25) Guy Miege, 'The Present State of Great Britain', in D. A. Baugh, ed., *Aristocratic Government and Society in Eighteenth Century England*, 1975, p. 47.

(26) H. Fielding, *op. cit.*, pp. 163, 165, 171 et passim.

(27) W. Temple, *A Vindication of Commerce and Arts*, 1758, p. 32.

(28) 上注(4)参照。

(29) J. H. Plumb, *The Commercialisation of Leisure in Eighteenth-Century England*, 1973 ; C. W. Chalklin, 'Capital Expenditure on Building for Cultural Purposes in Provincial England, 1730–1830', *Business History*, vol. XXII, no. 1, 1980, pp. 51–70.

(30) P. Clark and P. Slack, *English Towns in Transition 1500–1700*, 1976, pp. 11–12.

(31) Sir William Coventry, An Essay concerning the Decay of Rents and their Remedies(Written c. 1670), in J. Thirsk and J. P. Cooper, eds., *17th Century : Economic Documents*, 1972, p. 81.

(32) J. Massie, *Observations upon Mr. Fauquier's Essay on Ways and Means for Raising Money……*, 1756, pp. 35–55.

(33) インの歴史的意義については' A. Everitt, 'The English Urban Inn 1560–1760', in Everitt, ed., *Perspectives in English Urban History*, 1973, pp. 91–137 ; J. A. Chartres, 'The Capital's Provincial Eyes : London's Inns in the Early Eighteenth Century', *London Journal*, vol. 3, no. 1, 1977.

(34) J. Massie, *op. cit.*, p. 50.

(35) J. Taylor, *The Carrier's Cosmography : or a Brief Reflection of the Inns, Ordinaries, Hostelries, and other lodgings in and near London*, 1637, reproduced in *Social England Illustrated : A Collection of XVIIth Century Tracts*, edited by A. Lang, no date, pp. 339–62.

(36) J. A. Chartres, 'Road Carring in England in the Seventeenth Century : Myth and Reality', *Econ. Hist. Rev.*, 2nd ser. vol. XXX, no. 1, 1977, p. 77.

3　労働のモティヴェイションと国内市場

「生活革命」を実践して「上流を気取る」ためには、所得を少しでも増やすことが不可欠である。「必要 necessity」ではなくて「生活水準の向上 luxury」が労働のモティヴェイションとして重要性をおびるようになると、労働者はより高い所得を求めて農場から工場へ、南部の農業地帯からロンドンや北部の工業地帯へ陸続として移動しはじめ、低賃金で生活に窮さない限り労働の意欲をもたないという「反転労働供給曲線」は消滅する。一八世紀はじめまでの重商主義理論に一般的であった「低賃金論」が、「高賃金論」によって代位される事実はこの変化を如実に示している、といえよう。

重商主義者たちの賃金にかんする議論は複雑に入りくんでおり、簡単に概括することは危険だが、(1) 一八世紀前半までの論者の多くは低賃金政策を支持したといえよう。その場合彼らは、ひとつには賃金率が国際競争力を決定する主要な要因だとする発想と、さらには労働の意欲は最低限の生存を可能にする必需品の獲得のためにのみ生じるという発想にその基礎をおいていた。技術の水準などには見るべき国際格差が存在せず、労働集約的な技術が一般的であったこの時代には、国際競争力が低賃金を最大の基礎として成り立つと考えるのは、比較的自然なことであろう。じっさい、アダム・スミスでさえ技術革新のもつ意味には必ずしも十分に気付いてはいなかったといわれるくらいだから、(2) 一八世紀前半の論者の多くがこの立場をとったのも不思議ではない。労働意欲がいわゆる「必要」からのみ生じるという第二の点も、一六・七世紀にはむしろ説明を要しない自明の真理とさえ思われた。(3) W・ペティのような論者でさえつぎのようにいうのを聞けば、十分であろう。すなわち、「穀物がはなはだしく豊富なときには、貧民の労働が比例的に高価であって、彼らを傭い入れることはほとんどまったくできない（ただ食わんがため、むしろただ飲まんがために労働をする者は、ことほどさように放縦である）」[4]と。

一八世紀にはいっても、サー・ウィリアム・テンプルのように、もっと直截的に、「民衆がのらりくらりしていても口腹の欲にふけることができるようなところでは、彼らに勤勉で、真面目に節制して暮らせといってみても無理なことだ」[5]と断じる者もいた。それどころか、このような「貧困の効用」の理論は、一七七〇年前後になっても、「商・工業者の立場からいえば、下層階級の人びとはつねに貧しいままにしておかなければ勤勉になることは絶対にない、というのが馬鹿でも知っている真理である」と言い、「マンチェスターの製造業者は誰でも、一般的な勤勉を強制するために、つまり、週六日間は働かせるために、高物価を望んでいる」とも、「一般に〔製造業者は〕高い食糧価格をこそ最良の友としている」とも主張したA・ヤング[6]に受けつがれていたが、この頃を境に急速に消滅していった。もとより、高賃金論はこれまでもまったく存在しなかったわけではなく、一七世紀末以来J・チャイルド、D・ノース、J・ヴァンダーリント、G・バークリ、D・ヒュームなどがそれぞれの立場で高賃金の利益を唱えたし[7]、とくにD・デフォーは「労働は利得を生み、利得は労働に力を与える」として、国際的にみて賃金の高いイギリスでは需要も労働意欲も高いと主張した[8]。すでに一八世紀初頭にも高賃金論が一方の流れとして確立していた、とする学説があるのも必ずしも故なしとはしないのである。逆に、低賃金論も、散発的には世紀の交くらいまでは残存する[9]。しかし、大局的にみて世紀中葉が両者の交代期に当っていると考えておいて大過あるまい。M・ポスルスウェイトやN・フォスターがその転換点に位置し、T・モティマーやアダム・スミスがそれを受けついだのである[10]。

「高い食糧価格と絶え間ない労働に加えて低賃金に痛みつけられると……労働者は競争心を燃やすよりは無関心になってしまい、産業の主たる原動力が失われる」[11]とモティマーは言い、「労働の報酬が高いことが人間の繁殖を刺激するように、それは庶民の勤勉をも増進させる。労働の賃金は勤勉への刺激剤であって、勤勉は人間の他の性質と同じように、刺激をうけるのに比例して向上する[12]」とスミスはいう。生存のための「必要」よりは、より高い生活水準をめざす欲望、つまり「奢侈」の欲求こそが労働供給の基本的動機とみなされるようになったのである。

「高賃金」と言い、「低賃金」と言うも、それがごく短期の一時的な変化をさすのか、持続的・長期的な変化をいうのか、また個々の労働者の問題なのか、労働者層全体の問題なのか、等々によって、右の議論にはなおかなりの修正が加えられる余地もある[13]。しかし、いずれにしろここにみたような理論上の変化が、何らかの実態上の変化を反映しているであろうことは疑いえない。高賃金論への移行は、賃金が上昇して従来通りの生活を維持してなお余裕がある状態になれば、人びとは働かなくなり、労働の供給量が減少するという「レジャー選好」ないし「反転労働供給曲線」の消滅を示しているのである。近代的な経済成長、つまり人口と一人当り所得の同時的成長がスタートするためには、この移行が不可欠な前提条件であったことは容易に納得しえよう[14]。新たな、一段上の消費水準を求めて、より多くの労働を売る方向へ人びとの行動様式が決定的に移行した結果、労働供給と所得が同時に、かつ持続的に引き上げられ、国内需要も絶え間なく拡大する可能性が生まれたのである。

(1) R. Wiles, 'The Theory of Wages in Later English Mercantilism', *Econ. Hist. Rev.*, 2nd ser. vol. XXI, no. 1, 1968, p. 113.
(2) R. Koebner, 'Adam Smith and the Industrial Revolution', *Econ. Hist. Rev.*, 2nd ser. vol. XI, 1959, p. 384.
(3) E. Furniss, *The Position of the Labour in a System of Nationalism*, 1920, ch. 6; E. F. Heckscher (translated by M. Shapiro), *Mercantilism*, vol. II, pp. 165–6 and 168–71 et passim.
(4) W・ペティ(大内兵衛・松川七郎訳)『政治算術』(岩波文庫、一九六〇年)、第二章。
(5) W. Temple, *op. cit.*, p. 32.
(6) A. Young, *A Six Months Tour through the North of England*, vol. 3, 1770, pp. 193–94.
(7) たとえば、G・バークリ(川村大膳・肥前栄一訳)『問いただす人』(一九七一年、東京大学出版会)、一二頁など。

(8) D・デフォー(山下幸夫・天川潤次郎訳)『イギリス経済の構図』(東京大学出版会、一九七五年)、四七頁。
(9) G. d'Eichthal(translated by B. M. Ratcliffe and W. H. Chaloner), *A French Sociologist Looks at Britain: Gustave d'Eichthal and British Society in 1828*, p. 97, etc.
(10) A. W. Coats, 'Changing Attitudes to Labour in the Mid-Eighteenth Century', *Econ. Hist. Rev.*, 2nd ser. vol. XI, 1958, pp. 36–46.
(11) Th. Mortimer, *Lectures on the Elements of Commerce, Politics and Finances*, 1772, p. 90.
(12) アダム・スミス、上掲訳書、(上)、第一編第一章。
(13) P. Mathias, 'Leisure and Wages in Theory and Practice', in Mathias, *The Transformation of England*, 1979, pp. 164–65.
(14) この点での伝統的な家内労働者と工場労働者の差については、R. Boyson, 'Industrialisation and Life of Lancashire Factory Worker', in R. M. Hartwell et al., *The Long Debates on Poverty*, 1972, p. 64.

4 工業化の生活史的前提

「地主支配体制」が内包していた特異な社会的流動性は、「商業革命」の結果生じた生活革命を媒介として、イギリス人の労働のモティヴェイションを近代化させ、ひいては国内市場を急速に拡大していったのである。つねに一段上の消費生活をめざしてあくせくする近代イギリス型スノッブは、こうして誕生したのであり、これこそ工業化の生活史的前提のひとつであった。

消費を中心とする生活の型や意識の変革を推進したエンジンは、ロンドンをはじめとする大都市の成長とそこにおける新たな生活文化の誕生にあった。消費生活の角度からみた全国市場の整備・統一は、奢侈禁止諸法の廃止された一七世紀から一八世紀前半のうちに達成された。同時代の外国人がつねに指摘したイギリス国民の、強烈な、しかも全国的・全階層的にかなり等質化した消費意欲を抜きにしては、工業化はありえなかったであろう。じっさい、工業化の初期に成長した製造業は、繊維品、装身具、陶器、台所用品などといった一世紀前になら半奢侈品と考えられたに違いない消費財にかかわるものが中心であった。たとえば、モリツ師のような外国人が指摘したイギリス人民衆の衣服の清潔さも、(1)毛織物ではなく洗濯の容易なリネンやコットンの着用に由来していたわけで、一七世紀後半にすでに輸入綿布の消費習慣が定着しはじめていたという事実が、のちの綿工業の展開の前提をなしたことを暗示している。

労働のモティヴェイションの変化を、ピューリタニズムの「精神」に求めようとするウェーバー流の解釈は、「生活水準論争」における悲観説派の場合と同じように、工業化初期の需要がどこからきたのかを説明しえないという決定的な難点が拭い切れない。また、J・モキャー(2)のように「需要理論」そのものを否定する立場もあるが、モキャー自身の論旨は、従来の需要理論がどれもそれだけでは経済成長を説明するのに十分でない、というにすぎない。しかも、経済成長の原因をもっぱら需要に求めることはむろん間違いだとしても、逆にそれをもっぱら生産など別の単一の要因に帰すことも不都合なことは自明である。むしろ従来の需要理論の問題点は、それがたんなる所得分析にとどまっていたことにあるのだ。生産や所得の歴史は、ひとがなにゆえに生産し、何のためにより多くの所得を望んだのかという「生活史」的考察によって、つねに補完される必要があるのではなかろうか。このようにみてくると、問題の枠組は全然違うが、かつてのゾムバルトやヴェブレンの発想にも、再評価すべき部分があるように思えてならない。

(1)　C. P. Moritz, *op. cit.*, p. 33.
(2)　前掲第一節注(1)参照。

結　語

本書には、全体として二つの課題があった。ひとつは、王政復古からアメリカ独立戦争に至る時代をイギリス史上のひとつの画期として捉え、その時代相を描き出すことであり、いまひとつは、そのような時代の特質が、この国が世界で最初の工業国家となってゆく事実とどのように結びついているのかを明らかにすることであった。第一の課題には第一部から第三部までの行論が総体としてこたえたはずだし、第二の課題にも、第一部と第二部でいくらかの解答を示唆した。すなわち、一定の国土の生産力に上限を画されていた「一六世紀型」の経済は、帝国＝植民地体制を基礎とする世界貿易網の形成を通じて、その制約を払拭され、リソースのより適正な配置・利用が可能になったのである、と。

この点では、本書の立場はA・G・フランクやI・ウォーラースティンのような「新従属派」のそれとも近いものである。というのは、西ヨーロッパとの接触が非ヨーロッパ世界の「低開発化」――「低開発」とは歴史的産物であり、「未開発」とは似て非なるもの――の原因だとする一方で、同じ「接触」が「不等価交換」(A. Emmanuel)や「収奪」によって西ヨーロッパの工業化を生んだというのが、彼らの主張だからである。

このような見解には、一方ではなお一国史的な見方に立ち、国内の生産関係を重視する伝統的なマルクス主義者からの批判[1]のほか、非マルクス経済学の立場からも、たとえば非ヨーロッパ世界、つまり「辺境《ペリフェリ》」との交易量がなお西欧諸国の国民所得との比率で、さして大きなものではない、といった類の批判がある。[2]「辺境《ペリフェリ》」はあくまで「ペリフェラル」だというのだ。

しかし、前者のような見方では、まさに今日最大の課題である「低開発」の史的起源の問題がほとんど解けないがゆえに、また後者の見方にも、多くの欠陥が含まれているがゆえに、これらを支持することはできない。後者の欠陥とは、たとえば、「不等価交換」の問題がまったく理解されていないこと、貿易――たとえば穀物の輸出・入――の量は国内の産出額に比べて微量であったとしても、全体の状況を決定的に変えるクリティカルな意味をもつ、といった一般に貿易が経済成長に対してもつダイナミックなかかわりあいが理解されていないこと、何よりも「辺境」との交易がそれだけを孤立的に摘出する形で評価されており、それが北欧をはじめとするヨーロッパ内市場との交易を含む、まさに「世界的なネットワーク」の主軸を形成していた事実が無視されていること、などである。

しかし、非ヨーロッパ世界との「接触」を世界的なネットワークの問題として捉えたとしても、考察が純経済的な側面に限定されている限り十分とはいえない。そうしたネットワークの形成を前提として生じたイギリス社会そのものの構造的な変化を第三部で論じたのは、このためである。とりわけ、最終章では、こうして成立した「地主支配体制」――実態は地主＝ジェントルマンと貿易商をはじめとする「疑似ジェントルマン」の連合支配――が、工業化の起源とどのように関連していたかを示す一例として、労働のモティヴェイションの変化と国内需要の動向を、「奢侈」論争を通じて論じた。

「地主支配体制」の主役となった地主と大商人は、結局工業化によってその基盤を掘り崩されてゆくのだが、彼ら自身、はからずも工業化の前提条件をととのえるのに大いに貢献してしまったといえる例はこれだけではない。たとえば、鉄工業や石炭・鉱山業、交通手段の改良その他の社会的間接資本の形成、農業改良などの分野では、地主や商人が資金提供者として大きな役割を果したのだが、その背後には、純経済的な打算よりも、社会的威信の確保を狙うジェントルマンに固有の発想法、いわゆる「ジェントルマン・イデアール」が強く作用していたものと思われる。(3)

これらの点について詳論する余裕はもはやないが、いずれにせよ、工業化によって否定されてゆく階層こそが、工業化の大前提をつくった階層であることだけは明らかなように思われるのである。一八世紀の「地主支配体制」は、帝国形成という歴史的背景のなかで生まれた多様な「疑似ジェントルマン」の支持をえて、安定を保つことができた。帝国＝植民地体制は、第一部と第二部でみたように、それが直接もたらした原料や海外市場によっても工業化の一前提となったが、「地主支配体制」を安定化させることによっても、間接的にその前提条件となったのである。

（1）　たとえば、V. Navarro, 'The Limits of the World Systems Theory in Defining Capitalist and Socialist Formations', *Science & Society*, vol. XLVI, no. 1, 1982, pp. 77–90.

（2）　P. O'Brien, 'European Economic Development : The Contribution of the Periphery', *Econ. Hist. Rev.*, 2nd ser. vol. XXXV, no. 1, 1982, pp. 1–18.

（3）　拙稿「イギリス産業革命と地主」(『西洋史学』七五号、一九六七年) 参照。

あとがき

歴史家の仕事というものは、難しいものだ。それがほかならぬ歴史の研究である以上は、何らかの意味で現代という時代に生きていなければならない。しかし、研究にはそれなりの時間もかかる。それでも、天才的な史家ならば、時代を先取りすることもできるのだろうが、私のように凡庸で、怠惰な人間は、つねに時代にだし抜かれるのが宿命のような気もするのだ。早いもので、イギリス近代史の道に迷い込んで、二十余年の歳月が流れた。六〇年安保のまったただなかにあった当時のキャンパスを想うと、そのあまりの変貌ぶりにとまどうことの多い昨今である。学問の雰囲気も一変した。それだけに、おおむね原型となった論文の執筆時期に従って構成した本書では、とりわけ第I部に、いろいろな意味で、いまでは汗顔の至りというべき部分も多いのだが、他方では、自分なりの問題関心の軌跡が辿れるものにはなったように思う。

第I部では、一六・七世紀のイギリスを「低開発国」の一例としてみようとする姿勢が、なお垣間みられる。ここに改稿して収録した論文のいくつかを書いた六〇年代までは、いまの先進国もかつては低開発の状態にあったのだとする、一国史的・単線的な発展段階論が、立場のいかんを問わず、ごくふつうの考え方だったからである。しかし、貿易史、とりわけイギリスと西インド諸島との関係に興味をもちはじめると、工業化前のイギリスをいきなり今日の低開発諸国と対比したり、それと同一の次元で論じたりするだけでは、歴史学としてはいかにも片手落ちだ、と思うようになった。このような気持をさらに決定的にしたのが、一九七二年から三年にかけてのロンドン大学への留学体験であり、また「従属理論」との出会いであった。現代の「低開発」は、イギリスをはじめとする欧米諸国の「開発」

や工業化の楯の反面として進行した、「世界経済」の従属地域における「低開発化」の結果なのであって、歴史上すべての地域が経験した「未開発」の状態とはちがう。第Ⅱ部の各章は、こうした「従属理論」が頭の片隅にあって書いたから、イギリスの経済発展を論じながら、ポルトガルやロシアの「半辺境」化やカリブ海域の状況にも言及することになった。

現代のイギリスが(イギリス人自身の認めるように)「危機」なのだとすれば、その原因は結局のところ、この国がかつて「帝国であったこと」にある。これが、多様な旧植民地出身者と日常的に接する機会の多かったロンドン生活でえたもっとも強烈な印象である。このことがなければ、「従属理論」との出会いもなかっただろうし、第Ⅱ部の内容も、かなり違ったものになっていただろう。

ところで、工業化や開発の歴史が陽の当る表《おもて》の歴史だとすれば、従属地域の「低開発化」はその反面の歴史である。気取った表現が許されるなら、「シャドウ・ヒストリ」とでもいうことになろうか。ともあれ、生産に対する消費、労働に対するレジャー、市場経済に対する非市場経済等々、これまではかんたんに捨象されがちであった様々な陰《かげ》の歴史を、可能なかぎり日向《ひなた》の歴史に組み込んでみたい。そんな希望を表明する結果になったのが第Ⅲ部である。紙幅の制約もあって、文字通りそれは、「希望の表明」に終りもしたのだが。

ちなみに、本書に再録した――といっても、いずれも大幅に加筆、修正したが――論文の初出は、以下のとおりである。第一章と第六章は、『史林』四九巻四号(一九六六年)、五四巻六号(一九七一年)、第二、三、一一章は、『西洋史学』一一一号(一九七八年)、六七号(一九六五年)、一〇〇号(一九七六年)、第四章は『社会経済史学』三三巻四号(一九六七年)、第八章は、大阪女子大『社会福祉評論』四二号(一九七五年)。したがって、五、七、九、一〇章は新稿である。

不満も多く、やり残したことの方が多い、まことに拙い一書ではあるが、とまれここまでくることができたのは、恩師越智武臣先生をはじめ、四十路あまりの人生で邂逅した多くの指導者、先輩、友人諸氏のお蔭である。いちいちお名前をあげる紙幅の余裕がないのは残念だが、心からお礼申しあげる。おはげましいただいた岩波書店編集部の方々にも感謝の意を表したい。

最後に私ごとながら、戦後の大混乱のなか、文字通り泥土を食むが如き赤貧と闘いつつ、ネフローゼという難病に憑かれた私をはじめ、四人の子供を女手一つで育てあげた亡母の人生を想い、いままた自閉症のわが子のために、楽しかるべきおのが生活をなくしている妻を想うがゆえに、本書をこの二人の近親に捧げることをお許しいただきたい。

一九八三年四月

洛西・長岡京にて

川北　稔

■岩波オンデマンドブックス■

工業化の歴史的前提──帝国とジェントルマン

1983年11月15日　第1刷発行
2005年10月5日　第4刷発行
2015年6月10日　オンデマンド版発行

著　者　川北《かわきた》　稔《みのる》

発行者　岡本　厚

発行所　株式会社　岩波書店
〒101-8002 東京都千代田区一ツ橋2-5-5
電話案内 03-5210-4000
http://www.iwanami.co.jp/

印刷／製本・法令印刷

© Minoru Kawakita 2015
ISBN 978-4-00-730212-1　　Printed in Japan

人 名 索 引

H

I

J

K

L

M

R

S

T

U

V

W

Y

Z